福建省社会科学规划博士文库项目

Study on the Competitiveness of China's Low Carbon Economy

中国低碳经济竞争力研究

李军军 著

社会科学文献出版社
SOCIAL SCIENCES ACADEMIC PRESS (CHINA)

2012年教育部人文社会科学研究青年基金项目（12YJC790289）
2013年福建师范大学本科教学改革项目（I201302027）
2014年福建省社科规划博士文库项目（2014JJ05）

出版说明

为了鼓励福建省青年博士在学术和科研领域勇于进取，积极创新，促进学术水平进一步提高，更好地发挥青年社科人才的作用，进而提升福建省社会科学研究总体实力和发展后劲，经福建省哲学社会科学规划领导小组同意，在2010年实施福建省社会科学规划博士文库项目计划（博士文库第一辑）的基础上，2014年继续实施福建省社会科学规划博士文库项目计划，资助出版福建省社会科学类45岁以下青年学者的博士论文，推出一批高质量、高水平的社科研究成果。该项目面向全省自由申报，在收到近百部博士论文的基础上，经同行专家学者通讯匿名评审和评审委员会全体会议审议，择优资助出版其中的25部博士论文，作为博士文库第二辑。

福建省社会科学界联合会拟与社会科学文献出版社继续联手出版博士文库，力争把这一项目打造成为福建省哲学社会科学的特色品牌。

序

李建平[*]

福建师范大学经济学院李军军的博士论文《中国低碳经济竞争力研究》在相继获得学校和福建省的优秀博士论文二等奖后，前不久又经过竞争，入选首批“福建省社会科学规划博士文库项目”，即将由社会科学文献出版社出版。作为他的导师，我自然是很高兴的，所以当他希望我为该书作序时，也就欣然答应。

我认为，该书的优点在于以下几个方面。

一是论题前沿。自从工业革命爆发以来的数百年中，人类社会的物质生产力获得了迅速而巨大的发展，物质产品从来没有像今天这样丰富。但是正如马克思所说的，“辩证法在对现存事物的肯定的理解中同时包含对现存事物的否定的理解”，[①] 人们在欢庆自己对自然所取得的伟大胜利时，也面临着前所未有的气候灾难和生态危机，这已引起了国际社会的严重关注。从 1972 年斯德哥尔摩联合国人类环境会议到 1992 年的里约热内卢联合国环境与发展会议，人类为了保护自身生存的资源和环境，从呼吁到行动，将环境资源保护与经济发展紧密结合起来，形成了全球范围的可持续发展运动。面对日具威胁的全球气候变化，1979 年联合国在瑞士日内瓦召

---

* 李建平，福建师范大学原校长、教授、博士生导师，理论经济学一级学科博士点学术带头人，享受国务院特殊津贴专家、国家有突出贡献专家，担任中国《资本论》研究会副会长、全国马克思主义经济学说史研究会副会长、中国经济规律研究会副会长、全国历史唯物主义学会副会长等。

① 马克思．资本论［M］//马克思，恩格斯．马克思恩格斯全集：第 23 卷．北京：人民出版社，1972：24.

开第一次世界气候大会。科学家在会上警告说，大气中二氧化碳浓度增加将导致地球升温。气候变化第一次作为受到国际社会关注的问题提上议程。从那时开始，联合国已召开了多次世界气候大会，各国之间，特别是发达国家和发展中国家之间开始了漫长而激烈的气候谈判。2014 年联合国利马气候变化大会虽然取得了一些进展，但减排等实质性争议尚未得到解决，低碳经济之路还很遥远。中国作为一个负责任的正在崛起的大国，早在 1992 年就参与缔结了《联合国气候变化框架合约》（UNFCCC），1996 年中国政府郑重地将可持续发展确定为国家的基本战略。生态文明是关系人民福祉、关乎民族未来的长远大计，是最大的民生。2012 年党的十八大确立了"经济建设、政治建设、文化建设、社会建设、生态文明建设五位一体"的总体布局，通过建立系统完整的生态文明制度体系来保护生态环境。在刚刚过去的 2014 年，生态文明建设重拳频出：修订《环境保护法》、开展官员离任"生态审计"试点、引导民间环保组织的建立和活动……而防止大气污染、实行低碳经济则成了生态文明建设的一大突破口，并取得了显著成绩。但无可否认，生态文明建设仍存在许多有待解决的问题。正是在这样一个国际、国内的政治经济前沿大背景下，该书研究了气候变化与经济发展的关系、国际低碳竞争与中国面临的严峻形势，对提升中国低碳经济竞争力的战略和对策进行了深入的研究，提出了很有价值的对策建议，无疑具有重要的理论和现实意义。

二是方法独特。该书所使用的方法有两个是比较突出的。第一是跨学科的研究方法。实行低碳经济，建设生态文明，是一项系统工程，具有较大的学科覆盖面，光从理论经济学角度去研究是远远不够的，需要其他学科的参与。难能可贵的是，该书综合运用理论经济学、应用经济学、环境经济学、能源经济学、技术经济学、数量经济学和统计学等多门学科的知识和方法，在应用中力求融会贯通，这就使研究较好地体现全面性和客观性的原则，实现理论和实践的一致。第二是定性分析和定量分析相结合的研究方法。唯物辩证法认为，质和量都是事物的基本属性，质是事物的内在规定性，量是事物的外在规定性，两者是紧密不可分割的。因此，对于一个事物的正确认识，必须把定性（质）分析和定量分析结合起来。但是，相当一段时间以来，在西方主流经济学那里，定性似乎成了预设前提，不予过问，一味热衷于追求数学工具的运用，用设计精巧的数学模型掩盖思想的极度贫乏。当代法国著名经济学家托马斯·皮凯蒂在《21世纪资本论》一书中尖锐地批评："坦率地说，目前的经济学科不惜牺牲历史研究，牺牲与其他社会科学相结合的研究方法，而盲目地追求数学模型，追求纯理论的、高度理想化的推测。这种幼稚的做法应该被抛弃了。经济学家们往往沉浸于琐碎的、只有自己感兴趣的数学问题中。这种对数学的痴迷是获取科学性表象的一个途径，因为这样不需要回答我们所生活的世界中那一些更复杂的问题。"① 这一批评可以说是一针见血的！近几年来，这股风也刮到了中国经济学界，"盲目地追求数学模型"成了时髦，而对事物定性的研究则被丢到一旁。这种状况令人担忧，那些有良心的严肃的经济学家，如胡代光、胡培兆等纷纷予以痛斥！令人欣喜的是，该书在定性研究上下了不少功夫，例如对低碳经济竞争力机理的分析、对G20国家低碳经济竞争力综合评价指标体系的设立和各项指标权重的斟酌等，为后面的定量分析提供了可靠的前提。本书作者的硕士专业读的是数量经济学，所以数理分析对他来说是得心应手的。该书设计了G20国家低碳经济竞争力的评价模型，根据收集的大量数据进行综合评价，并对评价结果进行全面解读和分析，这种建立在定性分析基础上的定量分析的结果，就很有说服力。

三是见解新颖。由于该书所研究的是国内外学术界非常前沿的低碳经济竞争力问题，又运用了跨学科的定性分析和定量分析密切结合的方法，所以所得出的研究结论富有新意也就不奇怪了。首先，该书借鉴低碳经济和国际竞争力两方面的研究成果，首次对低碳经济竞争力进行了系统的理论研究，界定了低碳经济竞争力的概念和内涵，分析了低碳经济竞争力的内在机理。其次，根据低碳经济运行特点，构建了用于分析低碳经济运行规律的综合运行系统，较全面地反映经济系统、能源系统、生态系统之间的有机联系，并据此设定了反映竞争力来源的低碳经济竞争力要素模型，它包括竞争表现、竞争过程、竞争要素三个层次和机遇、政府、科技、产业、环境、能源六大要素，以及各要素之间相互作用的关系。再次，该书以理论分析和要素模型为基础，构建了低碳经济竞争力综合评价体系，包括由1个一级指标、4个二级指标、26个三级指标构成的指标体系和评价

① 〔法〕托马斯·皮凯蒂．21世纪资本论［M］．北京：中信出版社，2014：33。

模型，指标体系客观反映了国际低碳经济竞争格局，对科学发展低碳经济具有重要的导引作用。最后，该书对提升中国低碳经济竞争力提出了一系列有价值的对策建议，如：在国际上，要积极参与国际气候谈判，主动参与到国际碳减排机制的设计中，坚持“共同但有区别的责任”原则，一方面要主动承担碳减排的责任，体现一个负责任大国的风范；另一方面又必须坚持我们是发展中国家，努力争取必要的碳排放权，以利于经济的稳定发展。在国内，则要在全社会形成对发展低碳经济高度认同的共识；要积极培育中国低碳经济竞争优势，包括低碳环境、低碳产业、低碳效率、低碳创新等方面的竞争优势；要加强战略规划，积极推进城市低碳化；要增强科技创新能力，提高低碳技术研发水平；要加快转变经济发展方式，提高能源利用效率；要大力发展低碳产业，促进产业结构升级，优化能源生产和消耗结构，降低碳排放水平；要加强环境监管和执法力量，构建打破行政壁垒和区域规划的法治低碳发展大格局；要加强教育和宣传，引导低碳生产和生活方式等。从中可以看出，该书作者对提升我国低碳经济竞争力真是用心良苦！

发展低碳经济，建设生态文明，这是一项前无古人的宏大而又崇高的事业。2014 年 APEC 会议期间北京空气质量保障所获得的成功，使人们对防治大气污染充满了信心和希望。该书作者对于未来的一些构想，已有部分成为现实，这是十分可喜的。但毋庸讳言，该书还存在一些需要深入研究之处，例如党的十八届四中全会提出，要用严格的法律制度来保护生态环境，加快建立有效约束开发行为和促进绿色发展、循环发展、低碳发展的生态文明法律制度，强化生产者环境保护的法律责任，大幅度提高违法成本。对此该书虽有涉及，但还需要深化。希望作者以该书的出版为新的起点，在下一步的研究中取得更多更好的成果。也衷心祝愿我们的国家，如习近平主席所说，让“APEC 蓝”能够长久地保持下去。

是为序。

李建平

二〇一五年元月廿五日

前　言

工业革命以来，社会生产力极大提高，人类生产并消费了大量物质产品，以煤炭、石油为主的化石能源消耗排放大量二氧化碳等温室气体，形成温室效应，对生态环境产生严重影响。碳排放和温室效应导致气候异常变化是一个全球性的公共环境问题，已经引起国际社会广泛关注，联合国和一些国家政府及非政府机构开始组织、协调全球温室气体减排工作，包括成立联合国政府间气候变化专门委员会（IPCC），通过制定国际碳减排合作机制、分配碳排放配额、创设碳排放交易市场等途径，兼用管制和市场两种手段，发挥经济规律作用，遏制碳排放量过快增长。大多数国家制定了应对气候变化行动方案、政策和法规，积极发展低碳经济，努力实现碳减排目标。由于各国经济发展水平存在差异，受气候变化影响程度不同，实施碳减排的经济基础和发展低碳经济的动机也不同，加之完成碳减排目标与国家利益存在各种冲突，这些使得国际碳减排合作是一个多方利益博弈均衡的过程。在联合国气候大会上，各国针对如何建立国际碳减排机制的激烈争论，表面上只是发达国家与发展中国家对碳减排分配方案的争议，实质上是各国争夺发展权和国际经济新秩序的主导权。各国积极发展低碳经济，通过低碳技术创新，发展新能源产业，完善低碳经济市场机制，提高碳减排能力，并且尝试在国际贸易中征收碳关税，设置绿色贸易壁垒，希望在国际低碳经济领域掌握主导权，以获取国家最大经济和政治利益。可以说，国际低碳经济竞争已经成为覆盖政策、技术、资本和产业的全方位竞争，并且上升为国家战略利益的竞争，低碳经济竞争已经成为全球化背景下国家竞争的重要内容。

作为一个发展中大国，中国经济社会发展中还面临诸多难题，但中国政府从全人类长远利益和国际责任出发，一直高度重视全球气候变化问题，恪守“共同但有区别的责任”原则，积极参与国际应对气候变化合作，将应对气候变化作为经济社会发展的重大战略，在决策思路、法规政策、行动措施等方面做出了积极努力，并正式对外宣布控制温室气体排放的行动目标，决定到2020年碳排放强度（单位国内生产总值二氧化碳排放）比2005年下降40%～45%，作为约束性指标纳入“十二五”及其后的国民经济和社会发展中长期规划，这是一个高标准和具有挑战性的目标，也展现了中国政府实现低碳发展的决心和信心。但中国经济发展水平还很低，人口众多，经济社会发展任重道远，正处在工业化、城市化和现代化进程加快推进的关键时期，经济快速增长，但是自主创新能力不足，经济增长方式存在“高投入、高消耗、高排放、不协调、难循环、低效率”的问题，低水平重复建设导致产能过剩和产能落后，浪费大量资源与能源。能源、汽车、钢铁、交通、化工、建材等高耗能产业的快速发展，使中国成为“高碳经济”的典型。发达国家工业化进程数百年来分阶段出现、解决的环境问题，在中国短短几十年的发展中集中出现，留给中国解决问题的时间非常紧迫。

面对保持经济高速增长的迫切需要和资源、能源、环境的约束，中国如何履行碳减排的国际责任和承诺？如何促进低碳技术创新和发展低碳产业参与国际竞争？又该如何在国际低碳经济发展潮流中，提高国内低碳经济发展水平，有效应对国际碳减排机制对国内经济发展的影响，持续提升国际竞争力？提升中国低碳经济竞争力，关乎中国可持续发展，关乎中国未来国际发展空间，是值得研究的重大问题，具有深刻的理论和现实意义。

本书坚持以马克思主义政治经济学基本理论为指导，在低碳经济和国际竞争力交叉的全新领域做了积极探索，包括理论体系、评价体系和对策体系三大部分内容。

理论体系是在广泛收集、研究相关文献基础上，根据研究目的和研究意义，搭建分析低碳经济竞争力的理论框架。在充分借鉴国内外相关研究成果基础上，综合运用经济学、管理学、环境学等多学科理论，构建低碳经济竞争力的理论体系，界定了低碳经济竞争力的概念和内涵，分析了低碳经济竞争力的主要特征、构成要素和内在动力，构造了低碳经济运行体系和要素模型，作为理论分析框架和评价实践的基础。

在理论分析基础上，借鉴应用国际竞争力评价的主流方法，同时结合低碳竞争的特点，构建独具特色的低碳经济竞争力综合评价体系，包括三个内容，一是设计指标体系和权重；二是设计评价模型；三是根据收集的数据进行综合评价，并对评价结果进行全面解读和分析。评价体系客观地反映了当前及未来一段时期各国低碳经济竞争的态势和趋势，客观反映了各国的竞争优劣势，也为中国提升低碳经济竞争力提供参考依据。

根据理论推演和综合评价结果提出增强中国低碳经济竞争力的战略和对策，把抽象的理论分析和具体的综合评价结合起来，通过归纳总结制约和影响各国低碳经济竞争力的主要指标、薄弱环节和根源，以及各国低碳经济竞争力的可能发展趋势，提出培育中国低碳经济竞争优势的途径，有针对性地提出对策措施和实践行动，为中国提升低碳经济竞争力提供参考依据，推动低碳经济的科学发展和协调发展。

contents

目录

第一章
绪论

第一节　研究背景

一　发展低碳经济应对气候变化已经成为世界共识

工业革命以来，社会生产力得到极大提高，工业化进程给人类生存和发展提供极大便利，但能源资源消耗巨大的粗放型工业发展模式给资源和环境带来了巨大压力，以二氧化碳为主的大量温室气体排放形成温室效应，导致全球气候异常变化。联合国政府间气候变化专门委员会（IPCC）自1988年成立以来，已经发布五次全球气候变化评估报告，认为人类活动产生大量温室气体，导致全球气候非正常变化，由此导致生态系统的破坏，不仅容易产生干旱、洪灾、飓风等自然灾害，还会导致冰川融化、海平面上升，影响农业生产和引发疾病蔓延。联合国和有关国际组织从20世纪70年代就开始致力于研究气候变化的成因、影响和应对措施，定期召开国际会议，希望引起各国政府关注，及早采取应对措施解决气候变化问题。世界各国高度关注气候变化，虽然对气候变暖程序、成因和主要责任还存在不同看法，但已经就减少温室气体排放减缓气候变暖达成共识，签署了《联合国气候变化框架公约》（UNFCCC）等一系列具有国际约束力的法律协议。以《京都议定书》为代表的国际碳减排机制正在逐步完善，部分发达国家碳减排工作已经取得一定成效。欧美发达国家纷纷将低碳经济列入国家发展战略，从产业政策、能源政策、技术政策、贸易政策等方面进行了一系列重大调整，开始了向低碳经济转型的战略行动。发达国家倡议发展低碳经济、减少碳排放得到世界各国普遍认同，包括政府、民间组织、企业和居民在内，都意识到减缓气候变化和经济社会发展、生态环境保护、能源安全等长期战略目标是一致的。发展低碳经济还为促进新能源技术创新、转变社会生产和消费模式、促进可持续发展提供了重大机遇。低碳产业已经成为世界经济的新热点，大量的产业投资、技术研发和广阔的市场前景，正在拉开通向低碳经济发展的新一轮技术和产业革命的序幕。

二　金融危机孕育新的低碳科技革命

历史发展经验表明，每一次经济危机过后常常出现新科技革命，催生出新技术和新产业，从而带动经济走出低谷进入繁荣阶段，这也是人们应对经济危机必然选择的结果。美国次贷危机引发的全球金融危机，宣告了过去十多年由不动产投资和金融衍生工具刺激经济增长时代的终结，这次危机过后亟须进行重大科技突破和产业变革，也孕育着新一轮科技革命，那就是以新能源技术为主的低碳技术革命。欧美发达国家在应对金融危机的经济举措中，无不把促进低碳技术发展作为重要举措，并大力发展以新能源为主的低碳产业。以德国为代表的欧盟国家通过提高能源和资源利用效率，大力发展可再生能源，研发和推广应用二氧化碳减排技术，完善碳减排交易市场机制和服务体系，已经形成了相对成熟和完备的低碳产业，在世界未来经济发展中抢占了有利的战略高点。美国政府颁布清洁能源法令强化其低碳技术进步，投入巨资加快低碳技术开发利用，以占领国际低碳技术制高点。日本则重点扶持低碳技术开发，试图通过产业政策引导，进一步加大低碳技术投入与技术创新，维持碳捕集和封存等低碳技术领域的优势地位。在全球金融危机背景下，低碳技术领域的投资，已经在刺激经济复苏和增加就业机会方面发挥了重要作用，可再生能源、清洁能源产业成为投资热点并迅速发展，将成为未来全球经济发展的新增长点。

三　世界各国激烈争夺碳排放权和发展空间

联合国定期召开气候峰会，探讨建立全球性碳减排合作机制，并签订了一些合作框架协议，确定了国际气候谈判原则，同时各国也都以积极态度发展低碳经济，应对气候变化。但气候是“全球最大的公共产品”，应对气候变化需要世界各国共同努力展开行动，由于碳减排涉及各国的实际利益，当完成碳减排目标与国家利益冲突时，碳排放配额的约束力也就相当有限。由于发达国家发展低碳经济的真正动机并不在于应对气候变化、保护生态环境，而是一种转变经济发展方式、转嫁经济危机的策略，大部分发达国家并没有完成其此前承诺的碳减排目标。除了技术、模式还不成熟以外，发达国家碳减排行动决心不足是主要原因，同时发达国家承诺给予发展中国家实施碳减排的资金和技术援助，也一直没有兑现，反而一再强调发展中国家的碳减排义务。实施碳减排必然强化传统化石能源约束，而新技术和新能源不可能在短期内完全替代传统化石能源，实现碳减排目标就会影响经济发展对能源消耗的正常需要，特别是对发展中国家而言更是如此，要求发展中国家过早承担碳减排义务有失公平。各国处在不同经济发展阶段，实施碳减排的经济基础不同，而且受气候变化影响程度也有差别，在确定世界各国碳排放责任和分配碳减排任务时，建立国际碳减排机制必定是一个多方利益博弈均衡的过程。是否承担强制性碳减排义务，承担的碳减排任务有多重，是影响或者制约经济发展的重要因素，一个国家或地区承担的碳减排任务越轻，能源约束压力就越小，碳排放权就更大，就有更充足的经济发展空间，所以，碳排放权在一定意义上就是发展权，碳排放权关乎国家战略利益。哥本哈根气候大会和坎昆气候大会期间，气候变化和碳排放已经成为各国政治、经济博弈的焦点，发达国家和发展中国家之间针对碳减排任务、技术转让和资金援助展开激烈的谈判，意见分歧很大，表面上只是发达国家与发展中国家之间分配碳排放权的争议，实质上是各国争夺发展空间和国际经济新秩序的主导权。

四　低碳经济竞争将成为国际竞争重要内容

尽管各国就国际碳减排义务进行激烈的博弈，争取更多的碳排放空间，但同时又紧锣密鼓地加快发展低碳经济。通过低碳技术创新占领技术高地，力求争夺国际低碳技术控制权，是发达国家发展低碳经济的主要动机之一。作为低碳经济倡导者之一，英国政府在 2003 年发布的能源白皮书中，明确宣布发展低碳经济的目标，不仅要通过发展、应用和输出低碳技术创造新的商机和就业机会，而且要在支持世界各国向低碳经济转型发展方面成为欧洲乃至世界的先导，充分展现了老牌资本主义国家通过低碳经济重夺世界经济霸权地位的意图。各国还对产业、能源、技术、贸易等政策进行重大调整，把发展新能源产业作为低碳经济的重要内容，大力发展与投资可再生能源和清洁能源项目、新能源生产设备、电动车新能源交通设施等低碳技术产业，积极促进无碳能源技术的开发和利用，抢占技术应用先机和产业制高点，低碳技术创新将是提高国际竞争力的核心要素。

由于国际碳减排机制设计了各国碳减排权交易体系，以利于各国和企业的碳排放配额交易，提高碳减排效率，因此发达国家积极搭建全球碳交易市场架构，设置交易规则，掌握全球碳交易市场的控制权和碳定价权，主宰世界碳交易配额、碳价格、碳信用和碳货币。发达国家还利用这种市场控制权，结合金融资本优势和技术优势，构建直接投资融资、银行贷款、碳配额交易、碳期权期货等一系列金融工具为支撑的低碳金融体系，抢占低碳经济国际分工体系的制高点。

为了应对新兴市场国家对国际市场的争夺，发达国家迫于 WTO 贸易规则对传统关税等贸易壁垒的限制，不得不寻求新的贸易保护措施。在全球应对气候变化大背景下，以促进碳减排为目标的碳关税，自然很快受到发达国家的青睐，成为国际低碳经济发展潮流中新的贸易保护主义工具。美国已经通过法案将从 2020 年起对进口产品征收“边境调节税”，实际上就是碳关税。欧盟宣布从 2012 年开始对经过欧盟领空的航班征收温室气体排放费用，这也是一种碳关税，法国等其他发达国家也都持续跟进，酝酿碳关税政策。在碳关税的影响下，产品进出口的优劣势会发生变化，依靠丰富的资源和成本低廉的产品会逐步丧失竞争优势，以技术密集型产品和服务贸易为主的国家才能获得真正的竞争优势，各国在国际贸易中的地位也会发生很大转变，国家贸易竞争更加激烈，低碳贸易规则将对一个国家经济发展和国际竞争力产生深刻影响。

第二节　国内外低碳经济竞争力研究现状

一　国外低碳经济竞争力相关研究

近年来围绕碳排放与能源消费、经济增长之间关系的研究逐渐成为热点，特别是关于二氧化碳（CO_2）排放变化是否符合环境库兹涅茨倒 U 曲线（EKC）的实证研究较多。Schmalesee[①] 和 Galeotti[②] 证实了人均收入和 CO_2的排放量呈倒 U 型曲线。Grubb[③] 认为在工业化初期，随着人均收入的增加，人均 CO_2排放较高，但是到一定程度以后二者之间的关系不太明显。Richmond[④] 提出证据表明对于 OECD 国家而言存在一定的 EKC 关系，但不适用于非 OECD 国家。Lantz 和 Feng [⑤]研究表明加拿大的人均 GDP 与 CO_2排放不相关，人口与 CO_2排放呈倒 U 型关系，而技术与 CO_2排放呈 U 型关系。Fan Ying 等人[⑥]利用 STIRPAT 模型实证研究的结果表明，人口、经济和技术水平对碳排放的影响在不同发展水平国家是不同的。Huang 等人[⑦]分析了 21 个经济发达国家的温室气体排放与 GDP 增长关系，发现只有 7 个国家符合库兹涅茨倒 U 曲线。

低碳经济涉及一系列经济社会发展中的重大问题，近年来众多学者对此问题进行了深入研究。"低碳经济"最早见诸政府文件是在 2003 年英国能源白皮书《我们能源的未来：创建低碳经济》，[⑧] 白皮书中明确了低碳经济内容，提出了减排目标。Johnston 等学者[⑨]探讨了英国大量减少住房二氧化碳排放的技术可行性，认为利用现有技术到 21 世纪中叶实现在 1990 年

① Schmalesee, R., Stoker, T. M., Judson, R. A. World Carbon Dioxide Emissions: 1950 - 2050 [J]. *Review of Economics and Statistics*, 1998, 80 (1).

② Galeotti, M., Lanze, A. Richer and Cleaner? A Study on Carbon Dioxide Emissions in Developing Countries [R]. Proceedings from the 22ed IAEE Annual International Conference, 1999.

③ Grubb, M. Technology Innovation and Climate Change Policy: An Overview of Issues and Options [J]. *Keio Economic Studies*, 2004, 41 (2): 103 - 132.

④ Richmond, A. K., Kaufmann, R. K. Is there a Turning Paint in the Relationship between Income and Energy Use and/or Carbon Emissions? [J]. *Ecological Economics*, 2006, 56: 176 - 189.

⑤ Lantz, V., Feng, Q. Assessing Income, Population, and Technology Impacts on CO_2 Emissions in Canada: Where's the EKC? [J]. *Ecological Economics*, 2006, 57 (2): 229 - 238.

⑥ Fan Ying, Liu Lancui, Wu Gang, et al. Analyzing Impact Factors of CO_2 Emissions Using the STIRPAT Model [J]. *Environmental Impact Assessment Review*, 2006, 26 (4): 377 - 395.

⑦ Huang, W. M., Lee, G. W. M., Wu, C. C. GHG Emissions, GDP Growth and the Kyoto Protocol: A Revisit of Environmental Kuznets Curve Hypothesis [J]. *Energy Policy*, 2008, 36: 239 - 247.

⑧ UK Government. Energy White Paper, Our Energy Future: Creating a Low Carbon Economy [R]. 2003.

⑨ Johnston, D. Lowe, R., Bell, M. An Exploration of the Technical Feasibility of Achieving CO_2 Emission Reductions in Excess of 60% Within the UK Housing Stock by the Year 2050 [J]. *Energy Policy*, 2005 (33): 1643 - 1659.

基础上减排80%是有可能的。Treffers 等学者①认为政府采取一定的措施可以同时实现温室气体排放量的减少与经济的较快发展。Kawase 等学者②将温室气体排放变化分解为三个影响因素，即二氧化碳强度、能源效率和经济活动，并指出为实现60% ~80%的减排目标，总的能源强度改进速度和二氧化碳强度降低速度必须比前40年快2~3倍。尼古拉斯·斯特恩(Stern)③ 指出，全球每年以1%的GDP投入，可以避免将来每年GDP 5% ~20%的损失，呼吁全球向低碳经济转型。IPCC 主席帕乔里（Pachauri, R. K.）认为，国家的发展政策必须同减排政策联系在一起，还要同减贫计划、创造就业的计划、发展的计划联系在一起。Shimada 等学者④构建了一种描述城市低碳经济长期发展情景的方法，并将此方法应用到分析日本滋贺地区。Wara 等学者⑤认为，清洁发展机制（CDM）不仅被看作全球的碳交易市场，而且能被看作一种补贴和政治机制，因为它在实现政治目标方面是最有效的。麦肯锡公司⑥连续两年出版《走向低碳经济之路》，分别从保持经济增长和温室气体减排成本两个角度探讨低碳经济发展的路径选择。Edenhofer 和 Stern⑦ 指出 G20 国家应该立即行动起来，在技术和项目上加强合作，共同应对温室气体导致全球气候变暖问题。气候集团在其报告《赢余：低碳经济的成长》中介绍了低碳经济的概念，认为低碳经济具有更高的投资回报率，在新增就业方面具有出色的潜力，其增长速度也快

---

① Treffers, T., Faai, A. P. C., Sparkman, J., Seebregts A. Exploring the Possibilities for Setting up Sustainable Energy Systems for the Long Term: Two Visions for the Dutch Energy System in 2050 [J]. *Energy Policy*, 2005 (33): 723-1743.

② Kawase, R., Matsuoka, Y., Fujino, J. Decomposition Analysis of CO_2 Emission in Long-term Climate Stabilization Scenarios [J]. *Energy Policy*, 2006 (34): 2113-2122.

③ Stern, N., et al. Stern Review: The Economics of Climate Change [R]. HM Treasury, London, 2006.

④ Koji Shimada, Yoshitaka Tanaka, Kei Gomi, Yuzuru Matsuoka. Developing a Long-term Local Society Design Methodology Towards a Low-carbon Economy: An Application to Shiga Prefecture in Japan [J]. *Energy Policy*, 2007 (35): 4688-4703.

⑤ Michael W. Wara and David G. Victor. A Realistic Policy on International Carbon Offsets [J]. *Working Paper*, 2008.

⑥ Mckinsy. Pathways to a Low-carbon Economy [R]. 2009.

⑦ Edenhofer, O., and Stern, N. Towards a Global Green Recovery: Recommendations for Immediate G20 Action [R]. Report for the German Foreign Office, Berlin, 2009.

于其他经济形态。[①]

对于低碳经济竞争力，Allen Tyrchniewicz[②] 研究了控制温室气体排放对加拿大农业国际竞争力的影响。Heng-Chi Lee 和 Bruce McCarl[③] 研究了控制温室气体排放对美国农业的影响。Pongsak 和 Tetsuo[④] 等人研究了能源价格不确定性条件下，碳税政策的制定及其对产业发展的影响。Annette 和 Isabel[⑤] 认为气候变化对经济发展既是挑战，也是机遇，从动态和静态两个角度分析了技术创新对欧盟国家低碳经济竞争力的影响。Peters 和 Hertwich[⑥] 则分析了国际贸易产品碳排放与全球气候政策的关系。气候变化研究所（The Climate Institute）和 E3G 两个环保机构[⑦]运用低碳竞争力指标、低碳提升指标和低碳缺口指标对 G20 国家的低碳竞争力进行了整体评估。

二 国内低碳经济竞争力相关研究

2009 年以前国内研究低碳经济领域的学者不多，哥本哈根气候大会的召开激发了国内研究低碳经济的极大热情，2010 年与低碳经济相关的研究专著和论文数量呈现井喷态势，研究内容涉及面较广。

关于中国发展低碳经济的意义和必要性，冯之浚等人[⑧]认为，低碳经济是 21 世纪人类最大规模的经济、社会和环境革命，将比以往的工业革命意义更为重大，影响更为深远，中国应该积极发展低碳经济。牛文

① 苏瑾．赢余：低碳经济的成长［J］．世界环境，2007（4）：32－34.

② Allen Tyrchniewicz and Ed Tyrchniewicz. Development of Bioproduct Value Chains in the Canadian Economy：A Study of Value Creation，Value Capture and Business Models［J］．*Working Paper*，2003.

③ Heng-Chi Lee and Bruce McCarl. Leakage and Comparative Advantage Implications of Agricultural Participation in Greenhouse Gas Emission Mitigation［J］．*Mitigation and Adaptation Strategies for Global Change*，2007（12）：471－494.

④ Pongsak Krukanont and Tetsuo Tezuka. Analysis of Carbon Taxation under Fuel Price Uncertainty in Japanese Energy System［J］．*Working Paper*，2005.

⑤ Annette Bongardt and Isabel Cabrita. Towards a Competitive Low-Carbon Economy：On Firms' Incentives and the Role of Public Research［J］．*Working Paper*，2007.

⑥ Peters，G. P. and E. G. Hertwich. CO_2 Embodied in International Trade with Implications for Global Climate Policy［J］．*Environmental Science & Technology*，2008，42（5）：1401－1407.

⑦ The Climate Institute and E3G. G20 Low Carbon Competitiveness［R］．2009.

⑧ 冯之浚，周荣，张倩．低碳经济的若干思考［J］．中国软科学，2009（12）：18－23.

元[①]指出低碳经济是社会发展的重要突破口和新经济增长点。胡鞍钢等人[②]阐释了低碳经济“绿猫”模式的内涵及其经济发展模式，提出了低碳经济发展战略。李建建等人[③]认为，中国是否发展碳交易已不仅仅是一个国际谈判的政治问题，从长期来看更是一个争夺未来新兴碳金融市场话语权的战略问题。黄勇等人[④]将低碳经济的发展提到了国家核心竞争力的高度，主张积极应对低碳经济全球挑战。吴晓青等人[⑤]则认为低碳经济是新工业革命、新经济增长点，是占领经济发展制高点的重要契机，提出了加快研究制定国家低碳经济战略，并提出了中国发展低碳经济的若干建议。李俊峰等人[⑥]认为低碳经济是规范世界发展格局的新规则，关乎中国在世界经济格局中的地位，应该积极争取国家发展的更大空间。

关于如何发展低碳经济，冯之浚等人[⑦]提出推进低碳经济发展，要做到观念更新、结构创新、科技创新、消费方式创新和管理创新五个创新。潘岳[⑧]呼吁发展低碳能源技术，建立低碳发展模式和消费模式。庄贵阳[⑨]认为中国在国际气候制度构建中面临着巨大的国际压力，需要跨越许多市场和制度障碍，要加强能源技术创新和制度创新。金乐琴[⑩]指出低碳经济作为新经济发展模式，发展中国家应在发展战略、政策机制、技术创新等方面积极做好向低碳经济转型的准备。吴昌华[⑪]指出低碳经济涉及政府、企业和公众等相关利益群体，需要在政策、制度安排、生产方式和消费模式

① 牛文元．低碳经济是落实科学发展观的重要突破口［J］．中国报道，2009（3）：19.

② 胡鞍钢，等．低碳经济方兴未艾：“绿猫”模式的新内涵低碳经济［J］．世界环境，2008（2）：26－28.

③ 李建建，马晓飞．中国步入低碳经济时代——探索中国特色的低碳之路［J］．广东社会科学，2009（6）：43－49.

④ 黄勇，邹骥．应对低碳挑战中国胜算几何？［N］．中国环境报，2009－07－20.

⑤ 吴晓青，等．将加快研究制定国家低碳经济发展战略［J］．创新科技，2008（5）：5.

⑥ 李俊峰，马玲娟．低碳经济方兴未艾：低碳经济是规范世界发展格局的新规则［J］．世界环境，2008（2）：17－20.

⑦ 冯之浚，金涌，牛文元．关于推行低碳经济促进科学发展的若干思考［N］．光明日报，2009－04－21.

⑧ 潘岳．低碳经济是建设生态文明的突破口［EB/OL］．国际能源网，2009－02－01.

⑨ 庄贵阳．中国经济低碳发展的途径与潜力分析［J］．太平洋学报，2005（11）：79－87.

⑩ 金乐琴．中国如何理智应对低碳经济的潮流［J］．经济学家，2009（3）：100－101.

⑪ 吴昌华．城市引领中国低碳经济转型［J］．中国投资，2009（2）：116.

等方面进行大变革和结构重构。宋德勇和卢忠宝[①]提出低碳经济政策体系必须跟上市场化改革的进程，政策工具设计应从主要依靠行政手段向主要依靠市场机制转变。王利[②]认为推动低碳经济的发展应加快完善中国相关的法律与政策，建立一个有利于低碳经济发展的政策法律体系。胡振宇[③]指出中国要通过加强国际合作、制定法律法规、强化统计体系、建立示范体系来推动碳减排工作，获取国际支持和认可并争取碳排放空间。周宏春[④]认为发展低碳经济需要优化产业结构，发展低碳农业，建设低碳城市和基础设施。任力[⑤]认为应该实施低碳发展战略，调整产业与能源结构，加强低碳技术创新与制度创新，建立碳交易市场，促使企业承担建设低碳社会责任等。付允等[⑥]则强调低碳城市的发展路径是基础低碳、结构低碳、方式低碳和支撑低碳。国家发改委能源研究所于2009年底相继完成了《2050中国能源和碳排放报告》、《2050低碳发展情景研究》和《实施碳税效果和相关因素分析》三份课题报告以及出版《中国2050年低碳发展之路：能源需求暨碳排放情景分析》[⑦] 等著作，这将成为国家发改委制定低碳经济发展政策的参考依据。

关于影响碳排放水平的因素，郑玉歆等[⑧]利用CGE-PRCGEM模拟分析了征收碳税和实行碳减排对中国经济和产业发展的影响。王灿[⑨]运用CGE模型对中国碳税征收进行模拟，计算了中国碳税税率与环境效应的关系，计算了各个行业的直接碳税有效税率、间接碳税有效税率，计算了碳税在

---

① 宋德勇，卢忠宝．我国发展低碳经济的政策工具创新［J］．华中科技大学学报（社会科学版），2009（3）：85－91．

② 王利．低碳经济：未来中国可持续发展之基础——兼谈中国相关法律与政策的完善［J］．池州学院学报，2009（2）：17－21．

③ 胡振宇．低碳经济的全球博弈和中国的政策演化［J］．开放导报，2009（5）：15－19．

④ 周宏春．中国低碳经济的发展重心［J］．绿叶，2009（1）：65－68．

⑤ 任力．低碳经济与中国经济可持续发展［J］．社会科学家，2009（2）：47－50．

⑥ 付允，等．低碳经济的发展模式研究［J］．中国人口·资源与环境，2008（3）：14－19．

⑦ 国家发展和改革委员会能源研究所课题组．中国2050年低碳发展之路：能源需求暨碳排放情景分析［M］．北京：科学出版社，2009．

⑧ 郑玉歆，樊明太．中国CGE模型及其政策分析［M］．北京：社会科学文献出版社，1999．

⑨ 王灿．基于动态CGE模型的中国气候政策模拟与分析［D］．北京：清华大学，2003．

我国的双重红利效应等。林伯强、蒋竺均[①]利用传统的环境库兹涅茨模型模拟和在二氧化碳排放预测的基础上预测两种方法，对中国的二氧化碳排放拐点作了预测研究。王锋等人[②]运用对数平均 Divisia 指数分解法，把 1995~2007 年中国能源消费的 CO_2 排放增长率分解为 11 种驱动因素的加权贡献，并对这一时期六个时间段每一种驱动因素进行了研究。许广月和宋德勇[③]通过省际面板数据模型验证，中国及其东部地区和中部地区存在人均碳排放环境库兹涅茨曲线，但是西部地区不存在该曲线。张德英[④]和王雪娜[⑤]等人分别探讨了能源类碳排放量的测算方法，王中英等[⑥]和杜婷婷等[⑦]分别研究了中国经济增长与碳排放总量的关系，谭丹等人[⑧]分析了工业产业结构与碳排放的关系。徐国泉等[⑨]和陈彦玲等[⑩]采用因素分解模型分析了影响中国人均碳排放的原因。王伟林和黄贤金[⑪]从行业的角度分析了江苏省碳排放强度的变化特征，王铮和朱永彬[⑫]对各省市碳排放指标进行了对比分析。

---

① 林伯强，蒋竺均．中国二氧化碳的环境库兹涅茨曲线预测及影响因素分析［J］．管理世界，2009（4）．

② 王锋，吴丽华，杨超．中国经济发展中碳排放增长的驱动因素研究［J］．经济研究，2010（2）：123－136．

③ 许广月，宋德勇．中国碳排放环境库兹涅茨曲线的实证研究［J］．中国工业经济，2010（5）：37－47．

④ 张德英．我国工业部门碳源排碳量估算方法研究［D］．北京：北京林业大学，2005．

⑤ 王雪娜．我国能源类碳源排碳量估算办法研究［D］．北京：北京林业大学，2006．

⑥ 王中英，王礼茂．中国经济增长对碳排放的影响分析［J］．安全与环境学报，2006，6（5）：88－91．

⑦ 杜婷婷，毛锋，罗锐．中国经济增长与 CO_2 排放演化探析［J］．中国人口·资源与环境，2007，17（2）：94－99．

⑧ 谭丹，黄贤金，胡初枝．我国工业行业的产业升级与碳排放关系分析［J］．四川环境，2008（2）：74－78．

⑨ 徐国泉，刘则渊，姜照华．中国碳排放的因素分解模型及实证分析：1995－2004［J］．中国人口、资源与环境，2006（6）：158．

⑩ 陈彦玲，王琛．影响中国人均碳排放的因素分析［J］．北京石油化工学院学报，2009（2）：54－58．

⑪ 王伟林，黄贤金．区域碳排放强度变化的因素分解模型及实证分析——以江苏省为例［J］．生态经济，2008（12）：32－35．

⑫ 王铮，朱永彬．我国各省区碳排放量状况及减排对策研究［J］．中国科学院院刊，2008（2）：109－114．

关于碳排放与国际贸易的关系，王正鹏等[①]分析了进出口贸易对中国能源类二氧化碳排放的影响。赵欣和齐中英[②]研究了中国国际贸易中的隐性能源和二氧化碳排放。李丽平等人[③]分析了国际贸易视角下的中国碳排放责任。

关于国际碳排放权的分配，王伟中等人[④]认为，大气中的温室气体排放权分配应当遵循人均排放权分配原则和效益原则。潘家华和陈迎[⑤]提出以气候安全的允许排放量为全球碳预算总量，将有限的全球碳预算总额以人均方式初始分配到每个地球村民，可以确保碳预算方案的公平性。何建坤等人[⑥]提出了碳排放权分配的“一种产权、两次分配”原则，各个国家可以通过碳排放权交易市场进行排放权的二次分配，实现资源的优化配置。陈文颖等人[⑦]建议以“一个标准、两个趋同”的原则来进行碳排放权的分配。樊纲[⑧]提出按照各国人均累计消费碳排放量分配碳减排义务，既考虑了各国的历史责任，又考虑到人的平等性。

关于碳排放权交易，周海屏[⑨]认为碳排放权交易市场将带动一批相关服务业发展，英国、日本在国内建立交易市场的举措值得重视和借鉴。杨红强和聂影[⑩]认为环境保护通过成本控制对国际碳排放贸易产生影响，有

---

① 王正鹏，李莹，李德贵．进出口贸易对中国能源二氧化碳排放影响的初步分析［J］．中国能源，2008（3）：14－17.

② 赵欣，齐中英．中国国际贸易中的隐性能源和二氧化碳排放研究［A］．中国环境科学学会论文集［C］.2008.

③ 李丽平，任勇，田春秀．国际贸易视角下的中国碳排放责任分析［J］．环境保护，2008（6）：62－64.

④ 王伟中，陈滨，鲁传一，吴宗鑫．《京都议定书》和碳排放权分配问题［J］．清华大学学报（哲学社会科学版），2002（6）.

⑤ 潘家华，陈迎．碳预算方案：一个公平的可持续的国际气候框架［J］．中国社会科学，2009（5）.

⑥ 何建坤，刘滨，陈文颖．有关全球气候变化问题上的公平性分析［J］．中国人口·资源与环境，2004（6）.

⑦ 陈文颖，吴宗鑫，何建坤．全球未来碳排放权“两个趋同”的分配方法［J］．清华大学学报（自然科学版），2005（6）.

⑧ 樊纲．走向低碳发展：中国与世界［M］．北京：中国经济出版社，2010.

⑨ 周海屏．全球二氧化碳排放权交易市场的分析与展望［J］．上海环境科学，2003，22（10）：705－707.

⑩ 杨红强，聂影．碳排放贸易与环境保护协调策略［J］．商业时代，2006（5）：63－64.

利于经济可持续发展。于天飞①从碳排放权交易规则、减排政策、资金机制、运作模式等方面分析了影响碳排放权交易的主要因素。廖玫和戴嘉②探讨了国际碳排放贸易的市场格局及其准入条件，认为市场的进入成本越高，环境效益越大。

关于低碳经济发展水平的评价，朱有志等人③依据低碳经济的概念内涵，利用层次分析法构建低碳经济评价指标体系，包括碳排放、碳源控制、碳汇建设、低碳产业、碳交易与合作 5 个二级指标和 13 个三级指标。刘嵘等人④设计的低碳经济评价指标体系分为四个层次，包括社会发展、经济发展、技术发展和环境发展 4 个一级指标，社会发展水平等 9 个二级指标，32 个三级指标。付加锋等人⑤基于驱动力 - 状态 - 响应模型和指标构建原则，构建了以低碳产出、低碳消费、低碳资源、低碳政策和低碳环境为维度的多层次评价指标体系和相应的评价方法，指标体系包括 5 个准则层和 14 个指标。胡大力和丁帅⑥从低碳经济的内涵以及产业链路径的角度出发，构建了衡量低碳经济发展水平的评价指标体系，包括低碳能源指标、低碳产业产出指标、低碳消费指标、低碳废物处理、低碳社会环境、低碳科学技术 6 个子模块和 20 个指标。李晓燕和邓玲⑦构建了城市低碳经济发展综合评价指标体系，指标体系包括经济系统、科技系统、社会系统、环境系统 4 个准则层，共 27 个指标。马军等人⑧构建了一个包含经济发展指标、产业发展指标、科学技术发展指标、社会支撑指标和环境支撑

---

① 于天飞．碳排放权交易的市场研究［D］．南京：南京林业大学，2007.

② 廖玫，戴嘉．国际碳排放贸易的市场格局及其准入条件研究［J］．财贸研究，2008（1）：67－72.

③ 朱有志，周少华，袁男优．发展低碳经济应对气候变化——低碳经济及其评价指标［J］．中国国情国力，2009（12）：4－6.

④ 刘嵘，徐征，李悦．低碳经济评价指标体系及实证研究［J］．经济论坛，2010（5）：37－41.

⑤ 付加锋，庄贵阳，高庆先．低碳经济的概念辨识及评价指标体系构建［J］．中国人口·资源与环境，2010（8）：38－43.

⑥ 胡大力，丁帅．低碳经济评价指标体系研究［J］．科技进步与对策，2010（22）：160－164.

⑦ 李晓燕，邓玲．城市低碳经济综合评价探索——以直辖市为例［J］．现代经济探讨，2010（2）：82－85.

⑧ 马军，周琳，李薇．城市低碳经济评价指标体系构建［J］．科技进步与对策，2010（22）：165－167.

指标5个准则层与30个指标的指标体系，用以评价城市低碳经济发展水平。陆小成和刘立[①]构建了区域低碳创新系统，主要由低碳知识生产系统、低碳技术创新系统、低碳创新政策系统、低碳创新服务系统和低碳创新文化系统等构成。杨志等人[②]构建了低碳经济指标体系，对全球50个国家和国内31个省区市的低碳经济竞争力进行评价。

关于低碳经济竞争的研究，迟福林[③]提出低碳经济是一种新型发展模式，后危机时代低碳经济将成为全球结构调整和技术创新的重要驱动力。高风[④]提出中国不要过多期望于国际合作或援助，因为所谓的国际合作机制，多数都为追求某种政治目的，作秀重于实效。何建坤[⑤]认为发达国家不仅在向发展中国家转让环境友好技术问题上态度消极，而且也有凭借其在能效和新能源领域的技术优势，扩充新的经济增长点，锁定或加大与发展中国家差距的战略意图。马中[⑥]认为国外资金技术支持背后隐藏着需要购买昂贵配套生产线的陷阱，获得的资助与需要的庞大支付相比极不合算，还限制了自身技术的研发和相关替代物的生产，况且要获得资助的谈判还异常艰辛。

关于低碳经济竞争力的研究。张中祥[⑦]提出设计实施碳税，尽管在短期内对某些产业可能造成严重影响，但对国家竞争力的影响并不明显。陈晓春和陈思果[⑧]提出面对国际金融危机、气候变化加剧、资源能源耗竭等种种挑战，大力培育和提升低碳竞争力，能为企业和国家逆势发展提供有效支撑和不竭动力，也是企业与国家规避绿色贸易壁垒的有力武器。赵彦

---

① 陆小成，刘立．基于科学发展观的区域低碳创新系统架构分析与实现机制［J］．中国科技论坛，2009（6）：32－36.

② 杨志，等．中国低碳经济年度发展报告2011［M］．北京：石油工业出版社，2011．杨志，等．中国低碳经济年度发展报告2012［M］．北京：石油工业出版社，2012.

③ 迟福林．后危机时代我国发展方式的转型与改革［N］．光明日报，2010－02－23.

④ 高风．低碳发展与中国自觉的追赶［G］//张坤民等编．低碳经济论．北京：中国环境科学出版社，2008.

⑤ 何建坤．低碳经济：靠自己发展是根本［N］．中国经济导报，2010－04－24.

⑥ 马中．关于气候谈判与低碳经济之我见［G］//张坤民等编．低碳经济论．北京：中国环境科学出版社，2008.

⑦ 张中祥，Andrea Baranzini．探究碳税对于竞争力与收入分配的影响［G］//张坤民等编．低碳经济论．北京：中国环境科学出版社，2008.

⑧ 陈晓春，陈思果．“低碳”竞争是压力更是动力［N］．光明日报，2010－02－12.

云[①]认为中国发展低碳经济具有竞争力。周建成等[②]把低碳竞争力界定为在节能减排目标的指导下，企业通过采用可持续发展战略、低碳技术和清洁生产方式，率先生产、开发、利用比竞争对手污染更低、排放更低、能耗更低的产品，从而持续获得竞争优势的能力。刘解龙等人[③]认为企业要想在未来的发展中形成持久的竞争力，必须加快发展方式的转变，主动积极改革创新，及早适应正在到来的低碳经济时代的要求。

上述研究无疑增进了人们对低碳经济的了解，也为低碳经济政策的完善提供了科学的依据，但是缺乏从国际竞争角度来考虑低碳经济发展的系统研究，特别是国际低碳经济竞争对中国国内产业发展、技术创新和国际贸易的影响，少有相关研究，关于低碳经济竞争力的理论基础、分析框架和评价体系，研究成果更是缺乏，值得对其进行深入研究。

第三节　低碳经济竞争力的研究意义

中国作为一个发展中大国，经济社会发展中还面临诸多需要解决的难题，但中国政府从全人类长远利益和国际责任出发，一直高度重视全球气候变化问题，恪守“共同但有区别的责任”原则，积极参与国际应对气候变化合作，将应对气候变化作为经济社会发展的重大战略，在决策意识、法规政策、行动措施等方面做出了积极努力，并正式对外宣布控制温室气体排放的行动目标，决定到 2020 年碳排放强度（单位国内生产总值二氧化碳排放）比 2005 年下降 40% ~45%，作为约束性指标纳入“十二五”及其后的国民经济和社会发展中长期规划，这是一个高标准和具有挑战性的目标，也展现了中国政府实现低碳发展的决心和信心。但中国经济发展水平很低，人口众多，经济社会发展任重道远，正处于工业化、城市化和现代化进程加快推进的关键时期，经济快速增长，而自主创新能力不足，

---

① 赵彦云．中国发展低碳经济具有竞争力［EB/OL］．http：//green. sohu. com，2010 - 03 - 06.

② 周建成，曾敏．发展低碳经济提升低碳竞争力［J］．中国有色金属，2010（19）：58 - 59.

③ 刘解龙，王思思，刘丹侠．后危机时代：低碳经济与企业竞争力［J］．湖湘论坛，2010（1）.

经济增长方式存在“高投入、高消耗、高排放、不协调、难循环、低效率”的问题，在有些地区、有些行业、有些企业还相当突出，[①] 多个行业低水平重复建设导致过剩产能和落后产能，浪费了大量资源与能源。加上中国的化石能源占能源消耗数量的92%以上，其中煤炭超过70%，电力生产中的80%依赖燃煤发电，[②] 而能源、汽车、钢铁、交通、化工、建材等六大高耗能产业的加速发展，使得中国成为“高碳经济”的典型。虽然目前中国人均温室气体排放量只有美国的1/4，但排放总量已经居世界第一，占世界排放总量的比重还在不断上升，碳排放强度也远远超过发达国家水平。发达国家工业化数百年来分阶段出现并解决的环境问题，在中国短短几十年的发展中集中出现，留给中国解决问题的时间非常紧迫。

改革开放以后，中国工业生产体系不断完善和壮大，凭借丰富而廉价的土地和劳动力资源，大量吸收国外资本，承接国际产业转移，生产力大幅度提高，产品出口规模持续扩大，特别是经过艰苦谈判加入WTO以后，国际市场份额明显增加，国际竞争力明显增强，对国内经济增长起到巨大拉动作用。但国际社会酝酿的碳减排任务分配和碳关税机制，将对中国产品出口设置巨大的绿色贸易壁垒，严重制约中国产品出口的国际竞争力，进而影响国内经济正常发展。

面对保持经济高速增长的迫切需要和资源、能源、环境的约束，中国将如何履行碳减排的国际责任和承诺？如何促进低碳技术创新和发展低碳产业参与国际竞争？又该如何在国际低碳经济发展潮流中，提高国内低碳经济发展水平，有效应对国际碳减排机制对国内经济发展的影响，持续提升国际竞争力？提升中国低碳经济竞争力，关乎中国可持续发展，关乎中国未来国际发展空间，是值得研究的重大问题，具有深刻的理论和现实意义。

一 理论意义

（1）低碳经济是一种新型经济发展形态，有不同于传统经济发展模式的特点，是关注温室气体排放引发气候变化的新经济发展模式，但又区别

① 马凯．科学发展观与经济增长方式的根本转变［J］．求是，2004（8）．

② 国家统计局能源统计司．中国能源统计年鉴2013［M］．北京：中国统计出版社，2013．

于循环经济和绿色经济，是环境经济学、能源经济学和生态经济的理论交叉。气候变化是环境问题，又是技术问题和经济问题，更关系到国际政治、经济，低碳经济竞争区别于传统经济竞争模式，是一种旨在解决全球气候变化公共问题，既有合作又有竞争的模式，而且这是一种竞争规则和竞争秩序还不明确的竞争，存在很大不确定性。低碳经济竞争力是低碳经济和国际竞争力理论的结合，是低碳发展模式下的国际竞争力，也是国际竞争中的低碳经济发展能力。从国际视角分析低碳经济竞争力，可以更好地认清低碳经济竞争的环境和趋势，也更有利于把握低碳经济研究的重点和方向。

（2）竞争理论是经济学中最古老也是最有生命力的理论之一，竞争力理论是经济学、管理学界竞相研究的热点，其理论体系博大精深，研究领域全面，研究方法众多。但传统竞争力理论过多地关注资源禀赋、科技创新、规模经济等要素，对环境问题和可持续发展问题关注得不够充分。研究低碳经济竞争力，就是研究人类面临公共环境问题与可持续发展问题，如何开展国际竞争，就是要解释处于不同发展阶段的国家如何通过竞争与合作发展低碳经济，研究低碳经济发展过程中制度、技术、资本和企业之间的内在关系。探索低碳经济发展模式下的国际竞争机制，必将丰富和发展竞争力理论。

（3）国际竞争力是一个内涵较为复杂和模糊的概念，关于什么是竞争力，学界一直众说纷纭，不同学者基于不同经济学和管理学思想对其有不同的认识，关键在于还没有形成统一的理论框架。研究低碳经济竞争力，也需要构建比较简便有效、能够获得较多认可的理论框架，低碳经济竞争力的内涵、内在机理、表现形式与识别途径、与一般国际竞争力的关系、影响要素和评价方法等，都是需要进一步研究的重点。

（4）综合评价是竞争力研究的重要内容，评价体系的理论基础、设计理念和评价方法，都会影响到评价结果。低碳经济是一个极为复杂的系统，决定和影响低碳经济竞争力的因素很多，各因素之间存在复杂关系，需要建立科学的综合评价体系，评价结果才能客观和准确，具有指导性和可操作性。研究低碳经济竞争力，就是要通过科学评价，综合反映影响低碳经济竞争力的竞争要素和竞争过程，不但要反映现实竞争力，更要反映潜在竞争力。

二　现实意义

（1）随着全球经济总量的快速增长，对能源需求的过快增长超过了能源探明储量的增长，历次能源危机表明，国际能源供应和价格变化极易导致世界政治经济形势发生变化，能源安全是国家政治经济安全的重要保障。在很长一段时期内，中国一直扮演着“世界工厂”的角色，处于国际产业链低端的不利地位，虽然工业经济发展很快，但带来了能源大量消耗的压力。中国本就是一个缺油少气的国家，石油能源高度依赖进口，一旦国际政治经济形势发生重大变化，将对中国的能源安全和经济安全产生重大影响。发展低碳经济的关键就是节约能源使用，提高低碳经济竞争力能够有效降低对传统化石能源的依赖，提高国家能源安全保障能力。

（2）中国经济发展是以牺牲自然资源和环境为代价，换取物质产出不断增长，通过大量投资和资本积累，依靠大量出口物质产品积累国际货币财富的发展方式，是一种不可持续的传统发展模式，虽然中国也一直致力于转变经济发展方式，但进展尚不尽如人意。经济、社会和环境之间的矛盾比较突出，促进三者协调发展的制度和机制难以建立起来，关键在于改革的内在动力不足，受到各种利益关系制约。

低碳经济在短期内迅速成为国际社会关注焦点，世界各国在发展低碳经济的法规政策、技术创新和产业发展等方面，都已经展开全方位的竞争。国际碳减排机制和低碳经济竞争是中国经济转型的外在压力，会转化为促进中国发展低碳经济的内在动力。中国主动参与国际低碳经济竞争，迫切需要在政策法规、技术革新和调整产业结构方面做出积极努力和具体行动，才能兑现碳减排的国际承诺，这也是加快转变经济发展方式的重要契机。

（3）发展低碳经济就是要理顺资源能源价格体系，充分体现自然资源作为经济发展要素的重要地位，发展低碳经济就是要真正把保护环境和经济发展结合起来，将保护环境计入企业生产成本，通过社会成本企业化，调控企业的生产经营行为，提高低能耗、低排放产品竞争力，压缩高能耗、高排放产品的市场空间，改变企业竞争劣势，实现促进产业结构优化调整的目的。提高低碳经济竞争力，就是企业要加快技术创新，节约能源消耗，降低生产成本，增强竞争优势，带动整个社会生产力的提高，低碳技术的推广应用和新能源产业的发展，也将成为经济增长新的动力。

（4）欧美和日本等发达国家早已纷纷投入巨资支持低碳技术创新，培育壮大低碳产业，完善低碳经济市场机制，希望在低碳经济领域掌握主导权，以获取国家最大经济和政治利益。可以说，国际低碳经济的竞争已经成为覆盖政策、技术、资本和产业的全方位竞争，并且上升为国家战略利益的竞争，低碳经济竞争已经成为全球化背景下国家竞争的重要内容。在发展低碳经济大趋势中，征收碳关税虽然起到了监督减排责任的作用，但也成为国际贸易新的技术壁垒，将给发展中国家及新兴经济体的出口贸易增加沉重负担，严重制约其出口产业的发展。提升低碳经济竞争力是国家和企业规避这个贸易壁垒的有力武器，必须探索和创新提升低碳竞争力的方式和途径，降低产品单位能耗和碳排放水平，提高产品技术附加值，通过提升低碳经济竞争力来提升综合国际竞争力。

第四节　低碳经济竞争力研究方案

一　研究目标

由于低碳经济研究尚处于起步发展阶段，涉及气候变化、环境保护、能源消耗以及技术创新等众多因素的低碳经济如何发展，其内在机理如何，国际社会应对气候变化的合作与竞争如何影响一个国家或地区低碳经济发展，低碳经济又是如何竞争的，影响低碳经济竞争力的要素有哪些，又是如何相互作用的，等等，至今尚未形成完善的理论体系。研究低碳经济竞争力，就是要从理论上对此给出解释。

本书以竞争力为核心来考察低碳经济国际竞争的机理，基于中国应对气候变化和转变经济发展方式的双重背景，分析国际低碳经济发展趋势和世界低碳经济竞争格局对中国经济发展的影响，说明国际低碳经济竞争的理论基础、内在逻辑、影响要素，通过综合评价国际低碳经济竞争力，发现各国低碳经济竞争优劣势，为提升中国低碳经济竞争力、制定和完善低碳经济相关政策提供决策依据。本书研究目标可以分解为以下几个具体方面。

（1）通过现实考察国际应对气候变化行动的现状与趋势，分析国际低碳经济合作与竞争格局，重点分析国际低碳经济竞争的关键领域和发展态势。

（2）通过理论分析，考察法规政策、技术创新、产业发展和管理方式等要素对低碳经济竞争力的影响机理，构造一个低碳经济竞争力理论分析框架。

（3）通过综合梳理，建立一个科学客观的低碳经济竞争力综合评价体系，作为衡量各国低碳经济竞争力的标准。

（4）通过综合评价，归纳低碳经济国际竞争力的要素特征和变化趋势，总结出提升低碳经济竞争力的有效途径。

（5）通过比较分析，判断中国低碳经济国际竞争优劣势，重点是发现中国低碳经济竞争劣势，作为重点改进的出发点。

（6）基于上述分析，针对中国如何发展低碳经济以提升国际竞争力提出前瞻性思路和建议。

二　研究内容

低碳经济竞争力研究目标体系丰富，需要有清晰的研究思路，作为研究过程的指导，设计研究内容。图1－1作为本书研究思路的路线图，描述了低碳经济竞争力研究的主要内容，主要包括三大组成部分，依次是理论体系、评价体系和对策体系。

第一部分理论体系是在广泛收集、研究相关文献基础上，根据研究目的和研究意义，搭建低碳经济竞争力分析的理论框架。在充分借鉴国内外相关研究成果基础上，综合运用环境学、经济学、管理学等多学科理论，构建低碳经济竞争力的理论体系，是本研究的核心内容。如何界定低碳经济竞争力的基本内涵，低碳经济竞争力的主要特征、构成要素和内在动力，是本研究的重点和难点。低碳经济运行体系和竞争力要素模型，既是理论分析框架的深化，也是评价实践的基础依据，其地位尤为重要。

第二部分评价体系是指在理论分析基础上构建的低碳经济国际竞争力综合评价体系。研究竞争力离不开评价，需要构建科学客观的评价体系，任何评价体系和评价方法都有一定的主观性和倾向性，对评价事物的发展形成一定导向作用。低碳经济竞争力评价体系不但要借鉴与应用评价国际竞争力的主流方法，还需要结合低碳竞争的特点，构建独具特色的低碳经济竞争力评价体系。这个评价体系要能够客观反映当前及未来一段时期国家应对气候变化过程中各国低碳经济竞争的态势和趋势，客观反映各国的

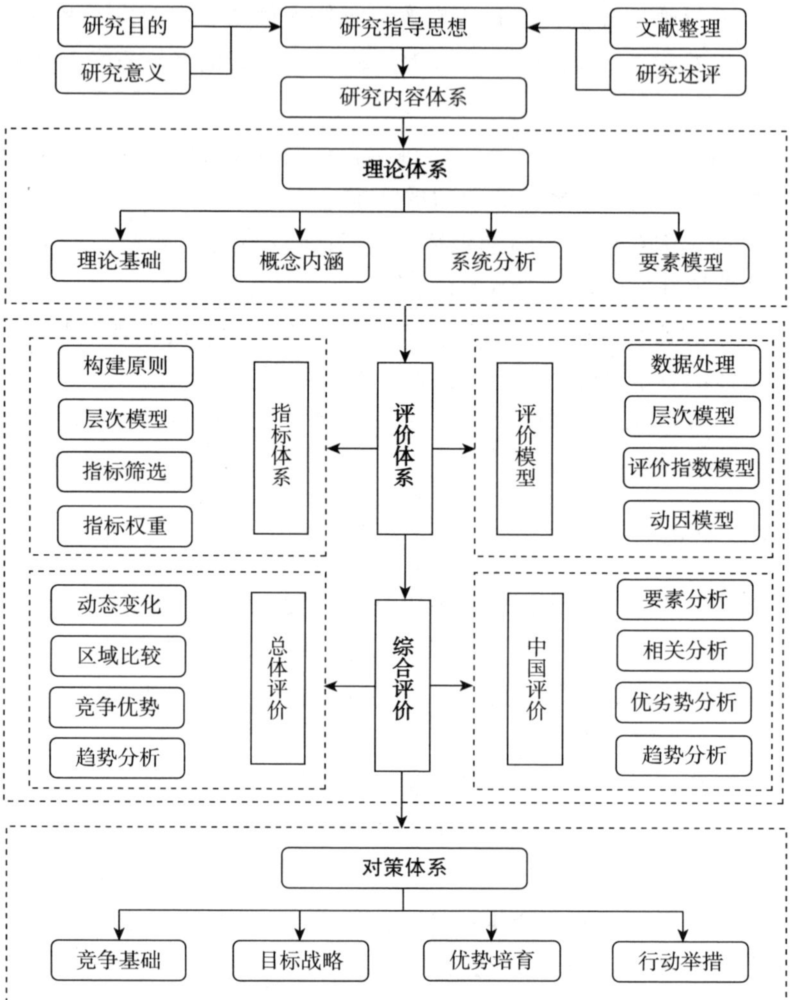

图 1-1　低碳经济竞争力研究思路

竞争优劣势，更要能够指导中国如何提升低碳经济竞争力。这部分包括三个内容，一是设计评价指标体系；二是设计评价模型；三是根据收集的数据进行综合评价，并对评价结果进行全面解读和分析。

第三部分对策体系是根据理论推演和综合评价结果提出增强中国低碳经济竞争力的战略和对策。本部分把抽象的理论分析和具体的综合评价结合起来，通过归纳总结制约和影响各国低碳经济竞争力水平的主要指标、薄弱环节及其根源，以及低碳经济竞争力的可能发展趋势，提出竞争优势培育途径，有针对性地提出相应的对策措施和实践活动，为中国提高低碳经济竞争力提供参考依据，推动科学发展和协调发展。

各章节的主要内容如下。

第一章：概述研究的相关背景、国内外研究进展情况、开展研究的理论和现实意义，提出本书的研究目标、研究思路、研究方法和主要创新点。

第二章：分析气候变化和经济发展的关系，国际社会应对气候变化的行动努力和世界低碳经济发展趋势，重点分析国际低碳经济合作和竞争格局，包括国际碳减排合作机制，各国对碳排放权的激烈争夺，以及低碳技术、新能源产业和国际低碳贸易领域的激烈竞争。从能源消耗、温室气体排放和国际贸易几个方面进行国际比较，分析中国面临的低碳发展形势。

第三章：追溯低碳经济竞争力的理论基础，梳理马克思主义竞争规律、竞争力理论和生态观，理清了西方经济学竞争理论的发展脉络，最后对不同竞争力理论的发展、相互关系进行评述。

第四章：从环境保护与经济增长和国际竞争力关系角度，探索低碳经济竞争力理论基础，重点分析了发展低碳经济与产业转移、技术进步和国际竞争优势的关系，界定低碳经济竞争力的概念和内涵，总结低碳经济竞争力的表现形式和识别途径。

第五章：在整理国家竞争力要素模型及其发展趋势基础上，对迈克·波特国家竞争力钻石模型进行评价。根据低碳经济运行特征和趋势，构建了低碳经济综合运行系统（EEE），并据此设计了低碳经济竞争力要素模型，对影响低碳经济竞争力的要素及其内在逻辑关系进行综合分析。

第六章：在综合评述 WEF 和 IMD 国际竞争力评价体系基础上，以理论分析和要素模型为基础，创建了低碳经济竞争力综合评价体系，包括指标体系、权重设定、评价模型和动因分析模型。

第七章：以低碳经济竞争力指标体系和评价模型为基础，根据 2001～2013 年连续 13 年的指标数据，测算出 G20 国家低碳经济竞争力各级指标的标准得分和排名，进行国际比较和相关分析。重点对中国低碳经济竞争力进行综合评价，总结了中国低碳经济的竞争优劣势。构建面板数据模型，分析了中国 30 个省区市低碳经济竞争力及其影响要素。

第八章：总结了近年来中国发展低碳经济的成就和参与国际低碳经济竞争的基础，着重分析了培育中国低碳经济竞争优势的途径，提出了中国提升低碳经济竞争力的战略和对策建议。

三　研究方法

根据研究目标与研究内容的安排，按照马克思主义唯物辩证法的要求，拟结合理论研究和应用研究、实证研究和规范研究、静态研究和动态研究，综合运用理论演绎、模型构建、实证分析和统计归纳等定性和定量分析方法，同时借鉴和吸收国内外相关研究成果，形成经济学、管理学、环境学、统计学和数量经济学等多门学科的“多维理论分析构架”作为分析方法体系。在这个分析框架体系下，以马克思主义政治经济学为核心理论指导，以基于竞争力理论的系统分析方法作为基础分析方法，在以应对全球气候变化为目标的国际政治经济大博弈背景下，揭示低碳经济竞争力形成的内在机理和要素模型，从而完成理论模型的构架。在实证分析中，将静态分析和动态分析相结合，大量采用数理分析模型，采用层次分析法构建评价指标体系，用相关分析法确定指标权重，用多元回归模型进行低碳经济竞争力动因分析，在广泛搜集客观资料基础上，采用功效系数法和指数模型进行低碳经济竞争力综合评价。最后通过揭示各国低碳经济竞争的发展现状、趋势和相互联系，以及各要素对低碳经济竞争力的影响，并把握这一关系演进的规律和趋势，为企业和政府制定应对低碳经济竞争的规划、政策确定方向，提供有价值的规范分析。

第五节　主要观点

经过深入研究，在国际低碳经济竞争格局和发展趋势、低碳经济竞争力的理论基础和评价结果，以及低碳经济竞争力提升战略等方面，形成了一些较为明确的观点和结论。

（1）在全球金融危机大背景下，低碳技术领域的投资，已经在刺激经济复苏和增加就业机会方面发挥了重要作用，可再生能源、清洁能源产业成为投资热点，已经拉开通向低碳经济发展的新一轮技术和产业革命的序幕，低碳经济将成为未来全球经济发展的新增长点。

（2）气候变化和碳排放已经成为各国政治、经济博弈的焦点，各国之间针对碳减排任务的谈判还将持续，发达国家与发展中国家之间碳减排任务分配的争议，实质上是争夺发展权和国际经济新秩序的主导权。

（3）国际低碳经济竞争已经成为覆盖政策、技术、资本和产业发展的全方位竞争，并且上升为国家战略利益的竞争，低碳经济竞争已经成为全球化背景下国际政治经济竞争的重要内容，低碳经济竞争力也是一个国家或地区国际综合竞争力的重要组成部分。

（4）低碳经济竞争力是一国在碳减排目标约束下，吸引并优化配置低碳经济要素，创造财富以提高国民生活水平的能力。这种能力既包括实现碳减排目标、完成国际碳减排任务的能力，也包括对发展低碳经济所需资本和技术等要素的吸引力，不但包括优化配置生产要素提高生产率的能力，也包括创造竞争优势实现可持续发展的能力。

（5）碳税和碳关税等低碳经济政策工具在短期内会增加企业生产成本，不利于产业竞争力提升，但从长期来看，技术创新、新能源产业发展和环境的改善会抵消短期劣势，创造出长期竞争优势。发展低碳经济对国际竞争力的正负影响以及影响程度，是几个方面力量对比的结果，各国差别明显。

（6）低碳经济运行涉及经济、能源和生态三大系统的相互作用和联系，影响低碳经济竞争力的要素非常复杂，但主要取决于一国的经济发展水平和经济结构。

（7）低碳经济竞争关系到产业繁荣、国家实力和国际发展空间，提升中国低碳经济竞争力，既是应对国际碳减排压力、实现碳减排目标的有效途径，也是促进国内发展方式加快转变的重要契机。

（8）科学评价低碳经济竞争力，不但要反映现实竞争力，更要反映潜在竞争力。决定一国低碳经济竞争力的六个关键要素是机遇、机制、科技、产业、环境和能源。

（9）在G20国家中，中国低碳经济竞争力处于居中偏下位置，表现较好的是低碳环境竞争力和低碳创新竞争力，而低碳产业竞争力和低碳效率竞争力排位靠后。中国低碳竞争优势主要表现在经济增长表现、碳汇建设和技术投入上，但经济社会环境、产业结构和经济发展方式是中国低碳经济竞争的劣势所在。

（10）中国在政策法规、技术投入、新能源产业发展等方面具有良好的竞争优势，但面临复杂的国际竞争环境，要依据低碳经济竞争的运行规律和发展趋势，从政策法规、战略规划、技术创新、产业发展和社会引导等多个角度，用综合系统工程方法，全面提升中国低碳经济竞争力。

第二章

国际低碳经济竞争与中国形势

第一节　气候变化与经济发展

一　人类经济活动影响全球气候变化

自从工业革命以来，人类社会生产力极大提高，生产并消费了大量物质产品，在促进人类社会发展的同时，也给自然资源和环境带来巨大影响，特别是以煤炭、石油为主的化石能源消耗给资源和环境带来了巨大压力，以二氧化碳为主的巨量废气排放形成温室效应，对生态环境造成巨大影响。联合国政府间气候变化专门委员会已经四次发布全球气候变化报告，认为气候变暖除了自然因素影响以外，主要还是人类活动造成的，特别是与人类活动中排放的温室气体密切相关，而燃烧化石能源和农业生产等人类经济活动是排放温室气体的主要来源。温室气体（GHG）是指大气中自然或人为产生的气体成分，《京都议定书》将二氧化碳（CO_2）、甲烷（CH_4）、氧化亚氮（N_2O）、六氟化硫（SF_6）、氢氟碳化物（HFC）和全氟化碳（PFC）定为温室气体，还有其他一些含氯和含溴物质，二氧化碳是大气中最主要的温室气体。

在过去 100 年里，人类共消耗煤炭 2650 亿吨、石油 1420 亿吨、钢铁 380 亿吨、铝 7.6 亿吨、铜 4.8 亿吨，物质能源消耗排放出大量温室气体。图 2－1 反映了工业革命以来人类活动排放的二氧化碳增长情况，19 世纪中叶以前，碳排放量增长缓慢，此后碳排放增速逐渐提高，从 20 世纪中叶开始，碳排放量增长速度急剧提高，在 20 世纪，全球碳排放量年均增长

2.7%。据国际能源署（IEA）统计，[①] 2011 年全球共排放 313.4 亿吨 CO_2，比 2010 年增长 2.7%，比 2005 年增长 13.97%，2000～2011 年平均增长速度为 2.8%。

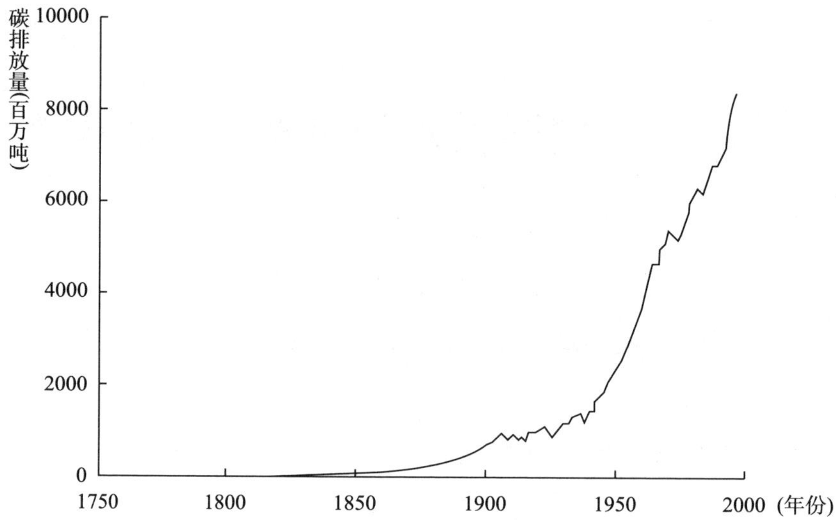

图 2-1 工业革命以来人类活动的碳排放增长趋势

资料来源：IPCC. Climate Change: The Fourth Assessment Report of the Intergovement Panel on Climate Change [R]. Geneva, Switzerland, 2007。

根据 IPCC 4（2007）报告，人类经济活动产生的碳排放主要来自化石能源消耗，燃烧化石燃料产生的 CO_2 占全部温室气体排放总量的 56.6%；其次是由于毁林、生物腐殖质等原因产生的 CO_2，占温室气体排放总量的 19.4%；甲烷占温室气体排放总量的 14.3%；其他温室气体比重较低。从人类活动产生温室气体的原因来看，能源供应占 25.9%，是最大的碳排放来源；其次是工业，产生的碳排放占总排放量的 19.4%；交通领域的碳排放占总排放量的 13.1%；建筑业碳排放也占总排放量的 7.9%；非能源消耗产生的碳排放主要来自林业和农业生产，分别占到 17.4% 和 13.5%（见图 2-2）。

温室气体的大量排放超出了自然环境能够吸收和固化的能力，打破了生态环境中大气循环的平衡，大气中主要温室气体的浓度持续增长，二氧

① IEA. CO_2 Emissions from Fuel Combustion Highlights 2013 [R]. 2013. http://www.IEA.org.

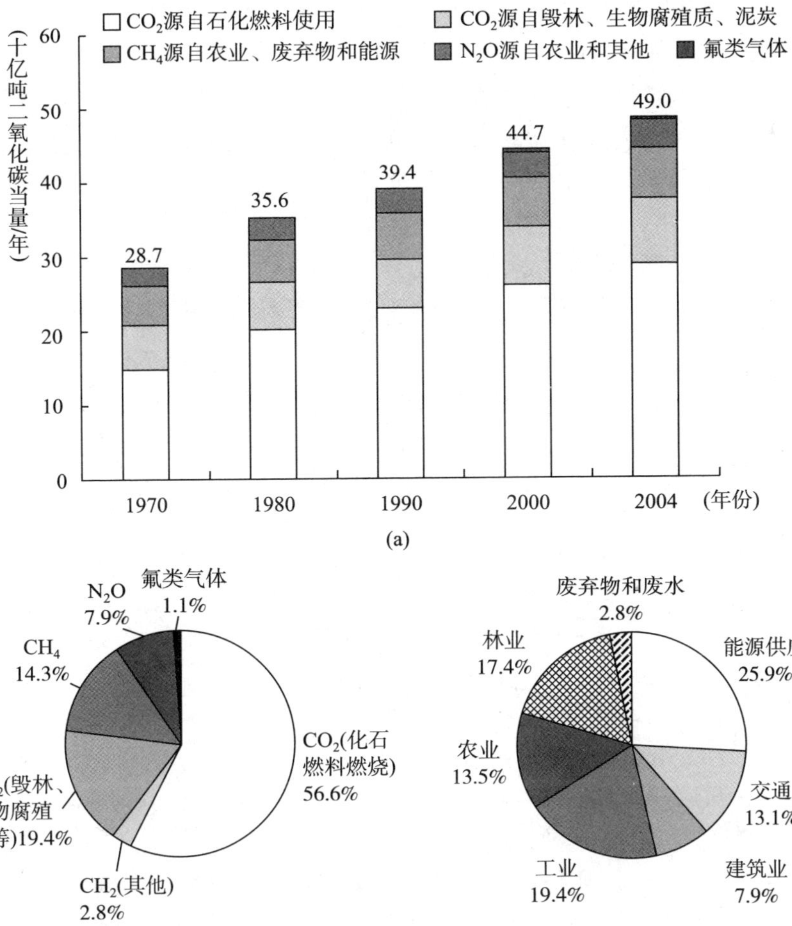

图 2－2　全球人类经济活动温室气体排放

资料来源：IPCC 4（2007）。

化碳、甲烷和氧化亚氮浓度增加都非常显著，其中二氧化碳浓度增幅最大。图 2－3 显示了大气中温室气体密度的变化趋势，下方趋势线是二氧化碳密度变化趋势，上方线是包括全部 6 种温室气体的密度变化趋势。世界气象组织（WMO）发布的《2008 年温室气体公报》显示，2008 年大多数温室气体浓度继续增加，二氧化碳在大气中的浓度为 385. 2ppm（1ppm 为百万分之一），而工业革命前二氧化碳在大气中的浓度大约为 280ppm，几乎固定不变；大气中甲烷的浓度为 1797ppb（1ppb 为十亿分之一），而在工业革命前甲烷浓度约为 700ppb；氧化亚氮在大气中的浓度为 321.8ppb，比工业革命前高出 19%，可长期留存的温室气体——二氧化碳、甲烷和氧化亚氮的浓度都创下工业革命以来的新纪录；许多卤烃（包括氢氟碳化物）在大气中的浓度在工业化以前基本为零，目前也呈现明显增加的趋势，威胁到全球的生态平衡。

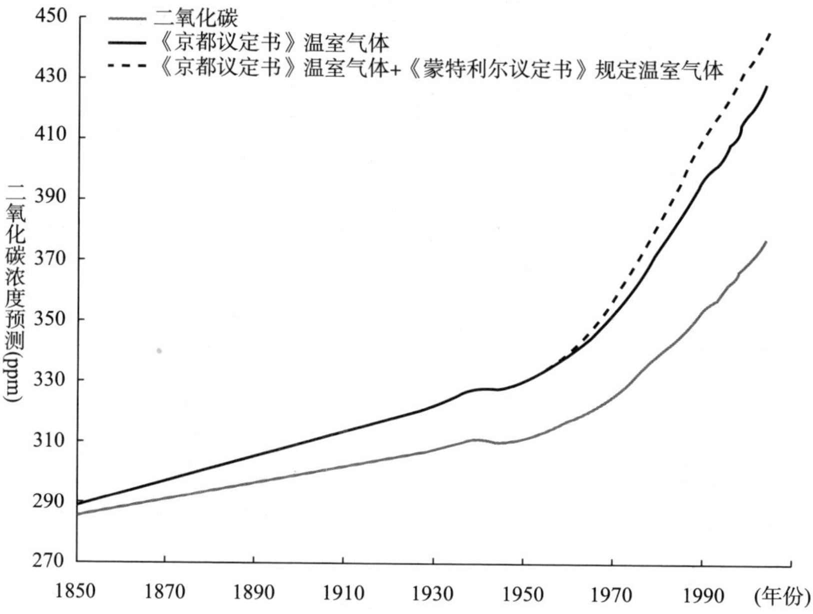

图 2－3　大气中温室气体密度变化趋势

资料来源：Stern，N.，et al. Stern Review：The Economy of Climate Change［R］. HM Treasure，London，2006。

温室气体能够吸收和释放地球表面、大气和云层发出的热红外辐射光谱内特定波长的辐射，使向太空外溢的部分辐射返回地球，温室气体浓度的增加导致大气红外辐射浊度上升，从而导致有效辐射从温度较低但位势较高的高度上射入太空，将热量俘获在地表与对流层之间的系统内，从而产生温室效应，科学家认为温室气体大量排放是全球变暖和气候变化的驱动力之一。图 2－4 反映了 1880～2007 年的 120 多年内，全球平均气温和 CO_2浓度变化趋势。从 20 世纪 70 年代开始，随着 CO_2浓度快速上升，全球平均气温也呈快速上升趋势。

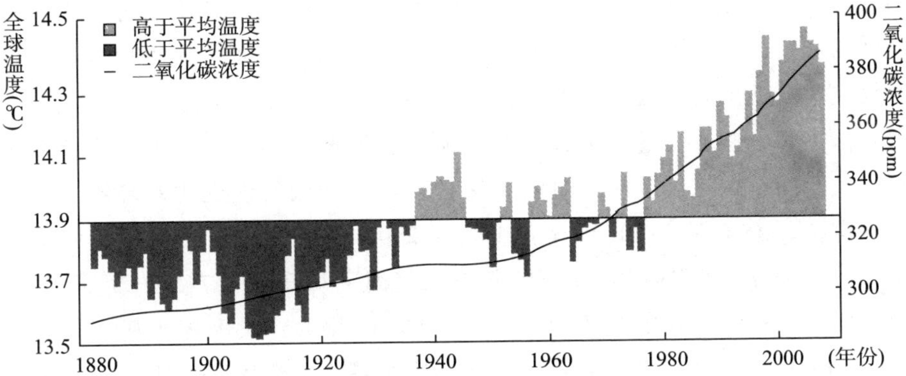

图 2-4 全球平均气温与 CO_2 浓度变化趋势

资料来源：Thomas R. Karl, Jerry M. Melillo and Thomas C. Peterson, Editors, *Global Climate Change Impacts in the United States* [M]. Cambridge University Press, 2009。

然而，学术界对全球气候变暖及其原因也有不同的看法，Richard Lindzen① 认为地球气候长久以来一直在不断变化，变化的原因也是极其复杂的，不能肯定地说全球气候变暖，更不能肯定仅仅是由于二氧化碳排放的原因造成全球气候变化。Timothy Ball② 虽然承认世界暖化的现象，但他认为气候改变都在自然变化的范围内，容易用太阳运动变化来解释，而不是由人类活动制造的二氧化碳引起的。2007 年英国广播公司的纪录片《全球暖化大骗局》在讨论全球暖化的议题中，不断提出“暖化现象并非人类活动所致”的说法，并访问多名气候学家，最后认为太阳活动才可能是暖化的主因，而人类活动对气候变化的影响微不足道。S. 弗雷德·辛格和丹尼斯·T. 艾沃利③认为人类对气候的影响微不足道，全球变暖并非人类活动所致。中国著名科学家竺可桢依据北冰洋海冰衰减、苏联冻土带南界北移、世界高山冰川后退、海面上升等有关文献资料记述的地理现象，证明了 20 世纪气候逐步转暖，并由此追溯了历史时期和第四纪世界气候、各国水旱寒暖转变波动的历程，并指出太阳辐射强度的变化可能是引起气候波

① Lindzen, R. S. There is no “consensus” on Global Warming [J]. *Wall Street Journal*, 2006 (6).

② Timothy Ball. *Global Warming: The Cold, Hard Facts*? [M]. Canada Free Press, 2007.

③ [美] S. 弗雷德·辛格，丹尼斯·T. 艾沃利. 全球变暖——毫无来由的恐慌 [M]. 林文鹏，王臣立，译，上海：上海科技文献出版社，2011.

动的一个重要原因。[①] 他还用古代典籍和方志的记载，以及考古成果、物候观测和仪器记录资料，分析了中国近五千年来气候变化的周期波动，认为气候大变动主要受太阳辐射的控制，小变动则与大气环流活动有关。[②]

但不管全球变暖是否由人类活动所致，抛开这些争议不说，当前及未来较长时期全球气候变暖是事实，保护环境、降低气候变化对环境的影响刻不容缓。IPCC 3（2001）报告 1901～2000 年全球气温平均升高 0.6℃，IPCC 4（2007）报告 1906～2005 年全球气温平均升高 0.74℃，最近 50 年（1956～2005 年）中几乎平均每 10 年上升 0.13℃，大大超出历史增长速度。IPCC 4（2007）报告表明，根据全球地表温度器监测资料，自 1850 年以来 12 个最暖年份中，1995～2006 年就占据 11 个年份。全球气温的普遍上升，导致大范围积雪和冰川融化，1978 年以来的卫星资料显示，北极平均海冰面积已经以每 10 年 2.7% 的速率退缩，夏季的海冰退缩率更大，为每 10 年退缩 7.4%，导致海平面上升，在 1961～2003 年，全球海平面以每年 1.8 毫米的平均速率上升。

二　气候变化对经济发展的影响

农业作为国民经济的基础产业，是重要的温室气体来源，同时又受到温室效应的影响，农业生产活动与全球气候变化相互联系又相互影响。农业生产在全球温室气体循环中占有重要地位，农业生产活动引起各类生态系统显著变化，如毁林开荒、放牧、种植经济收益高的作物、弃牧毁草开垦、草场退化、农田侵蚀性退化、土地沙化等，虽然植物能够通过光合作用吸收固定二氧化碳，会降低大气中碳浓度，但被毁坏林木、植物通过燃烧或腐解会释放二氧化碳到大气中。石灰能够稀释土壤的酸性，促进作物生长，但是碳酸盐和重碳酸盐的溶解和释放过程中也会产生大量二氧化碳，尿素由于碳素的易挥发性也排放大量二氧化碳，因此，农业生产中大量使用化肥、农药会加剧温室效应。土地利用变化是目前大气中碳含量增加的另一个重要来源，土壤中的有机物质经微生物分解，生成二氧化碳并释放到大气中，长期淹水的农田经过发酵作用产生并排放甲烷，另外全球

---

① 竺可桢．历史时代世界气候的波动［J］．气象学报，1962（S1）．

② 竺可桢．中国近五千年来气候变迁的初步研究［J］．考古学报，1972（1）．

一半以上的氧化亚氮来自土壤的硝化和反硝化过程。

二氧化碳是植物光合作用的必要原料，是农作物生长发育的主要生态因子，大气中二氧化碳浓度的增加会加快农作物的生长发育，还能抑制农作物的呼吸作用，提高农作物水分利用率，有利于提高农产品产量。但是随着二氧化碳浓度的过度增加，温度继续升高，农作物产量反而会大幅度下降。大气中温室气体浓度太高，导致全球气候变暖，冰川融化，海平面上升，使得生态系统退化，自然灾害频发，对农业生产和粮食安全产生广泛影响。具体的影响包括：①大气中温室气体增加，会影响和改变生态系统的初级生产力和农业的土地承载力；②海水变暖和膨胀、极地和高山冰雪融化等原因使海平面上升，会淹没部分农田，不利于沿海滩涂的农业生产开发；③气温升高使冰川后退、变薄，雪线上升，河川径流量会减少，同时地面蒸发加剧，农业生产面临缺乏水资源困境；④气候变化容易导致台风、暴雨、洪涝、干旱等各种自然灾害，灾害出现频繁且危害加重；⑤气温上升使冬季越冬菌量和虫源增多，农作物受病虫危害会加重。

温室效应造成的极端气候变化不仅影响农业生产，对工业生产和人类其他活动也会造成严重影响。图 2 – 5 列出了全球气候变化对人类的影响。第一部分显示全球每年因为气候变化引起自然灾害造成的死亡人数都达数万人。第二部分显示全球每年受到气候变化影响的人数呈明显递增趋势，2001 ~2005 年约有 15 亿人口受到影响。第三部分显示了全球受到气候变化影响的人口占总人口的比重，其中低收入国家一般有 3% ~5% 的人口受到影响；中等偏低收入国家受影响人口比重在近 30 年内不断增加，2001 ~2005 年接近 8%；高收入国家和中等偏上收入国家受到影响的人口比重较小。

前世界银行首席经济学家尼古拉斯·斯特恩爵士 2006 年发布评估报告，[①] 全面分析了全球变暖可能造成的经济影响，认为如果在未来几十年内不能及时采取行动阻止或减缓当前气候变暖趋势，全球变暖带来的经济和社会危机将堪比两次世界大战和大萧条带来的影响，全球将每年损失 5% ~10% 的 GDP，其中低收入国家会超过 10%。如果能够立即采取有力

---

① Stern, N., et al. Stern Review: The Economics of Climate Change [R]. HM Treasure, London, 2006.

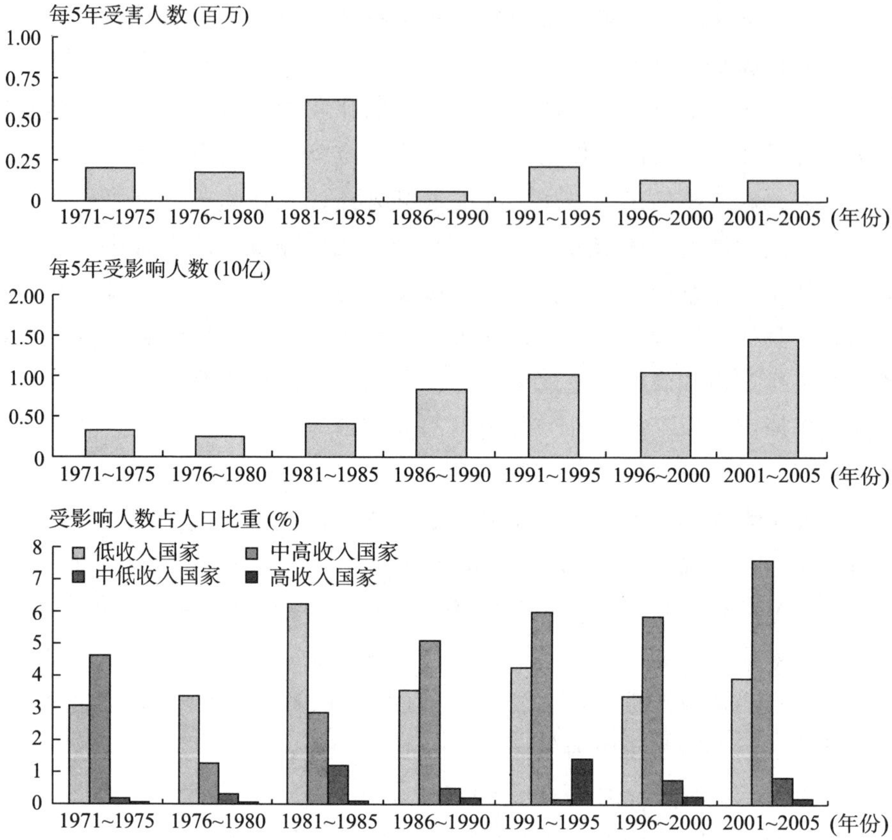

图 2－5　全球气候变化对人类的影响

资料来源：World Bank. World Development Report 2009：Reshaping Economic Geography [R]. Washington，DC，2009。

的碳减排行动，到 2050 年实现将大气中温室气体浓度稳定在 500 ~ 550ppm，每年成本只需全球 1% 的 GDP。而且，越早采取行动，所需的成本越小。

如果在 2030 年将大气平均气温上升幅度控制在 2℃ 以内，就应该将大气中二氧化碳浓度控制在 450ppm 以下，为此需要增加额外投资，国际能源署等国际组织对此进行了相关测算，表 2－1 列出不同研究机构对不同地区需要投资的预测结果。由于前提假设和构建的模型不同，所以各机构预测结果有所差异，但都能说明，为了控制或减缓气候异常变化对生态环境造成的影响，人类应该尽早行动，加大应对气候变化投资力度，切实减少碳排放，控制温室效应。

表 2－1　2030 年控制平均气温上升 2℃以内需要的额外投资

单位：亿美元

国家/地区	国际能源署	德国波茨气候研究所模型	国际应用系统研究所模型	麦肯锡	奥尔堡大学模型
全球	9000	3750	3100	12150	2570
发展中国家	6000	—	1370	6750	1700
北美	—	—	530	2100	230
欧盟	—	—	600	1550	270
中国	—	—	120	3150	890
印度	—	—	190	900	280

资料来源：Stern，N.，et al. Stern Review：The Economy of Climate Change［R］. HM Treasure，London，2006。

三　世界能源与经济发展

1. 世界能源储量与消耗

由于人类活动的碳排放主要来自化石能源消耗，所以，减少二氧化碳排放，控制二氧化碳浓度的基本出发点就是减少化石能源消耗。但能源是工业社会运行的基本动力，也是人类生活中不可缺少的物质，所以，碳减排就不仅仅是一个节约能源问题，还牵涉国际能源生产、贸易格局，以及世界各国经济发展和国际经济秩序等复杂问题。世界各国能源禀赋存在很大差异，能源贫乏的国家必须向能源储量丰富的国家进口能源，才能满足本国经济发展的需要，世界能源储量的不平衡状况决定了国际能源贸易格局。

图 2－6 分别列出了 1989 年、1999 年、2009 年世界能源储量的分布情况，1989～2009 年，世界探明能源储量从约 1 万亿桶增加到约 1.33 万亿桶，增长了 33%，随着勘探工作的持续进行，能源储量还会增加。能源储量最大的是中东地区，但比重有所下降，从 1989 年的 65.7% 下降到 2009 年的 56.6%，其次是南美洲和美洲中部地区，比重从 6.9% 上升到

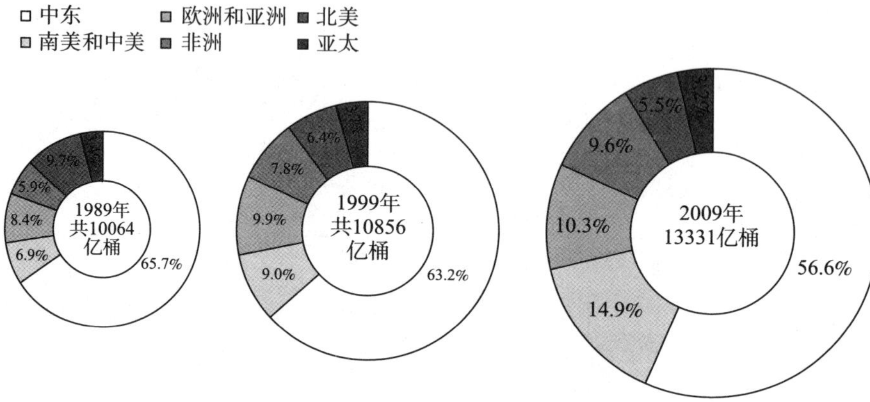

图 2－6 世界能源储量分布状况

资料来源：BP. Statistical Review of World Energy 2010 ［R］。

14.9%。欧洲和非洲地区能源储量占比也不断上升，北美地区能源储量比重有所下降，亚太地区的能源储量比重最小，而且基本保持不变。同时，世界能源消耗需求也呈快速增长势头，能源消耗的增长速度高于能源探明储量的增速。

图 2－7 列出了 1971～2010 年世界各种能源消耗的增长趋势。图 2－8 分别列出了 1973 年和 2010 年世界能源消耗结构。统计数据表明，1850～1950 年的 100 年间，一次能源消耗年均增长 1.5%，以大量消耗煤炭为主；1950～2010 年，世界一次能源消耗年均增长 2.7%，以大量消耗石油和天然气为主。2010 年全世界共消耗能源 127.89 亿吨油当量，① 是 1989 年的 1.42 倍，超过了能源探明储量的增长速度。从能源消耗结构来看，比重最大的是石油，其次是煤炭和天然气，三种化石能源消耗占能源消耗总量 80% 以上，其他可再生能源和清洁能源消耗比重仍然偏低。但从结构变化来看，石油消耗比重下降比较明显，从 1973 年的 48.1% 下降到 2010 年的 41.2%，下降了 6.9 个百分点，但是煤炭和天然气的比重有所上升，总体上来看，化石能源消耗比重从 86.6% 下降到 81.3%，从碳减排角度来看，能源消耗结构得到优化。

① 国际能源署对成员国能源统计采用的单位，1 吨油当量（toe）＝41868MJ 热量，中国仍采用煤当量（即标煤）作为计算各种能源的计量单位，1 吨标煤（tce）＝29307MJ 热量，据此换算，1 吨油当量≈1.43 吨标煤。

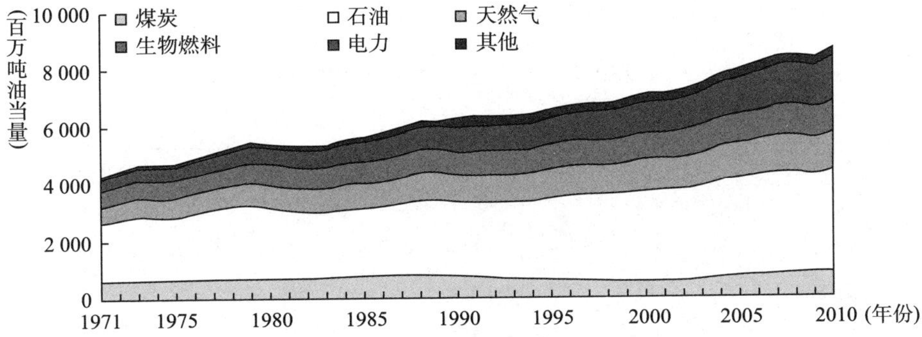

图 2－7　世界能源消耗增长趋势

资料来源：IEA. Key World Enery Statistics ［R］. 2013. http：//www. IEA. org。

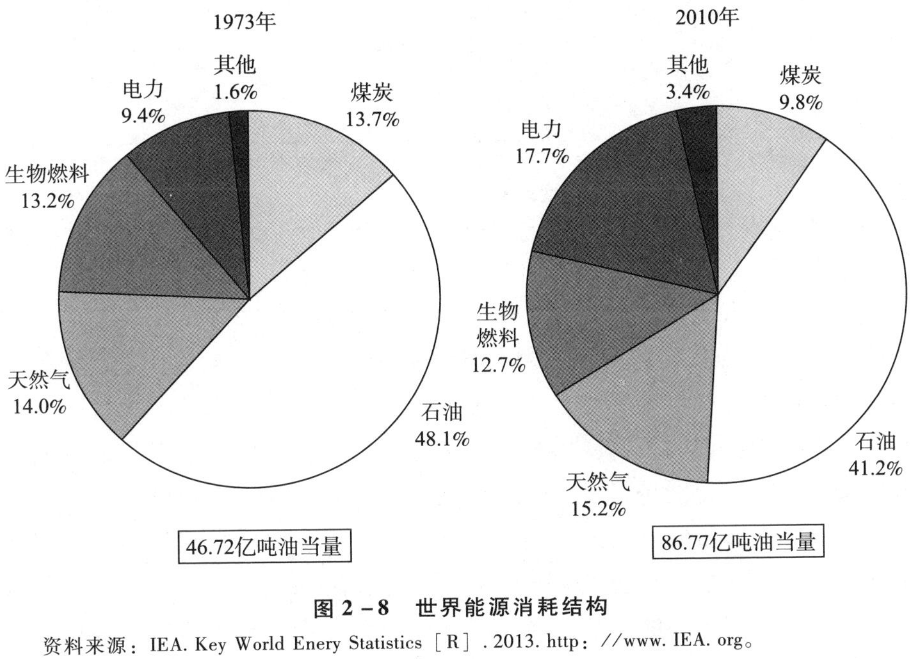

图 2－8　世界能源消耗结构

资料来源：IEA. Key World Enery Statistics ［R］. 2013. http：//www. IEA. org。

2. 世界能源消耗需求与趋势

发展是永恒的主题，世界各国都把刺激经济增长作为发展的核心内容，在新一轮科技进步推动和经济全球化带动下，世界经济将持续增长，特别是发展中国家和新兴经济体，表现出强劲的发展态势，具有比发达国家更高的经济增长速度。国际能源署为了预测世界能源消耗，对世界各区域的未来经济增长速度进行了预测，具体如表 2－2 所示。

表 2－2 世界经济增长速度预测

单位：%

年份	1980～1990	1990～2008	2008～2020	2020～2035
世界	3.1	3.3	3.6	2.9
OECD	3	2.5	1.8	1.9
北美	3.1	2.8	2.1	2.2
欧洲	2.4	2.2	1.5	1.8
Non-OECD	3.3	4.7	5.6	3.8
东欧	4	0.8	3	3.1
亚洲	6.6	7.4	7	4.2
中东	－1.3	3.9	4	3.8
非洲	2.3	3.8	4.5	2.8
拉美	1.2	3.5	3.3	2.7

注：经济增长速度为扣除物价影响的实际增速，1980～1990 年和 1990～2008 年的增速为实际值，2008～2020 年和 2020～2035 年的增速为预测值。

资料来源：IEA. World Energy Outlook 2010 ［R］. 2010. http：//www. IEA. org. 根据 IMF 和 World Bank 数据库测算。

预测结果表明，未来 20 多年时间内，世界经济仍将保持 3% 左右的增长速度，特别是未来 10 年的经济增速将高于过去的经济增速。经济保持较高的增速需要能源作为支撑，人们生活水平提高也会加大能源消耗，这必然导致世界能源消耗大幅度增长。当然，实际能源需求增长情况还受到能源政策的影响，特别是当前为了应对气候变化，国际社会呼吁建立降低能源消耗的政策和机制，提出了各种行动方案，但各国实施何种方案，以及方案实施效果如何，都还是未知数，而能源实际消耗又取决于各国的能源政策。各国采用不同的能源政策，实际能源消耗会有很大不同，只能根据各种情景假设加以判断，表 2－3 列出了国际能源署对世界能源消耗在各种情景假设下的预测结果。

这里对未来能源政策有三种情景假设，第一种情景假设（新政策情景）是各国能够执行目前已经对外公布的应对气候变化行动方案，包括各种新的能源政策。在这种情景假设下，到 2020 年，世界能源消耗总量将达到 145.6 亿吨油当量，比 2008 年增长 18.6%，2035 年将达到 167.5 亿吨油当

表 2－3　不同情景假设下世界各种能源消耗需求

单位：百万吨油当量

能源种类	实际消耗		新政策情景		不变政策情景		450ppm 情景	
	1980 年	2008 年	2020 年	2035 年	2020 年	2035 年	2020 年	2035 年
煤炭	1792	3315	3966	3934	4307	5281	3743	2496
石油	3107	4059	4346	4662	4443	5026	4175	3816
天然气	1234	2596	3132	3748	3166	4039	2960	2985
核能	186	712	968	1273	915	1081	1003	1676
水电	148	276	376	476	364	439	383	519
生物质和废弃物发电	749	1225	1501	1957	1461	1715	1539	2316
其他可再生能源	12	89	268	699	239	468	325	1112
合计	7229	12271	14556	16748	14896	18048	14127	14920

注：因四舍五入原因，个别数据有微小出入。

资料来源：IEA. World Energy Outlook 2010［R］. 2010. http：//www. IEA. org。

量，比 2008 年增长 36.5%。第二种情景假设（不变政策情景）是各国保持当前经济发展方式不变，不采取任何应对气候变化方案，能源政策保持不变。这种情景假设下，到 2020 年，世界能源消耗总量将达到 149 亿吨油当量，比 2008 年增长 21.4%，2035 年将达到 180.5 亿吨油当量，比 2008 年增长 47.1%。第三种情景假设（450ppm 情景）是指 2008 年世界气象组织提出的把大气中二氧化碳浓度控制在最高 450ppm，即平均气温升高幅度最多不能超过 2℃，要实现这一目标应该制定实施的行动方案，包括各种能源政策工具。这种情景假设下，到 2020 年，世界能源消耗总量将达到 141.3 亿吨油当量，比 2008 年增长 15.1%，2035 年将达到 149.2 亿吨油当量，比 2008 年增长 21.6%。

如果各国能够严格执行自己提出的应对气候变化行动计划，实现碳减排目标，则到 2020 年，世界每年能够减少消耗能源 3.4 亿吨油当量，到 2035 年节约消耗能源 16.6 亿吨油当量。如果实现控制二氧化碳浓度 450ppm 以下目标，则到 2020 年每年可以节约能源 7.69 亿吨油当量，到 2035 年节约消耗能源 34.9 亿吨油当量。

第二节 发展低碳经济应对气候变化

一 国际社会应对气候变化行动

碳排放和温室效应导致的气候变化问题引起国际社会广泛关注，早在20世纪70年代，联合国和有关国际组织就致力于研究气候变化的成因、影响和应对措施，定期召开国际会议，希望引起各国政府关注，及早采取应对措施，解决气候变化问题。第一次世界气候大会于1979年召开，在发表的宣言中提出，如果大气中的二氧化碳以当前的速度增加，则到21世纪中叶将会出现显著的变暖现象。1985年联合国环境规划署（UNEP）、国际科学联合会和世界气象组织共同召开奥地利菲拉赫会议，提出如果大气中二氧化碳等温室气体浓度以现在的趋势继续增加的话，到21世纪30年代二氧化碳浓度可能是工业化之前的两倍，同时全球平均温度会提高并导致海平面上升。1988年联合国环境规划署和世界气象组织联合成立联合国政府间气候变化专门委员会，专门就全球气候变化现状进行综合评估并对未来的国际气候公约提出建议。1988年联合国第43届大会通过了《为人类当代和后代保护全球气候》43/53号决议，决定在全球范围内对气候变化问题采取必要和及时的行动。在1992年联合国环境与发展大会期间，153个国家正式签署了《联合国气候变化框架公约》，规定发达国家为缔约方，应采取措施限制温室气体排放，将2000年温室气体排放量稳定在1990年水平上，同时要向发展中国家提供额外资金以支付发展中国家为履行《联合国气候变化框架公约》所增加的费用，并采取一切可行的措施促进转让有关技术。1997年在日本京都召开第三次缔约国大会，签订了《京都议定书》，规定附件1国家（主要是发达国家）应在2008～2012年将二氧化碳等6种温室气体的排放总量比1990年排放水平至少减少5.2%，经过多年谈判后议定书于2005年生效。2007年召开的联合国气候变化大会通过了“巴厘岛路线图”，启动了加强《联合国气候变化框架公约》和《京都议定书》全面实施的谈判进程，确定了世界各国碳减排“共同但有区别的责任”原则，并致力于《京都议定书》到期后全球应对气候变化新安排的谈判并签署有关协议。2008年第14次缔约方大会在波兰波兹南市举行，八国集团寻求与《联合国气候变化框架公约》其他缔约国共同实现到2050

年将全球温室气体排放量减少一半的长期目标。2009 年 119 个国家的领导人和联合国官员在哥本哈根召开联合国气候会议，商讨《京都议定书》一期承诺到期后的后续方案，就未来应对气候变化的全球行动签署新的协议，各国同意合作起来，在公平的基础上加快行动以大幅度减少碳排放，将全球气温升幅控制在2℃以下，并认可发展中国家最重要的目标是社会和经济发展以及消除贫困，明确了发展中国家和发达国家不同的碳减排责任。与会各国还公布了碳减排承诺，具体见表 2－4 和表 2－5。2010 年在墨西哥坎昆召开第 16 次缔约方大会，就资金、技术转让和碳减排能力建设等发展中国家关心问题的谈判取得了不同程度的进展。

表 2－4　哥本哈根会议期间缔约国碳减排承诺

缔约方	2020 年碳减排幅度	参照年	缔约方	2020 年碳减排幅度	参照年
美国	17%	2005	冰岛	15%	1990
欧盟	20% ～30%	1990	哈萨克斯坦	15%	1992
日本	25%	1990	列支敦士登	20% ～30%	1990
加拿大	20%	2006	摩纳哥	20%	1990
澳大利亚	25%	2000	新西兰	10% ～20%	1990
俄罗斯	15% ～25%	1990	挪威	30% ～40%	1990
白俄罗斯	5% ～10%	1990	瑞士	20% ～30%	1990
克罗地亚	5%	1990	乌克兰	20%	1990

资料来源：《哥本哈根气候会议协议》。

表 2－5　部分发展中国家自愿碳减排承诺

发展中国家	自愿碳减排承诺目标
中国	到 2020 年碳排放强度在 2005 年水平下降 40% ～45%
印度	到 2020 年在 2005 年水平上碳减排 24%
印度尼西亚	到 2020 年单方按 BAU* 削减排放 26%，在国际支援下削减 41%
巴西	到 2020 年按 BAU 削减排放 36.1% ～38.9%
墨西哥	到 2050 年在 2000 年水平上削减排放 50%
南非	到 2025 年削减 42%（在得到支援的情况下实现）
马尔代夫	到 2019 年实现碳中立**
菲律宾	在 1990 年水平上削减排放 50%
新加坡	到 2020 年按 BAU 削减排放 16%
朝鲜	至 2020 年削减排放低于 2005 年水平 4% 或按 BAU 水平削减 30%（单方）

* BAU（Business as Usual），也称基准情况，指不改变现有环境和能源政策。** 碳中立是指通过植树等方式把这些二氧化碳排放量全部吸收掉，以达到控制碳排放的目的。

尽管各国积极应对气候变化，提出了减少二氧化碳排放的行动方案和目标，但相关研究表明，这些行动计划还不能达到有效控制气候异常变化的目标，要实现降低碳浓度，控制温度平均上升幅度不超过2℃的目标，国际社会还需要做出更大努力。图2－9显示，就算2050年发达国家实现零碳排放，发展中国家的碳排放量也会超过导致地球气温平均升高2℃（大气二氧化碳浓度450ppm）或者3℃（大气二氧化碳浓度550ppm）的排放量。

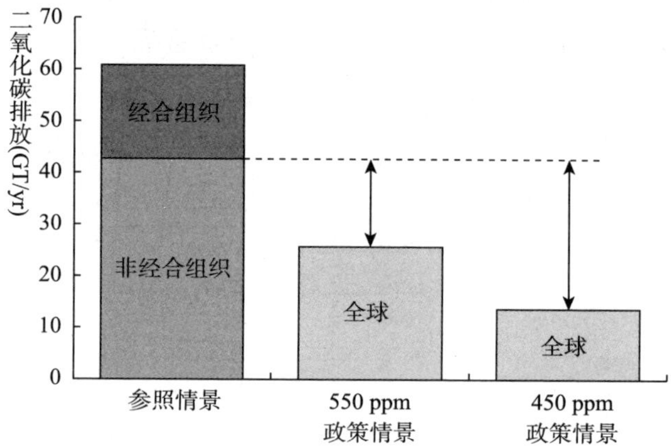

图2－9　2050年碳减排任务

资料来源：IEA. World Energy Outlook 2008［R］. 2008. http：//www. IEA. org。

图2－10中BAU线代表世界各国不采取任何行动，按当前经济发展方式未来碳排放量增长趋势；550ppm和450ppm分别表示到2050年控制的大气中二氧化碳浓度，对应两条线分别表示全球气温平均升高3℃和2℃所对应的未来碳排放量增长趋势。500ppm则代表2050年大气中二氧化碳浓度，到2150年大气中二氧化碳浓度能够下降到450ppm。如果要2050年实现450ppm方案，碳排放总量至少要比正常情况下的碳排放量下降85%，要实现550ppm方案，碳减排幅度也要达到60%～65%。这么大幅度的碳减排力度，对世界各国而言，压力都非常大，碳减排和经济增长之间存在巨大冲突。

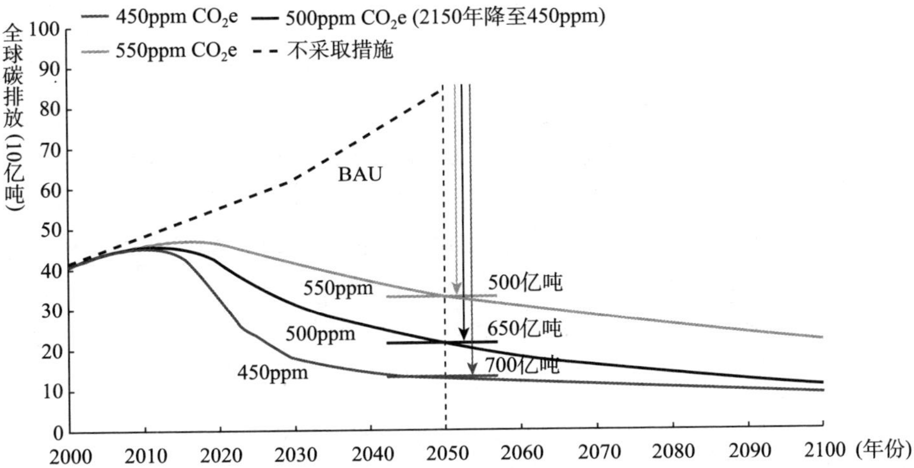

图 2－10　全球碳减排情景预测

资料来源：World Bank. World Development Report 2010：Development and Climate Change［R］. Washington，DC，2010。

二　国际低碳经济发展现状

气候变化问题受到广泛关注，各国也都积极行动起来，制定了各种应对气候变化行动方案，纷纷将低碳经济列入国家发展战略，从产业政策、能源政策、技术政策、贸易政策等方面进行了一系列重大调整。为了适应国际低碳发展趋势，很多国家综合运用了法律、行政、财税、金融等手段促进低碳经济发展，取得了积极成效。

1. 欧盟

欧盟一直是应对气候变化的倡导者，积极推动国际碳减排行动，是世界发展低碳经济的重要力量。近年来欧盟经济状况不佳，增长乏力，失业率偏高，难以实现既定发展目标，因此，欧盟把低碳经济看作"新的工业革命"，采取了一系列措施促进低碳产业发展，以带动欧盟经济向高能效、低排放的方向转型，保持欧盟在世界经济舞台上的领先地位。

2005 年欧盟率先启动了碳排放交易机制，欧盟碳排放交易系统是现今全球最大的温室气体配额交易市场，涵盖超过 1.2 万个固定源，约占欧盟成员国全部二氧化碳排放量的 45%。欧盟要求各成员国都应制订二氧化碳排放的"国家分配计划"，提出碳减排目标，并确定如何向企业分配排放权。欧盟委员会于2006年发表了《欧盟能源政策绿皮书》，鼓励发展可替代能源，加大对节能、清洁能源和可再生能源的研究投入。2007年欧盟理事会通过了此前由欧盟委员会提出的战略能源技术计划，要促进欧盟低碳技术的研究与开发，以实现欧盟确立的减排计划目标，并降低欧盟能源的对外依赖程度。具体目标是到2020年，煤炭、石油和天然气等化石能源消耗量下降20%，可再生清洁能源占总能源消耗比重超过20%，生物燃料在交通能源消耗中的比重超过10%，温室气体排放总量在1990年的基础上减少20%，到2050年，再进一步减少60%～80%。2008年底，欧洲议会通过了《气候行动和可再生能源一揽子计划》，包括碳排放权交易机制修正案、成员国配套措施任务分配、碳捕获和储存的法律框架以及可再生能源、交通碳排放和燃料质量等法规，并再次重申了此前确定的能源节约和碳减排目标，要求各成员国据此制订各自的碳减排方案。

为实现上述目标，欧盟专门成立了由委员会及各成员国组成的战略能源技术小组，协调各国实施碳减排计划，建立欧盟能源科研联盟，加大能源研究投入，加强各国能源科研与创新能力。欧盟还启动生物能研究，重点开发新一代生物柴油，加大了在成员国推广利用风能及太阳能等“低碳能源”的实施计划，开发研究第四代核能，开发智能电力系统，继续加大二氧化碳的捕获、运送及储存等方面研究，启动碳捕获及存储试点项目，利用新技术将电厂排放的二氧化碳埋入地下。2009年欧盟2000亿欧元的经济刺激计划中，重点提高建筑的能源效率、发展汽车和建筑的清洁技术等，并通过总额近40亿欧元的能源基础设施项目建设计划，在2009～2010年有23.65亿欧元用于天然气和电力基础设施项目，5.65亿欧元用于海上风能发电项目，10.5亿欧元用于碳捕获和储存项目。研究表明，在2020年欧盟仅再生能源行业的就业人数就可达到280万，超过2005年的1倍。从制定碳减排目标，到加大低碳技术科研投入、提出碳排放机制、制定节能与环保标准，再到推广低碳项目，欧盟在发展低碳经济方面的政策和行动都领先于其他国家和地区，起到带动国际低碳经济发展的积极作用。

对于欧盟提出的低碳经济发展计划，各成员国积极响应，纷纷提出了各种促进低碳经济发展的政策措施。其中，英国作为最早提出“低碳经济”概念的国家，可谓发展低碳经济的急先锋，将低碳经济视为未来企业和国家竞争力的核心所在，并希望借此重塑自己的国际政治经济地位。英国政府在2003年的能源白皮书中，明确宣布到2050年把英国从根本上变成一个低碳经济国家，此后推出了一系列具有开创性的政策法规和配套措施。2000年发布《气候变化计划》，2001年率先开征气候变化税，2003年发布能源白皮书，2004年颁布《能源法》，2008年的《气候变化法案》是世界上第一个确定温室气体减排目标的法案，2009年出台《英国低碳转换计划》，并配套《英国低碳工业战略》、《可再生能源战略》和《低碳交通计划》三个计划。英国政府承诺2020年将在1990年基础上减排温室气体34%，交通行业碳排量将减少14%，到2050年达到减排80%的目标，力争到2020年，可再生能源占能源消耗总量的15%以上，40%的电力来自可再生、核能、清洁煤等低碳能源。为了占领在国际低碳经济的领先地位，英国从2003年就开始启动“清洁化石燃料计划”、“氢战略框架”和“超级发电计划”等研究计划，2009年推出“清洁煤炭计划”，禁止新建煤电厂，对原有煤电厂进行技术改造，建成世界上第一个商业二氧化碳捕获和封存清洁煤电厂项目，计划到2020年投入1000亿美元，建成33GW风力发电机组，并积极发展“低碳城市”，在建筑、交通等领域都有详细的低碳规划。可以说，英国低碳经济在政策法规建设、低碳技术研发推广和社会生产消费实践等诸多方面，都处在领先位置。

欧盟其他国家发展低碳经济也非常踊跃，德国早在2000年就颁布《可再生能源法》，2002年颁布《能源节约法》和《环境相容性监测法》，2009年又颁布了“二氧化碳捕获和封存”的法规，制定了2008～2012年温室气体平均排放量比1990年减少21%的目标，并计划未来10年内重点开发气候保护高技术，就有机光伏材料、能源存储技术、新型电动车、二氧化碳分离和存储技术四个重点研究方向建立创新联盟，计划到2020年低碳产业超过汽车及机械制造业，成为第一大产业。法国增设碳排放税，大幅度增加核能、风能和太阳能等可再生能源的使用比例，考虑创造“零碳经济”。意大利于1999年推出绿色认证，2005年推出白色认证，2007年推出“能源效率行动计划”等。瑞典大力推行“环保车计划”。丹麦则在全球率先建成了绿色能源模式。

2. 美国

美国作为世界上最大的发达国家，温室气体排放量也一直位居世界榜首，美国在发展低碳经济问题上的举措对国际低碳经济发展进程具有重要影响。美国在小布什任总统期间，退出了旨在控制全球温室气体排放的《京都议定书》，对国际低碳经济发展造成很大负面影响。奥巴马执政以后，面对全球金融危机，选择以发展新能源作为振兴美国经济的主要政策手段，积极推动发展低碳经济，采取了包括立法在内的多样措施。2005 年美国颁布《能源政策法》，2006 年总统国情咨文中提出“先进能源计划”，2007 年美国参议院通过《低碳经济法案》，2009 年美国众议院通过了旨在减少温室气体排放、减少对进口石油依赖、奠定美国绿色能源蓝图的《清洁能源安全法案》，该法案的核心是限制碳排放量，通过设定碳排放上限，对美国的发电厂、炼油厂、化学公司等能源密集型企业进行碳排放限量管理，此后又推出“新能源兴国”政策、“总量控制和碳排放交易计划”等。美国制定的碳减排目标是 2020 年温室气体排放量在 2005 年基础上减少 17%，到 2012 ~ 2020 年，公用事业公司必须满足发电量的 6% 和 20% 来自可再生能源，到 2030 年所有新建筑物达到“碳中和”或者“零排放”目标。在 2011 年总统国情咨文中，提出要鼓励创新以提高美国竞争力，加大清洁能源技术研发和投资，在 2015 年使美国成为第一个电动车超过百万辆的国家，到 2035 年，80% 的电力来自清洁能源。

为此，美国政府大力扶持新能源产业的发展，在应对金融危机的 7800 亿美元经济刺激计划当中，将发展新能源作为摆脱经济衰退、创造就业机会、抢占未来发展制高点的重要战略产业，用于清洁能源的直接投资及鼓励清洁能源发展的减税政策涉及金额高达 1000 亿美元。在能源科研领域，美国政府也宣布在 5 年内投资 7.7 亿美元成立 46 个能源前沿研究中心，3 年内拨款 4400 万美元，促进核能技术升级，推动下一代生物燃料的发展。2009 年通过《美国复兴和再投资法案》，能源部计划为清洁能源项目提供直接贷款，在未来 10 年鼓励私人部门向清洁能源领域战略性投资 1500 亿美元，到 2025 年，联邦政府将投资 900 亿美元提高能源使用效率并推动可再生能源发展。2009 年还宣布直接拨款 24 亿美元，资助扩大和加快二氧化碳捕获和封存商业性技术开发。美国政府还把温室气体减排方案与绿色技术创新联系起来，计划通过碳排放交易机制，将部分交易收入投入清洁能源技术的应用，以降低对石油和天然气等化石能源的依赖。

3. 日本

作为能源资源比较贫乏的国家，日本非常注重能源资源的节约利用，在应对气候变化方面，注重与国家能源战略的协同效应，发起和倡导了《京都议定书》的签订，积极促进低碳经济发展。日本政府早在1979年就颁布实施了《节约能源法》，从1991年到2001年，又先后制定了《关于促进利用再生资源的法律、合理用能及再生资源利用法》、《废弃物处理法》、《化学物质排出管理促进法》和《2010年能源供应和需求的长期展望》等法案。2004年成立了《面向2050年的日本低碳社会情景》的研究计划，2006年编制的《新国家能源战略》用法律手段推动社会节能减排，2007年制定《环境税》，通过《21世纪环境立国战略》，指出要综合推进低碳社会、循环型社会和与自然和谐共生的社会建设，明确实现低碳社会建设的努力方向，公布了建设低碳社会的计划，以克服气候变暖等环境危机，实现社会可持续发展。2009年发布《绿色经济与社会变革》政策草案，开始推行“碳足迹”制度，目的就是通过实行碳减排措施，强化日本的低碳经济。日本提出的碳减排目标是2020年温室气体排放量比1990年减少25%，2050年温室气体排放量比2008年减少60%~80%。

为了落实新能源政策，2008年日本发布了《面向低碳社会的12大行动》和《建设低碳社会行动计划》，提出建设低碳社会的12大行动及其可实现的减排量，明确阐述了日本实现低碳社会的目标以及为此需要开展的实际行动，提出在2020年前实现二氧化碳捕获及封存技术的应用，建立国内碳排放交易制度，对商品从制造到使用过程中的二氧化碳排放总量进行标注，将目前每吨约4200日元的二氧化碳回收成本降低一半，力争在2020~2030年将燃料电池系统的价格降低90%。2009年，日本重启太阳能鼓励政策，推广太阳能发电、电动车和节能电器，计划到2020年要使70%以上的新建住宅安装太阳能电池板，新车销售中有一半是新一代环保型汽车，太阳能发电量提高10倍，到2030年要提高到40倍。日本的低碳社会行动计划，是对其所拥有的技术优势和技术潜力合理研究判断后的理性选择，其节能环保技术拥有较强的国际竞争力，将进一步扩大日本环境领域的经济规模，成为新的经济增长点。

4. 印度

印度作为世界第二大发展中国家，人口数量庞大，近年来经济发展迅速，制造业的大规模发展、城市化建设的加速推进、基础设施的发展以及人们生活水平的不断提高，使印度温室气体排放量增长迅速，2008 年印度碳排放总量仅次于美国、中国、俄罗斯，世界排名第四，但人均碳排放水平较低，只有 1.25 吨 CO_2，约为美国的 1/15。印度以服务业为主导的经济发展模式，决定了印度与其他大国相比温室气体排放相对较少。

印度政府十分重视发展低碳经济，减少二氧化碳排放。2001 年颁布《能源节约法案》，如对高能耗企业进行能源审核、电器试行节能标志等。2003 年颁布《电办法》，2006 年出台《国家关税政策》，要求政府部门必须购买、使用一定比例的可再生能源电量。印度政府 2008 年发布《气候变化国家行动计划》，到 2017 年将实施 8 个国家计划，包括太阳能、水资源、提高能效、绿色印度、可持续生活等方面。印度政府非常重视可再生清洁能源的开发和利用，建立大型太阳能发电站，研发如何对太阳能进行储存，增强太阳能利用比重，加大使用风能、核能和生物质能等方面的投入，提高建筑物的能源效率，加强对废弃物的管理。印度最主要的碳减排措施还包括植树造林，2008 年印度植树造林预算增加了 1 倍，计划通过再造林 600 万公顷，使森林覆盖率从目前的 23% 达到 33%，同时发展新型现代农业，开发新农产品，改革农作物播种方式，使用信息技术、生物技术和其他新技术，逐步提高农业适应气候变化能力。印度政府还计划颁布所有机动车的燃料效率标准，完成《节能建筑条例》的立法工作，确保一半以上的新建煤电设施使用清洁煤技术。

三　世界低碳经济发展趋势

从发达国家的低碳经济政策来看，有几个明显的特点。一是非常注重节约能源，提高能源利用效率；二是充分发挥市场机制作用，激励企业节能减排，如欧盟的温室气体排放贸易体系；三是加大科研投入，利用技术进步提高碳减排能力；四是着力发展可再生清洁能源，并把新能源产业作为新的经济增长点。这些政策和工具的实施，将对未来国际低碳经济发展产生重要影响。

1. 提高能源利用效率

国际能源生产贸易格局的不稳定，威胁到能源进口国家的能源安全和经济安全，石油等化石能源又是碳排放的主要来源，各国都希望保持经济稳定增长的同时，能够持续降低能源消耗水平，提高能源利用效率，一方面降低对国外能源的依赖程度；另一方面可以降低碳排放量，实现低碳经济的可持续发展。各国都把节约能源消耗作为发展低碳经济的重要内容，通过制定碳税、环境税、强制节能等各种政策工具，促使生产企业通过产业升级或者技术改造等途径降低能源消耗，特别是大幅度降低化石能源消耗。图 2－11 列出了 1970 年以来世界各国经济发展和能源消耗、碳排放变化趋势的比较情况。

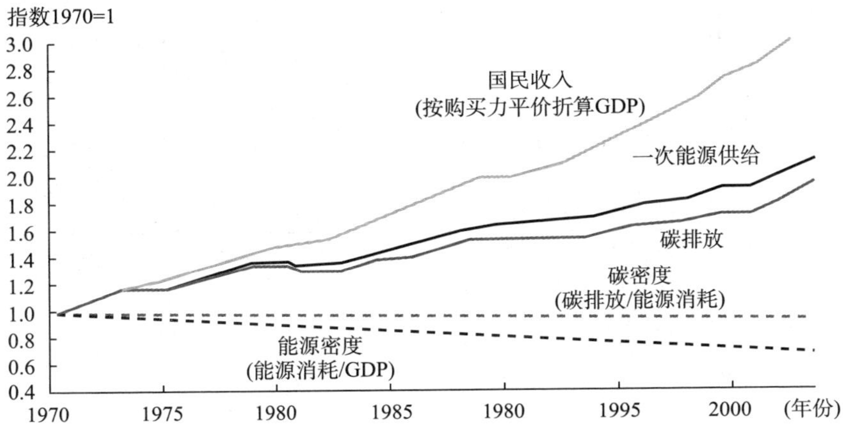

图 2－11　世界经济发展与能源消耗及碳排放变化趋势

注：地区生产总值（GDP）是按购买力平价指数（PPP）折算成美元，所有指标以 1970 年的值为指数 1 进行比较。

资料来源：IPCC. Climate Change：The Fourth Assessment Report of the Intergovement Panel on Climate Change［R］. Geneva，Switzerland，2007。

2. 发展可再生能源产业

发展可再生清洁能源是各国低碳经济发展战略的重中之重，因为发展可再生清洁能源既满足了经济活动的各种能源需求，不会因为节约能源制约经济增长，又能替代传统化石能源，有利于实现碳减排目标，而且可以作为新型产业发展成为经济增长点，扩大就业，可谓一举多得。金融危机以后，多个国家的经济刺激计划都安排大量投资在可再生能源产业，包括技术研发、发电设备和项目等。

图 2－12 数据显示，从 2004 年第一季度到 2010 年第二季度，全球可再生能源投资规模显著增长，从每季度不足 50 亿美元，增加到每季度超过

300 亿美元。2009 年全球用于可再生能源技术研发的资金达到 56 亿美元，其中用于太阳能技术研发资金超过一半，达 53%，所占比重最大；其次是风能和生物燃料技术研发投入，所占比重分别为 16% 和 15%；生物质废物、地热、海洋和小水电等可再生能源技术研发投入比重都比较小，具体如图2－13 所示。

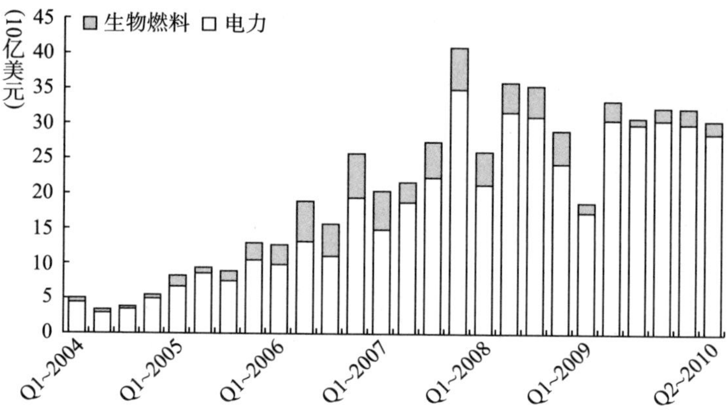

图 2－12　全球可再生能源项目投资季度变化趋势

资料来源：IEA. World Energy Outlook 2010 ［R］. 2010. http//www. IEA. org。

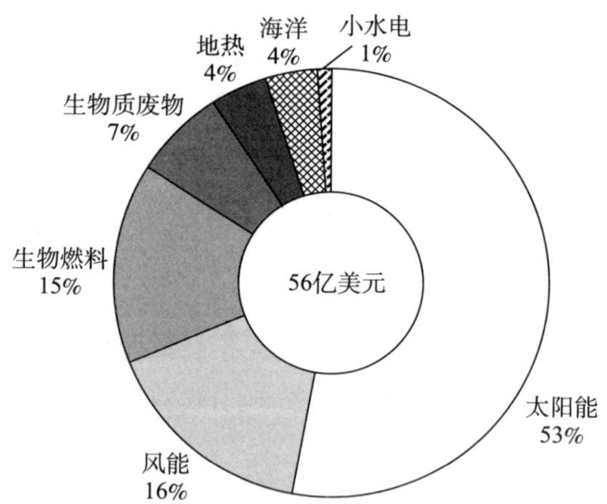

图 2－13　2009 年全球可再生能源技术研发投入构成

资料来源：IEA. World Energy Outlook 2010 ［R］. 2010. http：//www. IEA. org。

可再生能源由于技术还不成熟，往往需要较大的投资规模才能产生一定效益，单位能源消耗的成本较高，在商业应用上与火电相比处于劣势，所以目前在能源消耗中的比重还偏低，特别是发展中国家由于资金和技术的约束，更多地依赖传统化石能源。但随着可再生能源技术的不断成熟，并且投资规模日益扩大，可以预见，未来的能源消耗中可再生能源的比重会有较大提升，并且会产生规模效应，成本不断下降，会逐步取得商业应用优势。根据国际能源署预测，到2035年，可再生能源发电量将超过1万亿千瓦时，约为2008年的3倍，占全部电力供应的比重将超过30%，比2008年提高13个百分点（新政策情景）。可再生能源在供热和生物燃料领域都有长足发展，具体数据如表2－6所示。

表2－6　全球可再生能源生产预测

	2000年	2008年	2035年		
			当前政策情景	新政策情景	450ppm情景
电力生产（太瓦时）	2876	3774	8873	11174	14508
比重（%）	19	19	23	32	45
供热（百万吨）	266	312	540	660	790
比重（%）	10	10	12	16	21
生物燃料（百万吨）	10	45	163	204	386
比重（%）	1	2	5	6	14

资料来源：IEA. World Energy Outlook 2010［R］. 2010. http：//www. IEA. org。

3. 加快低碳技术创新

只有通过技术改造，才能降低传统高碳生产模式对能源的高消耗、高排放，只有提高可再生能源技术水平，可再生能源产业才能健康快速发展，所以低碳技术既是加强能源节约使用、提高能源利用效率的关键因素，也是发展可再生能源的关键因素。从各国发展低碳经济的政策措施来看，无不把发展低碳技术放在极其重要的位置，纷纷加大低碳技术研发投入，加快低碳产品开发和低碳技术的应用推广，希望通过低碳技术创新促进低碳经济发展。

尽管全球对能源技术研发的投入从20世纪80年代开始下降，但进入21世纪以后又开始增加，并一直保持上升趋势，2007年各国政府用于能源技术研发的预算接近140亿美元，占全部研发投入的4%左右。从各种能源种类来看，投入最多的是核能，其次是化石能源和可再生能源。

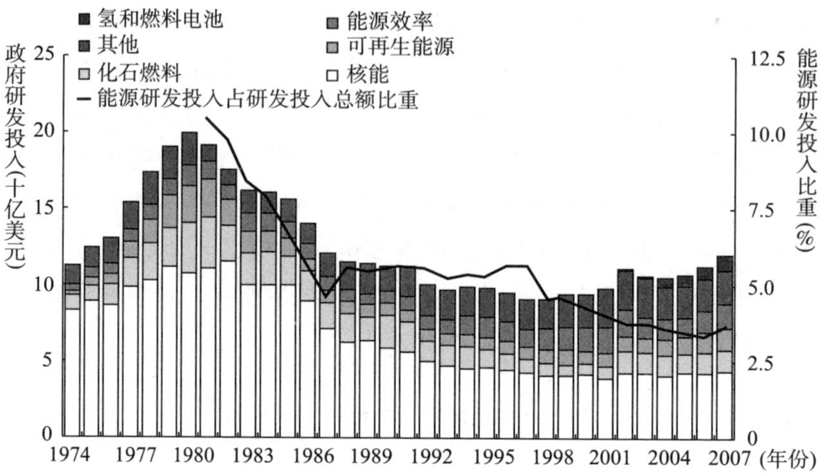

图 2－14　全球能源研发投入

资料来源：IEA. World Energy Outlook 2008［R］. 2010. http：//www. IEA. org。

各国一方面加大低碳技术研发投入，另一方面积极创新低碳技术研发机制，鼓励企业增加低碳技术研发和应用投入，搭建低碳技术科研联盟，促进低碳技术交易和应用。可以预见，以低碳发展模式为导向的清洁能源技术（包括核能技术、风电技术、太阳能技术、水电技术、生物质燃料技术、地热供暖和发电技术等）、节能技术（包括超燃烧系统技术、高效发光技术、新一代半导体元器件技术、智能电网技术、热电联供技术、高效节能型建筑技术等）和碳排放降低技术（碳回收与存储技术）都将有突破性进展，对于促进低碳经济发展将发挥重要而积极的作用。

4. 发展碳排放交易市场

发达国家和发展中国家处于不同发展阶段，发达国家拥有资本和技术实力进行碳减排，发展低碳经济也是刺激经济发展的重要途径，而且大气中累积的二氧化碳主要是发达国家历史上排放的，而发展中国家的首要任务是提高发展水平，发展低碳经济的资金和技术基础比较薄弱。基于此，联合国气候变化会议规定发达国家和发展中国家应对气候变化承担不同的责任，《京都议定书》明确了发达国家的碳减排责任，而发展中国家是自愿实行碳减排，没有强制规定，并且设计碳排放交易机制，即有碳减排义务的国家或企业可以购买碳排放权，通过支付购买费而获得排放二氧化碳的权利，相反，没有碳减排义务而主动实施碳减排，或者超额完成碳减排任务的国家或企业可以出售碳减排额度，这就形成了碳排放权的交易市场。自从2005年欧盟率先启动了碳排放交易机制以来，国际碳排放交易市场发展迅速。

据世界银行统计，2008年碳市场交易规模约为48.4亿吨，交易金额超过1350亿美元，2009年交易规模迅速增加到87亿吨，比2008年增长80%，交易金额约为1437.4亿美元，比2008年增长6.4%。其中欧盟碳排放交易体系的交易规模最大，占据全球碳排放交易总量的86%，交易金额更是超过96%，具体见表2－7。碳价格也随着金融危机后的经济复苏而出现走高的迹象，如图2－15所示。

表2－7　2008～2009年全球碳交易统计

类型	交易市场	2008年		2009年	
		交易量（百万吨 CO_2）	交易金额（百万美元）	交易量（百万吨 CO_2）	交易金额（百万美元）
配额市场	欧盟碳排放交易系统	3093	100526	6326	118474
	澳大利亚国家信托碳交易所	31	183	34	117
	美国芝加哥气候交易所	69	309	41	50
	美国区域温室气体减排倡议	62	198	805	2179
	国际分配数量单位	23	276	155	2003
小计		3278	101492	7362	122822
现货及次级抵换		1072	26277	1055	17543
项目型交易	清洁发展机制	404	6511	211	2678
	联合实施机制	25	367	26	354
	自愿减排市场	57	419	46	338
小计		486	7297	283	3370
总计		4836	135066	8700	143735

注：因四舍五入原因，个别数据有微小出入。

资料来源：Alexandre Kossoy & Philippe Ambrosi. State and Trends of the Carbon Market 2010［R］, 2010. http：//www. world bank. org。

图 2－15　2008～2009 年全球碳交易价格变化趋势

资料来源：Alexandre Kossoy & Philippe Ambrosi. State and Trends of the Carbon Market 2010 ［R］. 2010. http：//www. world bank. org。

尽管《京都议定书》规定的缔约方碳减排责任于 2012 年到期，各国后续碳减排任务分配还不明确，使得国际碳排放交易市场发展存在一定的变数，但可以肯定的是，随着大气温室效应越来越严重，不管国际碳减排机制如何设计，需要承担硬性碳减排任务的国家会增多，对碳排放权交易的需求自然会增加，全球碳排放交易市场会发展更快。

第三节　国际低碳经济竞争格局

一　国际低碳经济合作

传统的工业发展模式导致资源短缺、环境污染以及与此相关的健康和生活质量问题，人们越来越多地开始关注环境问题所带来的严重影响。温室效应导致的全球气候变化是一个全球性的公共环境问题，每一个国家都排放温室气体，为全球变暖作出“贡献”，也都会受到气候变化带来或多或少的影响，正是这种公共性使得各国在没有外界压力的情况下自行其是，任意排放温室气体，单独一个或几个国家的碳减排努力无济于事，各自为政导致大气环境问题越来越严重。在这种情况下，需要世界各国共同努力，建立起全球性的碳减排机制，使每一个国家都能尽其所能地减少温室气体排放，从而达到减缓气候变暖的目的。

联合国和一些国家政府及非政府组织开始组织、协调全球温室气体减排工作，包括专门成立联合国政府间气候变化专门委员会这样的国际机构，通过制定国际碳减排规则、分配碳排放配额、创设碳排放交易市场等途径，兼用管制和市场两种手段，发挥经济规律作用，达到遏制碳排放量过快增长的目的。

1992 年里约热内卢地球峰会上由 150 多个国家以及欧共体共同签署了《联合国气候变化框架公约》，作为世界各国共同实施碳减排的纲领性文件，其宗旨是“将大气中温室气体浓度稳定在一个水平上，使气候系统免受危险的人为干扰”。公约包括所有缔约方（所有 OECD 国家及经济转型国家）的碳减排承诺，目标是到 2000 年将未受《蒙特利尔议定书》控制的温室气体排放量降至 1990 年的水平。1997 年在日本京都召开的联合国气候大会缔约方大会第三次会议上通过了《京都议定书》，缔约方国家同意减少人为温室气体排放量，承诺在 2008～2012 年排放量至少比 1990 年水平低 5.2%。《联合国气候变化框架公约》及其《京都议定书》不仅仅是规定了部分国家的碳减排义务，关键还在于建立了应对气候变化全球性合作机制，促使各国出台了一系列国家政策，创建了全球碳交易市场和新的碳减排机制，为以后的碳减排行动奠定了基础。为此《京都议定书》设计了碳排放交易体系进行国际性碳减排合作，一方面是利用市场机制提高碳减排效率，协助具有不同碳减排能力的企业相互协作，完成碳减排义务；另一方面是帮助暂时没有强制性碳减排义务的国家主动实施碳减排，以实现可持续发展目标，同时为全球碳减排目标的实现作出贡献。

按照《京都议定书》设计，如果碳减排的幅度超过协议规定的碳减排义务，有碳减排义务的缔约方国家的企业或者政府，可以将超出部分的额度出售给不能完成碳减排义务的单位，购买方可以将这个额度用于抵消其碳减排义务。公司之间、国内和国际层面都可以进行碳减排交易，国内交易体系中一般使用许可证，而在国际交易体系中使用配额。目前，欧盟、美国、日本等都建立或试行了碳排放交易市场，具体又分为两种，一种是基于配额的碳交易，缔约方国家为完成规定的温室气体减排目标，在“限额－交易”体系下购买由管理者制定、分配（或拍卖）的碳排放额度［包括《京都议定书》中的分配额度（AAU）和欧盟排放贸易系统（EUETS）下的欧盟配额（EUAs）等］，这种交易主要是在有碳减排义务的缔约方国家之间进行。另一种是基于项目的清洁发展机制（CDM），没有碳减排义务的非缔约方国家开展能够减少温室气体排放的清洁发展项目，这些项目的碳减排额度（CERs）经过国际机构认证以后，可以作为有碳减排义务的缔约方国家的碳减排量，以帮助缔约方国家兑现其量化的限排和减排承诺，而缔约方国家必须为此支付费用。这种机制安排对交易双方都有益处，对于缔约方国家而言，可以用较低的成本实现碳减排目标，非缔约方国家的主动碳减排可以获得一定补偿，提高了碳减排积极性。

1. 清洁发展机制

图 2 – 16 反映了 2002 ~2009 年全球清洁发展机制发展情况，图 2 – 16（a）

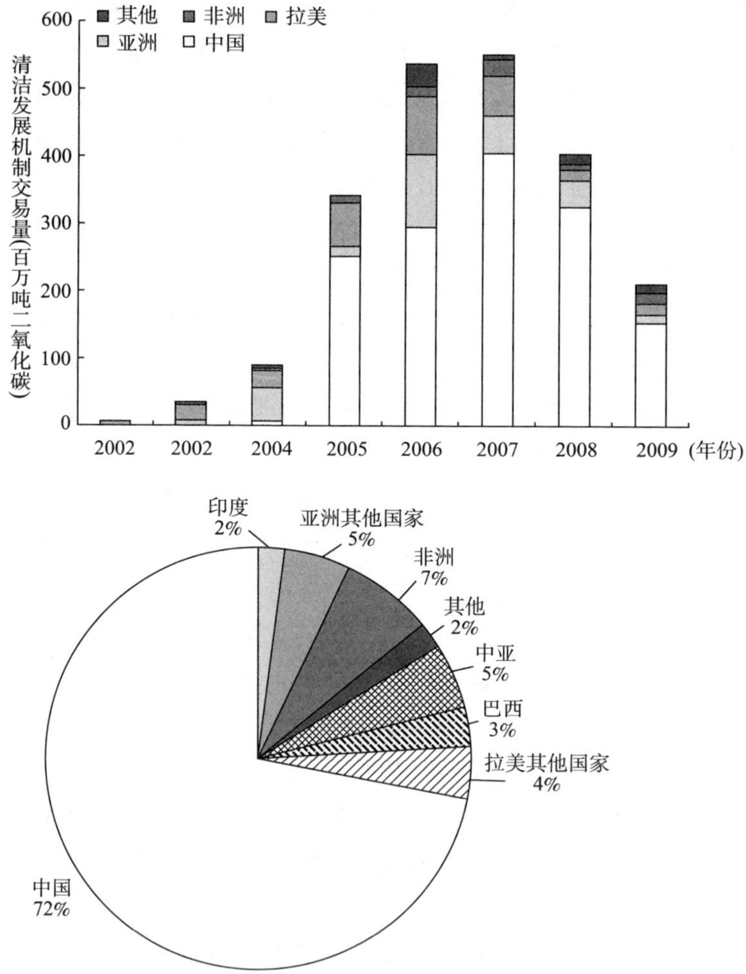

图 2 – 16（a） 清洁发展机制发展情况

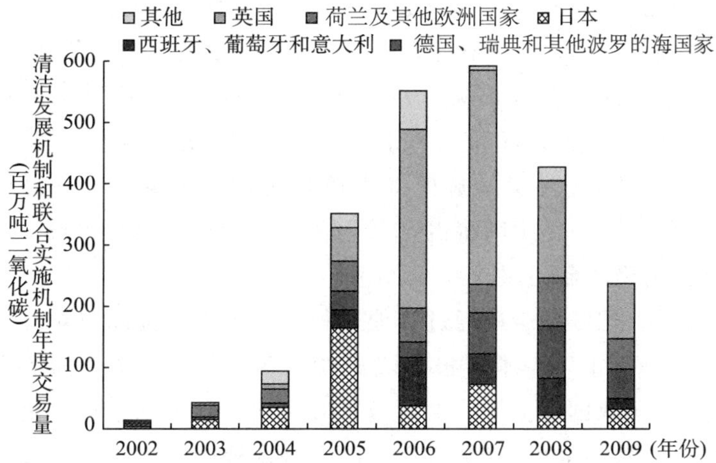

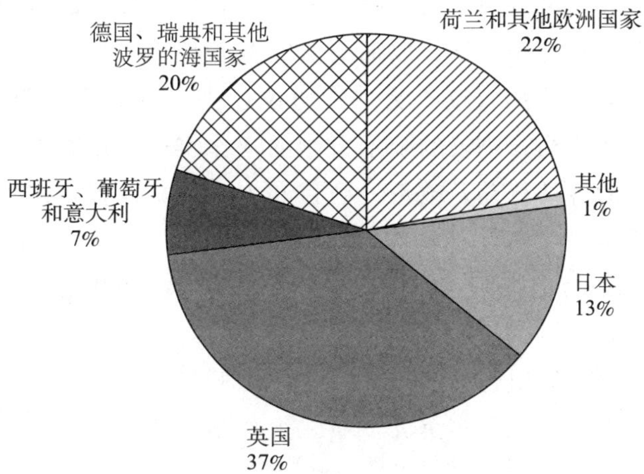

图 2－16（b）　清洁发展机制发展情况（续）

资料来源：Alexandre Kossoy & Philippe Ambrosi. State and Trends of the Carbon Market 2010［R］. 2010. http：//www. world bank. org。

是清洁发展项目的出售方，图 2－16（b）是清洁发展项目的购买方。世界银行低碳金融所 2010 年发布的《全球碳交易市场发展报告》显示，清洁发展项目交易规模最高的时期是《京都议定书》生效后的 2006～2007 年，最高达 6 亿吨二氧化碳，此后受金融危机的影响，清洁发展项目交易规模有较大幅度下降，2009 年只有 2 亿吨二氧化碳。从交易双方来看，出售规模最大的是中国，2009 年中国出售清洁发展项目占全球销售总量的 72%，其他国家和地区所占比重都很小。购买规模最大的是英国，2007 年英国购买清洁发展项目超过全球购买总量的 60%，2009 年下降到 37%；日本在 2005 年购买规模最大，2009 年下降到 13%。据联合国环境署预测，[①]到 2012 年，清洁发展项目交易规模将达到 15 亿吨二氧化碳，交易金额将达到 180 亿美元，其中，中国将占 52% 份额，印度将占 16% 份额。

2. 气候变化基金

除此之外，国际社会还通过其他途径加强合作，提高应对气候变化的能力，比如 2009 年《哥本哈根协议》就强调要制订一个全面的应对气候变化的计划并争取国际支持，发达国家应该向发展中国家提供更多的、新的、额外的以及可预测的充足资金，以支持发展中国家采取延缓气候变化的举措，发展中国家获得资金支持以后可以用于减少因乱砍滥伐和森林退化产生的碳排放，可以用于低碳技术开发和转让，提高碳减排能力等。协议还决定建立技术合作机制，以加快国际低碳技术研发和转让，支持各国应对和延缓气候变化的行动。另外，协议还决定建立哥本哈根气候基金，并将该基金作为缔约方协议的金融机制的运作实体，用以支持发展中国家应对气候变化的各种行动、政策、项目和方案，从而促使发展中国家实行低排放发展战略。

表 2－8 列出了国际上应对气候变化建立的各种基金项目，分为三大类，第一大类是在《联合国气候变化框架公约》内建立的各种气候变化基金，这些基金由世界银行管理，并通过各国开发银行来组织实施，基金规模相对较小，大概有 6 亿多美元。第二大类是双边协议基金，主要由缔约方组织建立，规模比较大，目前有 140 多亿美元的规模。第三大类是多边协议基金，主要由联合国和世界银行牵头针对发展中国家提供技术支持和发展清洁能源的基金，资金主要来自发达国家的资助和民间捐赠，目前有 70 多亿美元。

---

① UNEP. UNEP Risoe CDM/JI Pipeline Analysis and Database [R]. 2008. http: //cdm pipeline. org.

表 2-8　全球气候变化基金

基金名称		基金规模（百万美元）	期限
Funding under UNFCCC	Strategic Priority on Adaptation	50	2008～2012 年
	Least Developed Country Fund	172	2008 年 10 月
	Special Climate Change Fund	91	2008 年 10 月
	Adaptation Fund	300～600	2008～2012 年
Bilateral Initiatives	Cool Earth Partnership（日本）	10000	2008～2012 年
	ETF-IW（英国）	1182	2008～2012 年
	Climate and Forest Initiative（挪威）	2250	
	MDG Achievement Fund（西班牙）	22～92	2007～2010 年
	GCCA（欧盟）	76～84	2008～2010 年
	International Climate Initiative（德国）	200～564	2008～2012 年
	IFCI（澳大利亚）	160	2007～2012 年
Multilateral Initiatives	GFDRR	15	2007～2008 年
	UN-REDD	35	
	Carbon Partnership Facility（世界银行）	500	
	Forest Carbon Partnership Facility（世界银行）	385	2008～2020 年
	Climate Investment Funds	6200	2009～2012 年
	1. Clean Technology Fund	4800	
	2. Strategic Climate Fund	1400	
	（1）Forest Investment Programme	350	
	（2）Scaling up renewable energy	200	
	（3）Pilot Program for Climate Resilience	600	

资料来源：UNFCCC. Investment and Financial Flows to Address Climate Change：An Update［R］. 2008. http：//unfccc. int。

二　碳减排任务的国际博弈

气候是"全球最大的公共产品"，气候问题需要世界各国共同努力展开行动，虽然国际社会建立了碳减排合作机制，分配了碳排放配额，各国也都制定了众多应对气候变化的行动方案、政策和工具，积极发展低碳经济，努力实现碳减排目标，但碳减排涉及各国的实际利益，当完成碳减排目标与国家利益冲突时，碳排放配额的约束力也相当有限。各国由于经济发展水平的差异，受气候变化影响程度不同，实施碳减排的经济基础不同，以及发展低碳经济动机不同，都使得国际碳减排过程是一个多方利益博弈均衡的过程。哥本哈根气候大会和坎昆气候大会上，各国针对如何建立国际碳减排机制的激烈争论，表面上只是发达国家与发展中国家的碳减排分配的争议，实质上是各国争夺发展权和国际经济新秩序的主导权。

虽然发达国家最早倡议碳减排，但发达国家发展低碳经济的真正动机并不是解决气候变化问题和保护生态环境，而是一种转变经济发展方式、转嫁经济危机的策略。正如英国在2003年能源白皮书《我们能源的未来：创建低碳经济》中提出，把英国变成一个低碳经济国家是其能源发展的总体目标，但根本目的是着力于发展、应用和输出先进技术，创造新的商机和就业机会，并且在促进发展国际新能源市场过程中，英国要成为欧洲乃至世界的先导。这充分说明，发达国家发展低碳经济只是一种推广新能源、新技术，掌控国际经济新秩序主导权的手段，当碳减排目标与国家利益或集团利益发生冲突时，就会毫不犹豫地把低碳经济这个“外壳”置之脑后，赤裸裸地反对碳减排。美国小布什政府就以碳减排会“损害美国经济”为由，拒绝签署《京都议定书》，不愿在国内实施强制性碳减排措施。而美国总统奥巴马为了应对金融危机，认为发展新能源产业将有助于刺激经济增长、创造就业机会，转而在碳减排方面采取了积极态度。日本作为《京都议定书》的倡导者和缔约方，一直以推进碳减排、发展低碳经济的积极形象面世，但是当国内企业界认为碳减排约束影响了企业经营和国际竞争力时，日本政府在坎昆气候会议上彻底抛开缔约方的立场于不顾，拒绝加入《京都议定书》第二减排期，成为阻碍谈判进程的“最大搅局者”。这都显示了发达国家保护全球气候环境是假、国家利益至上为真的面目。少数在能源、环境问题上行动最早的北欧国家走上了低碳发展道路，完成了碳减排目标，而包括美国、日本、加拿大、澳大利亚等国家在内的发达国家尽管伴随经济增长出现了 CO_2 排放量不同程度的下降，但都没有完成其承诺的碳减排目标，除了技术、模式还不成熟以外，发达国家碳减排行动决心不足是主要原因。

发达国家承诺给予发展中国家实施碳减排的资金和技术援助，但实际执行效果不尽如人意，远没有达到预期效果。发达国家承诺的援助资金，一直没有落实到位，坚持拨付援助资金的前提是发展中国家要公开碳减排行动，接受国际社会监督、管理，这又是拥有主权的发展中国家所不能接受的。技术援助又往往伴随着诸多条件限制，发达国家强调各种低碳技术都掌握在私有企业手里，政府无权要求私有企业向国外无偿转让技术，而且发达国家自身还在研发低碳技术，最新低碳技术还不完善，发达国家也不愿意转让最新技术，能够转让的成熟技术都比较落后，碳减排效果不明显。最关键的是发达国家在技术转让的同时，往往强制性要求接受技术转让国家购买高价设备或者支付高昂的服务费用，并且限制发展中国家自己的技术研发和相关产业，这都是发展中国家难以认可与接受的。

发达国家不能有效完成碳减排目标的同时，还千方百计地要求发展中国家承担碳减排义务，不断向发展中国家施加压力。发达国家希望改变目前气候变化谈判的双轨制模式，把发达国家《京都议定书》第二承诺期碳减排责任的谈判和《联合国气候变化框架公约》长期谈判合并在一起，从而把发展中国家也纳入强制性碳减排协议中。欧盟把中国和印度等新兴市场国家定义为发达的发展中国家，与其他发展中国家区分开来，希望通过分化发展中国家的策略，削弱发展中国家的谈判能力，让中国等新兴发展中大国承担碳减排义务。美国则主张以“大国减排”取代“发达国家减排”，否定此前国际碳减排机制中一直沿用的“共同但有区别的责任”原则。日本提出的“后京都”按行业减排协议，包含所有“主要排放国”，目的也是要发展中国家承担强制性量化碳减排义务。

针对发达国家的无理要求，发展中国家自然不会轻易承诺，一个原因是发展中国家的经济基础比较差，人民生活水平还很低。当前主要的任务是发展经济。提高经济社会发展水平，才是对人类社会的最大贡献。如果和发达国家一起承担碳减排义务，由于自身对碳减排约束的承受能力较差，必然对经济发展造成较大影响，从人类公平发展角度来看有失公允。另一个原因就是目前大气中的高密度二氧化碳主要是发达国家历史排放累积形成的，发达国家自然要为此承担责任，而发展中国家由于工业化进程时间较短，虽然年度碳排放量较大，但历史累积排放量很小，从“谁排放，谁负责”的角度来看，发展中国家也不能承担太多的碳减排责任。

这就在发达国家和发展中国家之间产生了如何确定碳排放责任和如

何分配碳减排义务的矛盾，不同的认定标准，对各国利益有极大影响。所以，对于如何分配碳排放权，或者如何确定各国碳减排义务的分配标准，是当前国际碳减排机制亟待解决的问题。基于不同的利益考虑，国际社会给出了不同的碳排放权分配方案，主要有三大类，一类是从国际公平角度出发，另一类是从人际公平角度出发，还有就是坚持两者结合的原则。

基于国际公平角度出发的分配方案如下。①1997 年巴西提出的方案是根据发达国家温室气体历史排放对全球气候变暖的贡献大小确定发达国家各自不同的定量减排指标，并以此作为各缔约方之间分摊碳减排义务的原则。该方案只针对发达国家，后来发达国家学者将这一方案扩展到发展中国家。该方案只强调历史排放责任，而没有考虑到处于不同发展阶段的各国当前及未来发展需求，难以被普遍接受。②2002 年美国提出的主张是碳排放权的分配应该以各国经济规模为基础，提出以能源强度为标准确定碳减排义务，认为按照这一原则能够在经济增长的同时推动国际碳减排行动，对发达国家和发展中国家而言都有利。③2003 年欧盟的方案是各国碳减排总量按照各部门设置碳减排目标后加总，以符合成本有效性的原则，实现国家碳减排战略。碳减排目标是在 2020 年、2030 年、2050 年三个时间节点上分别减排 20%、30% 和 50%，并呼吁其他国家也以此方式推行碳减排战略。④中国国务院发展研究中心提出国家排放账户方案，通过明确界定各国排放权来为各国建立起“国家排放账户”，将发达国家历史排放转化为其国家排放账户的赤字，而历史排放少的国家表现为排放账户余额，各国碳排放义务按照账户盈亏变化来确定。

基于人际公平角度出发的分配方案如下。①英国全球公共资源研究所（GCI）提出的“紧缩与趋同方案”。首先通过各国的减排行动将温室气体浓度稳定在某一水平，其次在未来某个时点上实现全球人均碳排放水平一致。这种方案默认了历史、现实以及未来相当长时期内实现趋同过程中的不公平，严重制约了仍处于工业化发展阶段中的发展中国家的排放空间，客观上并不公平。②“共同而有区别的紧缩方案”。这种方案主张发达国家人均排放在未来一定时期内先降到一个均等水平，发展中国家人均排放水平可以继续增长，但在达到全球平均水平一定比例后开始减排，而且也要在同一时期趋于一个均等水平。这种方案也是忽略了发达国家的历史责任，对发展中国家的人均排放水平做了太早的限制。③“一个标准，两个趋同”方案。设计到2100年各国的人均碳排放一致，同时1990～2100年各国累积的人均碳排放相等。这种方案只考虑了1990年以后的公平排放，完全开脱了发达国家此前的历史责任。

还有就是同时考虑国际公平和人际公平的碳减排方案。①基于人文发展需求的碳减排方案。必须能够同时保证国际公平和人际公平，碳减排的具体目标应当与联合国的人文发展目标结合起来考虑。②基于发展权的方案。瑞典斯德哥尔摩环境研究所（SEI）提出，只有富人才有责任和能力减排，应该设置发展阈值，按超过阈值人口的总能力（经济发展）和总责任（累积历史排放）两个指标分配碳减排义务，保障低于发展阈值的穷国的发展需求。③碳减排基金方案。提出基于人均收入差异赋予富人和穷人以不同的碳排放权，根据“责任－能力”来分配国家碳减排义务，同时建立国际碳减排基金，促进发展中国家的减贫和发展。④人均累积消费排放方案。樊纲等人提出按照各国人均累积消费碳排放量分配碳减排义务，既考虑了各国的历史责任，又考虑到人的平等性，更是把碳减排责任归因于产品消费者而不是生产者，这是所有分配方案中绝无仅有的，更多地体现了发展中国家的发展诉求。⑤世界银行提出了一个分配碳减排义务的综合测算体系。其公式为：分配指数＝政府表现×碳减排能力×社会能力×气候敏感性×气候变化影响程度×人口比重×贫困人口比重。根据各国在七个方面的表现，计算其碳减排分配指数。这个方案虽然比较全面，考虑到各国的气候变化影响程度、碳减排能力和发展水平，但有一些主观性指标不容易确定。

表2－9列出了150多年来世界主要国家的历史累积碳排放量，欧美发达国家的历史排放占全球历史排放总量的绝大部分，特别是美国以3337.48亿吨二氧化碳高居榜首，约为全球历史碳排放总量的1/3，远远超过其他国家的累积碳排放量。若以人均历史累积排放来看，发展中国家的数值更小，比如中国人均历史累积排放76吨二氧化碳，只有英美两国人均历史累积排放水平的1/15。因此，是否在分配碳减排义务时综合考虑发达国家的历史排放责任，对分配结果有重大影响。

表 2-9　1850~2006 年主要国家的 CO_2 历史累积排放

国家	历史累积排放（百万吨）	人均历史累积排放（吨）
英国	68236	1133.0
美国	333748	1125.6
德国	80377	974.6
俄罗斯	93082	650.2
澳大利亚	12716	623.3
法国	32279	530.3
日本	44535	348.5
南非	12793	272.8
墨西哥	11768	114.2
中国	99204	76.0
印度	27434	25.1
世界	1150800	178.0

资料来源：WRI. Climate Analysis Indicators Tool（CAIT）Version 7.0. http：//cait. wri. org。

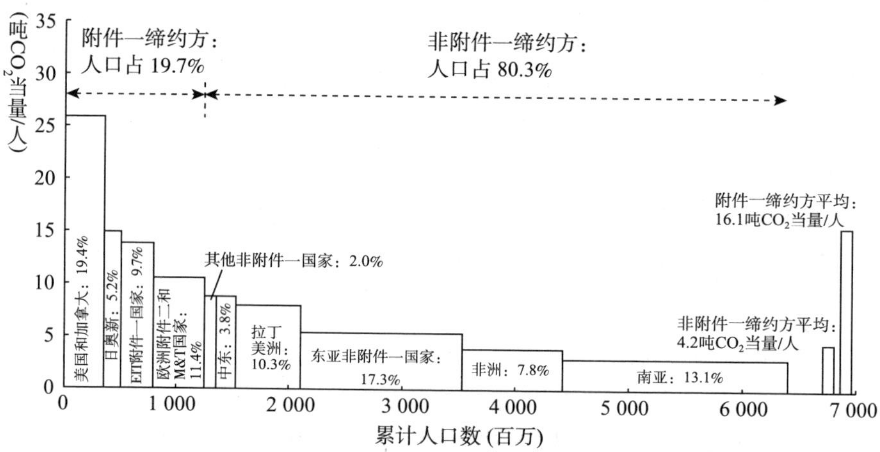

图 2-17　世界各地区人均碳排放水平

资料来源：IPCC. Climate change：The Fourth Assessment Report of the Intergovement Panel on Climate Change［R］. Geneva，Switzerland，2007。

不同的碳减排义务分配方案，都是提出者基于自身的利益考虑，不管是否考虑历史责任，是考虑国际公平还是人际公平，都难以得到世界各国的一致认可，要制定一个既符合全球碳减排目标需要又能兼顾各方利益，

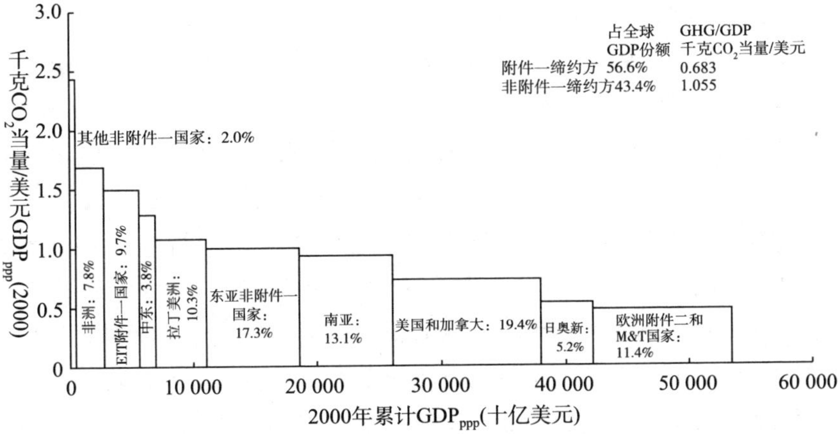

图 2－18　世界各地区碳排放强度

资料来源：IPCC. Climate Change：The Fourth Assessment Report of the Intergovement Panel on Climate Change［R］. Geneva，Switzerland，2007。

为各国所接受的碳排放分配方案，还有赖于国际社会和各国政府间博弈和谈判，可以预见，这种博弈还会持续较长一段时间。

三　国际低碳技术竞争

尽管各国就国际碳减排义务进行激烈的博弈，争取更多的碳排放空间，但同时又紧锣密鼓地加快发展低碳经济，通过低碳技术创新，发展新能源产业，提高碳减排能力，并且在国际贸易中征收碳关税，设置绿色贸易壁垒，以增强国际竞争力。

发达国家通过低碳技术创新占领技术高地，力求争夺国际低碳技术控制权，是发达国家发展低碳经济的主要动机之一。围绕促进低碳经济发展的清洁能源、可再生能源等低碳以及无碳能源技术的开发和利用，各国从资金投入、人员投入、项目建设到机制创新，都展开了激烈的竞争。主要采取的措施如下。

（1）政府加强对新能源技术创新研究和开发的资金支持。比如，美国政府通过“煤研究计划”支持清洁煤技术研发，包括开发新型污染控制技术、煤气化技术、先进燃烧系统以及碳收集封存技术等，在应对金融危机的经济刺激计划中，针对化石燃料的低碳化技术（二氧化碳捕获和存储技术）、可再生能源、电动汽车高性能电池等研发的资助金额高达 79 亿美元。[①] 在 2010 年度美国的有关低碳技术研究预算中，基础研究的投入占总投入的 23%，清洁能源的研发投入占 30%，节能技术的研发投入占 17%，碳回收技术研发的投入占 30% 左右。为了促进低碳技术研发，欧盟成立了“欧洲能源研究联盟”和“联合欧洲能源研究院”，实施“欧洲风力计划”、“欧洲太阳能计划”、“欧洲生物质能计划”、“可持续核裂变计划”、“欧洲电网计划”和“欧洲二氧化碳回收与储藏计划”六大低碳技术研发和应用计划，仅 2007 年，法国、德国、意大利与英国等国家在低碳技术上的总投入为 15.8 亿美元，其中绝大部分用于清洁能源技术。欧盟还计划在 2010～2020 年的 10 年内投入 530 亿欧元进行低碳技术的研发与应用研究，绝大部分资金用于清洁能源技术研发，其中 160 亿欧元用于太阳能研究，90 亿欧元用于生物质能研究，70 亿欧元用于核能研究，60 亿欧元用于风能研究，20 亿欧元用于智能电网研究，130 亿欧元用于二氧化碳捕捉和储藏示范项目。[②]日本政府也对超燃烧系统技术、超时空能源利用技术、信息生活空间创新技术、交通技术、半导体元器件技术等低碳技术研究投入大量资金，从 2008 年开始投资 300 亿美元实施“环境与能源革新技术开发计划”，特别对可以大规模削减温室气体的碳捕捉以及封存技术予以大力支持，从 2009 年起开始大规模实验，并计划在 2020 年前开始应用。

（2）通过财税政策推进新能源技术研发和应用。例如，美国对经过示范验证可行的先进能源技术，通过财政补贴降低开发成本，提高其市场竞争力，以便大规模商业化推广，在 2009 年经济刺激计划中，用于对智能电网、节能项目和可再生能源项目等提供补贴和担保的财政支出高达 356 亿美元，对可再生能源投资、家庭节能投资和购买插电式混合动力车免税达 170 亿美元。欧盟则通过财税政策重点支持碳捕获和储存技术的研发和市场应用。包括中国在内的发展中国家也通过各种手段扶持可再生能源产业的发展，包括减免税收、政府购买、价格补贴等形式。

（3）通过构建碳金融服务体系，支持能源技术创新。欧盟为推动低碳经济发展和能源技术创新，建立了多渠道、多元化、多层次的低碳金融服

① 根据美国政府年度预算资料测算。

② 蔡林海．低碳经济大格局［M］．北京：经济科学出版社，2009.

务体系，广泛吸收各类资金支持能源技术创新，加快推广能源新技术的商业应用。

四 国际新能源产业竞争

低碳经济竞争的关键还在于新能源产业，新能源产业是低碳技术的主要应用领域，发展新能源产业既可以满足低碳排放模式下经济发展对能源的需求，又可以作为新兴产业促进经济增长。因此，各国都把发展新能源产业作为低碳经济的重要内容，包括投资可再生能源和清洁能源项目、新能源生产设备和电动车等新能源交通设施等，鼓励新能源技术和低碳技术产业发展。例如，美国政府将在未来10年投入1500亿美元资助替代能源的研究，风能、太阳能和其他替代能源产业将有可能获得更多的政府资助；加大对混合动力汽车、电动车等环保型交通工具的开发利用，计划在2015年实现100万辆电动车上路的目标。日本持续投资化石能源的减排技术装备，形成国际领先的烟气脱硫环保产业。

图2－19显示了近年来世界各地区对可再生能源投资规模的持续增长趋势，欧盟的投资规模最大，2008年接近500亿美元，2009年有所下降。中国投资规模的增长速度最快，从2004年不足10亿美元快速增长到2009年的350亿美元，并在2009年一举超过美国，投资规模仅次于欧盟，如果

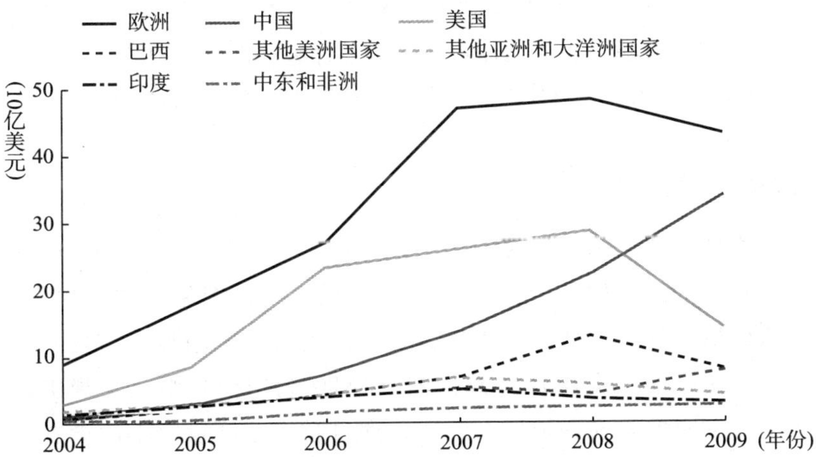

图2－19 世界各地区可再生能源投资规模增长趋势

资料来源：IEA. World Energy Outlook 2010［R］. 2010. http：//www. IEA. org。

以单个国家比较，中国已经成为可再生能源年度投资规模最大的国家。

按各国公布的新能源政策和投资计划，2010～2035年世界可再生能源投资规模还会继续大幅度增长，特别是中国预计在未来20多年里将有14000亿美元的巨额投资，用于发展可再生能源，规模将超过欧盟、美国和日本等发达国家和地区（见图2－20）。

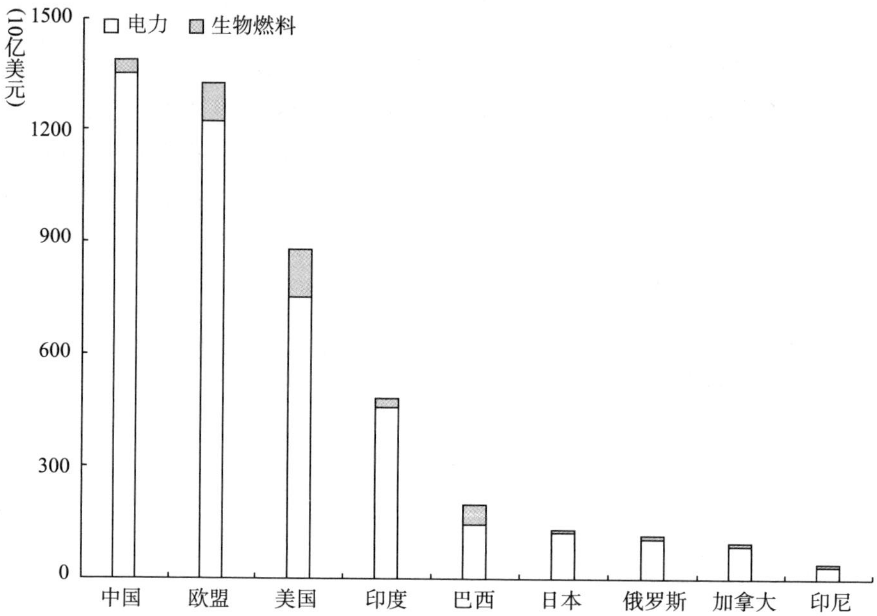

图2－20　2010～2035年世界各国可再生能源投资计划

资料来源：IEA. World Energy Outlook 2010 ［R］. 2010. http：//www. IEA. org。

五　国际低碳贸易竞争

随着全球经济一体化加快推进，越来越多的国家加入WTO，国际经济秩序发生较大变化，国际贸易竞争越来越激烈，特别是一些新兴经济体，凭借丰富的资源优势和低成本优势，在国际贸易中不断抢占市场份额，对欧美等发达国家的压力与日俱增。迫于WTO制定的自由贸易规则，发达国家不断寻求新的贸易保护主义形式，通过技术、环境等手段设置新的贸易壁垒来保护本国市场。碳关税这种新生事物，很快受到发达国家的青睐，用以在发展低碳经济大潮流中作为贸易保护主义工具。

所谓碳关税，是指对进口的碳排放密集型产品，如铝、钢铁、水泥和一些化工产品，征收特别的二氧化碳排放关税。法国最早提出碳关税这个概念，用意是希望欧盟国家针对未遵守《京都议定书》的国家征收特别商品进口税，以保护境内的钢铁等高耗能产业，因为在欧盟运行碳排放交易机制以后，欧盟国家所生产的商品成本会提高，在国际市场上缺乏竞争力。2009 年美国众议院通过《美国清洁能源与安全法》法案，从 2020 年起将针对来自不实施碳减排限额国家的进口产品征收“边境调节税”，其实际上就是对进口产品征收的碳关税。2010 年欧盟宣布，从 2012 年开始 2000 多家航空公司被纳入欧盟碳排放交易体系，意味着其他国家的飞机经过欧盟领空，就必须为排放的温室气体付费，实际上也是一种碳关税。法国则单方面宣布，将对那些在环保立法方面不及欧盟严格的国家进口的产品征收 35 美元/吨碳的关税，以后逐年增加。加拿大等其他发达国家也都在酝酿碳关税政策。

由于发展中国家技术水平较低，经济结构不够完善，在国际市场上出口的产品大多是资源密集型产品，出口贸易产品所负载的能源消费和碳排放量都比较大，而且是属于低附加值产品，而发达国家凭借资本优势和技术优势，在国际贸易中大多出口技术密集型产品和服务，具有较高的附加值，负载的能源消耗和碳排放量比较小。这就形成了发达国家和发展中国家在国际贸易中的不对等地位，一旦国际贸易体系中各国都征收碳关税，将对出口导向型国家的发展战略形成显著的不利影响，会使其进一步丧失国际竞争力，导致出口规模下降，影响国内经济发展，这对发展中国家的影响是巨大的。

表 2－10 是按照每吨 CO_2 征收 50 美元碳关税的假设情况下，世界各国之间的商品贸易可能会承担的额外关税税率，由于各国商品出口结构不同，商品负载的能源消耗和碳排放量不同，在碳关税一定的情况下，按商品价值计算的关税税率就会不同。从表中数据可以看出，由于征收碳关税，发达国家和发展中国家将承担的关税税率有很大差别，欧盟和日本承担的关税税率最低，分别只有 1.2% 和 1.4%，加拿大和美国稍高，但都不超过 3%，而发展中国家将承担的关税税率则要高得多，最高的是俄罗斯，平均为 11.7%，其次是中国和南非，平均值分别为 10.5% 和 10.1%，印度也将承担平均 7.8% 的关税税率。

表 2－10　世界各国承担的虚拟碳关税税率

单位：%

虚拟碳税每吨 50 美元时货物与服务平均关税												
		进口国家										平均
		巴西	加拿大	中国	欧盟	印度	日本	墨西哥	俄罗斯	美国	南非	
出口国家	巴西	0.0	3.4	3.2	3.2	2.8	4.0	2.7	2.6	3.0	2.9	3.1
	加拿大	4.5	0.0	3.4	3.4	3.7	3.2	2.8	2.8	2.6	3.0	2.8
	中国	12.1	10.5	0.0	10.5	13.4	10.4	9.9	10.0	10.3	11.1	10.5
	欧盟	1.6	1.1	1.1	0.0	1.3	1.2	1.1	1.1	1.2	1.2	1.2
	印度	8.3	7.8	9.2	7.7	0.0	6.8	8.1	8.7	7.9	5.3	7.8
	日本	1.4	1.3	1.5	1.4	1.6	0.0	1.4	1.4	1.2	1.3	1.4
	墨西哥	3.5	2.1	4.2	4.0	10.8	4.0	0.0	4.1	1.7	3.5	2.1
	俄罗斯	18.0	14.3	12.4	11.8	12.8	11.3	14.7	0.0	10.4	15.9	11.7
	美国	3.3	3.0	3.1	3.1	3.3	3.0	2.8	2.8	0.0	3.2	3.0
	南非	15.9	10.1	10.6	9.8	11.5	11.4	16.6	7.9	8.9	0.0	10.1
平均		3.7	2.9	2.2	5.0	4.5	4.8	3.3	2.6	3.0	2.9	

资料来源：Atkinso, G., Hamilton, K., Ruta, G., and Van der Mensbrugghe, D. Trade in "Virtual Carbon": Empirical Results and Implications for Policy [J]. *Background paper for the WDR (2010)*, 2010。

因此，在碳关税的影响下，产品进出口的优劣势会发生变化，各国在国际贸易中的地位也会发生很大转变，依靠丰富资源和低廉成本的产品会逐步丧失竞争优势，以技术密集型产品和服务贸易为主的国家才能获得真正的竞争优势，发展中国家只能通过转变经济发展方式、优化产品出口贸易结构的途径减轻碳关税的影响，国际贸易竞争更加激烈。

第四节　中国面临的低碳发展形势

一　中国能源消耗变化趋势

改革开放以来，中国经济飞速发展，工业化和城市化进程加快推进，同时伴随着能源消耗的快速增长，能源生产和能源进口规模持续增加。

图 2－21 中数据显示，中国 1978 年能源消耗总量只有 5.7 亿吨标煤，

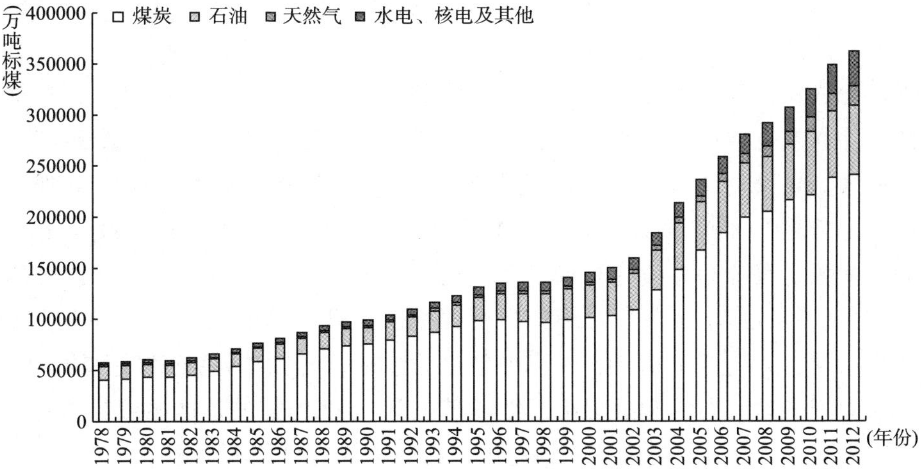

图 2-21　中国能源消耗结构变化趋势

资料来源：《中国能源统计年鉴 2013》。

2012 年快速增长到 36.2 亿吨标煤，已经超过美国成为世界第一能源消耗大国。从增长趋势来看，2012 年能源消耗总量是 1978 年的 6.35 倍，年均增长 5.58%，但万元 GDP 综合能耗由 1978 年的 3.4 吨标煤/万元下降到 2012 年的 1 吨标煤/万元，下降了 70.6%，平均每年降低约 2.1 个百分点，节能减排措施成效显著，[①] 但仍然是世界平均水平的 2 倍，发达国家平均水平的 4 倍。进入 21 世纪以后，能源消耗增速明显提高，2001～2012 年中国能源消耗总量年均增长 8.2%，远远超过前期增长幅度，接近同期经济总量增长幅度。从能源消耗结构来看，中国能源消耗还是以煤炭为主，1978 年煤炭消耗占能源消耗总量的 72.2%，其比重经历了上升、下降又上升的变化历程，目前在 70% 以下，呈逐步下降趋势；石油消耗比重变化趋势是下降、上升再下降，变化幅度较大，目前为 18.6%；天然气消耗占比最小，逐步增长到 5% 左右，呈现下降又上升的趋势；水电、核电及其他能源所占比重虽然不大，但上升趋势比较明显，从 1978 年的 3.4% 上升到目前的 9.4%，提高了 6 个百分点。总体而言，中国化石能源消耗比重太高，结构变化不太明显，除了水电、核电及其他能源占比有所提升以外，其他种类能源消耗所占比重没有太大变化。

① 根据《中国统计年鉴 2013》和《2012 年国民经济和社会发展统计公报》数据测算。

到2020年，中国将实现建设全面小康社会的目标，到2050年，经济发展将达到中等发达国家水平，未来一段时期将是中国工业化、城市化、现代化进程加快推进的重要时期，也将是经济保持高速增长的时期，对能源消耗需求也将保持高速增长的态势。尽管中国很早就提出了转变经济增长方式，建设资源节约型、环境友好型社会的要求，但就目前的管理体制、投资趋势和技术水平来看，中国经济增长的高能耗还将持续一段时间，能源、资源和环境将是未来经济增长的最大制约因素。因为从国际经验来看，随着经济发展能源消耗强度都呈现先升后降的态势，只有进入工业化后期，人均能源消费趋于一个稳定的水平，能源消耗强度和人均GDP才能呈现某种互逆的倒数关系，即随着人均GDP的提升，能源消耗强度会逐渐下降，只有人口规模下降，能源消耗总量才有可能明显减少。表2－11列出了国际能源署对中国能源消耗的预测结果。

表2－11　中国能源消耗预测

单位：百万吨油当量，%

	1990年	2005年	2015年	2030年	2005～2015年*	2005～2030年*
煤炭	534	1094	1869	2399	5.50	3.20
石油	116	327	543	808	5.20	3.70
天然气	13	42	109	199	10.00	6.40
核电	0	14	32	67	8.80	6.50
水电	11	34	62	86	6.10	3.80
生物质	200	227	225	227	－0.1	0.00
其他可再生能源	—	3	12	33	14.40	9.90
总　计	**874**	**1742**	**2851**	**3819**	**5.10**	**3.20**

注：*表示年均增速。另外个别数据疑有微小出入，原文如此。

资料来源：IEA. World Energy Outlook 2007［R］. 2007. http：//www. IEA. org。

到2015年，中国能源消耗总量将达到28.5亿吨油当量，2005～2015年年均增长5.1%，到2030年将达到38.2亿吨油当量，是2005年的2.2倍，年均增长速度达到3.2%。煤炭仍将是中国主要的能源消耗种类，虽然比重会有所下降，但还是会超过60%，尽管核电、风电和太阳能等可再生能源会大幅度增长，但由于基数太低，比重没有太明显变化。

二 中国碳排放趋势及特征

中国能源消耗的大幅度增长必然导致温室气体排放量的高速增长，图2－22列出了中国近40年来化石能源消耗产生的碳排放增长趋势。据国际能源署统计，1971年中国二氧化碳排放量只有8亿吨，稳步增长到20世纪90年代末期，1998～2001年还有所下降，但此后以更高的速度增长，从2001年的34.4亿吨快速增长到2012年的82.5亿吨，超过美国成为世界最大的温室气体排放国，年均增长7.6%。

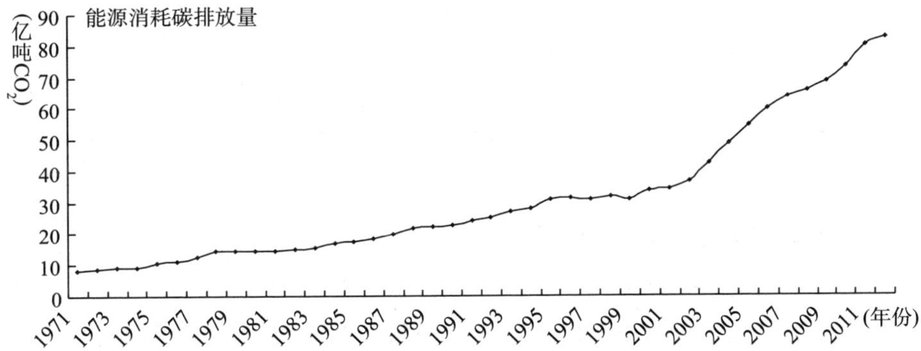

图2－22 中国能源消耗的碳排放总量增长趋势

资料来源：IEA. CO_2 Emissions from Fuel Combustion Highlights 2014［R］. 2014，http://www. IEA. org。

图2－23中数据表明，中国碳排放最大的部门是电力和热力的生产、供应，超过碳排放总量的一半；其次是制造业和建筑业，占31.0%；其他部门比重较小。目前的碳排放来源部门结构与当前的经济发展阶段和技术水平密切相关，第二产业占国民经济比重接近50%，制造业和建筑业成为拉动国民经济增长的主要力量，导致中国工业部门的温室气体排放量和排放比重远远高于世界平均水平。尽管农业在中国经济中占有重要地位，但其碳排放量所占比重很低，并且农业生态系统还有助于碳的吸收，降低大气中温室气体浓度，特别是近年来中国非常重视退耕还林工作，不但减少了土地开发利用的碳排放量，还增加了林业碳汇能力。由于中国人民生活水平还很低，消费和交通产生的碳排放仍然较低，但随着人民生活水平提高，家电产品和汽车等耐用消费品会快速增长，生活用能源需求会迅速增长，来自交通和生活领域的碳排放比重会有较大幅度提升。

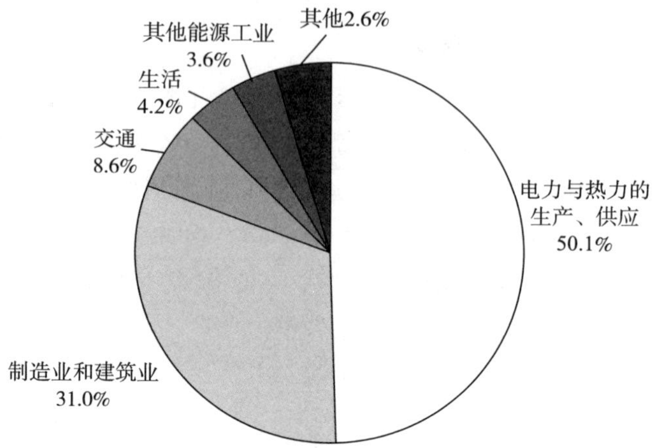

图 2－23　中国碳排放来源的部门结构

资料来源：IEA. CO_2 Emissions from Fuel Combustion Highlights 2014 [R]. 2014. http://www. IEA. org。

三　中国碳排放指标的国际比较

反映一个国家碳排放水平，既要看排放总量，也要看人均排放，还要和经济发展水平结合起来，既要看历史发展趋势，更要进行横向对比，才能更好地从国际视野判断碳排放水平的变化趋势。图 24～27 分别展示了中国碳排放总量、人均碳排放量、碳排放强度和碳排放来源部门结构几个指标的变化趋势及国际比较情况。

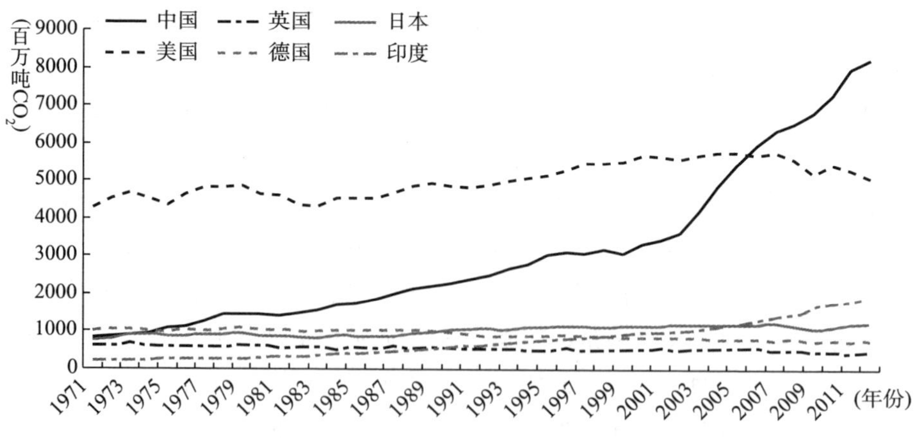

图 2－24　中国碳排放总量变化趋势的国际比较

资料来源：IEA. CO_2 Emissions from Fuel Combustion Highlights 2014 [R]. 2014. http://www. IEA. org。

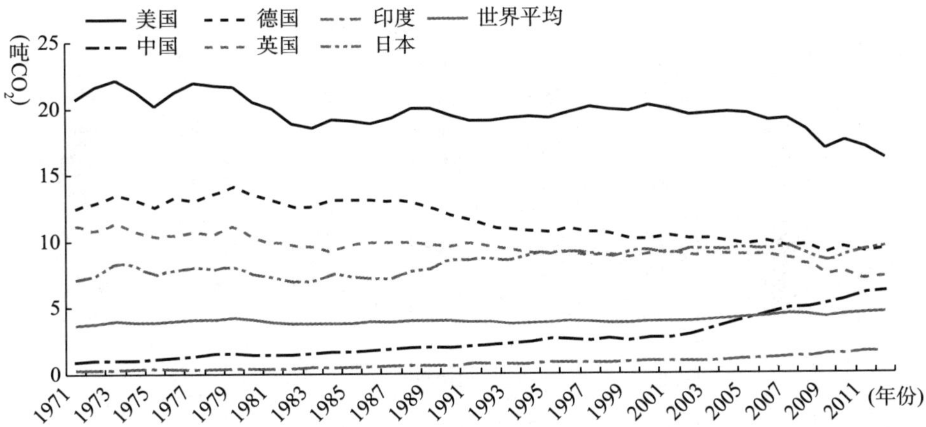

图 2-25　中国人均碳排放量变化趋势的国际比较

资料来源：IEA. CO_2 Emissions from Fuel Combustion Highlights 2014 [R]. 2014. http://www. IEA. org。

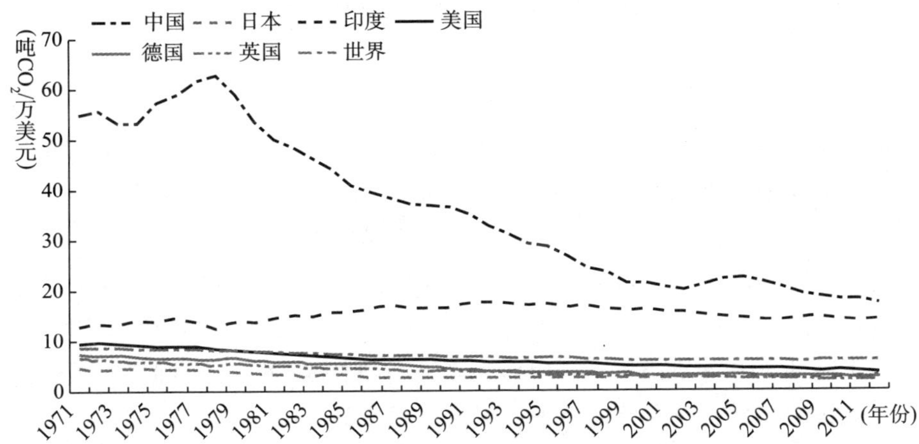

图 2-26　中国碳排放强度变化趋势的国际比较

资料来源：IEA. CO_2 emissions from fuel combustion highlights 2014 [R]. 2014. http://www. IEA. org。

中国的碳排放总量增长速度过快，超过所有发达国家的增长速度，特别是 2001 年以后，几乎是直线上升的趋势，使得中国的碳排放总量超过了美国，成为全球最大的碳排放国家。其他国家的碳排放总量虽然也呈上升趋势，但上升速度很慢，特别是发达国家为了履行《京都议定书》规定的碳减排义务，近年来碳排放量有下降的趋势。从人均碳排放量来看，中国人口增长比较快，一定程度上抵消了碳排放总量过快增长的势头，使得人

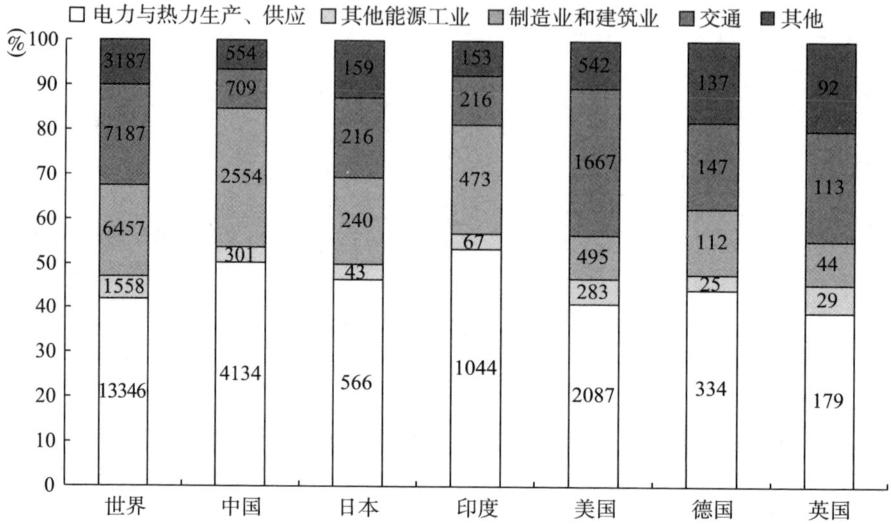

图 2-27　2012 年中国碳排放来源部门构成的国际比较

资料来源：IEA. CO_2 Emissions from Fuel Combustion Highlights 2014 [R]. 2014. http://www. IEA. org。

均碳排放量增长比较慢，但是在 2001 年以后也有明显上升，在 2006 年达到世界平均水平，但目前已经超过。中国的人均碳排放量与发达国家相比还有较大差距，只有美国的 1/3 左右，是德国、日本等国的 2/3 左右。发达国家的人均碳排放水平变化幅度很小，有稍微下降的趋势。

虽然中国碳排放总量增长迅速，但碳排放强度（碳排放量/GDP）呈现快速下降的趋势，从 1971 年的 54.9 吨 CO_2/万美元（2005 年不变价）快速下降到 2012 年的 17.3 吨 CO_2/万美元，下降了 68.5%，是碳排放强度下降最快的国家，而同期世界平均碳排放强度只下降了 33%。美国下降幅度也比较大，接近 63%，而印度的碳排放强度则经历了大幅度上升再下降后，基本上与 1971 年持平。但从绝对值来看，中国的碳排放强度还是很高，是世界平均水平的 3 倍，是美国的 4.9 倍，甚至超过印度碳排放强度 23%。从碳排放来源的部门结构来看，中国最大的碳排放部门是电力和热力的生产、供应，比世界平均比重高出 8 个百分点，制造业和建筑业的碳排放比重也比世界平均水平高出 10 个百分点，交通和生活消费的碳排放比重较低。

对于中国未来的碳排放增长趋势，国际能源署的《全球能源展望》、中国发改委能源研究所的《中国 2050 年低碳发展情景研究》和能源与环

表 2-12　1990～2030 年中国碳排放情景预测的国际比较

单位：百万吨 CO_2

国家/地区	历史		预测		
	1990 年	2005 年	2010 年	2020 年	2030 年
美国	4989	5982	6011	6384	6851
加拿大	465	628	669	727	784
欧盟 15 国	4101	4383	4512	4760	4834
日本	1009	1242	1196	1195	1170
中国	2241	5323	6898	9475	12007
印度	565	1164	1938	2614	3237
世界	21226	28051	31100	37035	42325

资料来源：IEA. World Energy Outlook 2008 [R]. 2008. http://www. IEA. org。

境政策研究中心的《中国能源报告（2008）：碳排放研究》三份研究报告，分别基于投入产出和 IPAC 模型对中国的中长期碳排放水平进行情景预测。国际能源署预测，中国在基准情景（BAU）假设下 CO_2 排放量将从 2005 年的 50 亿吨增长到 2030 年的 120 亿吨，超过美国和欧盟 15 国的排放量之和。《中国能源报告（2008）：碳排放研究》预测中国基准情景假设下 2030 年碳排放总量将达到 115 亿吨，与国际能源署预测结果相近。《中国 2050 年低碳发展情景研究》认为中国碳排放总量将在 2040 年达到峰值。

当然，这些预测结果不一定准确，实际结果会受到复杂的综合因素影响，未来也存在很多不确定因素，但根据世界各国经济发展和碳排放关系的历史经验，中国未来的碳排放量高速增长是不争事实，中国将会有很长一段时间成为全球碳排放量最大的国家。国家之间碳排放责任和减排义务的分配正处于激烈的谈判和博弈之中，随着国际社会对气候变化问题日益关注，以及发达国家的态度越来越强硬，中国完全有可能要承担强制性的量化碳减排义务，不管是采取哪一种分配标准，从碳排放总量、人均碳排放量和碳排放强度几个指标来看，中国都处于劣势地位，如果开始强制性碳减排，将对中国的发展带来极为不利的影响，而且国际社会一旦普遍征收碳关税，将极大地削弱中国在国际市场上的竞争力，所以，如何应对气候变化和国际社会将要施加给中国的碳减排压力，对中国未来发展是一个巨大考验。2013 年北京 APEC 会议期间，中国明确承诺碳排放量到 2030

年达到峰值，不但要碳强度减排，还要总量减排。出路就在于积极发展低碳经济，主动参与国际碳减排机制合作，加快转变发展方式，在低碳发展模式下参与国际竞争，只有不断提升低碳经济竞争力，才能获得更大的发展空间，实现国家长远发展战略。

第三章

低碳经济竞争力理论溯源

第一节　马克思主义相关理论

一　竞争规律

马克思的竞争理论是在吸收古典政治经济学竞争理论的科学成分基础上，从生产与交换的辩证关系出发，全面地、历史地考察了竞争的动态过程，在《资本论》及其经济学手稿中建立了资本主义竞争理论，分析了竞争规律和竞争关系在资本主义社会生产关系中的地位和作用，揭示了资本主义市场竞争的实质。马克思的竞争理论是劳动价值理论的重要组成部分，为深入研究竞争力问题提供了坚实的理论基础。

1. 竞争的本质

在马克思政治经济学体系中，竞争具有极其重要的地位，是研究资本主义市场经济的重要内容，“竞争必须说明经济学家所不理解的一切东西，其实正好相反，经济学家必须说明竞争”。[①] 对竞争有充分的了解，才能深入理解资本主义市场经济运行的特征和规律。资本主义市场经济活动的一切都离不开竞争，要了解竞争的前提是认识资本主义经济运行的本质，“只有了解了资本的内在本性，才能对竞争进行科学的分析，正象只有认识了天体的实际的、但又直接感觉不到的运动的人，才能了解天体的表面

① 马克思．资本论［M］//马克思，恩格斯．马克思恩格斯全集：第25卷．北京：人民出版社，1974：978.

运动一样”。[①] 所以，研究竞争问题，又是在一定的环境下开展的，不同的社会发展阶段，不同的经济运行体制，竞争规律的表现形式和作用机制也不尽相同，马克思《资本论》对竞争规律的认识是以资本主义自由竞争市场经济为前提的。

“物竞天择，适者生存。”[②] 竞争是商品生产者或需求者之间实力较量和利益争夺的形式，有商品交换就有市场竞争。竞争是市场经济的本质属性，是推动国民经济发展的原动力。尽管社会生产力不断提高，人们的物质生活水平日益提高，但相对于人的需求而言，在任何一个时期，物质资源都是稀缺的。为满足生存和发展的需要，必然会对各类资源展开争夺，不同主体之间的争夺就是竞争。资本主义生产方式下，对资源的竞争尤为激烈，直接表现为大量商品的生产、分配和消费，资本和劳动作为资本主义生产关系的两极，围绕商品价值的生产和分配以及对剩余价值的追求，展开激烈的竞争。市场经济的本质是市场发挥资源配置的基础作用，在完全竞争的自由资本主义阶段，市场通过竞争发挥其“看不见的手”的作用，完成资本、劳动力和其他稀缺资源的配置，使社会生产和再生产能持续进行下去。当然，以公有制为基础的社会主义，同样存在竞争。社会主义初级阶段更需要大力发展生产力，生产更多的商品满足人民日益增长的物质文化需求，社会主义市场经济也是市场经济，必然要遵循市场经济规律，竞争规律也会发生作用，生产企业和劳动者同样面临着竞争，竞争也是促进社会主义前进的动力所在。

2. 竞争的演变

从市场经济参与主体来看，资本主义经济运行中的竞争主要包括三个方面，即生产者之间的竞争、消费者之间的竞争以及生产者与消费者之间的竞争。资本主义最激烈的竞争就发生在生产者之间，“社会分工则使独立的商品生产者互相对立，他们不承认任何别的权威，只承认竞争的权威，只承认他们互相利益的压力加在他们身上的强制，……”[③] 可见，生

---

① 马克思．资本论［M］//马克思，恩格斯．马克思恩格斯全集：第23卷．北京：人民出版社，1972：352.

② 〔英〕赫胥黎．进化论与伦理学［M］．北京：北京大学出版社，2010.

③ 马克思．资本论［M］//马克思，恩格斯．马克思恩格斯全集：第23卷．北京：人民出版社，1972，394.

产者为了追求自身利益最大化，不得不进行激烈的竞争。资本主义发展到机器大工业以后，技术水平迅速提高，不变资本在生产中的比重不断增加，产生相对过剩人口，造成工人大量失业，为了获得就业机会，“由此造成的工人之间的竞争，使资本家能够压低劳动价格，而劳动价格的降低反过来又使他能够更加延长劳动时间。但是这种对异常的即超过社会平均水平的无酬劳动量的支配权，很快就会成为资本家本身之间的竞争手段”。[①]

从社会再生产过程来看，竞争又可分为生产中的竞争、流通中的竞争和分配中的竞争三种形式。生产中的竞争是单个资本家为了提高劳动生产率，减少个别劳动时间，从而获取更多剩余价值而展开竞争。马克思指出：“竞争首先在一个部门内实现的，是使商品的各种不同的个别价值形成一个相同的市场价值和市场价格。”[②] 流通过程中的竞争是商品市场上供求的不平衡造成价格与价值之间的矛盾，这“只有通过竞争的波动从而通过商品价格的波动”[③] 才能解决。分配中的竞争是指在分配中，由于各部门资本的构成不同而产生不同的利润率，通过竞争转化为平均利润率，资本为了获得平均利润率又展开激烈竞争，从而达到瓜分和占有剩余价值的目的。

随着资本主义生产方式的变化，竞争范围越来越广泛，竞争程度也越来越激烈。资本主义自由竞争发展到垄断，实现了竞争导致垄断的蜕变，出现了大资本、大企业，竞争也从单个生产者之间扩大到垄断资本之间。资本主义从私人垄断发展到国家垄断，政府代表资产阶级利益参与经济活动，市场不再是唯一的资源配置机制，竞争的主体也就拓展到政府，区域之间的竞争如火如荼地开展起来。随着世界资本主义的发展，商品生产和商品交换进入世界市场时，竞争也就在世界市场上展开，资本主义私人垄断发展到国际垄断，代表国内资本利益的国家迅速展开竞争，不但有垄断资本主义国家之间的竞争，也有资本主义国家与社会主义国家之间的

---

① 马克思．资本论［M］//马克思，恩格斯．马克思恩格斯全集：第23卷．北京：人民出版社，1972：600－601．

② 马克思．资本论［M］//马克思，恩格斯．马克思恩格斯全集：第25卷．北京：人民出版社，1974：201．

③ 马克思，恩格斯．马克思恩格斯全集：第21卷［M］．北京：人民出版社，1965：215．

竞争。

3. 竞争规律的作用

在研究资本主义经济规律时，马克思指出："竞争，这个资产阶级的重要推动力，不能创立资产阶级经济的规律，而是这些规律的执行者。……是经济规律的必然性得到实现的表现形式。"[①] 竞争在整个资本主义经济运行中起到重要作用。

一是促进了商品价值和利润的实现。商品价值的确定和实现过程，就是个人劳动时间转换成社会必要劳动时间的过程，也就是商品市场价格形成和实现的过程，而这个过程，就是商品生产者和购买者之间竞争的过程。因此，竞争对于马克思价值规律的形成具有重要意义，也揭示了资本主义生产的运行规律，"根据这一点，不同生产部门中占统治地位的利润率，本来是极不相同的。这些不同的利润率，通过竞争而平均化为一般利润率，而一般利润率就是所有这些不同利润率的平均数"。[②] 因此，竞争不但使个别生产者的商品实现市场价值，还使不同生产部门的利润率平均化为平均利润率，并由此使这些不同部门的产品的价值转化为生产价格。

二是提高企业劳动生产率，从而提高社会生产力。根据马克思价值规律，"价值由劳动时间决定的规律，既会使采用新方法的资本家感觉到，他必须低于商品的社会价值来出售自己的商品，又会作为竞争的强制规律，迫使他的竞争者也采用新的生产方式"。[③] 竞争规律刺激每一个生产者努力提高生产率，降低生产成本，降低个人劳动时间，这样的结果是所有生产者的个人劳动时间下降，从而社会必要劳动时间随之下降，社会生产力提高。劳动者之间的竞争也会发生作用，"且不说由于许多力量融合为一个总的力量而产生的新力量。在大多数生产劳动中，单是社会接触就会引起竞争心和特有的精力振奋，从而提高每个人的个人工作效率"。[④] 每个

① 马克思．政治经济学批判［M］//马克思，恩格斯．马克思恩格斯全集：第46卷．北京：人民出版社，1980：47.

② 马克思．资本论［M］//马克思，恩格斯．马克思恩格斯全集：第25卷．北京：人民出版社，1974：177.

③ 马克思．资本论［M］//马克思，恩格斯．马克思恩格斯全集：第23卷．北京：人民出版社，1972：354－355.

④ 马克思．资本论［M］//马克思，恩格斯．马克思恩格斯全集：第23卷．北京：人民出版社，1972：362－363.

劳动者工作效率提高，导致企业的劳动生产率提高。同时，“……而竞争使资本主义生产方式的内在规律作为外在的强制规律支配着每一个资本家。竞争迫使资本家不断扩大自己的资本来维持自己的资本，而他扩大资本只能靠累进的积累”。[①] 竞争不但促使资本家增加积累，扩大再生产，也加快了资本积聚和资本集中，从而使整个社会资本规模迅速扩大，社会生产力得到提高。竞争使“资产阶级争得自己的阶级统治地位还不到一百年，它所造成的生产力却比过去世世代代总共造成的生产力还要大，还要多”。[②] 之所以如此，是因为竞争“这个规律不让资本有片刻的停息，老是在它耳边催促说：前进！前进！”[③]

三是生产者之间的竞争，导致优胜劣汰，从而形成垄断。“竞争斗争是通过使商品便宜来进行的。在其他条件不变时，商品的便宜取决于劳动生产率，而劳动生产率又取决于生产规模。因此，较大的资本战胜较小的资本。”[④] 而且，“竞争的激烈程度同互相竞争的资本的多少成正比，同互相竞争的资本的大小成反比。竞争的结果总是许多较小的资本家垮台，他们的资本一部分转入胜利者手中，一部分归于消灭”。[⑤] 所以，竞争“是资本家剥夺资本家，是许多小资本变成少数大资本”。[⑥] 竞争的结果是优胜劣汰，个人劳动时间超过社会必要劳动时间的资本家不但不能获得剩余价值，很有可能不能实现其商品的价值，只能破产，这个过程持续下去，只有少数在竞争中获胜的资本家不但能够获得剩余价值，而且能通过兼并其他资本，实现资本集中，当一个行业的资本集中到一定程度，垄断就产生了。

四是资本提高对雇佣劳动的支配能力，劳动者地位下降。资本集中的

---

① 马克思．资本论［M］//马克思，恩格斯．马克思恩格斯全集：第23卷．北京：人民出版社，1972：649－650.

② 马克思．共产党宣言［M］//马克思，恩格斯．马克思恩格斯全集：第4卷．北京：人民出版社，1958：471.

③ 马克思，恩格斯．马克思恩格斯全集：第6卷［M］．北京：人民出版社，1961：501.

④ 马克思．资本论［M］//马克思，恩格斯．马克思恩格斯全集：第23卷．北京：人民出版社，1972：686－687.

⑤ 马克思．资本论［M］//马克思，恩格斯．马克思恩格斯全集：第23卷．北京：人民出版社，1972：687.

⑥ 马克思．资本论［M］//马克思，恩格斯．马克思恩格斯全集：第23卷．北京：人民出版社，1972：686.

一个结果就是大量小资本家破产，不但减少了对劳动力的需求，自身也变成了劳动者，增加劳动力供给；另一方面资本集中后具有规模效应，劳动生产率提高后对劳动需求减少，共同作用增加了失业劳动者。不变资本和可变资本之间的竞争使劳动者处于下风，“劳动资料一作为机器出现，立刻就成了工人本身的竞争者”。[①] 因为“一旦工具由机器来操纵，劳动力的交换价值就随同它的使用价值一起消失。工人就象停止流通的纸币一样卖不出去。工人阶级的一部分就这样被机器变成了过剩的人口，也就是不再为资本的自行增殖所直接需要的人口，这些人一部分在旧的手工业和工场手工业生产反对机器生产的力量悬殊的斗争中毁灭，另一部分则涌向所有比较容易进去的工业部门，充斥劳动市场，从而使劳动力的价格降低到它的价值以下”。[②] 所以，机器的广泛使用挤占了劳动的工作机会，“处境较好的手工业者的工资由于机器的竞争而降低了。新的机器工人完全是少女和年轻妇女。她们靠机械的力量消灭了男工在较重的劳动中的独霸地位，并且把大批老年妇女和未成熟儿童从较轻的劳动中赶走。这种强有力的竞争扼杀了最弱的手工劳动者”。[③] 所以，马克思认为，“在机器逐渐地占据某一生产领域的地方，它给同它竞争的工人阶层造成慢性的贫困”。[④] 机器同工人的竞争，不但使工人忍受失业和相对贫困，甚至“劳动资料扼杀工人”，[⑤] 迫使工人内部展开激烈的竞争。“工人阶级中就业部分的过度劳动，扩大了它的后备军的队伍，而后者通过竞争加在就业工人身上的增大的压力，又反过来迫使就业工人不得不从事过度劳动和听从资本的摆布。工人阶级的一部分从事过度劳动迫使它的另一部分无事可做，反过来，它的一部分无事可做迫使它的另一部分从事过度劳动，这成了各个资本家致富的

---

① 马克思．资本论［M］//马克思，恩格斯．马克思恩格斯全集：第23卷．北京：人民出版社，1972：471.

② 马克思．资本论［M］//马克思，恩格斯．马克思恩格斯全集：第23卷．北京：人民出版社，1972：471－472.

③ 马克思．资本论［M］//马克思，恩格斯．马克思恩格斯全集：第23卷．北京：人民出版社，1972：517－518.

④ 马克思．资本论［M］//马克思，恩格斯．马克思恩格斯全集：第23卷．北京：人民出版社，1972：472.

⑤ 马克思．资本论［M］//马克思，恩格斯．马克思恩格斯全集：第23卷．北京：人民出版社，1972：473.

手段。”[①] “……机器不仅是一个极强大的竞争者，随时可以使雇佣工人‘过剩’。它还被资本公开地有意识地宣布为一种和工人敌对的力量并加以利用。机器成了镇压工人反抗资本专制的周期性暴动和罢工等等的最强有力的武器。”[②] 资本在竞争中积累实力的同时，加重了对劳动者的剥削。

二　国家竞争

当资本主义生产把商品市场从国内扩展到世界范围时，资本主义竞争也从生产者之间扩展到国家之间，价值规律和竞争规律的表现形式发生了变化：“在以各个国家作为组成部分的世界市场上，情形就不同了。国家不同，劳动的中等强度也就不同；有的国家高些，有的国家低些。于是各国的平均数形成一个阶梯，它的计量单位是世界劳动的平均单位。因此，强度较大的国民劳动比强度较小的国民劳动，会在同一时间内生产出更多的价值，而这又表现为更多的货币。”[③] 当然，价值规律还是发生作用，“……价值规律在国际上的应用，还会由于下述情况而发生更大的变化：只要生产效率较高的国家没有因竞争而被迫把它们的商品的出售价格降低到和商品的价值相等的程度，生产效率较高的国民劳动在世界市场上也被算作强度较大的劳动”。[④] 不同国家生产力的差别，导致商品价格也不同，“一个国家的资本主义生产越发达，那里的国民劳动的强度和生产率，就越超过国际水平。因此，不同国家在同一劳动时间内所生产的同种商品的不同量，有不同的国际价值，从而表现为不同的价格，即表现为按各自的国际价值而不同的货币额”。[⑤] 结果是能生产更便宜商品的国家能够在国际市场竞争中获得胜利，实现本国商品的价值，但决定一国生产力或者影响一国商品生产成本的因素是复杂的，首先是与本国劳动生产率有关，而劳

① 马克思．资本论［M］//马克思，恩格斯．马克思恩格斯全集：第 23 卷．北京：人民出版社，1972：697 -698.

② 马克思．资本论［M］//马克思，恩格斯．马克思恩格斯全集：第 23 卷．北京：人民出版社，1972：476 -477.

③ 马克思．资本论［M］//马克思，恩格斯．马克思恩格斯全集：第 23 卷．北京：人民出版社，1972：614.

④ 马克思．资本论［M］//马克思，恩格斯．马克思恩格斯全集：第 23 卷．北京：人民出版社，1972：614.

⑤ 马克思．资本论［M］//马克思，恩格斯．马克思恩格斯全集：第 23 卷．北京：人民出版社，1972：614.

动生产率的提高很大程度上取决于劳动分工，“各民族之间的相互关系取决于每一个民族的生产力、分工和内部交往的发展程度。……一个民族的生产力发展的水平，最明显地表现于该民族分工的发展程度”。[①] 其次，商品生产成本与一国资源禀赋有关，既包括自然资源，也包括人力资源，特别是劳动力成本因素比较关键，决定着可变资本占商品价值的比重。“劳动生产率也是和自然条件联系在一起的，这些自然条件所能提供的东西往往随着由社会条件决定的生产率的提高而相应地减少。”[②] “某些种族素质，气候，自然环境如离海的远近，土地肥沃程度等等，比另外一些更有利于生产。”[③] 马克思还专门提到中国劳动力成本与其他国家的差别，“如果中国成了一个大工业国，那末欧洲的劳动人口除非把生活水平降低到他们的竞争者的水平，否则，我就不知道他们怎样才能坚持竞争”。[④] 可见，劳动力因素在国际竞争中的影响比较大。

“投在对外贸易上的资本能提供较高的利润率，首先因为这里是和生产条件较为不利的其他国家所生产的商品进行竞争，所以，比较发达的国家高于商品的价值出售自己的商品，虽然比它的竞争国卖得便宜。”[⑤] 国际竞争同样产生优胜劣汰的结果，产生资本积聚和资本集中，导致资本在国际市场转移，形成国际垄断资本。由于国家代表资本利益，处于国际竞争不利地位的国家必然会想办法保护国内资本，对外国资本进入本国市场设置障碍，“竞争很快就迫使每一个不愿丧失自己的历史作用的国家为保护自己的工场手工业而采取新的关税措施，并随即在保护关税之下兴办大工业。尽管有这些保护措施，大工业仍使竞争普遍化了，大工业创造了交通工具和现代的世界市场，控制了商业，把所有的资本都变为工业资本，从而使流通加速、资本集中。大工业通过普遍的竞争迫使所有个人的全部精

① 马克思，恩格斯．德意志意识形态（节选）［M］//马克思，恩格斯．马克思恩格斯选集：第1卷．北京：人民出版社，1995：68.

② 马克思．资本论（第三卷）［M］//马克思，恩格斯．马克思恩格斯全集：第25卷．北京：人民出版社，1974：289.

③ 马克思．《政治经济学批判》导言［M］//马克思，恩格斯．马克思恩格斯全集：第46卷．北京：人民出版社，1979：24.

④ 马克思．资本论［M］//马克思，恩格斯．马克思恩格斯全集：第23卷．北京：人民出版社，1972：659.

⑤ 马克思．资本论［M］//马克思，恩格斯．马克思恩格斯全集：第25卷．北京：人民出版社，1974：264.

力处于高度紧张状态”。[①] 这也就是自由贸易受到阻碍，贸易保护主义盛行的原因。

三　马克思以后的竞争理论的发展

（1）列宁的垄断理论。列宁是在分析自由竞争基础上分析垄断理论的，他认为自由竞争是在以私有制为基础的商品经济中，商品生产者为争取有利的产销条件而进行的不受限制的竞争。在简单商品经济中，自由竞争会导致优胜劣汰，商品生产者走向两极分化。在资本主义生产条件下，自由竞争成为一种普遍现象存在于各个领域，资本家为了获得超额利润，必然要增加积累，扩大生产和采用新技术，以求降低商品的生产成本和价格，从而能够在竞争中击败对方。对于竞争和垄断之间的关系，列宁认为，资本家之间自由竞争必然导致大资本吞并小资本，引起生产和资本的集中，当这种集中达到一定程度，就形成垄断。由于垄断企业数量比较少，而且规模都比较大，垄断企业彼此之间容易达成协议。他指出，垄断是对生产经营的独占，垄断组织通过垄断价格获得垄断利润，不愿意改进生产技术、提高生产效率，会导致生产停滞，垄断是现代资本主义深厚的经济基础和根本经济特征。但从自由竞争中成长起来的垄断并不会完全消除竞争，而是凌驾于竞争之上，与之并存，竞争产生垄断，垄断资本之间也有竞争，因而产生许多特别尖锐、特别剧烈的矛盾、摩擦和冲突。[②]

（2）希法亭的垄断竞争理论。以希法亭为代表的后马克思主义学派认为，产生垄断的主要原因有三个，分别是工业的集中、资本流动性限制的增多以及市场合谋行为的出现，三个原因会形成垄断价格，以及产业间和不同规模企业间利润率的差异，[③] 垄断的形成阻碍了自由竞争，资本不能像自由竞争情况下那样流动产生平均利润率，即行业之间或企业之间利润率的差异会一直存在，不能通过竞争来消除，这与马克思的平均利润率形

① 马克思，恩格斯．德意志意识形态（节选）［M］//马克思，恩格斯．马克思恩格斯选集：第1卷．北京：人民出版社，1995：113－114.

② 列宁．帝国主义是资本主义的最高阶段［M］//列宁．列宁全集：第27卷．北京：人民出版社，1990：336.

③ Sweezy，P. M. *The Theory of Capitalist Development*［M］. New York：Monthly Review Press，1968.

成理论有很大不同。但垄断并没有排除竞争，他们对竞争的看法更多地与市场结构联系在一起，大型寡头垄断企业的存在并没有完全排除竞争，尤其是在技术变革上。[①] 由于垄断企业的规模都比较大，它们之间的竞争非常激烈，已经从单纯的降低成本的低价格竞争，转变到主要通过技术革新来展开竞争。

（3）20 世纪 70 年代以后，马克思主义学者关于竞争理论的研究主要集中在三个方面：一是产业竞争与公司价格及利润之间的关系。马克思主义学者对大公司的竞争行为更多地从生产过程和企业组织变化的角度来解释，他们认为，是因为新型企业的竞争而不是原有的市场结构影响了企业的定价和目标利润，他们以价格和产出相互依存的系统为基础，分析了动态竞争、加成价格和收益率。二是有关平均利润率形成的观点。许多学者利用价格与数量随时间变化的动态变化关系，把马克思的竞争观具体化，从理论上确定竞争如何使利润率的差别逐渐消失。三是技术变革与竞争的关系。马克思主义学者的技术变革理论则使竞争理论有了更坚实的基础，置盐认为竞争中的资本主义企业总是选择成本最小化的技术，而这种技术不但不会使资本利润率下降，还会提高个别企业和行业平均利润率。[②] 泽姆勒（Semmler）则认为，置盐的结论只有在完全竞争条件下才成立。[③]

四　马克思主义生态观及其发展

马克思的劳动价值理论坚持劳动是创造价值和剩余价值的唯一源泉，不变资本的价值只是转移到商品之中，特别是农业产品和工矿产品的价值是不包含自然资源价值的，所以，有人批评马克思主张的劳动价值论把自然资源（土地）看成资本的“免费馈赠”，否定自然界自身的价值。另外，恩格斯在《自然辩证法》里探讨人的主观能动性的时候，提出“只有人才办得到给自然界打上自己的印记，因为他们不仅迁移动植物，而且也改变了他们的居住地的面貌、气候，甚至还改变了动植物本身，以致他们活动

① Baran, P. and Sweezy, P. *Monopoly Capital* [M]. New York: Monthly Review Press, 1966.

② Okishio, N. Technical Changes and the Rate of Profit [J]. *Kobe University Economic Review*, 1961 (7).

③ Semmler, W. Marx and Schumpeter on Competition, Transient Surplus Profit and Technical Change [J]. *Economic Appliqués*, 1984 (37): 3-4.

的结果只能和地球的普遍灭亡一起消失”。① 这让人误解为恩格斯把自然看成人类征服和改造的对象，他是典型的人类中心主义者。其实马克思和恩格斯从来没有否认自然在生产中不可代替的作用，“政治经济学家说：劳动是一切财富的源泉。其实，劳动和自然界在一起它才是一切财富的源泉，自然界为劳动提供材料，劳动把材料转变为财富”。② 没有自然界提供的生产资料，就没有办法生产具有使用价值的商品。对于人和自然的关系，马克思和恩格斯从来都是辩证地看待，“历史不是作为‘产生于精神的精神’消融在‘自我意识’中而告终的，而是历史的每一阶段都遇到一定的物质结果，一定的生产力总和，人对自然以及个人之间历史地形成的关系，都遇到前一代传给后一代的大量生产力、资金和环境，尽管一方面这些生产力、资金和环境为新的一代所改变，但另一方面，它们也预先规定新的一代本身的生活条件，使它得到一定的发展和具有特殊的性质。由此可见，这种观点表明：人创造环境，同样，环境也创造人”。③ 人类改造自然的同时，受到自然的制约和影响。由此，“社会是人同自然界的完成了的本质的统一，是自然界的真正复活，是人的实现了的自然主义和自然界的实现了的人道主义”。④

其实马克思的资本主义社会批判理论就既包含对政治经济学的批判，又包含着对资本主义的生态学批判，二者有机结合在一起，马克思始终“对生态极限和生态可持续性问题表现出深切的关注”。⑤ 马克思在《资本论》中对资本主义的生态学批判包括两个方面，一是批判资本主义生产对外部自然的破坏，马克思通过“生态学”和“新陈代谢”概念，将人类与自然看作一个生态系统，将劳动看作为人类与自然之间进行“新陈代谢”的中介，对人类与自然之间的辩证关系进行了唯物主义分析。⑥ “在今天的

① 恩格斯．自然辩证法（节选）［M］//马克思，恩格斯．马克思恩格斯选集：第4卷．北京：人民出版社，1995：274.

② 恩格斯．自然辩证法（节选）［M］//马克思，恩格斯．马克思恩格斯选集：第4卷．北京：人民出版社，1995：373.

③ 马克思，恩格斯．德意志意识形态（节选）［M］//马克思，恩格斯．马克思恩格斯选集：第1卷．北京：人民出版社，1995：92.

④ 马克思．1844年经济学哲学手稿［M］//马克思，恩格斯．马克思恩格斯全集：第42卷．北京：人民出版社，1979：122.

⑤ ［美］福斯特．马克思的生态学［M］．北京：高等教育出版社，2006：188.

⑥ 刘仁胜．马克思恩格斯生态学研究的当代审视［J］．中国社会科学报，2009－12－24.

生产方式中，面对自然界以及社会，人们注意的主要只是最初的最明显的成果，可是后来人们又感到惊讶的是：人们为取得上述成果而作出的行为所产生的较远的影响，竟完全是另外一回事，在大多数情况下甚至是完全相反的；……”[①] 因为资本主义生产的目的就是无限制地积累剩余价值，扩大再生产必然导致对生产资料的无限制需求，资本积累和扩大再生产就会贪婪地剥夺自然，导致土地、森林、煤矿、铁矿等资源枯竭，造成自然的满目疮痍，“资本主义农业的任何进步，都不仅是掠夺劳动者的技巧的进步，而且是掠夺土地技巧的进步，在一定时期内提高土地肥力的任何进步，同时也是破坏土地肥力持久源泉的进步。一个国家，例如北美合众国，越是以大工业作为自己发展的起点，这个破坏过程就越迅速。因此，资本主义生产发展了社会生产过程的技术和结合，只是由于它同时破坏了一切财富的源泉——土地和工人”。[②] 这就是资本主义生产滥用和破坏外部自然环境的典型写照，深刻地分析了资本主义制度根源造成近代工业化的环境危机。

《资本论》对资本主义的生态学批判是深刻的，不仅关注自然的生态问题，而且关注社会生态问题和人的生态问题，还批判了资本主义生产对人的自身自然的破坏，“我们在最先进的工业国家中已经降服了自然力，迫使它为人们服务；这样我们就无限地增加了生产，现在一个小孩所生产的东西，比以前的一百个成年人所生产的还要多。而结果又怎样呢？过度劳动日益增加，群众日益贫困，每十年发生一次大崩溃。达尔文并不知道，当他证明经济学家们当作最高的历史成就加以颂扬的自由竞争、生存斗争是动物界的正常状态的时候，他对人们，特别是对他的同胞作了多么辛辣的讽刺。只有一个有计划地从事生产和分配的自觉的社会生产组织，才能在社会方面把人从其余的动物中提升出来，正像生产一般曾经在物种方面把人从其余的动物中提升出来一样”。[③] 这对当代如何处理人的发展、

① 恩格斯．自然辩证法（节选）［M］//马克思，恩格斯．马克思恩格斯选集：第4卷．北京：人民出版社，1995：386.

② 马克思．资本论［M］//马克思，恩格斯．马克思恩格斯全集：第23卷．北京：人民出版社，1972：552－553.

③ 恩格斯．自然辩证法（节选）［M］//马克思，恩格斯．马克思恩格斯选集：第4卷．北京：人民出版社，1995：275.

经济发展和自然之间的关系，具有启迪意义。

改革开放以来，我国经济和社会发展取得了令世人瞩目的成就，但随着工业化和城市化进程加快推进，工业经济发展迅速，资源短缺和生态环境恶化已日益成为可持续发展的瓶颈，经济发展方式亟须转变。鉴于此，中国共产党以马克思主义生态自然观思想为指导，在实践中不断探索、创新和发展，逐渐发展形成了科学发展观，成为新时期经济社会发展的重要指导思想。1994 年，国务院下发关于贯彻实施《中国 21 世纪议程——中国 21 世纪人口、环境与发展白皮书》的通知，提出要把经济、社会、资源与环境视为密不可分的整体，体现出新的发展观，逐步实现经济增长由粗放型向集约型过渡，重点解决好人口与发展的关系，实施保护环境与资源战略，注重环境与发展战略协调。1995 年党的十四届五中全会上提出要正确处理社会主义现代化建设中的 12 种重大关系，针对“经济建设和人口、资源环境的关系”，要把实现可持续发展作为一个重大战略，把控制人口、节约资源、保护环境放到重要位置，从而“使人口增长与社会生产力的发展相适应，使经济建设与资源、环境相协调，实现良性循环”。在党的十五大报告中提出，要“坚持计划生育和保护环境的基本国策，正确处理经济发展同人口、资源、环境的关系。资源开发和节约并举，把节约放在首位，提高资源利用效率。统筹规划国土资源开发和整治，严格执行土地、水、森林、矿产、海洋等资源管理和保护的法律。实施资源有偿使用制度。加强对环境污染的治理，植树种草，搞好水土保持，防治荒漠化，改善生态环境”。[①] 党的十六大报告提出全面建设小康社会的目标，要使“可持续发展能力不断增强，生态环境得到改善，资源利用效率显著提高，促进人与自然的和谐，推动整个社会走上生产发展、生活富裕、生态良好的文明发展道路”。[②] 在党的十六届三中全会上，首次提出了“坚持以人为本，树立全面、协调、可持续的发展观，促进经济社会和人的全面发展”的科学发展观，按照“统筹城乡发展、统筹区域发展、统筹经济社会发展、统筹人与自然和谐发展、统筹国内发展和对外开放”五个统筹要求

① 江泽民．高举邓小平理论伟大旗帜，把建设有中国特色社会主义事业全面推向二十一世纪［M］//江泽民．江泽民文选：第 2 卷．北京：人民出版社，2006.

② 江泽民．全面建设小康社会，开创中国特色社会主义事业新局面［M］//江泽民．江泽民文选：第 3 卷．北京：人民出版社，2006.

来推进改革改革和发展。党的十七大报告针对深入贯彻落实科学发展观，提出“坚持生产发展、生活富裕、生态良好的文明发展道路，建设资源节约型、环境友好型社会，实现速度和结构质量效益相统一、经济发展与人口资源环境相协调，使人民在良好生态环境中生产生活，实现经济社会永续发展”。十七大报告还首次把生态文明作为建设中国特色社会主义的目标之一，“建设生态文明，基本形成节约能源资源和保护生态环境的产业结构、增长方式、消费模式。……生态文明观念在全社会牢固树立”。[①] 要求在人民群众中牢固树立生态文明的观念，可以说生态文明的正式提出是科学发展观的又一个重大理论创新。科学发展观是中国共产党对马克思自然生态观的发展和深化，其实质是要实现经济社会又好又快地发展，这也是正确认识和处理人与自然界关系以及人与人关系的重要指导思想。

五　西方生态马克思主义相关理论

早在20世纪30年代，西方马克思主义学者就开始研究马克思和恩格斯的生态观。面对资本主义国家中普遍存在的生态环境灾难，西方左翼学者开始整理和分析马克思和恩格斯的生态思想，以期从社会制度层面分析资本主义国家的生态环境危机，逐渐形成了生态马克思主义学派。生态马克思主义学派继承和发展了马克思主义经济危机理论，充分发掘了马克思和恩格斯的自然观、经济危机理论和异化劳动理论中的生态思想和生态价值，在20世纪70年代就注意到生态危机与经济危机之间的本质关系，认为生态危机的形成有其复杂的原因，既有思想观念的原因，也有社会制度的原因，生态危机是经济危机的必然结果，生态危机不仅延缓了经济危机的爆发，而且酝酿着更大规模的经济危机。他们通过剖析当代资本主义生态危机的成因，力图寻求人与自然之间矛盾的化解之道，形成了具有鲜明理论个性的生态危机理论。

威廉·莱斯认为生态危机的根源在于错误的自然观和技术观，而深层根源则是“控制自然”的观念。文艺复兴运动颂扬人类的力量，而工业革命使人推崇技术，认为人可以凭借技术控制自然，“控制自然”的观念导

① 胡锦涛. 高举中国特色社会主义伟大旗帜，为夺取全面建设小康社会新胜利而奋斗［M］. 北京：人民出版社，2007.

致人们丧失了对自然应有的尊重和敬畏，导致对自然资源的滥用和环境的破坏。另外，莱斯认为“控制自然”和控制人之间在现实中具有内在关联性。“如果控制自然的观念有任何意义的话，那就是通过这些手段，即通过具有优越的技术能力——一些人企图统治和控制他人。”[①] 实际上成为维护特殊统治集团利益的手段。“意味着由个人或社会集团完全支配——特殊范围的现有资源，并且部分或全部排除其他个人或社会集团的利益（和必要的生存）。换言之，在已经成为一切人类社会形态特征的持久的社会冲突条件下，自然环境总是或者表现为已经以私有财产形式被占有，或者将遭受这种占有。对它的接近实际地或潜在地被拒绝或受到严格限制。”[②]

本·阿格尔从反思经典马克思主义的经济危机理论开始，通过分析资本主义生态危机的根源，认为“历史的变化已使原本马克思主义关于只属于工业资本主义生产领域的危机理论失去效用。今天，危机的趋势已转移到消费领域，即生态危机取代了经济危机”，[③] 从而将生态危机的根源主要归咎于异化的消费观和技术观。由于当代资本主义社会的劳动是一种异化劳动，劳动者在劳动过程中无自由和幸福可言，只能追求一种“异化消费”，“为补偿自己那种单调乏味的、非创造性的且常常是报酬不足的劳动而致力于获得商品的一种现象”。[④] 这种异化消费制造了市场繁荣的假象，进一步造成了生产的盲目扩张，刺激了生产过程中技术的大规模广泛运用，从而加剧资源浪费和生态破坏。因此，本·阿格尔提出“分散化”和“非官僚化”是实现生态社会主义的前提，“分散化”就是强调应当在工业生产中运用小规模技术，来缓和人和自然之间紧张的关系；“非官僚化”就是反对资本主义生产过程中集权的官僚管理体制，让工人参与生产过程中的决策与管理。“通过使现代生活分散化和非官僚化，我们就可以保护环境的不受破坏的完整性（限制工业增长），而且在这一过程中可以从性

① 〔加〕威廉·莱斯．自然的控制［M］．岳长龄，李建华，译．重庆：重庆出版社，1993：109.

② 〔加〕威廉·莱斯．自然的控制［M］．岳长龄，李建华，译．重庆：重庆出版社，1993：122.

③ 〔加〕本·阿格尔．西方马克思主义概论［M］．慎之，等，译．北京：中国人民大学出版社，1991：486.

④ 〔加〕本·阿格尔．西方马克思主义概论［M］．慎之，等，译．北京：中国人民大学出版社，1991：494.

质上改变发达资本主义社会的主要社会、经济、政治制度。”① 从而实现一种既满足个人的需要，又不损害生态系统，人和自然得到和谐发展的“稳态”经济发展模式。

高兹结合对资本主义制度的批判，将生态危机的根源归咎于资本主义的技术观和经济理性观，他区分了“资本主义的技术”和“后工业社会的技术”的不同社会效应，认为解决生态危机的关键在于选择以权力分散为特点的后工业社会技术，这种技术安全、清洁，不会造成环境污染。他具有民主和反资本主义的倾向。资本主义的经济理性崇尚“越多越好”的原则，因为资本主义生产目的就是使资本本身增值，利润动机使资本家不断扩大再生产，向自然环境不断索取，结果造成自然资源的匮乏，形成生态危机。高兹主张尽可能地使经济理性服从于生态理性，用尽可能少的劳动、资本和资源生产出高使用价值的产品，在满足生态理性目标前提下实现经济增长，达到真正的经济理性与生态理性的统一。

奥康纳提出了资本主义二重矛盾理论解释生态危机的根源，第一重矛盾就是经典马克思主义揭示的生产力和生产关系之间的矛盾；第二重矛盾则是资本主义生产力和生产关系与生产条件之间的矛盾，即追求无限扩张的资本主义生产受到生态系统的制约，导致生产不足的经济危机，同时，资本主义无限扩张的生产特性必然使它不断冲破生态系统的制约，不断扩大对自然资源的掠夺性使用，造成了日益严重的生态危机。“从总体上说，经济危机是与过度竞争、效率迷恋以及成本削减（譬如，剥削率的增强）联系在一起的，由此，也是与对工人的经济上和生理上的压榨的增强、成本外化力度的加大以及由此而来的环境恶化程度的加剧联系在一起的。”② 因此，他认为资本主义具有反生态的性质，资本主义生产在生态上不具有可持续性，主张实现社会主义和生态运动的结合，只有“使生产的社会关系变得清晰起来，终结市场统治和商品拜物教，并结束一些人对另一些人

① 〔加〕本·阿格尔．西方马克思主义概论［M］．慎之，等，译．北京：中国人民大学出版社，1991：498－500.

② 〔美〕詹姆斯·奥康纳．自然的理由［M］．唐正东，臧佩洪，译．南京：南京大学出版社，2003：293.

的剥削”,[①] 才能从根本上化解人与自然之间的矛盾。他还发出了共同生态行动的号召，“‘全球性地思考，地方性地行动’，而且也要‘地方性地思考，全球性地行动’，最后达到‘既是全球性地又是地方性地思考和行动’”。[②]

约翰·贝拉米·福斯特认为资本主义生产方式导致了生态危机，因为资本主义生产方式的首要目标是追求利润增长，不计代价地追求经济增长，严重依赖能源密集型和资本密集型技术，总是倾向于在生产中投入大量资源和能源，通过加速生产流转过程以获取高额利润，导致自然资源被快速地消耗以及向环境排泄更多的废料。同时，追求资本的短期回报会忽视经济发展过程中长远的和总体性的环境规划，决定资本主义生产方式不可能按照生态原则来对待自然和组织生产，必然超越生态所能承受的极限，导致人类社会与自然界之间物质和能量交换过程的中断，导致生态危机的爆发。另外，追求利润最大化的资本主义生产不是以满足人们基本生活需要为目标，特别是不能满足穷人基本的生存需要，往往迫使穷人为了生存破坏环境。对于如何化解人与自然之间的矛盾、消除资本主义生态危机，福斯特否决了传统经济学方法和纯粹利用技术方法解决生态危机的可能性。“……事实上，没有任何一项技术能够在有限的生物圈内确保经济的无限增长。”[③] 因为，在资本主义体制下“将可持续发展仅局限于我们是否能在现有生产框架内开发出更高效的技术是毫无意义的，这就好像把我们整个生产体制连同非理性、浪费和剥削进行了‘升级’而已。能解决问题的不是技术，而是社会经济制度本身”。[④] 他认为，有效的方式是必须建立新的生态文化或生态道德，揭露资本主义生产方式固有的破坏生态环境的内在机制，要变革现存的资本主义制度，实施生态转化战略。要实现与生态更加协调的社会发展，“……就必须摈弃这种鼓吹个性贪婪的经济学

① 〔美〕詹姆斯·奥康纳．自然的理由［M］．唐正东，臧佩洪，译．南京：南京大学出版社，2003：439.

② 〔美〕詹姆斯·奥康纳．自然的理由［M］．唐正东，臧佩洪，译．南京：南京大学出版社，2003：476.

③ 〔美〕约翰·贝拉米·福斯特．生态危机与资本主义［M］．耿建新，宋兴无，译．上海：上海译文出版社，2006：74.

④ 〔美〕约翰·贝拉米·福斯特．生态危机与资本主义［M］．耿建新，宋兴无，译．上海：上海译文出版社，2006：95.

和以此构筑的社会秩序，转而构建具有更广泛价值的新的社会体制”。①“……它必须以人为本，特别是优先考虑穷人而不是利润和生产，必须强调满足基本需要和确保长期安全的重要性。”②

西方生态马克思主义学者能够坚持马克思主义基本观点，比较系统地分析了资本主义制度下发生生态危机的根源，重点展开了对资本主义制度的生态批判，还大胆探索了消除生态危机、化解人与自然之间矛盾的途径，强调要实现社会变革、实施生态转化战略，在理论上有一定的创新，也有一定的实践意义。

第二节　西方经济学竞争理论发展脉络

一　古典竞争理论

古典政治经济学对竞争理论有系统的研究，亚当·斯密的自由竞争理论对市场经济自由竞争进行了经典诠释。斯密以一种“自然秩序”的假定为基础，主张自由竞争，在自由竞争过程中一只“看不见的手”把独立分散的经济活动协调为一个总体，分工、交换都是理性人行为的必然结果，私人在市场上自由竞争，符合人的自由的本质，可以促进经济和社会福利的增长，并与社会利益保持和谐一致。但竞争必须具备三个条件，才能使所谓不同用途的商品满足不同竞争主体需要：“第一，那些用途，必须在那地方及其附近，为人所周知，而且确立很久。第二，那些用途必须处在普通状态，即所谓自然状态。第三，那些用途，必须是使用者唯一用途或主要用途。”③ 这三个条件，可以用当代西方经济学的语言表述为信息流动的充分性和对称性、产品无差别性以及厂商生产经营的单品种性。④ 斯密最早把分工作为经济学基本范畴和重要分析领域，他认为生产领域的分工

① 〔美〕约翰·贝拉米·福斯特．生态危机与资本主义［M］．耿建新，宋兴无，译．上海：上海译文出版社，2006：52.

② 〔美〕约翰·贝拉米·福斯特．生态危机与资本主义［M］．耿建新，宋兴无，译．上海：上海译文出版社，2006：75.

③ 〔英〕亚当·斯密．国民财富的性质和原因的研究（上卷）［M］．商务印书馆，2008：107.

④ 戚聿东，郭抒．关于垄断与竞争关系的再认识［J］．学习与探索，1999（2）：31.

和竞争是提高生产效率的最主要因素。在流通领域，供求双方的竞争过程使商品价格趋向一种均衡价格，从而能够使符合理性人假设的各方实现利益最大化。

二 新古典竞争理论

以马歇尔为代表的新古典学派把竞争作为一种市场过程最终实现的均衡状态，形成了完全竞争理论，当市场达到均衡状态时，个人利益与社会利益是和谐一致的，能够达到一种“帕累托最优”状态，即完全竞争可以使经济活动处于一种不再可能通过某种措施增加一个或多个经济主体的福利而不使任何一个其他的经济主体的福利减少的状态。由于完全竞争理论的前提条件与市场竞争过程的实际状况相去甚远，因此其提出的竞争政策在现实中无法实现。英国经济学家 Sraffa 主张放弃对完全竞争的研究，转入对垄断问题的研究。① Robinson 从消费者偏好和产品可替代性出发，提出了不完全竞争理论。② Chamberlin 则从产品差别的概念出发，提出了垄断竞争理论。③ 他们都认为现实的竞争不是完全自由竞争，而是垄断竞争或不完全竞争，把研究重点转向现实的不完全竞争情况下价格的决定机制以及市场均衡的实现过程。20 世纪 30 ~ 40 年代，以欧根等人为代表的德国弗莱堡学派逐步发展形成了新自由主义竞争理论，认为现代技术发展不仅不会消除竞争，反而会加强竞争，自由竞争是促进社会整体福利和保持经济运行均衡的最佳调控机制。新自由主义竞争理论的“自由”，不仅是个人对国家的自由，而且也包括个人对个人的自由，扩大了古典竞争理论关于竞争的含义，还把市场权力、经济自由、国家对竞争制度调节三者的关系纳入了竞争理论的分析框架，认为国家应该通过提供竞争制度保证、建立竞争秩序来促进自由竞争，防止和消除垄断，达到一种“有序的竞争”，而不是完全自由放任的竞争。1939 年，针对长期占统治地位的完全竞争模式，克拉克认为完全竞争不可能存在，提出了可行性竞争的思想，即一个

① Sraffa, P. The Law of Returns under Competition Condition [J]. *Economic Journal*, 1926 (136): 535 - 550.

② Robinson, J. *The Economics of Imperfect Competition* [M]. London: Macmillan, 1933.

③ Chamberlin, E. H. *The Theory of Monopolistic Competition* [M]. 6th ed. Cambridge, Mass: Harvard University Press. London: Oxford University Press.

不仅合乎愿望，而且在现实条件下可以实现的竞争模式，把竞争理论引向了一条新的发展道路，为现代西方竞争理论奠定了基础。

三　现代西方竞争理论

开创现代西方竞争理论的熊彼特和克拉克等人，抛弃了把完全竞争作为现实和理想竞争模式的教条，把竞争看作一个动态变化的过程，研究的重点也从如何实现价格决定和市场均衡转向了市场竞争过程中各种竞争要素的组合形式以及怎样实现技术进步和创新。熊彼特在《经济发展理论》一书中提出了动态竞争的观点，他以动态的观点分析了“创新”在资本主义经济发展与经济周期波动中的作用，并把“创新”或生产要素的“新组合”看成资本主义的最根本特征。他把创新看作经济发展的内在要素，认为经济竞争实际上是一种“新的经济组合”不断代替“旧的经济组合”的过程。[①] 熊彼特《资本主义、社会主义和民主》一书把竞争看作一个动态演进的过程，重点关注竞争过程如何通过破坏旧的结构创造新的结构，突出强调技术进步和产业组织新形式在竞争过程中的作用，认为技术进步和大企业规模经营之间存在某种必然联系，即大企业能够实现技术进步。他改变了传统竞争理论认为大企业垄断阻碍竞争的观点，因为大企业通过创新和技术进步形成的垄断不是真正的垄断，其垄断利润包含了创新和技术进步的报酬。

克拉克在其可行性竞争理论基础上提出了有效竞争理论，这是第一个完整的现代经济竞争理论体系。他指出，有效竞争是由“突进行动”和“追踪反应”两个相互交替的阶段构成的。在“突进行动”阶段，先锋企业首先进行创新获得优先利润，从而在竞争中占据优势地位，在随后的“追踪反应”阶段，其他企业开始模仿和追随先锋企业以分得优先利润，竞争就是这两个阶段的不断交替和连续不断，进而推动了社会的技术进步与创新。

20 世纪 30 年代末，梅森等人开始对市场竞争过程的组织结构、竞争行为方式及其市场竞争结果进行经验研究，此后，贝恩等人把它发展成为有效竞争理论，这里的有效竞争是指能够促进经济增长与技术进步的竞

---

① 〔美〕约瑟夫·熊彼特．经济发展理论［M］．北京：商务印书馆，1990：290.

争。20 世纪 60 ~70 年代，谢勒等人进一步发展该理论并提出了新工业组织理论，最终把竞争理论从价格理论中独立出来，把竞争过程中的各种现象通过市场结构、市场行为和市场结果三大要素加以分门别类，为政府制定具体竞争政策提供了理论基础。

康岑巴赫在有效竞争理论和工业组织理论的基础上提出最佳竞争强度理论，所谓竞争强度是指技术进步为先锋企业带来的优先利润被竞争重新拉平的速度，主要取决于先锋企业和模仿企业之间的关联程度，模仿企业对先锋企业的创新反应和适应越快、越全面，创新企业的优先利润消失的速度也就越快，因而竞争强度越大。①

20 世纪 70 年代以后，施蒂格勒、博克、德姆塞茨、波斯纳等芝加哥学派学者以经济自由主义为思想基础，认为市场竞争过程是一个没有国家干预的市场力量自由发挥作用的过程，竞争的唯一目标就是保证消费者福利最大化，并且把竞争作为一个动态过程，认为均衡本身也是不断变化的，评价竞争政策和竞争行为的标准是资源配置效率和生产效率，反托拉斯法是保护竞争，而不是单纯保护竞争者，国家应该尽量减少对市场竞争过程的干预。

新奥地利学派以哈耶克的自由主义经济思想为基础，强调竞争是信息不充分条件下知识的发现过程，主张废除反托拉斯政策，对私人垄断应该完全自由放任，只需保证“自由的进入机会”这唯一条件，就可以维持正常的竞争。20 世纪 80 年代鲍莫尔等人提出可竞争市场理论，强调国家竞争政策的主要任务是最大可能地消除市场限制，扶植可竞争市场中的潜在竞争，应当采取有利于资本流动和推进企业垂直联合或改组的政策，以保证市场的可竞争性和多元化生产厂商的稳定收益。以科斯、威廉姆森为代表的新制度经济学派，从节省交易费用的观点来考察经济制度，重视企业组织在市场中的作用，认为自由放任的政策路线是行不通的，政府对垄断企业的介入是有必要的。

四　竞争理论新发展

进入 20 世纪 90 年代，管理学界对竞争的研究已超越了“市场如战

① 陈秀山．现代竞争理论与竞争政策［M］．北京：商务印书馆，1997：68.

场”的思想，《协作型竞争》一书主要通过战略联盟来研究企业间的竞争与合作。[①] 耶鲁大学管理学院的拜瑞·内勒巴夫（Nalebuff，B. J.）和哈佛商学院的亚当·布兰登勃格（Brandenburger A. M.）提出了竞合理论，认为竞争可以促进社会进步、科技创新，但合作同样可以通过“做大蛋糕”的方式促进社会进步和经济繁荣。詹姆斯·穆尔（James F. Moore）应用生态学的原理分析企业竞争，他认为时代变迁要求市场竞争的参与者将关注点从竞争转向竞争者的贡献，共创技术标准形成新的竞争与合作规则，使大家共同生存在一个丰富而协调的动态系统中。爱德华·德波诺（Edward de Bono）提出了超越竞争的思想，所谓企业超越竞争就是要实现“价值垄断”，能够为客户提供竞争对手无法实现的综合价值。

第三节　竞争力理论

一　竞争力

竞争理论一直是经济学研究的核心领域，伴随着经济科学发展而发展，形成了蔚为壮观的竞争理论体系，与此相反，竞争力理论发展则要薄弱得多，竞争力范畴都较少被提及，而且连竞争力定义都从未统一过，一些学者从不同的角度提出了对竞争力的看法。Feurer 和 Chaharbaghi[②] 认为，竞争力应该是一个相对的而不是绝对的概念，它取决于股东和消费者的价值及财务实力，后者不仅决定了竞争主体在竞争环境中的行动和响应能力，而且也决定了其人力和技术执行战略变革所具备的潜力。Buckley 等[③] 认为，竞争力既包括实现既定目标的效率，也包括选择正确目标的效能，因此，竞争力包括竞争目标和实现这些目标的措施。竞争力顾问集团（Competitiveness Advisory Group）认为，竞争力包括生产率、效率和盈利能力等因素在内，增强竞争力是提高人们生活水平和社会福利的有力措施，

① 〔美〕乔尔·布利克，戴维·厄恩斯特编著．协作型竞争［M］．北京：中国大百科全书出版社，1998.

② Feurer，R. & Chaharbaghi，K. Defining Competitiveness：A Holistic Approach［J］. *Management Decision*，1994（32）：49－58.

③ Buckley，P. J.，et al. Measures of International Competitiveness：A Critical Survey［J］. *Journal of Marketing Management*，1988（2）：175－200.

随后该集团又将竞争力简化为提高生活水平、提供就业机会和消除贫困的基本措施。而对于竞争力的定义，同时存在多个角度、观点迥异的理解，这本身就足以说明竞争力研究的复杂性。

二　竞争、垄断和竞争力

1. 竞争和垄断

动态地看，垄断与竞争是交融互促和相互转化的，垄断和竞争作为一对矛盾统一体，反映了社会化大生产和市场经济条件下生产力发展过程中的矛盾运动。竞争必然导致垄断，虽然垄断有压制和排斥竞争的一面，又有促进竞争并把竞争引向高级化的一面。马克思说："在实际生活中，我们不仅可以找到竞争、垄断和它们的对抗，而且可以找到他们的合题，这个合题并不是公式，而是运动。垄断生产着竞争，竞争产生着垄断。垄断资本家彼此竞争着，竞争者逐渐变成垄断资本家，……垄断只有不断投入竞争的斗争才能维持自己。"[①] 列宁认为："从自由竞争中生长起来的垄断并不消除竞争，而是凌驾于竞争之上，与之并存，因而产生许多特别尖锐特别剧烈的矛盾、磨擦和冲突。"[②]

在熊彼特看来，"很难设想完全竞争——而且是完全敏捷的竞争——一开始就会采用新生产方法和新商品。……即使在原来完全竞争的情况下，只要采用了任何新东西，完全竞争也会而且常常会被暂时地废止——自动废止，或者通过为此目的想出来的某些措施加以废止。"[③] 所以熊彼特认为，完全竞争并不是竞争的唯一形式，而且远不是资源优化配置的理想形式，垄断只能说是完全竞争的反动和大敌，而不是竞争的反动和大敌。[④]

因此，就垄断与竞争的关系而言，垄断产生后，垄断者仍然面临着来自各方面的程度不同的竞争，即使是垄断程度最高的完全垄断或独占垄断，也不能完全忽视竞争的存在，仍然面临各种潜在的挑战，同时还要考虑

① 马克思．哲学的贫困［M］//马克思，恩格斯．马克思恩格斯全集：第 4 卷．北京：人民出版社，1958：178 - 179.

② 列宁．帝国主义是资本主义的最高阶段［M］//列宁．列宁全集：第 27 卷．北京：人民出版社，1990：400 - 401.

③ 〔美〕熊彼特．资本主义、社会主义和民主主义［M］．北京：商务印书馆，1999：130 - 131.

④ 戚聿东，郭抒．关于垄断与竞争关系的再认识［J］．学习与探索，1999（2）：33.

“竞争的实质就是消费力对生产力的关系”①，即垄断者需要得到消费者的认可。

2. 垄断和竞争力

竞争发生在生产者之间，也发生在消费者之间，以及生产者和消费者之间，而生产者之间的竞争最为激烈，因为生产者生产的目的就是追求剩余价值，或者说是通过生产实现利润最大化，而竞争结果决定了这个目的能否实现，以及实现的程度。能够实现其目的的竞争主体，就处于一种竞争优势地位，具有较强的竞争力。所以，竞争力是参与竞争的双方或多方的一种角逐或比较而体现出来的综合能力，能力的强弱意味着竞争力的高低。

自由竞争阶段，能力强的企业凭借成本优势，具有较少个别劳动时间的商品却按平均的社会必要劳动时间实现价值，获得更高的剩余价值，利润率高于行业平均水平，具备资本积累和扩大再生产能力，进而能够扩大其成本优势，这种能力就是一种竞争力。反之，个别劳动时间超过平均社会必要劳动时间的企业不能获得平均利润率，甚至不能实现商品的价值，其生产资本不能顺利流转，缺乏实现生产目的的能力，也就不具有竞争力，就会被其他企业兼并。由竞争导致的垄断，使垄断企业能够支配市场的价格，提高了对资源和市场的控制能力，在技术进步和规模生产等方面更具有优势，可以获得垄断利润，实现生产目的的能力大大增强，其竞争力自然得到提升。所以，垄断是一种竞争力，是一种比自由竞争相对能力更强的竞争力。

三　比较优势理论

1. 马克思的竞争力来源

商品生产者要获得剩余价值甚至是超额剩余价值，就要使其商品的个别劳动时间低于社会必要劳动时间、个别价值低于社会价值，因为商品的价值是由社会必要劳动时间来规定的，当个别生产者的个别劳动时间低于社会必要劳动时间时，个别生产者在市场上自然就具有较强的竞争力。不同企业生产的同种商品之和成为这种商品的全社会供给，不同商品之间也

① 马克思，恩格斯．马克思恩格斯全集：第1卷［M］．北京：人民出版社，1956：615.

存在竞争，当这种商品所耗费全部企业的劳动总量符合社会实际需要的这种商品的必要劳动时间时，这种商品才能全部实现价值，如果全部企业耗费的劳动总量的平均劳动时间低于这种商品的必要劳动时间，则全部商品都可以实现超额利润，生产这种商品的所有生产者都具有竞争力，也就是行业竞争力。根据马克思主义的劳动价值论，商品价值包括不变资本和可变资本的价值转移以及劳动创造的新价值，生产者要降低个别商品价值，使其低于社会价值，只能是降低可变资本，也就是提高劳动生产率，让劳动者在同样的时间内生产更多的商品，这样包含在单位商品中的价值量就会下降，生产者的竞争能力得到提升，所以，"对廉价劳动力的无限制的剥削是它们竞争能力的唯一基础"。[①] 由此扩展开来，凡是能够降低商品价值，进而降低生产成本的方法都是获得竞争力的途径，大机器和科学技术的应用，也能缩短生产商品的必要劳动时间，是竞争力的重要来源。

2. 传统贸易优势理论

传统贸易优势理论从国家贸易出发，分析各国在国际市场竞争中的竞争力来源，最早是绝对优势理论。古典政治经济学家亚当·斯密提出绝对优势理论，认为一个国家的产品出口要有竞争力，必须有相对最低的生产成本。他认为，绝对成本差异是各国生产和贸易分工的基础，不同国家以其拥有的绝对优势基础上的国际分工进行贸易，都能得到益处。他特别强调劳动分工的作用，各国专门生产各自具有优势的产品，可以提高劳动生产率，增加社会财富，然后进行交换，结果是大家在分工和交换中获得的利益比自己去生产所有的产品要多得多。因此，绝对优势理论的竞争力主要来源于分工的程度和拥有的成本优势，而决定分工和生产成本的土地、资本、自然资源和劳动力等生产要素，都是竞争力的来源。但绝对优势理论不能解释，当一国在任何产品生产上比另一国都更有效率时，两国之间还会发生贸易往来。

古典政治经济学集大成者大卫·李嘉图继承发展了绝对优势理论，提出了比较优势理论，即一个国家只要出口那些它在生产率上最具有比较优势的产品或服务，进口那些它最不具有比较优势的产品或服务，就能从贸

---

① 马克思．资本论［M］//马克思，恩格斯．马克思恩格斯全集：第23卷．北京：人民出版社，1972：521.

易中获益。这意味着市场力量会引导国家资源应用在生产率更高的产业，即使在该国生产某些产品的成本低于其他国家，但生产率相对较低时，仍可能决定进口该项产品，因为它要把生产要素更多地用在生产具有更多优势的产品上面。所以，只要国家之间的劳动生产率有所差异，就会产生贸易，① 绝对优势理论和比较优势理论都摆脱了重商主义思想的影响，从流通领域转到生产领域来研究竞争力，把生产分工从国内扩展到国际，关注生产率的差异，从而能够衡量国际竞争力的高低。

20 世纪 30 年代，埃利·赫克歇尔和伯蒂尔·俄林进一步完善和发展了比较优势理论，创立了要素禀赋理论。该理论认为，在假设各国技术相等的情况下，生产方式取决于土地、劳动力、天然资源与资本等“生产要素”的差异。在国际分工和贸易中，每个国家都会选择生产要素条件最佳的产业，出口比较优势明显的产品，进口比较优势小的产品。各国以土地、劳动、资本为核心的禀赋资源的差异造成了比较成本的差异，国家竞争力不仅产生于生产技术和资源禀赋的差异，自然资源禀赋的不同也对国家竞争力的高低有影响，② 生产要素禀赋就成为一个国家产业竞争力的来源，这样客观上就存在由于自然资源禀赋不同而形成的国家竞争力的不同，自然资源禀赋越好的商品，国家竞争力越高。

传统贸易优势理论认为竞争力主要来自成本优势，拥有成本上的优势就等于竞争力更强，决定竞争力的是要素禀赋和生产率等外部因素，这一理论也称为外生比较优势理论。

3. 新贸易优势理论

从斯密的绝对比较优势理论到李嘉图的相对优势理论，再到赫克歇尔－俄林的要素禀赋理论，它们的共同点在于产业竞争力的强弱取决于一个国家或地区的生产要素，是建立在很多严格假设基础之上的，如劳动力同质、不存在规模经济、完全竞争市场、不需要运输费用、生产要素在国家之间完全不流通以及消费需求函数相同等，这与复杂的国际贸易实际情况不相符。同时传统贸易优势理论偏重于自然要素禀赋等先天条件，忽略

---

① Locks, J. Second Treatise of Government, in Arthur, J. and Shaw, W. (ed.) . *Social & Political Philosophy* [C] . Prentice Hall, 1992: 493 - 505.

② Baldwin, R. E. Determinants of Trade and Foreign Investment: Further Evidence [J] . *Review of Economics and Statistics*, February 1979, 61 (1): 40 - 48.

了内部因素和动态变化的可能性，特别是1953年提出的列昂惕夫悖论，使要素禀赋理论受到巨大挑战。此后内生比较优势理论从不同角度对要素禀赋理论进行了修正，认为比较优势可以通过后天的专业化学习而获得，或者通过投资创新与经验积累而人为地创造出来，强调规模报酬递增、不完全竞争和知识创新与经验积累，[①] 主要理论创新包括人力资本论、技术差距论、产品生命周期理论和规模经济论等，也称为新贸易优势理论。

20世纪60年代舒尔茨和贝克尔等人创立人力资本理论，把资本分为人力资本和物质资本，由于劳动者的技能具有很大的差异，对劳动者进行教育和培训可以提高他们的劳动技能和知识水平，从而提高劳动生产率，这些教育和培训投资就如同物质资本投入一样可以产生利益。杨小凯等人运用分工与交易成本理论，认为专业化分工导致人力资本与知识的积累，生产效率肯定会提高，但带来交易费用的增加，两难冲突的结果是会产生最优分工水平，这种分工经济以内生比较利益为基础，产生内生比较优势。人力资本理论在现代西方颇为流行，但其根本缺点在于把资本完全抽象化和泛化，不过其关于要对人力资源进行投资的观点却有可取之处。

Posner[②] 和 Hufbauer[③] 最早提出技术差距论，认为除了劳动和资本投入的差别之外，各国的产业之间还存在技术上的差距，强调技术差距给产业带来暂时的比较优势，企业应用新技术便有可能减轻或摆脱对稀缺资源的依赖，弥补要素禀赋的劣势。卢卡斯等人把技术作为内生变量，结合新经济增长理论研究比较优势的内生性与动态转移，技术变动有两个原因。①被动地通过经济行为学来的，因为先进技术拥有者在贸易、投资或其他经济行为中自然地输出了技术，造成“技术外溢”，包括国际技术外溢、国内技术外溢、行业间技术外溢和行业内技术外溢四种不同情况，使得技术落后国家或行业通过“干中学”获得技术进步。②自身的技术创新，是自主投资、开发和研究的结果。国际市场竞争一方面激励各国努力创新开发新技术和新产品，另一方面国际技术外溢也给予各国合作、借鉴的机会。

---

① 符正平．比较优势与竞争优势的比较分析［J］．国际贸易问题，1999（8）．

② Posner，M. V. International Trade and Technical Change［J］. *Oxford Economic Papers*，1961，13（3）：323－341．

③ Hufbauer，G. C. *Synthetic Materials and the Theory of International Trade*［M］. Duckworth，1965．

弗农提出的产品生命周期理论认为，随着产品生命周期的演进，比较优势是一个呈动态转移的过程，贸易格局和投资格局随着比较优势的转移而发生变化，通过产业转移，每个国家可以根据自己的资源条件，生产具有比较优势的一定生命周期阶段上的产品，并通过交换获得更大利益。

克鲁格曼等人用内在规模经济和外在规模经济解释了发达国家之间和产业内的贸易。内部规模经济是指单个公司水平上的效益递增，又包括在其他条件不变的情况下，厂商生产同类产品时，随着产量的增加平均成本下降的“传统的规模经济”，以及强调在差异产品生产中专业化分工的程度，生产效率主要源自专业化分工，而不是总体规模的“专业化规模经济”。外部规模经济，指产业水平上的规模经济，也包括厂商通过技术外溢带来生产效率提高和成本下降的技术外部经济，以及厂商从同一产业或关联产业的聚集中获得市场规模效应的货币外部经济。后来学者又提出动态规模经济，指的是新兴产业产品的单位成本是积累产量的减幂函数，随着新兴产业产量的增加，生产成本沿学习曲线下降，对新兴产业的保护会导致当前资源配置的损失，但产业成熟后所产生的利益能超过当前的损失，它更注重长期的动态效益。规模经济学说认为企业从规模经济中取得利益，降低成本，从而影响产品的比较优势，一个国家的某一种产业能够有效发挥规模经济效益时，企业会产生成本优势，就能以有竞争力的价格销售产品。

因此，对于内生比较优势理论而言，产品成本不再是决定产业国际竞争力的唯一因素，一国的产业国际竞争力高低还与该产业的经济规模、专业化分工、交易成本、技术革新等多方面因素有关。一国特定产业的发展不一定要拘泥于先天要素禀赋，提高其竞争力更应注重后天的培育，特别要加大技术的创新和引进，建立有利于深化分工的各种制度，加强教育和培训，提高劳动者的素质等。

四　综合国力理论

国家是社会发展到一定阶段的产物。尽管恩格斯认为国家是从控制阶级对立的需要中产生的，国家是一个阶级镇压另一个阶级的机器，列宁也认为国家是维护一个阶级对另一个阶级统治的工具，但在国际竞争中，国家始终把维护和发展国家利益作为其最基本和最根本的职能，努力提高综合国力。综合国力（Comprehensive National Power，CNP）是指一个主权国家赖以生存与发展所拥有的全部实力及国际影响力的合力。综合国力是一个国家的政治、经济、科技、文化、教育、国防、外交、资源、民族意志、凝聚力等要素有机关联、相互作用的综合体，其内涵非常丰富，既包含自然的要素，也包含社会的要素，既包含物质的要素，也包含精神的要素，既包括显性的硬实力，也包括潜在的软实力，是各种因素动态相互作用的整体，也受到外在国际环境的巨大影响。对于综合国力的形成和影响要素，从古典政治经济学开始，就形成了不同理论观点构成的综合国力理论，定性分析的主要有国势学派、政治算术学派、重商财政学派、地缘政治学派、“大战略”理论和重控制作用理论等，定量分析的主要有形式各异的国力方程理论。

1. 综合国力理论

德国著名学者康令创建了国势学派，他在比较分析了当时欧洲各国的人口、土地、财政、兵力、社会秩序、立宪、行政、国家组织与结构等方面情况的基础上，认为国家的土地与人口（质料因素）、国体与政体（形式因素）、国家的财政和军事力量（动力因素）和建设国家的目的（目的因素）是决定国家重要事项的四个因素，并解释了这些因素之间的关系。德国学者阿亨瓦尔认为治理国家者必须懂得并掌握能够影响国家繁荣富强的事项，他在《欧洲最主要各国新国势学概要》一书中，记述了欧洲八个国家的领土、人口、物产、国境、殖民地、工业、贸易、货币、度量衡、社会阶层、军事力量、政治经济制度和气候等情况，并与德国进行比较。斯勒兹将国势学的比较研究方法从静态拓展至动态，主张从“基本力”、“结合”和“行动”三方面来考察国情国力。

英国古典政治经济创始人威廉·配第开创了政治算术学派，在《政治算术》和《爱尔兰的政治解剖》两部著作里，以数据为基础，运用一系列分析手段和计算方法，分析比较了荷兰、法国和英国三国的现实力量和潜在力量，指出了英国的富强之路。

重商财政学派主要是从提高劳动生产力，增强财政金融实力的角度研究一个国家如何实现强国致富。他们通过研究财政金融实力与强权政治间的联系，认为决定一个国家国力强弱的主要因素是财政金融能力，并将财政信贷能力作为衡量一个国家政治、军事和经济实力的尺度。

19 世纪末，阿尔弗雷德·塞耶·马汉从地缘政治的角度出发，将制海权作为衡量一国是否为世界强国的标准，提出了夺取制海权所必须具备的六项条件，分别是地理环境、自然环境、领土、人口、民族素质及政府机制。麦金德则提出了重陆权论，认为大片内陆区域国家人口众多，幅员辽阔，拥有丰富的人力、物力资源，具有比较成熟的政治、经济制度和先进的科学技术，具有较强的综合国力。

军事理论家利得尔·哈特在《战略论》一书中首先提出“大战略”概念，即改变诉诸武力才能达到政治目的的传统国家战略，而是通过调节和配置一国或数国的所有资源，诸如国家政治和政策、军事、经济、外交、民族素质、思想、道义以及各种精神因素等，来实现原有目的。20 世纪 90 年代后期，“新综合竞争战略”认为一国或一集团必须在综合运用其各种力量的同时，重点突出其经济力、科技力、军事力和文化力四方面力量的巨大功能作用，才能在全球和地区性的合作、竞争中取得优势。这一理论也被称为“四元一体”综合国力论，即经济、科技、军事和文化价值观的有机统一。

汉斯·摩尔根教授在《国家间政治——寻求权力与和平的斗争》一书中提出，综合国力是实现国家利益的手段，一个国家要控制权力，就必须提高综合国力。他在各种综合国力理论基础上，概括了近代综合国力的性质和各种构成要素，提出一个国家的实力由三大部分九个要素构成，包括物质因素构成（地理和自然资源）、人力因素构成（人口、国民性、民心、外交质量和政府质量）和人物结合因素构成（工业实力和军备）。①

2. 国外的国力方程理论

（1）三要素综合国力方程。德国理论物理学教授威廉·富克斯在《国力方程》一书中，认为一个国家的国力发展过程也近似于生物种类逻辑增长的变动趋势，并由此提出了一个用以测定国家实力动态变化的公式：

$$M_t = \frac{1}{2}(M_t^s + M_t^e)$$

$$M^s = P_a \times S_b$$

$$M^e = P_a \times E_b$$

① 〔美〕汉斯·J. 摩根索. 国家间政治——寻求权力与和平的斗争［M］. 徐昕，等，译. 北京：中国人民公安大学出版社，1990：152－203.

其中 M_t 代表 t 时期的综合国力指数，M_t^s 和 M_t^e 分别是 t 时期的钢指数和能源指数，P_a、S_b 和 S_b 分别代表人口、钢产量和能源产量。三要素综合国力方程将十分复杂的国力动态运行轨迹简化为钢和能源两种代表性资源的产量，缺乏理论依据，代表性不强。

（2）克莱因综合国力方程。克莱因（Ray S. Cline）在关于世界权力的三部著作中，以近代地缘政治国力学说的内核为理论基础，提出了一个用以测度和评估一国国力的"现代综合国力方程"：综合国力 =（基本实体 + 经济实力 + 军事能力）×（战略意图 + 国家意志）。这为后来的综合国力定量研究提供了一个系统评估的分析框架，影响深远。[①] 其指标体系如表 3－1 所示。

表 3－1　克莱因综合国力方程指标体系

<table>
<tr><td rowspan="5">综合国力</td><td rowspan="3">物质要素</td><td>基本实体</td><td>领土、人口</td></tr>
<tr><td>经济实力</td><td>GDP、能源、关键性非燃料物质、工业生产能力、食品生产、对外贸易</td></tr>
<tr><td>军事能力</td><td>战略核力量、常规力量</td></tr>
<tr><td rowspan="2">精神要素</td><td>战略意图</td><td>政治目标、国家利益</td></tr>
<tr><td>国家意志</td><td>一个国家动员其国民支持政府的国防和外交政策的能力</td></tr>
</table>

克莱因综合国力方程提倡大力发展军事工业，把军事工业凌驾于民用工业之上，竭力扩军，体现出追求霸权的国家战略，但其后的学者对国力评价都没有太大突破。福岛康仁对克莱因数学公式的某些变量内涵略作改动，提出一个修正的"国力方程"，基本实体再加上自然资源，经济实力则改为（GNP + 人均 GNP + GNP 实际增长率）+（工业、农业、商业实力之和），战略意图改为国内政治能力，国家意志改为国家外交能力。

（3）日本"综合三要素"国力测度理论。1987 年日本综合研究所在其出版的《日本的综合国力》一书中，提出了由国际贡献能力、生存能力和强制能力三个准则层构建的综合国力评估体系，国际贡献能力是指积极促进国际组织的建立和发展并以此为国际社会的进步做出贡献的能力；生存能力是指当一个国家在出现国内外危机时能够自保生存的能力；强制能

① 〔美〕雷·克莱因．一九七七年世界国力评估［M］．台北：台湾商务印书馆，1978.

力是指一国按照本国的意志来强迫他国改变行动的能力。该国力测度模型选择了15个构成要素近100个指标加以测算，每个指标都以最大值为100分折算出得分指数，加权平均以后得到综合得分和排序。

（4）“软、硬实力”国力评估体系。1990年小约瑟夫·S. 奈在题为《仍是竞赛中的强者》的文章中，认为一个国家的实力由“软实力”和“硬实力”两部分组成，其中“软实力”包括国家凝聚力、文化被普遍接受的程度和参与国际机构的程度，而“硬实力”则包括基本资源、军事力量、经济力量和科技力量。他采取“强、中、弱”三个等级的定性定量测评法，对当时主要国家和地区的综合国力进行测评。①

（5）其他评价方法。其他很多学者对综合国力评价的研究也做出了重要贡献，考尔将国力要素分解为领土（面积）、人口、钢消费量、能源消费总量、GNP、总军事力量六个指标，按照指标数值占世界总计的比重计算得分，加权平均后对各国国力进行排序。考克斯和杰考伯逊选取了GNP、人均GNP、人口、核能力、国际威信五个指标对世界主要国家的综合国力进行了测算和排序。他们对国力进行综合测评的指标虽然比较少，但都是能够从不同侧面反映一国实力的核心指标，测定方法也简便易行。

3. 国内对国力方程研究

（1）黄硕风综合国力指标体系。黄硕风在广泛吸收国外学者研究成果的基础上，对综合国力进行系统分析，设计了综合国力的评价指标体系，②运用多指标综合评价法对综合国力进行评价。其综合国力主要方程为：

$$P = K \times H \times S$$

其中，P代表综合国力，K代表包括有关国家领导协调统一诸要素在内的协调系统，H代表包括物质形态诸构成要素在内的硬件，S代表包括精神和智力形态的诸构成要素在内的软件，其指标体系如表3-2所示。

---

① 〔美〕约瑟夫·奈．软力量：世界政坛成功之道［M］．吴小辉，钱程，译．北京：东方出版社，2005.

② 黄硕风．综合国力新论：兼论新中国综合国力［M］．北京：中国社会科学出版社，1999.

表 3-2 黄硕风综合国力指标体系

<table>
<tr><td rowspan="7">综合国力</td><td rowspan="4">硬国力</td><td>经济力</td><td>总量指标、人均指标、产业结构、生活水平</td></tr>
<tr><td>科技力</td><td>科技队伍、科技投资、科技水平、科技贡献力</td></tr>
<tr><td>国防力</td><td>武装力量、武器装备、国防经济力、国防科技力、国防意识</td></tr>
<tr><td>资源力</td><td>人口数、国土、海洋、自然资源、环境保护</td></tr>
<tr><td rowspan="3">软国力</td><td>政治力</td><td>国家战略、政治体制、政府素质、国民凝聚力</td></tr>
<tr><td>文教力</td><td>文教队伍、文教投资、教育普及率、广电影视出版</td></tr>
<tr><td>外交力</td><td>对外政策、对外活动、对外贸易、国际影响力</td></tr>
</table>

（2）丁峰峻综合国力质量公式。丁峰峻[①]在 1987 年提出了综合国力质量公式，即：

综合国力 = 软国力 × 硬国力

　　= （政治力 + 科技力 + 精神力） × ［R（自然力 + 人力 + 经济力 + 国防力）］

其中，政治力是指一个国家的政治力量，包括政治制度、政治体制以及国家领导人的决策和领导能力等；自然力是指一个国家的自然条件和自然资源状况，可以用国土面积（总面积、可耕地面积、地理位置）和矿藏资源（总量、种类、开采难度、自给能力）等指标来衡量；R 为硬国力的结构系数，表示硬国力各组成部分之间的相互比例关系的优劣程度，如果硬国力各组成部分结构合理，则 R 大于 1，否则 R 小于 1。

（3）张文奎综合国力模型。张文奎认为，对于综合国力的划分，在传统的基础国力以外，还应划分“人均国力”和“地均国力”，以减弱仅仅依靠人多地广增加的国力得分，所以“综合国力”是基础国力、人均国力和地均国力三者相加的国力。[②] 其综合国力模型为：

$$Z.G = J + R + D$$

其中，$Z.G$ 代表综合国力，J 代表基础国力，R 代表人均国力，D 代表地均国力。

此外，还有众多国内学者提出了不同的综合国力评价模型，并做出了

① 丁峰峻．综合国力论——我国国家发展战略刍议［J］．学术界动态，1987（6）．

② 张文奎．人文地理学概论［M］．长春：东北师范大学出版社，1987．

大量实证分析。于宏义和王佑棣①提出了功能（Function）、规模（Dimension）、结构（Structure）和水平（Level）的四维向量综合国力测度模式，并对主要国家的国力进行了排序。1995 年，中国社会科学院综合国力比较研究课题组按照资源、经济活动能力、对外经济活动能力、科技能力、社会发展程度、军事能力、政府对经济调控能力、外交能力共 8 个构成要素的 85 个评价指标，研究分析了 17 个国家的综合国力，并把中国纳入比较范围。海平等人②设计的综合国力模型为综合国力 = 基本实体 × 物质形态国力 × 精神形态国力 = 资源力 ×（经济力 + 科技力 + 军事力）×（政治力 + 文教力 + 外交力），每项因素都有不同权重，各实力因素取值以美国的量值为指数标准值进行相应计算，并对综合得分排序。朱喜安和肖腊珍设计的综合国力模型③为综合国力 =（资源 + 经济活动能力 + 国际竞争能力 + 科技能力 + 可持续发展水平 + 社会发展程度 + 国家强制力 + 外交能力）×（战略目标 + 追求国家战略意志 + 民族凝聚力）。武汉大学侯经川博士④运用博弈论的理论与方法构建国际经济博弈的分析模型，导出国家竞争力的主要决定因素，设计的国家竞争力综合博弈指数由国家信息能力、国家策略能力和国家支付函数三个要素合成：

$$NC = NI \times NS \times NP$$

其中，国家信息能力指数 NI =（1/2 教育水平）+（1/4 信息化程度）+（1/4 信息自由程度），国家策略能力指数 NS =（1/2 科技进步能力）+（1/4 暴力威慑能力）+（1/4 国际制度安排能力），国家支付函数指数 NP =（2/3 人均 GDP）+（1/3 每百万居民注册的国际专利与商标数）。

天津大学汪菲⑤构造了基于资源基础理论的国家竞争力评价模型，方程为：

$$G = X * Y^{beta}$$

其中，G 表示国家竞争力；X 代表显性资源，包括物质资料和人力资

① 于宏义，王佑棣．综合国力测度评价［J］．科技进步与对策，1989（5）：51 - 55.

② 海平，等．各国综合国力排行榜［M］．北京：中国经济出版社，1998.

③ 朱喜安，肖腊珍．综合国力对比方法研究［J］．统计与决策，1999（1）：13 - 14

④ 侯经川．基于博弈论的国家竞争力评价体系研究［D］．武汉：武汉大学，2005.

⑤ 汪菲．基于资源基础理论的国家竞争力评价研究［D］．天津：天津大学，2007.

源；*Y* 代表隐性资源，包括科技资源、文教资源和经济资源；*beta* 是隐性资源的效用指数，它由组织力、形象和金融影响力所决定。

五　国家竞争力理论

传统比较优势理论认为一国产业的国际竞争力来源于该国所具有的资源优势，但现实情况是拥有资源优势并不一定有较高的国际竞争力，没有资源优势的国家也可能具有国际竞争力，经济全球化进程中，传统比较优势理论受到越来越多的挑战，现代国际竞争力的理论体系逐步形成。

1. 迈克尔·波特的国家竞争优势理论

波特从 20 世纪 80 年代开始专注于国际竞争力理论研究，连续出版了《竞争战略》、《竞争优势》和《国家竞争优势》三本专著，从管理学角度提出了用以解释国家竞争力的"国家竞争优势钻石理论"、用以解释产业竞争力的五种竞争作用力模型和用以解释企业竞争力的"价值链"分析方法，构建了一个涵盖国家、产业和企业三个层次的竞争力理论体系，奠定了当代竞争力理论基础。波特的国家竞争优势理论旨在说明为什么特定的国家会成为特定产业中具有较强国际竞争力的企业的母国基地，他在《国家竞争优势》一书中提出，在国家和产业竞争中，生产率起决定性作用，生产要素的作用越来越小，而生产率的高低主要是由竞争优势所决定的。

波特的国家竞争优势理论把比较优势理论中的静态的成本效益和生产因素具体化，强调一个国家或产业应该通过提升生产要素的质量、提高生产率、创造新的生产要素等方式改变限制性条件，并使之成为竞争优势，反映了动态的竞争过程。他认为一个国家的某些产业能否在国际竞争中获得优势，主要受到生产要素、市场需求、相关产业和企业战略四个基本要素，以及机遇和政府两个辅助要素的影响。一国竞争优势的发展可以分成四个阶段，分为要素推动阶段、投资推动阶段、创新推动阶段和财富推动阶段。波特还提出了"五种作用力模型"来分析国家产业竞争力，他认为产业竞争力大小取决于进入威胁、替代威胁、买方砍价能力、供方砍价能力以及现有竞争对手的竞争五个方面的作用，这些作用力的合力决定着特定产业竞争的强度以及该产业最终获取利润的能力。

国家竞争优势理论弥补了其他国际贸易理论的不足，具有几个明显的优势。一是可以通过分析影响竞争优势的四个要素的范围、品质和交互作用的方式，同其他国家相对比，就可以分析出各国竞争优势、预测其竞争优势的发展方向以及长远发展潜力，这是一个非常有用的分析工具。二是强调国内需求对一国竞争优势的重要性。不同于传统贸易理论只注重于扩大出口，波特的理论提出了国内需求同国家竞争优势之间的因果关系，国内需求结构、买方性质、需求增长以及需求结构的变化都对一国的竞争优势具有决定性的影响。三是强调动态分析。波特从动态的竞争优势角度出发，认为要素禀赋比较稀缺的国家可以不断创造要素优势，特别是随着时间推移、知识积累，创造的要素优势更能持久，竞争优势会逐步得到加强。四是强调国家对企业竞争力的重要作用。尽管经济全球化使得跨国公司可以在全球范围经营，摆脱单一国内资源稀缺和市场狭小的束缚，但波特还是认为国内的决定因素，比如国内需求、相关产业、国内竞争等绝大部分因素不能完全由国外的要素来替代，在全球化时代，国家对企业竞争优势的培育和促进作用显得越来越重要。

对于政府在国家竞争力中的作用，Stopford 等人①鉴于发展中国家的种种弱势，建议将政府变成一个决定因素而不是一个辅助因素，提高了政府在国家竞争力中的地位。Ozlem② 在应用波特模型对土耳其五个重点产业的发展历程进行研究之后，也发现政府在这些产业的成长过程中发挥了核心作用。在对波特的国家竞争优势理论述评基础上，熊伟③提出了新国家竞争优势论，要素条件，需求条件，企业战略、结构与竞争，相关与支持性产业，政府五大关键因素互相作用构成新国家竞争优势体系，与波特国家竞争优势理论的最大区别也是在于对政府作用的重视程度不同，因为 WTO 也允许发展中国家对幼稚工业进行适度保护，政府适当而正确地干预可以使国家的竞争优势得到较快速度的发展。

2. 企业核心竞争力理论

企业是世界市场竞争的主要组成部分，企业竞争力是国家竞争力的基

① J. M. Stopford, S. Strange, R. States. *Rival Firms—Competition for World Market Shares* [M]. Cambridge University Press, 1991.

② Ozlem, Oz. Assessing Porter's Framework for National Advantage: The Case of Turkey [J]. *Journal of Business Research*, 2002 (6): 509 – 515.

③ 熊伟．新国家竞争优势论：当今国际贸易的理论基础——兼对国际贸易主要理论述评［J］．财经理论与实践，2004（2）：98.

础，很多学者从企业内部寻找国际竞争力的来源。1990 年 Prahalad 和 Hamel① 提出了“核心竞争力”理论，以一种新的视角对企业进行了剖析，从企业内部寻找竞争优势的来源，即核心竞争力。该理论认为：企业是一个能力集合体，企业有多种多样的能力，包括技术开发能力、市场开拓能力、管理创新能力、生产组织能力、社会协调能力等，核心竞争力在企业各种能力中处于中心和支配地位。企业拥有的核心能力是企业长期竞争优势的源泉，具有独特性、不可模仿性等特征，暗含于企业文化、员工的观念和行为方式之中。核心能力是企业拥有的最主要资源，企业拥有核心能力的差异是导致企业效率差异和收益差异的主要原因，也是保持竞争优势的重要能力。此后，Amy Snyder 和 Ebeling② 指出，真正的“核心竞争力”就是那些有形的价值增值活动，核心竞争力应该被看作一种能为公司创造长期竞争优势的能力，提出培育核心竞争力要坚持四个重要准则，一是避免罗列过多的核心竞争力；二是高层管理人员必须就核心竞争力的意见达成一致；三是利用组织力量对核心竞争力加强管理；四是公司应该学会与外部企业共享核心竞争力。后来，斯多克等人提出“整体能力观”理论，认为企业的竞争优势并不是来源于企业某方面或单个的优势，而是来源于企业内部所有成员的集体知识与技能，成员在企业运行中的相互合作，以及对各种个别优势的有效整合。

3. 资源基础理论

Penrose③ 在《企业成长理论》一书中，最早用经济学原理探讨了企业资源与企业成长之间的关系，提出了“组织不均衡成长理论”。Wernerfelt④ 在《企业资源基础论》一文中明确提出了“资源基础观念”（RBV）一词，认为企业是有形与无形资源的独特组合，用“资源”代替“产品”

① Prahalad, C. K. and Hamel, G. The Core Competence of the Corporation [J]. *Harvard Business Review*, 1990 (3): 79 -91.

② Amy Snyder and Ebeling, W. H. Targeting a Company's Real Core Competence [J]. *Journal of Business Strategy*, 1992 (11): 26 -32.

③ Penrose, E. *The Theory of the Growth of the Firm* [M]. New York: John Wiley, 1959.

④ Wernerfelt, B. A Resource—Based View of the Firm [J]. *Strategic Management Journal*, 1984, 5 (1): 171 -180.

的思考角度来进行企业战略决策，对企业而言将更有意义。Barney[①] 提出了可持续竞争优势理论，他认为竞争优势是“该公司目前的潜在竞争对手无法同步执行该公司现在所执行的价值创造战略”，而“持续竞争优势”是指“该公司目前的潜在竞争对手不仅无法与该公司同步执行公司现在所执行的价值创造战略，同时也无法复制并取得该项公司在此项战略中所获得的利益”。可持续竞争优势的源泉应该满足四个条件，即价值性、稀缺性、不完全模仿性、不可替代性。Peteraf[②] 从竞争战略的角度对资源理论进行了动态分析，他认为竞争战略是随着资源差异的变化而改变的，概括出能够导致竞争优势的四种类型战略资源：一是企业的异质性，由于企业垄断某些特殊资源而能够获得超过平均利润的“租金”；二是对竞争的事后限制，当一个企业获得优势地位之后，会对后续竞争设置障碍；三是不完全流动性，企业可以持续保持不完全流动的资源，并利用这种资源获得竞争优势；四是对竞争的事前限制，对特殊资源地位的预见使得企业提前加入某种特殊资源的争夺。Barney 和 Peteraf 代表着资源基础理论两种不同的学派观点，前者遵循战略管理的传统，从企业层面展开研究，而后者更强调从市场层面研究，把企业放到市场中来分析企业行为。

4. IMD 和 WEF 国际竞争力理论

目前世界上国家（地区）竞争力评价与研究影响最大的两个机构，一个是总部设在日内瓦的世界经济论坛（World Economic Forum，WEF），另一个是总部设在瑞士洛桑的国家管理发展学院（International Institute for Management Development，IMD）。早在 20 世纪 80 年代，IMD 和 WEF 就开始研究各国企业的国际竞争力问题，并在 1985 年的竞争力报告中首次提出“国际竞争力”的概念。1989 年，WEF 和 IMD 开始联合研究国家（地区）竞争力，同年出版《世界竞争力年鉴》（*World Competitiveness Yearbook*），并引起了世界各国极大关注，从此奠定了这两个机构在国际竞争力问题研究上的权威地位。1996 年，两大机构因研究方法上出现争议而各自展开独立研究，WEF 倾向于研究决定一国经济增长的因素，而 IMD 则倾向于国

① Barney，J. B. Firm Resources and Sustained Competitive Advantage ［J］. *Journal of Management*，1991，17（1）：99－120.

② Peteraf，M. A. The Cornerstones of Competitive Advantage：A Resource—Based View ［J］. *Strategic Management Journal*，1993，14（3）：179－191.

家向企业提供具有竞争力环境的能力。同年，WEF 开始独立发布《全球竞争力报告》（*Global Competitiveness Report*），而 IMD 也独自出版《世界竞争力年鉴》（*World Competitiveness Yearbook*），这两份报告自此每年定期向全球公布，评估的国家或地区的范围逐年增加。IMD① 认为国际竞争力是指一国提供创造增加值和积累国民财富环境的能力，既是一国传统、历史和价值体系变迁的结果，又是政治、经济和社会发展的产物，一个国家只有把握和平衡四组相对力量，才能有效提升国际竞争力。

一是吸引力（Attractiveness）与扩张力（Aggressiveness）的关系。在经济全球化背景下，各国既可以吸引国外的商品和资本，也可以对外输出商品和资本，但在引进吸收能力与输出扩张能力两方面是不平衡的，对国民经济产生不同的影响，两者能否相互补充，在很大程度上决定着一国国际竞争力的高低。

二是本土化（Proximity）与全球化（Globalization）的关系。局限于国内市场的本土化经济与跨越国界的全球化经济是两种不同的生产方式，因经济规模和发展水平不同，在各国经济中的比重有很大差异。以本土化经济为主导的国家如何参与和适应全球化经济，是提升国际竞争力的关键所在。

三是资产（Assets）与过程（Processes）的关系。竞争资产是指自然资源、土地、人口等继承的资产，竞争过程则是一国把资产转化为增加值的能力，过去的竞争过程所创造的产出会转化为现期的竞争资产。因为国际竞争力是竞争资产与竞争过程的乘积，资产竞争力较弱的国家必须依靠提升过程竞争力来实现竞争资产的扩张。

四是个人冒险精神（Risk Taking）与社会凝聚力（Social Cohesiveness）的关系。个人冒险精神是指强调冒险精神、废除管制、私有化和个人责任，追求社会福利体系最小化的社会发展模式；社会凝聚力则指强调社会凝聚力、一致性和平等主义，追求广泛的社会福利体系的社会发展模式。政府既要鼓励冒险精神和个人奋斗，同时也不能离开社会的协调与稳定，才能提升其国际竞争力。

---

① IMD. *The World Competitiveness Yearbook* [M]. 2005: 611.

经过20多年的研究积累，IMD还总结了提升国际竞争力的十大要素,① 主要包括：创建稳定、可预测的法治环境；构造灵活和弹性的经济结构；优先投资基本基础设施和技术基础设施；促进私人储蓄和国内投资；吸引国外直接投资的同时培养国际扩张力；政府和行政管理要在服务质量、工作效率和透明度方面努力创新；保持工资水平、生产率和税收之间的合理关系；减小收入分配差距，扩大中间阶层规模，确保社会结构的稳定优化；增加教育投资，提高中等教育水平和进行劳动力终身培训；搞好经济全球化和本土化的平衡，提高国民财富持续创造能力。

5. 其他国际竞争力理论

制度学派的Leavy② 从制度分析出发，认为有利的制度形式和制度设计是推动国家经济发展的动力，也必然促进产业竞争力的提高，因而经济体制和制度是决定产业竞争力的一个重要因素。一个国家或地区要想获得产业竞争力，关键就是要营造一个适合产业经济发展的社会经济制度环境。

20世纪90年代后，随着科技变革的突飞猛进和信息技术的广泛应用，许多学者认为企业所处的环境更加不稳定，越来越多地充满不确定性因素，企业内部资源、条件和发展战略都会为了适应外部环境的变化而不断地调整，影响其竞争力的因素发生变化，对竞争力的研究也要从动态的角度展开，这种动态研究的对象既包括外部环境，也包括内部条件。1997年Teece等人③提出动态能力观点，认为企业竞争优势主要体现在独特的经营过程（协调和合作途径）、资产构成（知识性资产和互补性资产等）以及吸收或继承能力等几个方面。一个公司是否具有竞争优势并保持竞争优势取决于市场需求的稳定性、扩展性和被模仿性。1998年Brown和Eisenhardt④ 提出边缘竞争战略，也从动态角度对竞争力进行了深入的研究，把影响企业的外部环境因素和内部条件因素看成动态的、不断发生变化的。

---

① IMD. *The World Competitiveness Yearbook* [M]. 2005: 615.

② Leavy, B. Organization and Competitiveness [J]. *Journal of General Management*, 1999, 24 (3): 33-52.

③ Teece, D. J., Pisano, G., Shuen, A. Dynamic Capabilities and Strategic Management [J]. *Strategic Management Journal*, 1997 (7): 509-533.

④ Brown. S. L., Eisenhardt, K. M. *Competing on the Edge: Strategy as Structured Chaos* [M]. Harvard Business School Press, 1998.

第四节　竞争力理论的一般评述

竞争是商品经济特别是市场经济发展的常态行为，竞争理论的发展几乎贯穿了整个近现代经济学说史的全过程，竞争力理论始终是经济学研究的重点领域。古典政治经济学的竞争理论是建立在市场完全自由竞争基础上的，是基于信息完全对称和资源自由流动假设下的自由竞争，核心是成本优势，但提出了生产率作为竞争的基础，具有现实指导意义。

在竞争力理论形成与发展过程中，马克思竞争理论具有重要的历史地位，马克思把竞争看作历史的范畴，揭示了资本主义自由竞争现象背后所掩盖生产关系的本质。他始终把竞争看作一个动态过程，用价值理论和劳动价值论分析了技术进步、劳动生产率的提高对竞争的影响，提出了竞争规律，反映了资本主义生产方式下，企业在竞争中通过扩大生产规模、改进劳动组织与管理方式、采用先进技术以提高劳动生产率，获得并保持竞争优势的过程。但马克思没有形成专门系统的竞争理论，在其“六册结构”计划第一册《资本论》的写作提纲中，专门安排第二篇《资本的竞争》的创作，但没有完成，成为其宏伟经济学理论体系中的缺憾。

经济和科技发展使竞争环境发生巨大变化，从完全竞争到垄断竞争，竞争理论在目标模式和判别标准上也有很大变化，熊彼特等人的动态竞争理论和克拉克的有效竞争理论，是在第三次科技革命的兴起与发展及其对经济社会发展产生深刻影响的大背景下产生的，市场竞争与技术进步紧密地联系在一起，可以说是竞争的动态性推动了技术进步与创新，而技术进步和创新又加剧了竞争程度，但熊彼特关于大企业能够实现技术进步的观点，至今在竞争理论中仍存在较大争论。

当代竞争理论更多地从管理学角度研究企业微观个体参与市场竞争，分析角度是动态竞争，侧重于技术创新和价值创造，更多地从消费者和社会价值的角度来判断竞争行为和竞争政策，注重研究竞争优势的来源，对企业竞争优势及其持续来源的研究，经历了从静态到动态、从外生到内生的演进过程。特别是以波特为代表的竞争理论专家，认为国家竞争力的基础是产业，而产业竞争力又是由企业培育，企业竞争力的核心是生产效率，提高生产效率的关键不是传统竞争力理论关注的本国资源禀赋，而是技术进步和创新，以及能够创造竞争优势的竞争过程。他的理论突出了竞争中企业的主体地位，但也注重政府的作用。

纵观竞争力理论的发展，可以看出几个特点。一是国家竞争力理论的重要基础是国际贸易理论。早期国际贸易理论指出国家竞争力是由资源禀赋优势、相对竞争优势等构成，随着经济全球化趋势明显化，又提出企业的内部化优势、所有权优势等决定一国竞争力强弱。新贸易理论从产业生命周期、市场需求条件、国家贸易政策、技术水平差距等角度解释了国家竞争力的决定因素。二是前提假设和基础不断发生变化，呈现从完全自由竞争到垄断竞争、从私人垄断到国家垄断再到国际垄断的趋势。三是国家竞争优势的基础由宏观层面的资源禀赋，逐步过渡到中观层次的产业组织，再发展到微观层次的企业行为，形成了从外生比较优势到内生竞争优势的发展路径。四是西方经济学家的竞争力理论服务于资本主义生产目的，即通过各种途径追求利益最大化，提高竞争力的唯一目的就是能够获得更多更持久的利润，忽略了资本主义生产对自然资源的依赖和对自然环境的破坏，更是忽略了竞争过程中劳动者的利益。只有马克思主义在研究竞争力的时候，关注人与自然的关系，关注资本竞争加大了对雇佣劳动者的剥削和压迫。

第四章

低碳经济竞争力机理分析

第一节　低碳经济竞争力理论探索

一　低碳经济的界定

1．低碳经济的内涵

“低碳经济”是一个与气候变化相联系的范畴，最早可追溯到20世纪60年代，直到2003年英国发布能源白皮书《我们能源的未来：创建低碳经济》① 才把低碳经济作为一个正式概念提出来，并迅速在世界广泛传播，但对于低碳经济内涵和定义，到目前还没有统一的意见。有的观点从低碳本意出发，认为低碳经济是相对于高碳经济、相对于新能源、相对于人为碳排量大而言的，实质是能源效率和清洁能源结构问题，因此这种观点认为，发展低碳经济主要是节能和改善能源结构，降低能源碳密度。另外一种观点从物质流过程出发，认为低碳经济就是经济生命周期全过程中的碳减排和增加碳汇，在物质流的输入环节、转化环节和末端环节提高能源生产率、降低二氧化碳排放和增加碳汇。这两种是狭义的低碳经济定义。更多的观点是从广义角度来定义低碳经济的，有的观点认为低碳经济与人类社会发展的阶段有关，是产业结构中服务业的比重超过第二产业、人文发展和碳生产力同时达到一定水平的发展过程与形态。也有观点把低碳经济看作低碳发展、低碳产业、低碳技术、低碳生活等经济形态的总称，它不

---

① Department for Trausport. *Our Energy Future—Creating A Low Carbon Economy* [M]. UK, 2003.

仅是一种企业营利及生存模式，还是一种社会存在和社会制度发展的状态，强调社会管理机制、社会生活方式在低碳经济发展中的作用。有的认为低碳经济应该包含八个方面实质性的意义：[①] ①工业生产高效率，即单位产出低排放；②减少高能耗、高排放产品的出口；③能源转化高效率，即单位电量和行驶里程低排放；④可再生能源和核能在能源供应中占较大比重；⑤交通领域的高能效和低排放；⑥办公、生活领域的能源节约；⑦公共交通替代私人交通，更多使用自行车和步行；⑧通过体制机制调整，刺激高能效、低排放技术的创新和应用，从而提高全球的能源利用效率，减少温室气体排放。

但得到最为广泛认同的低碳经济定义是以能源高效利用和清洁开发为基础，以低能耗、低污染、低排放为基本特征的经济发展模式。其实低碳经济是人类对当前经济发展模式的反思，需要改变当前经济发展过度依赖资源能源消耗的模式，降低对自然环境的破坏性影响，希望在人、社会和环境之间建立一种更为和谐的关系。低碳经济的发展模式就是运用低碳经济理论来指导经济活动，将传统经济改造成低碳型的新经济模式，其内在要求是实现人类社会系统过程的各个单元在低能耗、低排放、低污染的条件下和谐共生，提升能源的利用效率、推行区域的清洁发展、促进产品的低碳开发和维持全球的生态平衡，告别不可持续的高碳经济发展时代，实现一种低能耗、低物耗、低污染、低排放、高效能、高效率、高效益的可持续发展经济。可以说，低碳经济是继人类社会经历过原始文明、农业文明、工业文明之后的生态文明，是人类社会继工业革命、信息革命之后的新能源革命。所以，最理想的低碳经济是一种能够提高对气候变化的适应能力，尽可能地减缓气候变化的负面影响，同时又能最大限度发展生产力，提高人类发展水平的经济形态，同时兼顾代际公平和代内公平，实现经济社会的可持续发展。

低碳经济形式上是关注气候变化的环境问题，内容是调整传统经济结构，提高能源利用效益，发展新兴工业的经济问题，核心是通过能源技术和减排技术的创新，有效控制碳排放，减缓气候变暖速度，实施过程是各国争夺碳排放权，进行国际竞争的政治问题，本质上是发展问题，目的是

---

① 中国环境与发展国际合作委员会．中国发展低碳经济途径研究［R］．2009.

可持续发展，以及对国际发展空间的争夺。

2. 低碳经济与生态经济、循环经济、绿色经济

作为一种新的经济发展模式，低碳经济与生态经济、循环经济、绿色经济等概念之间有着内在联系，也有关键性区别。生态经济是 20 世纪 60 年代博尔丁在《一门科学：生态经济学》中最早提出来的，重点在于探讨人类社会的经济行为与其所引起的资源和环境嬗变之间的关系。[①] Costanza 认为生态经济学是一门从最广泛的领域阐述经济系统和生态系统之间关系的学科，[②] 是生态学和经济学相互渗透、有机结合形成的具有边缘性质的学科。生态经济主要研究经济社会发展同自然资源和生态环境的关系，人类的生存、发展条件与生态需求，生态价值理论，生态经济效益，生态经济协同发展等，关注当前世界面临的可持续性、酸雨、全球变暖、物种灭绝和财富的分配等一系列最紧迫的问题。1989 年戴维·皮尔斯（David W. Pearce）和凯利·特纳（R. Kerry Turner）正式提出了循环经济（Circular Economy）概念和模型，认为经济系统与自然生态系统不再是两个相对独立的系统，而是合二为一，共同组成生态经济大系统。作为一种新的生产方式，循环经济以资源的高效利用和循环利用为核心，以“减量化、再利用、再循环”为资源配置原则，将传统的“资源开发—产品生产—废物排放”的开放型流动模式转变为“资源能源开发—产品生产—废物再生资源”的闭环型流动模式。绿色经济最早在 1989 年由英国环境经济学家皮尔斯在《绿色经济蓝图》中提出，并通过联合国的推广得到广泛认同，[③] 是指通过正确地处理人与自然及人与人之间的关系，高效、文明地实现对自然资源的永续利用，从而实现生态环境持续改善和生活质量持续提高的一种生产方式。

低碳经济和生态经济、循环经济、绿色经济等诸多概念的提出，都是基于同一个背景，即当前经济发展模式已经对自然环境造成巨大影响，在部分方面已经超出了资源、环境能够承载的范围。这是一种不可持续的发

① 徐中民，张志强，程国栋．当代生态经济的综合研究综述［J］．地球科学进展，2000（12）：688－693.

② Costanza，R. What is Ecological Economics?［J］. *Ecological Economics*, 1989（1）：1－7.

③ 杨志，张洪国．气候变化与低碳经济、绿色经济、循环经济之辨析［J］．广东社会科学，2009（6）：34－42.

展模式，亟须改变。对经济发展模式研究的侧重点不同，以及应对思路不同，就是各种概念的差别所在。因此，它们之间是紧密联系的，从能源的节约利用、减少温室气体排放对环境的影响来看，绿色经济也是一种低碳经济，从改善环境、提高资源利用率来看，低碳经济也是一种绿色经济。发展循环经济可以节约资源的使用，减少废物排放，也就可以减少能源的利用，提高能源利用效率，有利于低碳经济的发展。所以，低碳经济是在可持续发展理念下，生态经济和绿色经济对于提高能源利用效率和减少温室气体排放的具体化，是当前气候变化形势较为严峻情况下优先提出的用以解决能源紧张和环境问题的经济学命题。

二　环境保护与经济增长

1. 环境保护对经济增长影响

工业革命以前，人类生产活动以农业为主，生产力比较低下，但消耗的资源能源较少，向自然环境排放的废弃物也很少，容易被自然界化解吸收。工业革命以后，伴随着蒸汽机、电力与信息革命的浪潮，工业社会的生产力大大提高，机器化大生产需要消耗大量资源能源，特别是火电、钢铁、有色金属、化工、建筑等工业的快速发展，形成了高能耗、高物耗、高污染的发展模式。以亚当·斯密为代表的古典政治经济学根据“理性人”假设，认为“当每个人追求个人财富最大化时，社会财富达到最大化”，鼓励“利润最大化、产量最大化和收入最大化”，没有考虑资源、能源和环境的承载能力。凯恩斯奠基的宏观经济学也是以扩大消费和投资为主导，提倡奢侈浪费的生活方式，毫不顾忌资源的浪费和环境破坏。这些理论对于指导工业化社会的进步和发展具有重大贡献，但其负面作用也非常明显。

1962 年生态与环境问题小说《寂静的春天》的发表和 1972 年罗马俱乐部提出的“增长极限论”引发了人们对环境、资源问题的深切关注，联合国召开全球环境大会，统一了人们对生态和环境问题的认识，开始探索生态建设和环境治理的实践，环境保护理念逐步深入人心。1992 年，联合国环境与发展会议在里约热内卢达成“世界经济发展必须遵循可持续发展原则”的共识，标志着环保时代的来临。

随着人们对环境和经济关系认识的深入，环境问题与经济发展之间的辩证统一关系越来越清晰，一方面，两者相互制约，经济的发展要受到环境、资源的约束，经济发展方式对环境也有显著的影响；另一方面，两者相互依托、相互促进，如果在经济发展中合理利用自然资源，运用经济成果为环境保护提供技术、物质支持，又可以促进生态平衡。随着环保观念的深入人心，环境保护政策越来越多地被制定出来，以弥补市场失灵不能解决环境问题的缺陷。短期来看环境保护对经济增长还是有一定的影响的，阻碍了环保政策的有效实施，最直接的一点是环保设施投入和环境保护税收等环保措施增加了企业生产成本，降低了企业利润；另外，一些高排放和高污染产品的限制性生产，使部分原材料和半成品供给减少，价格提升，那些受到环境保护措施影响较大的行业，其产出的缩减就比较明显，会影响到经济增长速度。但从长期来看，严格实施环保政策才能保证经济的可持续发展，消除未来经济发展将要面临的资源和环境瓶颈。一是保护环境可以减少经济发展的长期成本。历史已经证明，西方发达国家"先污染，后治理"的老路子行不通，环境保护行动越滞后，对环境的破坏作用越大，治理累积的环境损害的费用要大大高于防治环境破坏的成本，从长期来看，越早治理，环境保护的成本越低。二是保护环境可以保证经济发展需要的各种自然资源，实现经济可持续发展。自然资源和环境是任何生产的必要条件，哪怕是所谓的信息社会以及更高级的社会文明，还是离不开自然资源和环境的支撑。三是保护环境本身可以带来直接经济效益。作为国民经济组成部分的环保产业，可以生产环保产品，"三废"的有效利用不仅能够节约能源，而且能够降低生产成本；另外，环保技术、环保信息、环保咨询等一批新兴产业也会应运而生。①

2. 环境保护与国际贸易

随着越来越多国家受到经济全球化的影响，环境保护对国内经济的影响必然会反映到国际经贸关系上来，由于环境保护政策对国内经济的影响具有综合性，因此其对国际贸易关系的影响也是比较复杂的。

各国处在不同的发展阶段，经济发展水平差异很大，对资源和环境的依赖程度不一样，环境保护行动有很大差异。经济发达国家基本实现了经济转型，高物耗、高能耗和高排放的产业都转移到发展中国家，环境受破

① 楼庆红．环境保护对世界经济发展的影响［J］．国际展望，1997（9）：8－9.

坏的程度很小，不但环境保护效果较好，而且对其经济发展的影响也是微乎其微的，它们会采取比较严格的环保政策，特别是对进口产品都制定了严格的环境标准，规定只有获取相应环境标志的产品才准进入其国内市场。相反，大分部分发展中国家还处在工业化进程的初级、中级阶段，承接了发达国家转移来的劳动密集型产业和资源密集型产业，其中还有很多是高污染产业，对资源环境的依赖程度非常高，短期内不可能实施严格的环保政策，产品的环保标准就会制定得比较低。环境保护力度的差距加大了发达国家和发展中国家之间环境问题和经济发展的不平等，首先，发达国家乘机将冶金、农药、化工、印染、电镀等高能耗、高污染甚至有毒有害工业转移到发展中国家，低价甚至无偿获取发展中国家的资源，还可以免受污染之害和治理污染之累，从而实现向发展中国家转嫁环境危机的目的。其次，发达国家利用自身的技术、资金优势，以环境保护作为优惠贷款、国际投资、无偿援助的重要条件，通过不平等投资和贸易，不但继续掠夺发展中国家的资源和环境，还逐步控制发展中国家的关键行业和重点领域，影响着发展中国家的经济发展。最后，发达国家又以保护地球环境为由，要求限制发展中国家在经济发展中对自然资源的过度开采，防止严重的环境污染，并以此为由，在国际贸易中设置绿色壁垒。在关税壁垒受到广泛质疑的背景下，环境标准以其形式上的合法性、保护范围上的广泛性、保护措施上的隐蔽性等特点受到重视，发达国家纷纷制定苛刻的环境标准，借环境保护之名，打造国际贸易壁垒，阻滞了国际贸易自由化的发展，更是对发展中国家参与国际贸易的严格限制。

所以，环境保护对国家贸易的影响，与各国的环境条件、发展阶段、比较优势、专业分工、产业转移和贸易条件等方面因素有关，还与国际政治经济秩序的变化有重大关系。现实中各国的环境保护力度有很大差异，对各国本身经济影响差别很大，从而会改变各自的贸易条件和比较优势。在其他国家实施比较严格的环境保护政策情况下，一个国家实施较为宽松的环保标准，会获得一定的现实经济利益，但存在绿色贸易壁垒的话，这种短暂的经济利益会减少甚至被抵消，如果再考虑到宽松环保标准对环境造成的损失，实施宽松环保政策就得不偿失了。当然这种分析离不开具体的环境，一个发展中国家在经济发展的起步阶段，必须考虑现实的利益诉求，有必要通过较为宽松的环境政策来获得更多的自然资源、资本和发展项目，争取较大的发展空间，待经济发展起来以后，才有更大的能力去保护环境，实现经济可持续发展，因为没有发展而单纯讲环境保护是不现实的。

三　环境保护与国际竞争力

环境保护改变了各国经济发展的条件和国家贸易条件，也影响了各国的生产分工和产业转移，对各国的比较优势和国际竞争力产生不可忽视的影响。目前就环境保护与国际竞争力的关系还没有形成一套比较完整且有说服力的理论体系，目前有三种比较重要的理论假设。

第一个是“环境竞次理论”（Race to the Bottom），[①②③] 认为不同国家或地区间对待环境保护问题上的行为类似于“公地悲剧”的发生过程，如果采取严格的环保标准，可能导致产业向环保标准较为宽松的地区转移而产生失业、投资减少和工资降低等问题，各国不会为了执行严格的环境保护措施而使自己在国际竞争力中处于不利地位，都更愿意采取比其他国家更为宽松的环保政策，这样的结果就是每个国家都会采取比没有国际竞争情况下更次的环保标准。因此，这个理论认为环境保护降低了国际竞争力，国际竞争会降低各国环境保护力度，两者之间存在一定的冲突，但现实情况是，不管是发达国家还是发展中国家，目前实施的环境标准比过去均有了不同程度的提高，“环境竞次理论”不能解释这种事实。

第二个是“污染避难所假说”（Hypothesis of Pollution Haven）或者“产业区位重置假说”（Hypothesis of Industries Relocation）。[④⑤] 存在贸易竞争的国家之间环保标准和执行力度不同，特别是发达国家和发展中国家之间环境保护力度有很大差异，很多发达国家的产业在本国生产要承受的环

① Hagwati, J. B. and Hudec, R. *Fair Trade and Harmonization* ［M］. Cambridge, Mass: MIT Press, 1996.

② Revesz, R. Rehabilitation Interstate Competition: Rethinking the Race-to-the-bottom Rational for Federal Environmental Regulation ［J］. *New York University Review*, 1992: 67.

③ Anderson, K. and R. Blackhurst. *The Greening of World Trade Issues* ［M］. New York: Harvester Wheatsheaf, 1992.

④ Walter, I. and Ugelow, J. Environmental Policies in Developing Countries ［J］. *Ambio*, 1979, 8 (2): 102－109.

⑤ Walter, I. Environmentally Induced Industrial Relocation to Developing Countries, in S. Rubin, ed., *Environmental Trade* ［C］. New Jersey: Allanheld, Osmum, and Co., 1982: 67－101.

境成本比较高，为了追求最大化利润，会将其转移到发展中国家，以便获得成本优势。发展中国家也会利用环境成本较低的优势吸引国外企业投资，尤其是对于环境敏感型的产业（企业）和那些“区位敏感型”企业，这种影响会更加强烈。[①] 这种追求环境成本差异而转移的产业，大多是资源消耗高、污染严重的产业，因此发展中国家也就成为污染者的“乐园”，是世界污染和污染密集产业的“避难所”。[②] 从国际竞争的角度来看，环境保护不利于吸引资本等生产要素，可能会降低比较优势，而环境保护不严格的国家反而可以更多地吸引资本，增强比较优势，但一个前提是必须拥有自身的资源禀赋优势，才能吸引国外资本，这对于竞争力的提高没有太大意义。

第三个是“波特假说”（Porter Hypothesis），[③④] 认为有效的环境政策将刺激企业的技术创新和管理创新，尽管从短期来看严格的环境保护政策会提高企业的成本，并影响到企业的竞争力，但从长期来看，由于环境的压力，企业在加大环境保护投资的同时，也在进行技术创新和管理创新等活动，反而会使企业摆脱资源禀赋的约束，能够创造竞争优势，提高企业竞争力。其他很多学者也从不同角度论述了这一观点，Jaffe 等人[⑤]认为，如果企业能够看到未来对环保相关产品和服务的需求增长，会增加投资和研发力度，以提高生产率。斯图尔特·哈特[⑥]指出，当环保成为企业发展总体战略的组成部分时，通过污染防治、承担产品责任和清洁技术的开发

① Markusen, J. R. Locaton Choice, Environmental Quality and Public Policy. In *Handbook of Environmental and Resource Economics*. Van den Bergh, Edward Elgar, Aldershot, UK, 199: 569 - 580.

② Cropper, M. and Oates, W. Environmental Economics: A Survey [J] . *Journal of Economic Literature*, 1992 (30): 675 - 740.

③ Porter, M. E. *America's Green Strategy. Scientific American* [M] . 1991, April: 168.

④ Porter, M. E and C. Van der Linde. Toward a New Conception of the Environmental-Competitiveness Relationship [J] . *Journal of Economic Perspectives*, 1995, 9 (4): 97 - 118.

⑤ Jaffe, A. B. , Peterson, S. R. , Portney, P. R. , et al. Environmental Regulations and the Competitiveness of US Manufacturing: What Does the Evidence Tell Us? [J] . *Journal of Economic Literature*, 1995, 33 (1): 132 - 163.

⑥ 〔美〕斯图尔特·L. 哈特. 资本之惑——企业可持续发展的战略抉择 [M] . 战颖，译，北京：中国人民大学出版社，2008.

三个阶段，就会获得更多发展机会。Van Beers 和 Van den Bergh① 则认为，实施严格环保政策的国家可以对由此造成的竞争劣势进行干预，对来自较低环保标准国家的产品进行限制，或者对国内受到环保政策影响的产业进行补贴，以抵消成本增加的不利影响。艾默里 · B. 洛文斯等人②也提出“自然资本主义”理论，认为在保护自然资源的同时通过提高自然资源利用率，进行“封闭环式”的生产，转变经营模式，投资自然资源，拓展生态空间，获得巨大的发展机会。比尔 · 舍尔曼等人③把生态学原理用于研究企业经营，认为企业可以通过建立突破性的创新、复制、持续改进和再创新的周期性运行机制，在环境限制的前提下增强企业竞争力。

因此，不能把环境保护政策和国际竞争力对立起来，对于一个国家实施环境保护政策是否有利于其产业的国际竞争力，不管是乐观还是悲观的理论观点，都要结合国家自然条件、经济条件和技术条件来分析，要区分短期效应和长期效应。从短期来看，经济发展水平较低的国家实施较为宽松的环境保护政策，有利于吸引资本等要素，促进经济发展，提升产品出口竞争力，但这是以牺牲自然条件为代价的。从长期来看，经济发达国家实施较为严格的环境保护政策，可以通过技术进步来获得更大的竞争优势，实现更大的经济效益，更有利于环境友好和可持续发展。

第二节　低碳经济与国际竞争力

一　低碳经济与产业转移

随着能源消耗持续增长，空气中二氧化碳含量越来越高，国际碳减排形势变得比以往任何时候都更严峻，不管碳减排任务分配的国际谈判结果如何，各国都会面临越来越大的碳减排压力，必然会采取相应的政策措施，对能耗较高的产业和企业进行能源约束或征收碳税。受此影响，这些

---

① Van Beers, C. and Van den Bergh. An Empirical Multi-country Analysis of the Impact of Environmental Regulations on Foreign Trade Flows [J]. *Kyklos*, 1997, 50: 29 - 46.

② 〔美〕艾默里 · B. 洛文斯，L. 亨特 · 洛文斯，保罗 · 霍肯. 自然资本主义的路径 [J]. 哈佛商业评论，1999 (5/6).

③ 〔美〕比尔 · 舍尔曼，〔日〕木内多知. 企业的自然课：从雨林中寻找持续盈利的商业法则 [M]. 北京：机械工业出版社，2003.

产业和企业的产出必然会下降，生产成本上升，利润下降。政策措施越严格，对产业的影响越大；能耗越高的产业，受到的影响越大。由于国际碳减排机制的灵活性，各国碳减排政策不协调，政策标准和实施力度有很大差异，这就会促进资本跨国流动和产业转移。

为了尽量避免能源约束和碳税带来的不利影响，逐利的资本就会从碳减排压力较大的国家转移到碳减排压力较小的国家，从碳减排政策更严格的国家转移到碳减排政策更宽松的国家。从行业来看，高能耗和高碳排放产业由于受到碳减排政策的影响更大，更容易跨国转移，所以，发展低碳经济步调较慢的国家更容易承接到其他国家的产业转移，吸收资本和技术促进本国经济发展，而发展低碳经济步调较快的国家，特别是碳减排任务较重的发达国家，如果实施严格的碳减排政策，国内很多产业就容易转移出去，不但影响经济发展，还会带来工人失业等一系列问题，这也是发达国家要求发展中国家共同承担碳减排任务、国际碳减排任务分配发生激烈博弈的主要原因。

当然，产业转移除了受到低碳经济政策差异影响以外，还会受到其他条件的制约，首先就是要比较跨国转移前后的利润率，因为转移到宽松政策国家虽然可以降低能源约束和碳税征收带来的不利影响，但也可能面临丧失市场和技术支持等其他不利因素，只有在两方权衡更有利的情况下，资本才愿意跨国转移。另外一个条件就是产业转移承接国家必须具备一定的基础，包括充足的能源供应和其他要素支持。

低碳经济发展趋势不可避免，而国际碳减排机制的双轨制或多轨制还会持续存在，由此造成的发达国家向发展中国家转移高耗能产业就会继续进行，规模会越来越大。但是国际碳减排机制中的清洁发展机制会在一定程度上削弱这种趋势，因为按照清洁发展机制设计，发达国家的企业通过购买发展中国家的碳减排额度，可以算成自己的碳减排额度，就可以避免能源约束和碳税征收的影响，如果碳减排额度购买费用低于碳税征收带来的成本上升，就没有必要转移了。另外，发达国家如果开始征收碳关税，会增加来自发展中国家产品的障碍，发达国家企业如果想通过产业转移来规避国内碳税的话，则会面临碳关税的壁垒，出于国内市场的考虑，产业转移的吸引力大大降低。

二 低碳经济与技术进步

完成碳减排任务的主要途径就是节约化石能源消耗，发展清洁能源，提高能源利用效率，对二氧化碳等温室气体进行捕捉、存储和利用，这都有赖于技术进步，技术创新在低碳经济中应该发挥基础性作用。新能源是在新技术基础上开发利用的可再生能源和清洁能源，发展新能源是低碳经济的重要组成部分，也是未来经济、社会可持续发展的能源基础。各国为了兑现碳减排承诺，发展低碳经济，必然会加大对低碳技术的研发投入，推广低碳技术应用。其他领域生产由于受到能源约束，也会通过技术进步抵消产出下降的影响，提高生产效率，保障其资本收益水平。

低碳经济作为新的经济发展模式，对促进企业技术创新的作用，可以从外部驱动和内部驱动两个方面来看。从内部驱动来看，企业生产目的就是追求利润最大化，就算是没有低碳经济政策的约束，企业也有通过技术创新来节约能源降低成本的内在动力，只是从成本角度来看，传统化石能源具有成本优势，使得企业不愿意采用更为昂贵的新能源。随着低碳生产和低碳生活模式的提出并得到越来越广泛的认可，低碳意识在生产、流通和消费等领域逐步渗透，低碳生产和低碳经营已经成为企业竞争的重要手段之一，很多企业开始把应用低碳技术作为获得公众认可的途径，特别是通过低碳技术创新，企业在融资、政府扶持、获得同行信赖、赢得消费者认同等方面获得优势，在这些因素的作用下，企业更加注重其低碳经营形象，具有低碳技术创新的积极性。发展低碳经济将催生新能源、环保等一系列新的产业，具有开拓性的企业会抓住机遇，开辟新的生产和服务领域，掌握主动权的关键在于自主创新和技术进步，企业为了获得在新领域的竞争力，也会主动进行低碳技术的自主创新，甚至利用技术创新设置行业壁垒，限制其他企业进入行业，通过阻碍资本流动以获得垄断利润。企业进行低碳技术创新也会面临不少阻力，最大影响因素就是技术创新风险。低碳技术研发需要额外投入大量的人力、物力和财力，会增加企业生产成本。作为新的技术创新领域，低碳技术本身还存在不成熟性，在技术研发和应用的初期阶段，表现出高成本、低收益的特征，难以与现有比较成熟的高碳生产技术进行竞争，技术创新失败的风险更是加大了企业进行低碳技术研发的阻力。另外，如果成功的创新技术不能得到有效的保护，很容易被别的企业模仿，从而会丧失创新带来的技术优势，打击企业低碳技术研发的积极性。当然，随着低碳技术的日益成熟和广泛应用，这些阻力会逐步变小，发展低碳经济促进企业技术自主创新的作用越来越明显。

从外部驱动来看，低碳经济政策的实施迫使企业不得不转向技术创新，首先是传统能源约束、能源价格和碳税等政策加大了企业的生产成本，为了获得利润，企业只有通过技术创新来改进生产工艺，提高生产和管理效率，才能完成节能任务，或者抵消低碳政策带来的成本增加。其次，政府为营造低碳技术创新环境，就会采用财政、金融等手段鼓励企业技术创新，包括直接科研资助、信贷优惠、政府采购和财政补贴等扶持政策，这些政策和措施作为一种外生的驱动力量从不同的侧面提高企业低碳技术创新的积极性。这种刺激效应的大小也受到多种因素影响，关键在于政府扶持政策的力度大小和持续时间长短，以及给社会带来的预期，如果政策力度太小或者存在不确定性因素，对企业的刺激作用就不会明显。最后，技术创新已经成为竞争优势的重要来源，低碳技术创新将成为企业在低碳发展模式下竞争的重要手段，企业要在激烈的竞争中立于不败之地，必须加大低碳技术的积累和应用，充分利用新的低碳技术与管理方法，以积极主动的战略去面对新的竞争态势，才能提高其整体竞争力。

三 低碳经济与竞争优势

尽管二氧化碳本身不是污染气体，但温室效应造成的环境影响是显而易见的，发展低碳经济也是环境保护的重要内容，这牵涉发展低碳经济与经济发展乃至国际竞争力的关系问题。发展低碳经济首要的就是降低能源消耗，减少温室气体排放，因此化石能源相关产业的发展必然受到影响。企业由于节能设备或改用其他能源的投入增加了资本沉淀，加之目前技术水平的制约，太阳能、核电和风电等新能源成本较高，大量使用新能源必将增加企业生产成本，特别是高耗能产业的生产成本大幅度提升。一国或地区碳减排任务越重，节能减排的压力越大，企业生产成本提高越明显，产出也会有不同程度的下降。化工、冶金、制造、建材等高耗能行业产出降低和成本的上升，通过原材料的传递效应进而会影响到整个社会的产出水平和物价水平，对宏观经济会产生一定程度的不利影响。碳税作为一种调节手段，有利于各行业对能源的节约使用，但会提高能源价格，传导作用会影响经济产出，特别是能源消耗大的行业受影响非常明显。郑玉歆等[①]认为，如果中国征收碳税，短期内产出下降最大的五个部门分别是采煤、天然气、炼焦等能源产业和纺织、服装轻工业，其中采煤部门产出下降幅度达到 10.68%，长期产出受到影响最大的部门是采煤、天然气、炼焦、石油加工和金属冶炼行业。魏涛远和格罗姆斯洛德[②]认为中国征收碳税虽然可以使二氧化碳排放量下降，但会使中国经济恶化，经济代价高昂。但贺菊煌等人[③]则认为，征收碳税对 GDP 的影响比较小，是一个比较好的政策，虽然会造成煤炭产量下降，但可以使各个部门的能源消耗都下降。财政部财政科学研究所课题组[④]认为，开征碳税会使 GDP 下降，使各行业的产出、出口下降，随着时间推移，影响程度越来越大。张明喜[⑤]则认为碳税可以使我国二氧化碳排放量大幅度下降，虽然对各行业产出有负面影响，但对经济影响不大，而且长期影响越来越小。

从国际比较优势来看，发展低碳经济使依赖化石能源出口以及高耗能产业产品出口的国家受到很大影响，控制化石能源使用、使用清洁能源或者征收碳税都会使产品成本上升，降低比较优势，化石能源丰富的比较优势逐步丧失。正是由于实施低碳政策可能导致在国际贸易中处于不利的地位，所以不管是发达国家还是发展中国家都不愿意过多承担碳减排任务，相互比较的结果是各国竞相放宽节能减排目标，不愿意严格实施低碳经济政策。

同时，由于各国处于不同发展阶段，产业分工、产业结构和技术水平有很大差异，产业发展对能源的依赖程度不同，造成各国发展低碳经济的基础条件和动力各不相同，体现在国际贸易中就引发了碳关税等贸易壁

① 郑玉歆，等．中国 CGE 模型的政策分析［M］．北京：社会科学文献出版社，1999：143－144.

② 魏涛远，格罗姆斯洛德．征收碳税对中国经济与温室气体排放的影响［J］．世界经济与政治，2002（8）：47－49.

③ 贺菊煌，沈可挺，徐嵩龄．碳税与二氧化碳减排的 CGE 模型［J］．数量经济技术经济研究，2002（10）：39－47.

④ 财政部财政科学研究所课题组．我国开征碳税的效果预测和影响评价［J］．经济研究参考，2009（72）：24－28.

⑤ 张明喜．我国开征碳税的 CGE 模拟与碳税法条文设计［J］．财贸经济，2010（3）：61－66.

垒，由此产生新的贸易保护主义。发达国家基本完成了工业化进程，进入后工业化阶段或者信息化发展阶段，第二产业在经济中的比重较小，生产中的能源需求相对较小，能源消耗强度比较低，而交通等消费性的能源消耗比较大，加上较好的生态环境，具有发展低碳经济的有利条件。在国际贸易中，发达国家一般出口技术密集型产品和服务，能耗低、附加值高，进口的产品多是高能耗、附加值低的劳动密集型产品或资源密集型产品，如果都要实施低碳经济的话，发达国家产业受到碳减排的影响比较小，具有低碳发展模式下的国家竞争优势。而且发达国家还基于全球气候变暖的危机，要求发展中国家也承担碳减排责任，有效的手段就是开征碳关税，依照在生产、运输、存储过程中包含的碳排放对进口商品征收额外关税，因此，发达国家在享受发展中国家丰富的廉价物质产品的同时，却不用承担因为商品生产而大量消耗能源和排放二氧化碳的责任，并且还可以据此设置贸易壁垒，削弱其他国家的竞争力。低碳经济与国际竞争力之间关系如图 4－1 所示。

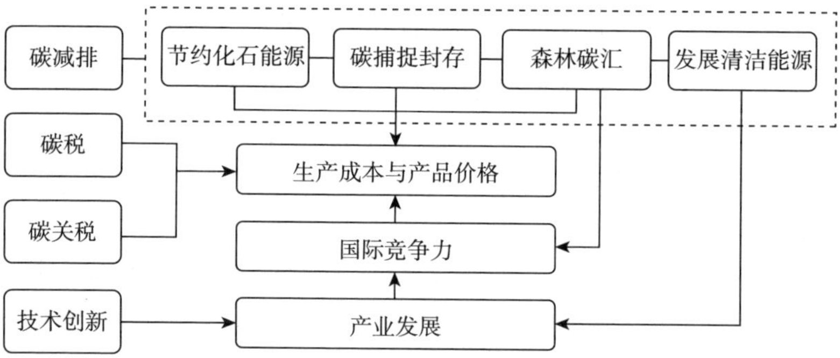

图 4－1　低碳经济与国际竞争力

但是从另外一个角度来看，发展清洁能源也可以发挥太阳能、水利、潮汐和生物等自然资源的禀赋优势，吸引资本和技术投入，发展清洁能源产业，促进经济增长。还能提高森林碳汇能力，改善环境质量，增强经济可持续发展能力。所以，从长期来看，技术创新、新能源产业发展和环境的改善会抵消发展低碳经济造成的竞争劣势，发展低碳经济对国际竞争力的正负影响以及影响大小，是几个方面力量对比的结果。

第三节　低碳经济竞争力

一　低碳经济竞争力的内涵

1. 国际竞争力的内涵

国际竞争力是一个内涵较为复杂和模糊的概念，关于什么是国际竞争力，学界一直众说纷纭，不同学者基于不同经济学管理学思想流派对其有不同的认识，有比较优势论、制度决定论、经济发展论、人力资本论、工业实力论和波特的竞争力理论等不同的理论阐释。① 大致来看，对于国际竞争力的定义，主要可以分为以下三类。

（1）市场优势。这派观点从市场竞争的本意出发，认为国际竞争力就是在市场竞争中体现出的优势，是一国经济的风险防御能力、安全保卫能力和市场开发能力的有机组合。在国际市场竞争中，提高一国竞争力的目标也是开发和进军国际市场，获得市场竞争优势就是国家竞争力的核心所在。世界经济论坛提出，竞争力是指企业目前和未来在各自的环境中以比它们在国内和国外的竞争中更具吸引力的价格和质量来进行设计、生产并销售货物以及提供服务的能力和机会。Gray 教授认为国际竞争能力是指企业和企业家设计、生产和销售产品和劳务的能力，其产品和服务价格以及质量等非价格特性比竞争对手具有更大的市场吸引力。② 但市场优势应该是竞争的结果，是竞争力实现的形式，这类观点只是把竞争形式作为竞争力定义，忽略了竞争过程和竞争力的来源。

（2）生产效率。该派观点认为生产力水平的提高和生产成果的数量和质量是经济发展的尺度，也是衡量一个国家竞争力的标志。波特认为，生产效率就是国家竞争力。③ 樊纲提出："竞争力指的是一国产品在国际市场上所处的地位……最终可以理解为'成本'概念，即如何能以较低的成本

---

① 国家体改委经济体制改革研究院，中国人民大学和综合开发研究院．中国国际竞争力发展报告产业结构主题研究［M］．北京：中国人民大学出版社，1997.

② Gray M. E. Gotob, A. Markusen. Big Firms, Long Arms, Wide Shoulder: The Hub-and-Spoke Industrial District in the Seattle Region［J］. *Regional Studies*, 1996 (30): 651 - 666.

③ 〔美〕迈克尔·波特．国家竞争优势［M］．李明轩，邱如美，译．北京：中信出版社，2007.

提供同等质量的产品，或者，以同样的成本提供质量更高的产品。”[①] 金碚等人认为，国际竞争力归根结底就是各国产业或同类企业之间生产力的比较。从一国特定产业参与国际市场竞争的角度看，产业国际竞争力就是该产业相对于其他国家竞争对手的生产力的高低，并把产业国际竞争力定义为在国际自由贸易条件下一国特定产业以其相对于他国的更高生产力，向国际市场提供符合消费者需求的更多产品，并持续地获得盈利的能力。[②] 这类观点把竞争途径和方法作为国际竞争力定义，即通过提高生产效率，具有比竞争对手更强的生产力，以成本和质量等优势争夺市场，从而获得竞争收益。

（3）财富创造。美国《关于工业竞争能力的总统委员会报告》里把国际竞争力定义为：在自由的良好的市场条件下，能够在国际市场上提供好的产品、好的服务同时又能提高本国人民生活水平的能力。[③] 瑞士国际管理发展学院指出，国际竞争力是指一国创造增加值从而积累国民财富的能力，并且通过协调吸引力和扩张力、本土化和全球化、资产和过程、个人冒险精神和社会凝聚力四对关系来实现其国际竞争力。中国人民大学竞争力与评价研究中心研究组也认为国际竞争力是一个国家在世界经济的大环境下，与各国的竞争力相比较，其创造增加值和国民财富持续增长的能力。[④] 企业竞争目的是追逐资本利润，国家竞争目的是争夺国际资源，创造财富提高国民生活水平，这类观点从国家层面反映了国家竞争的根本目的。

2. 低碳经济竞争力的定义

低碳经济竞争力概念的提出，顺应了低碳经济发展需要，也是用以反映低碳经济时代国际经济竞争新趋势。澳大利亚气候研究所和英国第三代环境主义组织（E3G）共同发布了首份名为《G20 低碳竞争力》的研究报告，基于世界经济论坛对国际竞争力的定义，把低碳竞争力定义为“未来

① 樊纲．论竞争力［J］．管理世界，1998（3）．

② 中国社会科学院工业经济研究所．中国工业发展报告（2002 年）［M］．北京：经济管理出版社，2002．

③ 狄昂照等．国际竞争力［M］．北京：改革出版社，1992．

④ 中国人民大学竞争力与评价研究中心研究组．中国国际竞争力发展报告（2001）——21 世纪发展的主题［M］．北京：中国人民大学出版社，2001．

低碳发展方式下，各国为其人民创造物质繁荣的能力”。[①] 陈晓春和陈思果则从微观层面上把低碳竞争力界定为“在节能减排目标的指导下，企业生产通过采用可持续发展战略、低碳技术和清洁生产方式，率先生产、开发、利用比其竞争对手具有更低污染、更低排放、更低能耗的产品与服务，从而持续获得竞争优势的能力”。[②] 但正如学术界对国际竞争力有不同理解，低碳经济竞争力也是一个看似直观却难以准确定义的概念，需要对其内涵作比较深入的分析，才能给出相对完整的定义。

首先，低碳经济竞争力概念应该反映低碳经济的特点和本质。如前所述，低碳经济的实质是通过技术创新改变经济发展模式，实现可持续发展。低碳经济竞争就是各国为了在碳减排约束下实现经济增长目标而展开的各种经济手段竞争，包括为了实现低碳经济发展目标，吸引各种符合低碳发展模式要求的资源和经济发展要素，研发低碳技术和低碳产品，发展低碳产业和企业，争夺低碳经济市场等方面的全方位竞争。低碳经济竞争区别于低碳政治竞争，目前关于国际碳减排机制和碳减排任务的国际分配正处于激烈谈判之中，特别是发达国家与发达国家之间的碳减排任务分配，以及发达国家对发展中国家的技术和资金援助都存在很大变数，另外发达国家内部和发展中国家内部的意见也不统一，各国碳排放权的争夺受到各种国际政治因素干扰。但低碳经济竞争和低碳政治竞争又是互为制约、相互影响的，很显然，各国低碳经济竞争力的高低决定了其在低碳政治博弈中的地位，凡是发展低碳经济优势明显的国家，能够在低碳经济竞争中处于优势地位的国家，在安排设计各种国际碳减排机制时有很大的灵活性，能够在国际谈判中掌控更多的话语权。反之，一国低碳政治竞争能力高低又决定了其发展低碳经济的空间和方向，如果通过政治博弈争取到更多的碳排放空间，制定低碳经济政策就有更多的发挥空间，低碳经济发展的方向和力度就有更多的选择余地，就更容易培育低碳经济竞争力。

其次，低碳经济竞争力概念要体现各国发展低碳经济的比较优势和竞争优势。世界各国处于不同发展阶段，受到气候变化影响程度不尽相同，发展低碳经济的资源禀赋更是悬殊，不仅包括直接参与国际竞争的低碳经

---

① The Climate Institute and E3G, *G20 Low Carbon Competitiveness* [M] . Vivid Economics, 2009.

② 陈晓春，陈思果．“低碳”竞争是压力更是动力［N］．光明日报，2010-02-12.

济资源和要素，如产业结构、能源结构、生态环境和技术水平，还包括影响这些资源和要素的其他非直接因素，如政治体制、市场机制、教育文化等，导致各国低碳经济竞争优势的培育能力有很大差别。

最后，低碳经济竞争力概念的落脚点还是国际竞争力。虽然发展低碳经济有利于促进一国技术进步、增强竞争优势，但在短期内会对经济发展产生一定的负面影响，为了把这种影响降到最低，需要更多地从国外获得生产要素，并且拓展国外市场以维持国内经济正常发展，国家间低碳经济竞争会改变传统国际竞争格局，国际竞争力也会发生变化。所以，低碳经济竞争力应该反映各国参与国际竞争时获取各种低碳经济的资源要素并优化配置这些资源要素的能力，这种能力主要是指在低碳发展模式下，能够以更高的效率提供价低质高的产品和服务，在市场上战胜竞争对手，保障本国经济持续快速发展，提高国民生活水平。

综上所述，本书把低碳经济竞争力定义为：一国在碳减排目标约束下，吸引并优化配置低碳经济要素，创造财富以提高国民生活水平的能力。这种能力既包括实现碳减排目标、完成国际碳减排任务的能力，也包括对发展低碳经济所需资本和技术等要素的吸引力，不但包括低碳技术创新能力，也包括优化配置生产要素提高生产率的能力，以及创造竞争优势，保持经济发展速度和实现可持续发展的能力。

3. 低碳经济竞争力层次

低碳经济竞争主体是国家，竞争领域是低碳经济，竞争空间是国际市场。低碳经济竞争力是一个多层次、多维度的复杂概念，可以分为三个层次四个方面，包含微观层次的低碳企业国际竞争力和低碳产品国际竞争力、中观层次的低碳产业国际竞争力和宏观层次的低碳经济国家竞争力，三个层次是紧密联系在一起的，如图 4－2 所示。

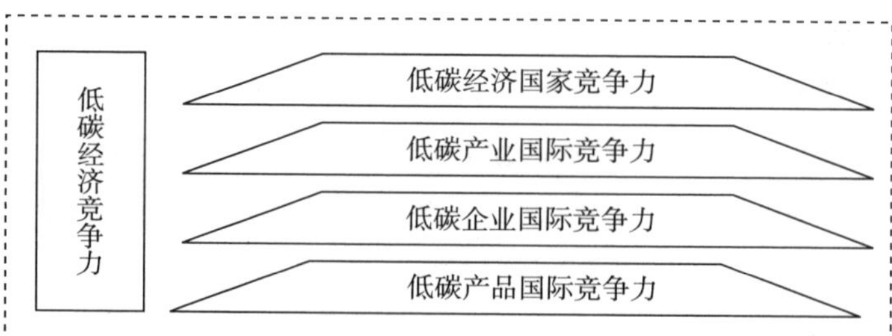

图 4－2　低碳经济竞争力层次

低碳产品国际竞争力是指符合低碳经济发展要求的产品和服务在国际市场上的竞争力，表现为更大的市场份额和更高的附加值。产品是市场主体相互竞争的物质载体，产品在国际市场上的价值实现能力决定了产品竞争力的高低，产品竞争力是企业竞争力的基础。低碳企业国际竞争力是指提供符合低碳经济发展要求的产品和服务的企业在国际市场上的竞争力，表现为更高的生产率和资本收益，强调企业的生产成本、经营管理水平和市场开拓能力，这种能力产生于企业自身的管理和效率，又受到国内外环境的影响。产业就是企业某类产品或某类企业生产活动、组织机构和政策制度的组合，低碳产业国际竞争力是一国特定产业向国际市场提供符合低碳经济发展要求的产品和服务的产业整体竞争力，表现为国际低碳经济市场份额的争夺和利润创造能力。迈克尔·波特在《竞争战略》中认为，“一个产业的竞争状态取决于五种基本竞争力量……这些力量汇集起来决定着该产业的最终利润潜力。”① 低碳经济国家竞争力是指一个国家通过发展低碳经济，实现国民经济持续高速增长的能力，表现为快速积累国民财富和国民生活水平的提高。虽然说企业作为国民经济活动的主体，其竞争能力是产业和国家整体竞争力的具体体现和根源所在，但一国的国家竞争力不能看成企业、产品和产业国际竞争力的简单总和，OECD 在《科技、技术与竞争能力》报告中指出：国际竞争能力是建立在国内从事外贸业务企业的竞争能力之上的，但是又远非国内企业竞争能力的简单累加或平均的结果。② 低碳经济国家竞争力强调的是一国在低碳发展模式下在国际贸易、国际金融、国际投资和国际技术中的地位，以及为低碳经济竞争提供的科技教育水平、经济社会发展状况、政策环境等客观条件。

二 低碳经济竞争力的表现与识别

1. 低碳经济竞争力的表现形式

低碳经济竞争力是一国在低碳发展模式下参与国际竞争的一种综合能力的体现，又是低碳产品国际竞争力、低碳企业国际竞争力、低碳产业国

① 〔美〕迈克尔·波特．竞争战略［M］．陈小悦，译．北京：华夏出版社，2005.

② OECD. Globalization of Industrial R&D: Policy Implications. Working Group on Innovation and Technology Policy［R］. 1998.

际竞争力和低碳经济国家竞争力的综合体。低碳经济竞争力既要体现一国在低碳发展模式下参与国际竞争的基础条件，也要体现其国际竞争力提升的潜力，即现实竞争力和潜在竞争力的综合体。既要体现低碳经济竞争力的形式，更要体现其竞争目的、竞争过程和竞争结果。所以，可以从不同的侧面来反映低碳经济竞争力，低碳经济竞争力的表现形式是多种多样的（见图4－3）。

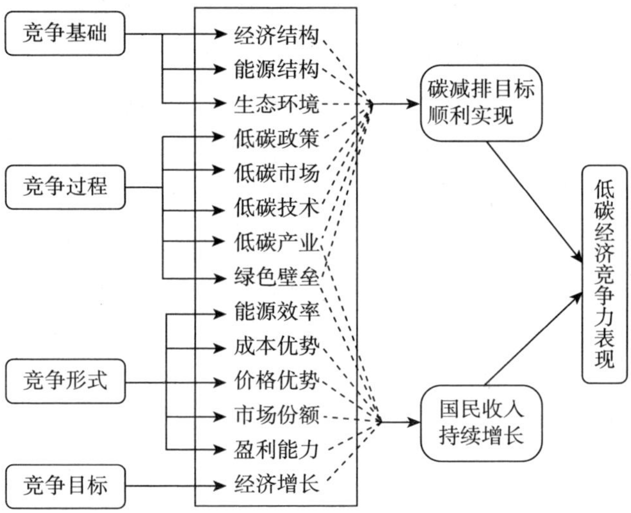

图4－3　低碳经济竞争力表现示意图

从低碳经济竞争基础来看，具有低碳经济竞争力的国家经济结构合理，能源消耗强度比较低，对低价化石能源的依赖程度比较低，清洁能源利用率比较高。低碳技术研发和应用能力比较强，能源利用效率比较高，碳排放总量和碳排放强度比较低。生态环境优良，森林碳汇能力比较强。从低碳经济竞争过程来看，各国都会制定相关低碳经济政策，制定碳减排目标和任务，强化能源节约利用，鼓励低碳技术研发投入，扶持低碳企业和低碳产业发展。通过组建碳排放权交易市场、发展低碳金融、征收碳税等方法发展碳减排市场机制，甚至通过征收碳关税的方法设置绿色贸易壁垒，保护本国产业发展，提高国际竞争力。从低碳经济竞争形式来看，企业生产的产品和提供的服务不需要太多的能源支撑，在化石能源节约利用和碳排放约束下，产出下降和产品、服务成本增加的劣势能够得到有效化解，在市场竞争中更有价格优势，或者具有差异优势，凭此获得较高的市场份额，甚至形成一定的垄断，并且保持优势。通过国际竞争，凭借竞争优势获得更多低碳经济资源，企业和产业的盈利能力提高，市场地位不断增强。从低碳经济竞争目标来看，国家竞争的核心目标还是实现低碳发展模式下的稳定经济增长，尽量降低为了实现碳减排目标给经济增长带来的不利影响，保障国民财富积累能力，提高国民生活水平。

综合来看，低碳经济竞争力就表现为一国在碳减排约束下，国民收入持续增长的能力，具体表现为在完成碳减排目标情况下保持更高的经济增长速度；表现为碳排放量一定的情况下更高的经济增长速度，或者经济增速保持一定的情况下更少的碳排放量。也可以用碳排放弹性来说明，当碳排放增长速度低于经济增长速度时，碳排放弹性系数小于1，碳排放系数越小，说明经济增长过程中减少碳排放的能力越强，低碳经济竞争力也就越强。这个过程也是碳排放强度（碳排放量/经济总量）逐步降低的过程，或者是碳生产力（经济总量/碳排放量）逐步增长的过程，所以，低碳经济竞争力可以表现为碳排放强度降低速度或者碳生产力增长速度。

2. 低碳经济竞争力的识别途径

低碳经济竞争力表现形式具有多样化的特点，可以从竞争基础、竞争过程、竞争形式和竞争目标等多个角度来判断一个国家低碳经济是否具有竞争力。低碳经济竞争力的层次比较多，从产品、企业、行业到整个国家，涵盖的范围具有很大差别。低碳经济竞争力表现形式的多样化和层次的复杂性给识别低碳竞争力带来了困难，如果不能抓住关键环节，对低碳经济竞争力的判断就会出现偏差，低碳经济竞争力评价结果就不具有客观性。

首先，要明确识别对象，即低碳经济竞争力的主体，也是进行低碳经济竞争的主体。根据前述分析，还是以国家为主，因为目前国际碳减排机制还没有完全建立起来，各种协商和谈判是在国家之间展开的，特别是关乎低碳经济发展走向的碳减排目标设定、碳关税、低碳技术和资金援助都是以国家为主体。低碳经济竞争也主要是在国家之间开展，在国际碳减排机制还未完全确立的情况下，各国内部区域低碳经济目标还不明确，实验性超过规范性，虽然也存在一定的竞争，但竞争是不充分的。所以，目前还只能从国家层面来识别低碳经济竞争力。竞争是相互性的，竞争力也是相对比较而来的，低碳经济竞争力要在不同国家之间进行比较才能体现出来，所以，识别低碳经济竞争力还需要在不同国家之间进行对比，通过设置一些定性和定量指标，来反映各国低碳经济竞争力的高低。

其次，分析低碳经济的理论基础和立场不同，会形成对低碳经济竞争力的不同理解，可能会给出不同的定义，有的可能会有很大差异，但识别低碳经济竞争力一定要围绕低碳经济竞争力的定义展开，脱离了概念的基本界定，对低碳经济竞争力的识别判断就会有偏差。所以，识别一国低碳经济是否具有竞争力，关键的一条就是看其能否达到碳减排目标。尽管《京都议定书》规定了发达国家和发展中国家不同的碳减排责任，发展中国家在 2012 年之前还不需承担强制性的碳减排责任，但从 2009 年哥本哈根会议和 2010 年坎昆会议谈判情况来看，发达国家强烈要求发展中国家也承担强制性碳减排任务，不管最终谈判结果如何，2012 年之后所有国家都会有碳减排的责任，都会制定碳减排目标，这个目标能否实现，是其低碳经济竞争力的重要衡量前提。识别一国低碳经济是否具有竞争力，极其重要的一点就是看其能否实现国民收入持续增长，这个“国民收入持续增长”，从其内在动力和结果来看，包含的内容非常丰富，既包括经济持续快速增长，也包括经济的可持续发展；既包括经济总量增长，也包括经济结构优化和经济效益提高；既包括宏观经济总量的增长，也包括国民个体的收入增长和生活水平提高。

最后，对低碳经济竞争力的识别还要从其具体表现出发，从多样化的表现形式中找出关键性、主导性特征，并且收集能够从不同侧面反映其特征的指标，分析这些指标的内在关联性，按照一定的逻辑进行综合归纳，搭建一个分析框架。这个分析框架的重点是构建要素模型和评价体系，对低碳经济竞争力进行综合评价，唯有如此，才能比较客观地对低碳经济竞争力进行研判。

第五章

低碳经济竞争力模型分析

第一节　国家竞争力要素模型及其发展

一　国家竞争力影响因素理论假说

学术界对国家竞争力有不同的定义，对于哪些因素影响国家竞争力也有不同的观点，特别是影响国家竞争力的主要因素，各学派的侧重点不同，大致可以归纳为创新假说、价值链假说和制度假说等几大类。

1．创新假说

熊彼特的理论认为现代经济活动不是均衡的或者对造成偏离均衡的干扰的适应性调整，而是不断打破旧均衡走向新均衡的发展历程，摒弃了新古典经济学静态和比较静态分析的理论模式，用动态方法分析资本主义生产活动。他在《经济发展理论》[①] 一书中提出了经济创新理论，提出“创新”就是建立一种新的生产函数，从微观角度来看，创新是企业家在生产体系中对生产要素的重新整合，包括五种情况：①引入一种新的产品或提供一种产品的新特性；②采用一种新的生产方法；③开辟一个新的市场；④获得一种原料或半成品的新的供给来源；⑤实行一种新的企业组织形式。熊彼特认为，资本主义生产的本质就是通过不断创新改变原有经济结构，有价值的竞争是通过新产品、新技术、新市场和新组合形式的竞争，在成本和质量上占据绝对优势的竞争。当竞争对手无法觉察新的竞争趋势，最新进行创新的企业就能改变旧的竞争格局，获得竞争优势。迈

① 〔美〕熊彼特．经济发展理论［M］．北京：商务印书馆，1990.

克尔·波特也非常看重创新在企业取得竞争优势中的重要作用，他也认为创新不仅指技术进步，还包括新的促销方法、新的组织方式等方面内容，通过创新可以改变竞争对手之间的竞争优势，企业创新时必须同时考虑国内市场的需求和国际市场的需求。

2. 价值链假说

迈克尔·波特认为一个国家的生产因素、需求条件、支援与相关产业、企业策略、结构与同业竞争、机会变数与政府等因素是国家竞争优势的关键要素，并以此为依据创立了钻石体系假说。波特认为，产业是国民经济的基础，产业发展的情况决定了一国的经济命运，产业国际竞争力又决定了产业的发展，所以，国家竞争力的核心基础是产业竞争力。产业由企业组成，特定产业的国际竞争力在于企业的活力，企业的竞争优势就成为国家竞争优势的源泉。波特又提出了价值链分析方法，把企业生产经营活动分为基本活动和支持性活动，基本活动包括企业生产、销售、进料后勤、发货后勤和售后服务等，支持性活动包括人事、财务、计划、研究与开发、采购等，企业内部经营性活动构成了企业的价值链。价值链中不是每个环节都创造价值，那些真正创造价值的经营活动环节，就是企业价值链的“战略环节”。[①] 企业的优势既可以来源于价值创造活动所涉及的市场范围的调整，也可来源于企业间协调或共用价值链所带来的最优化效益，企业要保持竞争优势，就是要保持价值链中战略环节上的优势。

3. 制度假说

而随着新制度经济学的兴起，越来越多经济学家开始认识到，制度为技术提供创新环境，从而成为竞争力的基础要素。道格拉斯·诺斯开创性地运用新古典经济学和计量经济学来研究经济史问题，他用制度经济学的方法来解释历史上的经济增长，并重新论证了包括产权制度在内的制度的作用，并将制度作为经济演进和经济增长的内生变量，发展了制度变迁理论。诺斯强调了制度对于提高国家竞争力的重要性，他认为西方国家兴起的主要原因是经济组织非常有效率，而不是依靠偶然的技术进步，“有效率的经济组织”才是一个国家经济增长的关键，也是国家竞争力的基础。

① 〔美〕迈克尔·波特．国家竞争优势［M］．李明轩，邱如美，译．北京：中信出版社，2007.

要保持一个国家经济组织的效率，就需要在制度上做出合理的安排，社会产权制度安排要达到有效调动个人积极性的目的，把有限的资源和精力用到对社会最有益的活动中去，合理的制度安排还可以克服自然资源不足的劣势。①② 曼库尔·奥尔森认为不同国家在经济增长方面取得的成就大相径庭，原因不在于各个国家拥有的资本或其他资源的差异，更不是取决于人均享有的土地和其他自然资源的丰富程度，而是取决于各种各样的制度——即不同的法律和组织安排以及经济政策。他强调经济发展与否取决于制度安排，一国的竞争力归根结底与一国的制度安排有关。③ 吴敬琏认为，一个国家、一个地区高新技术产业发展的快慢，不是取决于政府给了多少钱，调了多少人，而是取决于是否具备有利于开展创新活动和充分发挥人的潜能的制度安排、社会环境和文化氛围。④ 杨小凯将发展中国家的发展方式归纳为技术模仿和制度模仿两种，制度和技术的进步都可以提升国家竞争力。对于落后国家而言，通过制度模仿和技术模仿来吸取先进国家的经验可以快速提高国家竞争力，关键在于学习西方先进制度，不能仅仅用技术模仿代替制度变革，虽然用技术模仿代替制度模仿更容易实施，在短期内效果不错，但长期代价极高。⑤

4. 管理文化假说

管理文化假说强调企业是一国参与国际竞争力的主体，也是创造国家竞争优势的主体。每个社会都有其独特的文化传统和价值观念，包括显性的意识形态和隐性的集体意识，它们共同决定着社会的行为准则，决定着一个国家经济活动主体的组织方式，从而影响着国家经济发展的速度和效率。企业管理文化是国家文化传统在企业组织经营管理中的体现，影响着企业经营模式和个人的价值追求，从而决定了企业的劳动效率和竞争

① 〔美〕道格拉斯·诺斯，罗伯特．托马斯．西方世界的兴起［M］．北京：华夏出版社，1989.

② 〔美〕道格拉斯·诺斯．经济史中的结构与变迁［M］．上海：上海三联书店，1994.

③ 〔美〕曼库尔·奥尔森．国家兴衰探源——经济增长、滞胀与社会僵化［M］．吕应中，等，译，北京：商务印书馆，1999.

④ 吴敬琏．发展中国高新技术产业——制度重于技术［M］．北京：中国发展出版社，2002.

⑤ 郭熙保，胡汉昌．技术模仿还是制度模仿——评杨小凯、林毅夫关于后发优势与劣势之争［J］．学术月刊，2004（4）.

优势。

5. 政策假说

政府政策假说强调了政府影响在国际竞争中的作用，认为政府的产业目标、保护政策、出口奖励和补贴等手段是国家竞争力之本。特别是一国的新兴产业和弱小产业如果没有政府的有效扶持，会在国际竞争中处于劣势地位，很难获得较好的发展机会，缺乏成长潜力的行业当然不具有国际竞争力，这也是目前国际自由贸易不可能完全实现的原因。但国际产业发展的实践说明，政府固然有它对产业发展的影响力，但效果不太明显，有的行业虽然在政府的保护下取得了成功，却付出了极为昂贵的代价，凡是政府强力介入扶持的产业，绝大多数无法在国际竞争中立足。

二　国家竞争力要素模型

1. 亚拉威二层次七要素模型

世界银行的哈密德·亚拉威（Hamid Alavi）提出了二层次七要素模型①反映国家竞争力因素关系，该模型将宏观和微观集合在一起，把影响国家竞争力的因素分成两大类：促进国家竞争力的环境因素和公司层次因素。

如图5-1所示，第一类促进国家竞争力的环境因素主要包括四部分内容：总体系统活力，金融系统活力、市场系统活力和基础设施。第二类因素是公司层次的因素，主要包括两部分内容：生产效率及灵活性，公司内部为生产服务的各种因素。第一类因素主要反映一个国家宏观经济运行的基础和增长潜力，以及为企业生产经营营造的宏观环境，第二类因素主要反映微观层面的企业生产经营情况，以及为生产经营服务的各类要素。两大类因素之间存在紧密联系，宏观因素一方面通过直接影响公司层次因素的各种投入影响公司的生产过程；另一方面通过影响公司内部为生产服务的各种因素而影响公司的生产过程。所以，国家为企业参与国际市场竞争提供环境方面的支持，是企业和产业获得国际竞争力的有效途径，而企业也需要充分利用宏观层面的环境优势，针对国际和国内市场的变化而不断提高产品和服务的水平以获得竞争力，两方面结合起来构成国家竞争力。

① 薛澜．国际竞争力的概念和分析方法［J］．中国科技论坛，1995（6）：33-34.

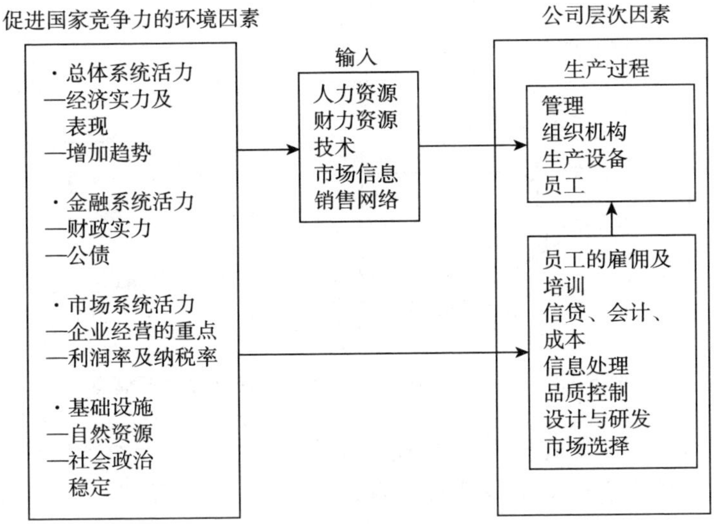

图 5－1　亚拉威影响国家竞争力因素关系图

2. 迈克尔·波特钻石模型

迈克尔·波特①在《国家竞争优势》中通过对十个重要贸易国家上百种产业发展历史的研究，提出了产业国际竞争力钻石模型，被广泛用于分析产业国际竞争力。

钻石模型由四个关键要素和两个辅助要素构成，彼此相互作用，组成动态的竞争模型。四个关键要素是生产要素、需求条件、相关产业和支持性产业，以及企业的战略、结构和竞争对手，这四个关键要素都关系到企业的生存和经营，可能会加快本国企业创造竞争优势的速度，也可能造成企业发展停滞不前，关系到一个国家的产业和企业能否成功；两个辅助要素分别是机遇和政府。这六个因素一起构成了完整的钻石体系，如图 5－2 所示。

（1）第一个关键要素是生产要素，是指一个国家在特定产业竞争中有关生产方面的表现，包括人力资源、自然资源、知识资源、资本资源和基础设施五大类资源。这些生产要素通常是混合出现的，是国家经济成长的基本条件，也是一个产业最上游的竞争条件，每个产业对它们的依赖程度

① 〔美〕迈克尔·波特．国家竞争优势［M］．李明轩，邱如美，译．北京：中信出版社，2007.

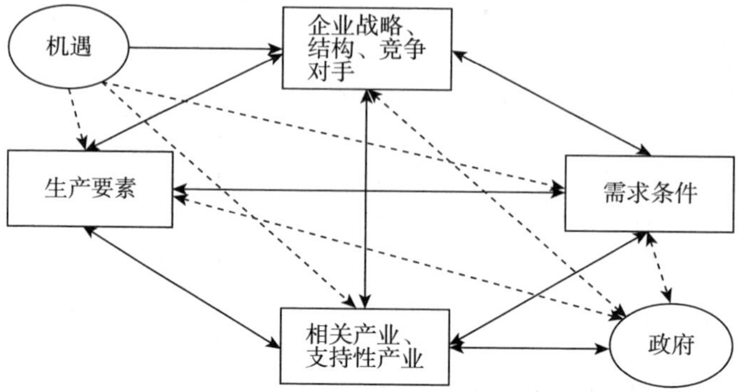

图 5-2　迈克尔·波特的产业国际竞争力钻石模型

因产业性质不同而变化。可以把生产要素分为初级生产要素和高级生产要素两大类，初级生产要素包括自然资源、气候、地理位置、非技术工人和半技术工人以及借入资本，高级生产要素包括现代化通信的基础设施、高等人力资源和知识资源等。一般来讲，在影响产业国际竞争力方面，高级生产要素比初级生产要素更重要，因为高级生产要素是企业获得高层次竞争优势的必要条件，但获得高级生产要素需要较大的前期投入，并且得到有效利用。也可以根据生产要素的专业程度将其划分为一般性生产要素和专业性生产要素，一般性生产要素包括普通基础设施、资本、受过高等教育的劳动者等，这些生产要素是一般产业都需要的；而专业性生产要素则指技术型人才、先进基础设施、专业技术等特定产业所需的生产要素，专业性生产要素经常是由一般性的生产要素发展起来的。能否获得高级生产要素和专业性生产要素并将其有效利用，决定了一国的竞争优势，同时，具有国际竞争力的国家更容易获得高级生产要素和专业性生产要素，所以，一个国家想要依靠生产要素获得持久的竞争优势，则必须通过多方努力和持续投资，发展高级生产要素和专业性生产要素。国家资源禀赋确实在产业获得竞争优势上扮演了重要角色，但考虑到现代竞争的复杂性，国家缺乏某些生产因素时，这种不利现象也可能转换成产业升级的动力与压力，因为高级和专业的生产要素通常是后天创造的。

（2）第二个关键要素是需求条件，是指本国市场对该产业所提供产品或服务的需求如何。国内市场需求的大小可以影响企业是否能够从规模经济中获益，国内市场的性质、国内市场的大小和成长速度、从国内市场需求转换为国际市场需求的能力三个方面还会影响到企业创新和发展的动力，从竞争优势角度来看国内市场的需求质量比需求的数量更重要。波特认为，国内市场需求要能够产生国家竞争优势还必须具备三项特色条件。一是细分市场需求的结构，市场需求呈现多元化细分。细分市场之所以重要，是因为它能够调整企业的注意方向和优先发展顺序，当一个国家内需市场的主要部分与国际市场的主要需求相同时，其国内需求就能够代表国际需求，这比国内市场的需求规模更能够影响产业的国家竞争优势，因为即使国内市场的需求比较小，也可以通过占领国际市场而产生规模经济效益。二是内行而挑剔的客户。如果国内客户对产品服务的要求或挑剔程度在国际上数一数二，就会成为本国企业追求高质量、完美的产品造型和周到服务的压力来源，只要企业能够满足这些客户的需求，也就能满足其他国家客户的需求，就会凸显该国产业的竞争优势。三是预期型需求。国内市场最早出现对某种产品或服务的需求，能协助本地企业掌握新产品信息与走向，更早把握并满足客户的需求，本国企业就能比外国竞争对手更早行动，进而培养满足其他国家客户的能力。如果这种较早出现的预期型需求能够真正预示或者带动国际市场的需求走势，国内产业或者产品的优势也会因此更早形成，就会大大提高该国企业的国际竞争力。

（3）第三个关键要素是相关产业和支持性产业的表现，是指这些产业的相关产业和上游产业是否具有国际竞争力，或者说，一个产业是否具有国际竞争力，要看国家能否提供比较健全的相关产业和支持性产业，因为产业体系非常健全的话，不但有彼此拉动效果，甚至能转换成其他国家无法仿效也无可取代的竞争优势。当上游产业具备国际竞争优势时，下游企业就能够在设备供应、原料来源等方面具备及早反应、快速有效降低成本的优势，能够掌握新方法和新技术，把握新机会，并与上游企业一起致力于产品开发和质量提高，使企业的产品质量优于其他所有产品。有竞争力的下游产业有助于上游企业及时了解市场变化，及时正确地提升产品质量，从而增强供应链的竞争力。相关产业和支持性产业之间存在密切的协同效应，为国家竞争优势提供了一个优势网络，该网络通过由上而下的扩散流程和相关产业内的提升效应而形成，有竞争力的本国产业，由于产业价值相近，可以通过合作和共享信息来带动相关产业竞争力的提升，使相关产业在技术、流程、销售、市场或服务上形成竞争力。

（4）第三个关键要素是企业，包括企业策略、企业结构与同业竞争，是指企业在一个国家的基础、组织和管理形态，以及国内市场竞争对手的表现。企业是创造国家财富的基本单位，企业也是影响并最终决定产业国际竞争力的关键因素，所以，能够影响企业生产经营的宏观和微观因素都是间接影响产业国际竞争力的要素，这些因素包括政府政策、企业和个人的发展目标、民族文化、市场结构、区域特色、企业规模和商业形态等多个方面。波特认为，企业股东结构、资本市场结构和营运模式对国家竞争力优势的影响比较大，因为对风险性利润的评估、投资期限长短以及回报率的要求会影响到企业的融资态度，不同产业在资本市场融资的条件和待遇不尽相同，资本市场也会影响到产业的发展趋势。另外，国内企业竞争格局对企业国际竞争力也有很大影响，一方面，企业在国内竞争中积累的竞争优势会使整个国家的相关产业受惠，行业内各个企业由于竞争形成的各种产品和服务的竞争战略，不但有助于创新，使整个产业的创新能力不断提升，还会形成有效阻挡国外产品和服务入侵的防护网，获得国际竞争力。另一方面，激烈的国内竞争还会迫使企业走出国门参与国际市场竞争，经过国内激烈竞争锤炼的企业往往更加成熟，更具有竞争力，更容易在国际竞争中取胜，因此，激烈的国内竞争是创造和保持国际竞争优势的最有力的刺激因素。

（5）第一个辅助要素是机遇，是指影响国家竞争优势的可变的偶然因素，一般与产业所处的国家环境无关，也并非企业内部的能力，甚至不是政府所能影响的，但最重要的是如何去捕捉利用稍纵即逝的机遇。基础科技方面的创新、传统技术的突破性进展、生产成本突然提高、全球金融市场或汇率的重大变化、全球或区域市场需求巨变、外国政府的重大决策以及战争、自然灾害等偶然事件都有可能形成产业发展的机遇，能够调整或重塑产业结构，影响产业国际竞争力，也为一国产业代替另一国产业获得竞争优势提供了可能。当然，偶然事件对产业发展的影响也是有利有弊，能否有利于一国产业提升竞争优势，还取决于其他各种因素，在不同的国家可能产生极不相同的结果。

（6）第二个辅助要素是政府，是指对国际竞争力具有影响的政府管理体制。波特认为，政府政策的影响可能是积极的，也可能是消极的，过分干预和极度放任是不可取的两个极端。政府在保持产业竞争优势方面的作用是从属性的，其作用应当局限在促进产业竞争优势的四个关键要素的形成上，可以通过出台补贴、教育投资和资金市场等政策对生产要素产生影响，促进高级生产要素和专业化生产要素的形成，可以通过制定本地产品规格标准和政府采购两种途径来影响国内市场，可以通过规范媒体的广告形式或产品的销售活动方式等来影响相关产业和支持性产业，也可以通过规范金融市场、税收、《反垄断法》和《反不正当竞争法》等政策工具来影响企业的战略结构和竞争状态。关键是政府要尽力去创造一个支撑生产率提升的良好竞争环境，尊重市场规律且具有较强预见性，在阻碍竞争的贸易壁垒和定价等方面应该尽量不干预，而在降低企业交易成本、提供公共服务、规范竞争秩序等保护竞争机制方面，则要积极介入。切不可限制竞争，或者人为地降低安全和环境标准来“保护”某些企业的发展，实际上是阻碍了企业的创新，不利于产业的发展，更不用说提高国际竞争力了。

波特的钻石模型是一个动态的、双向强化的系统，它强调对于提升国际竞争力的作用而言，产业的要素创造能力比简单拥有要素更为重要，以及模型内部各要素之间相互影响的互动关系在产业竞争优势的提升过程中具有极其重要的作用。钻石模型有很强的理论性和实践性，两者结合得非常好，在竞争力研究中处于主导地位，对国家政策制定和企业发展具有非常有价值的指导意义，在政界、企业界和学术界得到广泛认可。Fagerberg① 利用 16 个 OECD 国家 1965 ~1987 年的统计数据，实证检验了波特钻石模型中需求条件因素对产业国际竞争力作用的影响，证明了国内需求特别是国内成熟的消费者对于产业竞争力具有正向的决定性作用。Xepapadeas 和 Zeeuw② 则通过理论模型的推导证明了波特关于政府环境政策对竞争力影响的理论假说。但由于波特钻石模型的综合性、复杂性以及难以量化等原因，对波特钻石模型进行全面验证还比较困难。

但是，学术界对钻石模型的理论基础及其在现实中的应用效果也提出

① Fagerberg, J. Convergence or divergence? The impact of technology on "why growth rates differ" [J]. *Journal of Evolutionary Economics*, 1995 (5): 269 -284.

② Xepapadeas, A. & Zeeuw, A. J. *Environmental Policy and Competitiveness: The Porter Hypothesis and the Composition of Capital* [M]. Tilburg University, Center for Economic Research, 1998: 38.

了很多质疑，Dunning[①] 认为："波特所提出的决定因素不是什么新东西，可以说是比较优势理论各种观点的老调新弹，因为他没有注明其模型中各个观点的出处，因此很难说他的模型和解释是其原创作品。"也有经济学家认为，波特钻石模型对于解释诸如美国、日本、德国和英国等发达国家的产业国际竞争力来源很有说服力，因为这些国家具有良好的国内经济环境，国内企业可以据此获得竞争优势，但是对于发展中国家以及小国经济而言，它们并不具备波特钻石模型所对应的国内经济环境，缺乏必要的关键要素，难以创造竞争优势。也有人认为波特钻石模型过多地强调了外在环境因素对产业国际竞争力的影响，而不够重视产业内部和企业内部因素对产业国际竞争力的影响。

3. 钻石模型的拓展

波特钻石模型偏重于国内市场的基础性作用，忽略了跨国经济的影响，基于此，国外学者又进一步拓展了波特的钻石模型，从概念界定和影响因素等方面构建了很多新的国际竞争力模型，一类是不改变波特的钻石模型，只是增加模型的关键要素对其进行修正；另一类是将波特的单钻石模型变为双钻石模型或多钻石模型等形式，对波特钻石模型做了较大修正，大大丰富了国际竞争力模型体系。

（1）多因素钻石模型。波特在研究产业国际竞争优势时回避了对自然资源高度依赖的产业，因为他认为创造的竞争优势远比拥有的自然资源优势重要。但 Cartwright 在研究新西兰竞争力的过程中，发现波特的国家竞争优势理论不能解释小国经济、出口依赖工业和以资源为基础的工业国的国际竞争优势，特别是在解释国外市场和国际经济对产业国际竞争力的影响方面存在缺陷，便构建了多因素钻石模型。[②] 多因素钻石模型在波特钻石模型中增添了五个新的海外变量，包括海外要素创造能力、与在海外环境中的相关和支持性产业的联系、满足海外顾客需求的途径、海外市场的竞争，以及该产业在多大程度上有面向国际的目标和结构。

---

① Dunning, J. The Competitive Advantage of Counties and the Activities of Transnational Corporations [J] . *Transnational Corporations February*, 1993: 135 - 168.

② Cartwright, Wayne, R. Multiple Linked "Diamonds" and the International Competitiveness of Export-Dependent Industires. The New Zealand Experience [J] . *Management International Review*, 1993, 33 (2): 55 - 70.

（2）Dunning 的国际化钻石模型

波特钻石模型认为，最有效的全球战略是把尽可能多的多国活动集中到一国并从该国向世界提供服务。Dunning①②③在研究全球经济发展过程中发现技术更新和经济全球化，各个国家（尤其是经济发达的工业化国家）经济的相互依赖性，以及它们之间形成的相互作用的网络对国家竞争优势有较大的影响。随着经济全球化的发展，全球每个国家都与其他国家形成复杂的经济网络关系，跨国公司通过对外投资在其他国家参与经济运行，有效利用不同地理区域的各种资源，使跨国公司所在国家具有竞争优势，而不是仅限于对其母国的贡献。Dunning 认为，跨国界的经济活动和跨国公司的经营活动日益增加，从而直接或间接地影响了波特钻石模型中的各个关键要素，因此，国际化钻石模型就是将跨国经济作为第三个外生变量添加到波特钻石模型中。

（3）北美双钻石模型

Rugman④⑤⑥发现波特钻石模型用于分析加拿大国家竞争优势时，对于经济规模较小的开放型经济国家适应性较差，因为加拿大国内市场容量和经济规模相对于美国而言太小，难以支撑许多制造业、服务业和现代工业规模经济的发展，而加拿大又是开放型国家，可以利用美国巨大的市场需求来拉动国内经济发展，又面临着美国优势产业竞争的压力。Rugman 为此对波特钻石模型进行了改进，提出了北美双钻石模型，以更好地反映签订加拿大—美国自由贸易协定的两国日益紧密的经济联系，如图 5－3 所示。

---

① Dunning, John, H. Internationalizing Porter's Diamond［J］. *Management International Review*, 1993, 33（2）：7－15.

② Dunning, John, H. Dunning on Porter. Reshaping the Diamond of Competitive Advantage［R］. Working Paper WP 6－99, Institute of International Economics and Management, Copenhagen. 1991.

③ Dunning, John, H. The Competitive Advantage of Counties and the Activities of Transnational Corporations［J］. *Transnational Corporations February*, 1993：135－168.

④ Rugman, Alan, M. D, Cruz, Joseph, R. The "Double Diamond" Model of International Competitiveness：The Canadian Experience［J］. *Management International Reciew*, 1993, 33（2）：17－39.

⑤ Rugman, Alan, M. Porter Takes the Wrong Turn［J］. *Business Quarterly*, 1992（3）：59－64.

⑥ Rugman, Alan, M. Diamond In the Rough［J］. *Business Quarerly*, 1991：61－64.

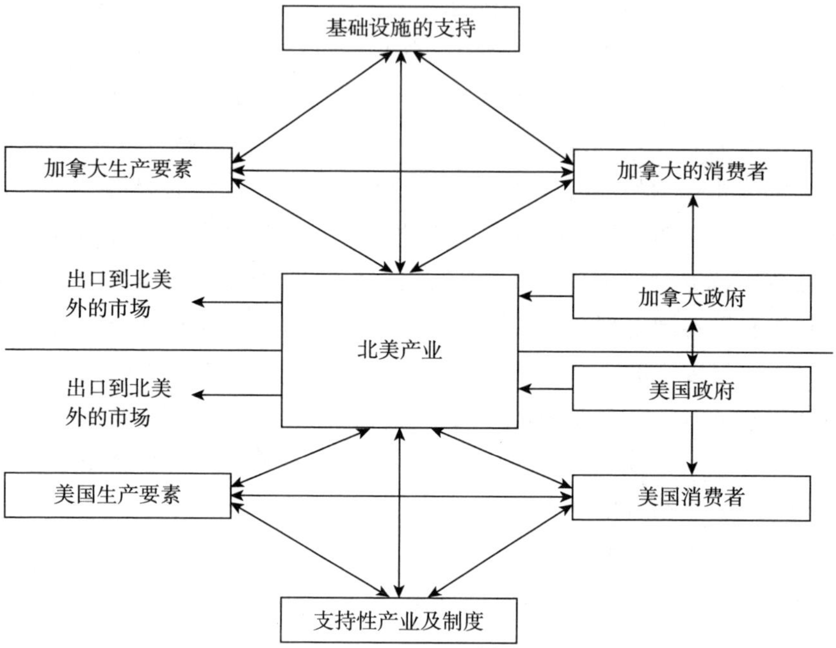

图 5－3　北美双钻石模型

（4）广义双钻石模型

Moon 等人①进一步将北美双钻石模型拓展为适用于所有的小规模经济国家的广义双钻石模型，如图 5－4 所示。在这一模型中，最外边的实线代表全球钻石体系，它在一定时期内是固定不变的；最里面的实线代表一国国内钻石体系，它随着各国情况不同而变化；中间的国际钻石体系表示一国的竞争力由国内和国际两个市场来决定。广义双钻石模型能够很好地说明小国产业发展更多的是依赖于国际市场，其国际竞争力部分依赖于国内的钻石体系中的要素，部分依赖于全球钻石体系中的要素。Moon 等人也以韩国和新加坡为例，运用实证的方法对这一模型的有效性进行了检验。

① H. Change Moon, Alan, M. Rugman, Alain Verbeke. A Generalized Double Diamond Approach to the Global Competitiveness of Korea and Singapoer［J］. *International Business Review*, 1998, 7：135－150.

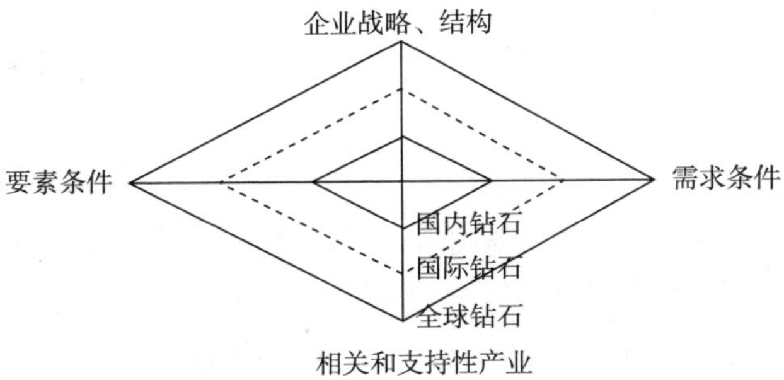

图 5－4　广义双钻石模型

（5）九要素模型

Dong-sung Cho 等人[①]认为，波特钻石模型主要是解释发达国家的产业国际竞争力，需要予以修正才能应用于欠发达或发展中国家。他认为，评估韩国的国际竞争力，需要考虑其在经济发展初期必须从国外引进资金和技术，并创造促进经济增长的资源等因素，如图 5－5 所示。据此，他们建立了九因素模型，其中资源禀赋、商业环境、相关与支持性产业、国内需求是四种决定国际竞争力的物质因素，共同决定特定时期内一国的国际竞争力水平；工人、政治家、企业家和工程师是四种决定国际竞争力的人力因素，通过创造、激发和控制四个物质要素，促使一国经济的发展和国际竞争力的提高；偶然事件是影响国际竞争力的第九个因素，作为外部因素与上述八大要素共同构成影响产业国际竞争力的因素体系。

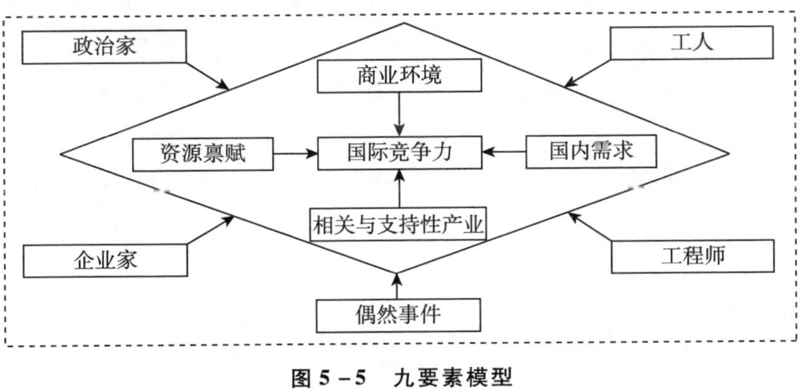

图 5－5　九要素模型

① Dong-sung Cho，Hwy-chang Mong. *From Adam Smith to Michael Porter*：*evolution of competitiveness theory*［M］. World Scientific，2000.

4. 国内竞争力模型

国内较早研究国际竞争力而形成的比较有影响力的竞争力模型主要有金碚的工业国际竞争力模型和中国人民大学的国际竞争力模型。

（1）金碚认为对于不同国家、不同的经济发展阶段，国际竞争力研究范式不是一成不变的，产业国际竞争力的研究应该先从经济分析较易把握的领域以及因果性比较清晰的关系开始。尽管国际竞争表现在产出之间、产业之间、企业之间或国家或地区之间，因而国际竞争力也包括产品竞争力、产业竞争力、企业竞争力和国家或地区竞争力等各个层面，但最基础的层面仍是工业经济的竞争，并且最终表现为工业品的国际竞争。基于中国产业国际竞争力处于开始阶段，要先从工业品国际竞争力开始研究，从中国产工业品的市场占有率和盈利情况及其直接和间接的决定因素入手，建立适合中国产业发展实际情况并易于进行更深入国际比较研究的竞争力分析模型。他对波特的国家竞争优势钻石模型进行改进、创新，应用于分析中国产业国际竞争力，建立了工业国际竞争力分析框架和统计模型。①

该模型用于研究一个国家特定工业品国际竞争力时，可以从结果和原因两个方面来分析。从结果来看，工业品在国际国内市场占有份额越大，获得利润越多，反映结果的指标也体现了国际竞争力在市场上的实现程度。从原因来看，包括一切有利于工业品开拓市场、占领市场，并以此获得利润的直接因素和间接因素，直接因素包括工业品的价格、质量、品牌、结构和营销，间接因素包括成本、经营管理、技术、企业规模和资本实力，这些因素也是反映竞争实力和竞争潜力的指标，如图 5－6 所示。

（2）中国人民大学竞争力与评价研究中心认为一个国家的竞争力强弱，不完全在于其总产出、出口规模、机器、劳动力、外汇储备、自然资源、能源、基础设施等经济实力的表现，而在于经济系统是否运行合理，并能够发挥能动作用，优化竞争力过程，以将经济实力转化为国际竞争力。

他们构建的国家竞争力分析模型包括核心竞争力、基础竞争力和环境竞争力三个层次，其中，核心竞争力包括国家经济实力、企业管理竞争力

---

① 金碚．中国工业国际竞争力——理论、方法和实证研究［M］．北京：经济管理出版社，1997.

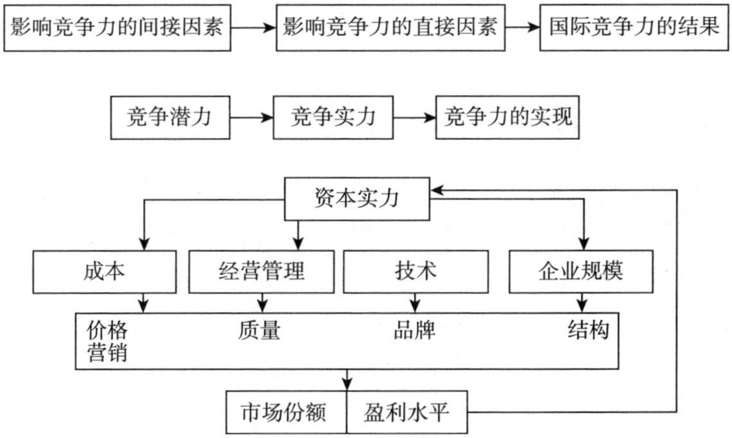

图 5－6　金碚的工业国际竞争力模型

和科技竞争力，这三个竞争力又决定了企业竞争力、产业竞争力、基本运行竞争力和基本发展竞争力，这四个竞争力合成国际竞争力，即创造增加值和国民财富的能力；基础竞争力包括基础设施竞争力和国民素质竞争力，决定了一国长期持续发展和成长的能力；环境竞争力包括国际化竞争力、政府管理竞争力和金融体系竞争力，主要表现在市场机制体制、法治和政策等宏观环境，如图 5－7 所示。

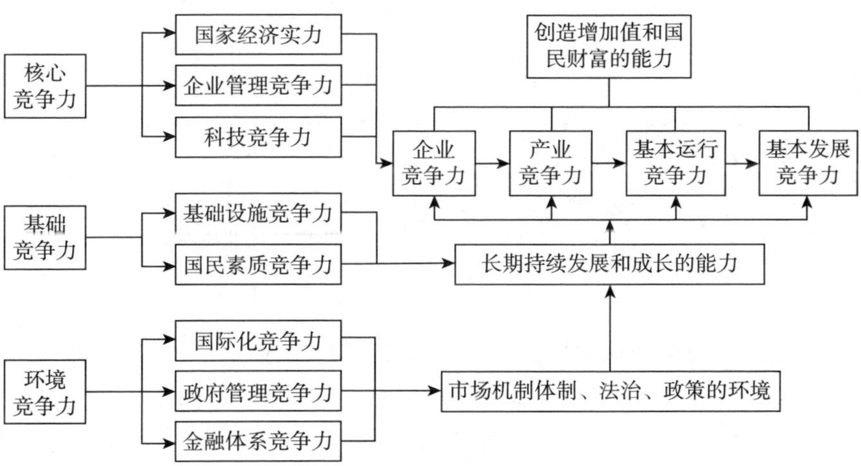

图 5－7　中国人民大学国际竞争力模型

第二节　低碳经济竞争力要素分析

一　低碳经济综合运行系统（EEE）

要构建低碳经济竞争力要素模型，首先需要建立低碳经济运行框架，根据低碳经济运行框架和内在逻辑，结合对低碳经济竞争力的定义，分析影响低碳经济竞争力的主要因素。分析低碳经济运行的特点，厘清能源、经济和生态几大系统之间的关系，对于构建低碳经济运行框架尤为重要。基于此，本书构建了用于分析低碳经济规律的综合运行系统（Economy-Energy-Ecology，EEE），或简称为“3E”系统，包括经济系统、能源系统和生态系统三个部分，以反映低碳经济运行的内在逻辑关系，如图 5－8 所示。

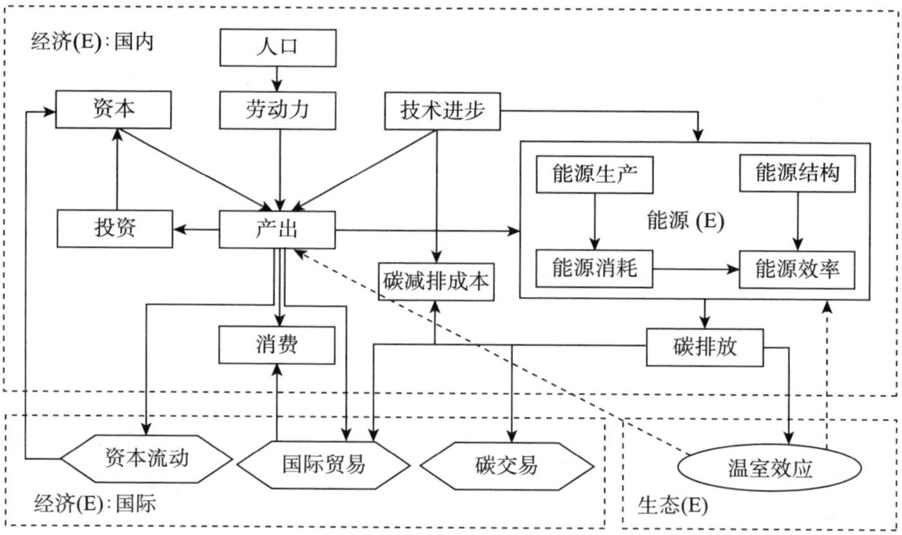

图 5－8　低碳经济综合运行系统（EEE）

1. 经济系统分为国内经济和国际经济两大部分

国内经济系统以产出为中心，主要包括生产和使用两个方面，从生产角度来看，以资本和劳动力为主的生产要素投入数量决定了产出规模，其中一国的人口基础决定了劳动力的数量和质量，另外，技术在扩大生产、提高生产力中起到的作用越来越明显，对产出有显著影响，因此，国内经济的核心是优化配置各种要素投入，扩大产出。从使用角度来看，产出成果主要用于投资、消费和净出口三种途径。投资形成资本，成为产出的资本来源，保证了生产和再生产的持续运行。国际经济主要是指与国内经济发生联系的各种途径，包括国际资本流动、国际贸易以及碳交易。能源系统由能源生产、能源结构、能源消费和能源效率构成，一国能源生产规模决定了其能源消费规模，各种能源生产也决定了能源消费结构，能源消费规模和能源结构两个因素共同决定了能源效率。生态系统主要反映温室效应及其对大气环境变化的影响，又可以细分为碳系统和气候系统两大部分，碳系统包括碳排放和碳减排两个方面，以二氧化碳为主的温室气体的排放是造成温室效应的主要原因，温室气体排放量及其增长趋势是制定碳减排目标的基础。

2. 系统之间存在紧密的相互联系

经济系统中的国内经济和国际经济之间联系密切，一方面通过跨国投资实现资本在国家间流动，对外投资降低了国内资本积累规模，但吸引并利用外资则能弥补本国资本不足，有利于扩大再生产，促进经济增长。另一方面，国际贸易输出本国产品和服务，也进口国外产品和服务，从而影响本国居民消费水平。

（1）经济系统与能源系统。两者之间主要有两条途径发生联系，一是产品和服务生产过程需要消耗能源，能源生产和消费本身也是经济活动，但在一定技术水平和生产条件下，能源约束会制约经济正常运行；二是技术进步对能源系统的影响。技术进步能够提高能源生产的效率，有利于开发新能源，优化能源结构，生产和生活中的节能技术也能降低能源消耗，提高能源利用效率。

（2）经济系统与碳系统。两者之间联系的途径有四个，一是低碳技术的广泛应用。这有利于碳减排，主要包括二氧化碳捕获、存储和利用技术的应用，会减少二氧化碳排放，但会增加经济运行成本。二是以碳排放量为基础的碳税。它会改变经济运行机制，特别是高耗能产业和低耗能产业承担的碳税有很大差异，产业之间的相对成本发生变化，影响产业竞争优势。三是征收碳关税对国际贸易的影响。如果对于进口产品中隐含的碳排放征收碳关税，则出口高能耗产品的产业会进一步丧失比较优势，而低能耗产品和服务出口的优势增强，由此改变一国对外贸易的比较优势。四是碳排放权国际交易。包括发达国家和发展中国家之间开展清洁发展项目，有利于碳排放权买方弱化碳减排任务造成的影响，也给碳排放权卖方较大的碳减排激励。

（3）能源系统与碳系统。化石能源消耗是二氧化碳排放的最主要来源，因此能源消耗总量和能源消耗结构直接决定了碳排放量及其变化。

（4）碳系统与气候系统。碳排放是形成温室效应的主要原因，当碳排放量超过自然环境能够自主吸收和固化的能力，空气中碳密度就会增加，碳密度累积到一定程度以后，温室效应逐步显现，大气环境异常变化的概率会显著增加。

（5）气候系统与经济系统。两者之间的关系主要是大气环境的异常变化对经济系统运行产生影响，大气环境的异常变化产生的干旱、洪水、飓风等自然灾害对工农业生产造成较大负面影响，也可能造成直接的物质损失，备灾物质储备等都会影响资本积累和经济增长速度。

（6）气候系统与能源系统。大气环境的异常变化增加了能源生产的成本，会加剧应对异常气候的能源消耗，也不利于水电、太阳能等清洁能源的开发，进一步增强了对化石能源的依赖。

二　低碳经济竞争力影响要素

低碳经济运行系统非常复杂，国内经济运行状况是主体，也与国际经济发展联系密切，低碳发展模式会极大地改变原有国际经济秩序，处于不同发展阶段的国家，其经济基础和经济结构有明显差异，再加上各国资源禀赋条件迥异，使得各国发展低碳经济的基础条件各不相同，低碳模式下经济发展情况就会有很大差别。影响一国低碳经济发展的因素非常复杂，低碳经济竞争力的影响因素也就非常多，能够影响经济增长的各种要素也是影响低碳经济竞争力的要素，还有一类是影响能源生产和能源消费的因素，同时国际碳减排机制中的各种国际因素也都会影响到一国低碳经济竞争力。

1. 经济发展水平与低碳经济竞争力

库兹涅茨认为，在经济发展过程中，受经济规模效应与结构效应、环境服务的需求与收入的关系以及政府对环境污染的政策与规制等因素的影响，环境状况先是恶化而后得到逐步改善。他提出的环境倒 U 曲线通过人均收入与环境污染指标之间的演变趋势，反映了在不同经济发展阶段经济发展对环境污染程度的影响。

尽管库兹涅茨假说不一定在每个国家都成立，实证分析的结果也不尽相同，而且温室气体也不是环境污染气体，但总体而言，碳排放量与经济发展水平的关系还是可以用库兹涅茨理论来分析的。如图5－9所示，当一国经济发展水平较低时，工业化进程刚刚启动或者正处在初级阶段，第二产业在经济中比重还比较低，工业内部结构以轻工业为主，需要消耗大量能源的重化工业还没有发展起来，交通和家居等生活能源消费水平也比较低，整个经济发展对能源消耗的需求比较少，人均碳排放水平较低。当一国经济开始发展起来后，必然伴随着工业化和城市化进程加快推进，进入工业化中期阶段的重要标志是重工业比重大大提升，工业和建筑业的快速发展需要消耗大量能源作为支撑，人民生活水平提高的同时，对汽车、家电等大宗耐用消费品需求急剧上升，能源消耗水平也随之大幅度提升，导致人均碳排放水平快速上升。当经济发展到一定阶段以后，工业化进入后期阶段，有的国家开始进入后工业化阶段，在以信息经济和知识经济为主的经济发展模式下，产业结构升级，技术密集型产业占主导地位，高耗能重化工业通过技术升级或产业转移的途径，在国民经济中比重大幅度下降。经济发达国家还可以通过国际市场购买大量生活消费品，减少产品生产的物质消耗和能源消耗，生产过程中能源需求逐步下降，人均碳排放水平也在达到顶点以后开始随着人均收入的上升持续稳定，甚至开始下降。这是碳排放和经济发展关系的一般规律，具体到不同国家，受到资源禀赋、经济结构、技术水平和生活习惯等多重因素的影响，也会表现出很大差别，其经济发展路径不同，表现出来的曲线也有各自的特征，其上升阶段持续的时间、上升幅度、顶点位置等关键要素都有差异。

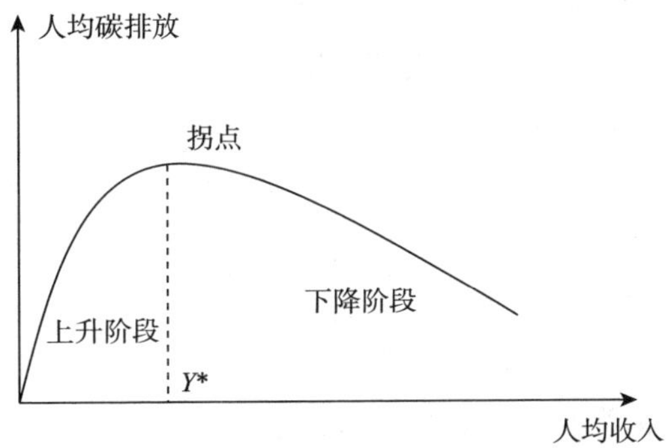

图5－9 环境库兹涅茨曲线

注：＊指特定收入水平。

从图5－10可以看出，在过去的20多年里，发达国家人均碳排放水平经历了缓慢上升以后，大多处于平稳保持阶段，一些国家开始出现下降的趋势，最明显的是英国、法国和爱尔兰等国家，随着人均 GDP 的上升，其人均碳排放水平开始下降，非常符合库兹涅茨倒 U 曲线的特征。发展中国家和新兴市场国家都处于倒 U 曲线的爬坡阶段，随着人均 GDP 的上升，人均碳排放水平也是快速上升，表现最为明显的是中国、俄罗斯、韩国和马来西亚等国家，正处在人均碳排放急剧上升的阶段。这就表明处于不同发展阶段的国家，发展低碳经济的基础差异明显，碳减排的条件和地位完全不对等，发达国家已经完成经济结构升级，大部分处于碳排放下降的转折点或已经处于碳排放下降阶段，要完成一定的碳减排任务压力比较小，实现碳减排目标也就是顺理成章的事情；相反，发展中国家经济发展水平比较低，正面临着发展经济的艰巨任务，碳排放不可避免地还要持续上升，与发达国家人均碳排放水平也有一定的差距。如果此时要求发展中国家也承担严格的碳减排任务，势必对经济发展造成较大影响，处于经济发展和碳减排的两难矛盾之中。由此，经济发展阶段的不同就成了决定低碳经济竞争力的关键要素，与此相关的经济因素都会影响到一国低碳经济竞争

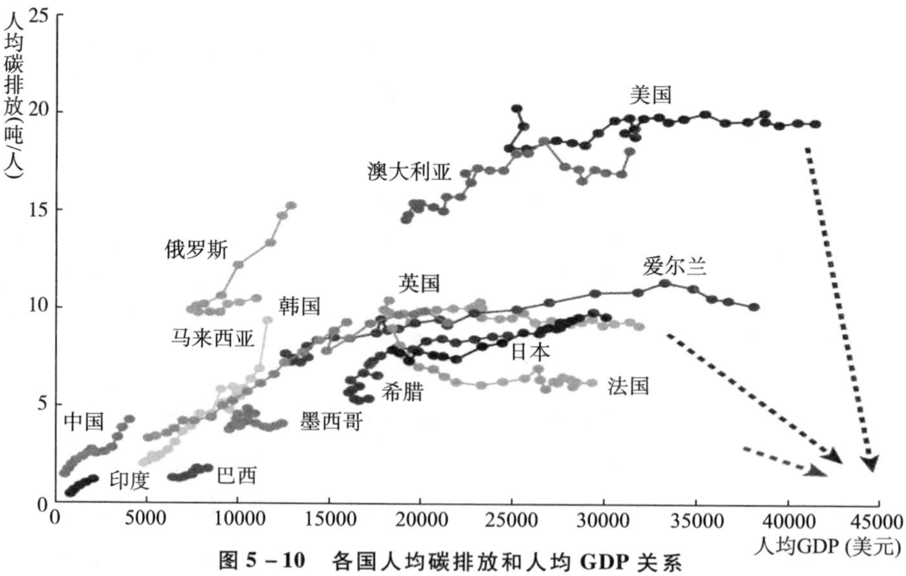

图 5－10　各国人均碳排放和人均 GDP 关系

注：人均碳排放和人均 GDP 数据范围都是 1980～2005 年，各国 GDP 数据按购买力指数换算美元，并折算成 2005 年不变价。

资料来源：World Bank. World Development Report 2008：Agriculture for Development ［R］. Washington，DC，2007。

力，经济越发达，越有利于提升低碳经济竞争力，没有发展的经济，就不会有低碳经济，就不可能有低碳经济竞争力。

2. 经济结构与低碳经济竞争力

除了经济发展水平对碳排放有重要影响以外，经济结构的不同对碳排放的影响也很关键，因为即使是处于同一发展阶段的国家，经济发展水平相同的情况下，其经济结构也不完全相同。不同行业生产过程中对能源消耗不同，导致经济结构不同的国家能源消耗水平有很大差异，从而使碳排放水平不同。

从图 5 - 11 和图 5 - 12 可以看出，碳排放主要来源于电力部门，超过 1/4，其次是工业部门，占 19%。这个比例在不同发展阶段的国家有所不同，在高收入国家，电力行业的碳排放比重达到 36%，交通运输行业的碳排放比重也有 23%，这两个行业占碳排放总额的 59%，而农业和工业部门的碳排放只占 23%。中等收入国家碳排放主要来源于电力部门，但只占到碳排放总额的 26%，交通运输行业碳排放只有 7%，而工农业生产的碳排放比重上升到 30%。低收入国家碳排放来源主要是耕地和林业开发、农业生产，两者占碳排放总额的 70%，而电力、交通和工业等部门产生的碳排放比重较低。

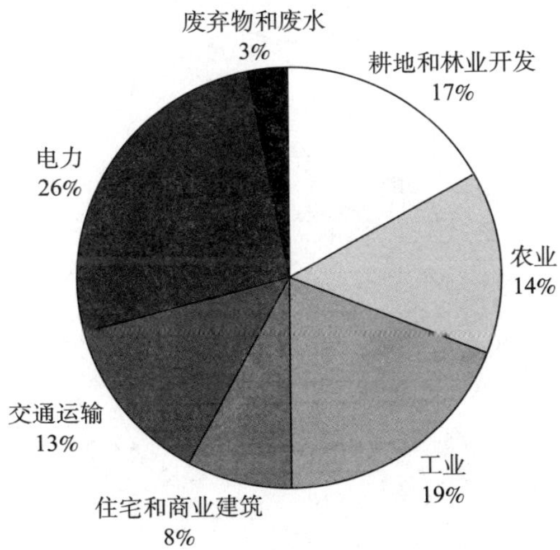

图 5 - 11　2005 年世界碳排放来源结构

资料来源：IEA. CO_2 Emissions from Fuel Combusion Highlights 2009 [R]. 2009. http://www.IEA.org。

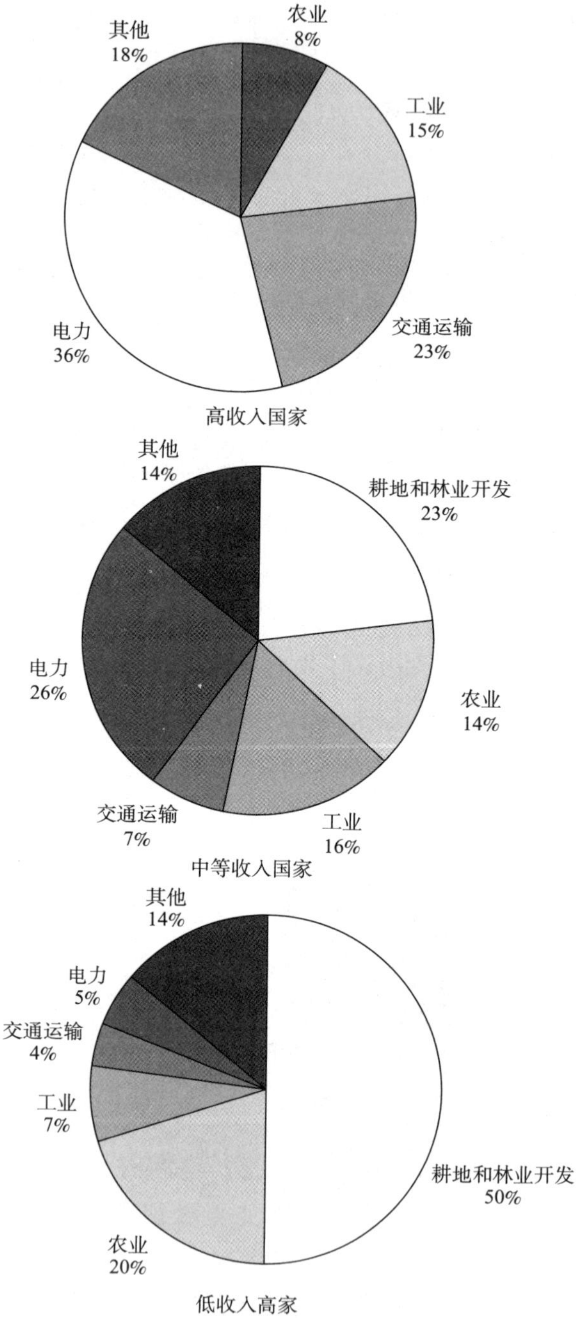

图 5－12　2005 年不同发展阶段国家碳排放来源结构

资料来源：IEA. CO_2 Emissions from Fuel Combustion Highlights 2009［R］. 2009. http：//www. IEA. org。

除了经济因素以外，还有很多其他非经济因素都会影响一国低碳经济的发展，包括各国的传统和历史、风俗和习惯、法律和制度等。金碚也认为，当深入对竞争力的一些原生性因素的研究时，就不可避免地会把经典经济学所不涉及的民族、宗教、文化、理念、价值观、伦理等“非理性”因素引入竞争力研究领域。[①]

第三节　低碳经济竞争力要素模型

一　低碳经济竞争力要素模型构建思路

低碳经济竞争力不仅仅体现在碳生产力或碳排放强度这样的个别指标上，也不能仅仅通过几个经济总量或碳排放指标来反映，而是需要把其背后深层次的复杂原因体现出来。但要把所有的可能因素都纳入分析框架是不可能的，而且相同的因素对不同国家的影响程度也不完全一样，2005 年乔云霞[②]用多元回归模型对瑞士国际管理发展学院每年发布的国际竞争力面板数据进行了分析，发现每个国家经济发展水平、制度环境、市场发育环境等方面存在差异，所以各因素对国际竞争力的影响存在个体差异。所以，要比较准确客观地分析低碳经济竞争力，就需要对影响低碳经济竞争力的众多因素进行归纳概括，化繁为简，找出主要原因和关键性因素，并分析主要因素和次要因素之间的关系，以及主要因素之间的内在逻辑关系。这就需要构建一个低碳经济竞争力要素模型，综合说明影响低碳经济竞争力的要素及内在逻辑，作为分析和评价低碳经济竞争力的基本框架。

构建低碳经济竞争力要素模型，首先要把握低碳经济竞争力的内涵，在能够充分体现低碳经济竞争力内涵的基础上，才能比较客观地构造要素模型。低碳经济不仅表现在碳减排目标和碳减排任务上，关键还是经济发展，低碳经济的实质还是经济发展方式的转变，旨在解决经济和环境关系协调前提下的经济发展问题；低碳经济竞争力也不仅仅是碳减排能力，更是低碳发展模式下实现经济持续增长的能力。所以，低碳经济竞争力要素模型必须反映出各国经济增长的约束力和驱动力，约束力即碳减排目标决

① 金碚．竞争力经济学［M］．广州：广东经济出版社，2005：17.

② 乔云霞．区域国际竞争力：理论研究与实证分析［M］．北京：经济科学出版社，2005.

定的能源约束和环境约束，驱动力即经济增长的要素投入和优化配置能力。

其次，从竞争力特征来看，不但要看当前的比较优势，更要看造成当前比较优势的内在原因，以及创造出新的比较优势的能力。当前显性的比较优势体现在碳排放水平和碳排放增长情况上，也包括人均碳排放水平和碳排放强度等方面，但它们都不是决定一国低碳经济竞争力的决定性因素，只是一种低碳经济的表现，这些指标既与经济发展水平有关，也与自然资源禀赋有关，决定这些表现的内在因素更为重要，包括经济发展水平和经济结构等。影响低碳经济竞争力最重要的因素是创造出比较优势的能力，这种能力在各个国家表现出巨大的差异，跟一国经济发展方式有密切关系，也受到技术、管理和政策等方面的影响，是一国低碳经济发展的潜在因素。所以，低碳经济竞争力要素模型不但要体现一国发展低碳经济的现实竞争力，也要体现出低碳经济未来发展的潜力，能够反映出一国把低碳经济竞争劣势转化成低碳经济竞争优势的能力。

再次，低碳经济竞争力要素模型既要反映竞争的基础，也要反映出竞争的过程，即竞争力是由“竞争基础”和“竞争过程”共同决定的，世界经济论坛和瑞士国际管理发展学院对国际竞争力进行了长期的理论与实证研究，总结出决定竞争力的方程：竞争力 = 竞争力资产 × 竞争力过程，[①]竞争过程起到主导性作用。当然，也不能忽略竞争表现，竞争表现是竞争的结果，是竞争力的重要体现。因此，在分析国际竞争力的决定因素时，既要充分重视竞争基础的作用，更应该重视竞争过程，并且要突出体现竞争结果。

最后，低碳经济竞争力要素模型要能够同时反映内因和外因，影响一国低碳经济发展的因素既有来自本国内部的因素，也有国际因素，两种因素共同决定了一国低碳经济竞争力。根据马克思主义唯物辩证法关于内因和外因关系的原理，内因是事物发展的决定性因素，外因是事物发展变化的条件，外因必须通过内因起作用。在构建低碳经济竞争力要素模型时，应当把影响低碳经济竞争力的国内因素作为主要因素，置于基础性地位，这样才能更清楚地揭示低碳经济竞争力的主要来源。但也必须充分认识到

---

① 王与君．中国经济国际竞争力［M］．南昌：江西人民出版社，2000：43.

国际因素在低碳经济发展中的重要作用，特别是目前国际碳减排机制还未成熟，碳减排任务的国际博弈深刻地影响到各国发展低碳经济的决策和路径，要素模型必须能够反映这些碳减排的国际合作和竞争情况。

二　低碳经济竞争力金字塔模型结构

在详细分析低碳经济 EEE 系统运行机制基础上，充分借鉴波特钻石模型，综合考虑低碳经济竞争的特点，根据构建低碳经济竞争力要素模型的思路和原则，设计了反映低碳经济竞争力的金字塔模型，该模型包括三个层次，分别是竞争表现、竞争过程和竞争要素。如图 5 - 13 所示。

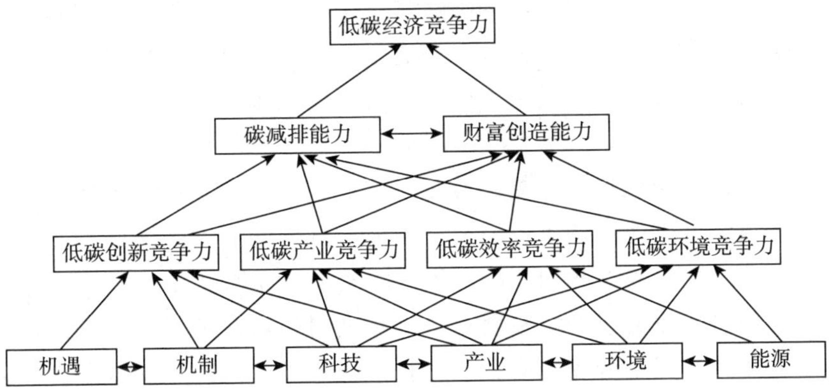

图 5 - 13　低碳经济竞争力金字塔模型

第一层次反映低碳经济竞争力内涵的两个核心内容——碳减排能力和财富创造能力，其中碳减排能力是低碳经济发展的约束力，财富创造能力是低碳经济发展的驱动力，两者的综合体现就是低碳经济竞争力。这里的碳减排，既包括碳排放总量的减少，也包括人均碳排放、地均碳排放和碳排放强度的降低，从更广义角度来看，碳排放增长率的下降也可以看成一种碳减排。碳排放还是一个净排放的概念，即生产生活等经济活动形成的碳排放减去碳汇，包括自然环境中光合作用等原因造成的碳吸收和碳固化，以及人类有意为之的碳捕获、封存和利用。

第二层次包括低碳环境竞争力、低碳产业竞争力、低碳效率竞争力和低碳创新竞争力，体现了低碳经济竞争优势的不同方面。低碳环境竞争力是一国发展低碳经济的基础条件表现出来的比较优势，处于较高发展阶段的国家，其人力资源、科技资源、经济环境有利于发展低碳经济，生态环境优良和清洁能源丰富也是国家发展低碳经济的良好基础。低碳产业竞争力是一国发展低碳经济的产业基础，包括产业规模、产业结构、高新技术产业水平等内容，以及经济发展方式。以重化工业为基础的产业结构是高碳经济结构，以大量货物出口为主的出口导向型经济也有路径依赖，低碳经济转变的难度较大。低碳效率竞争力是一国低碳经济发展的成就和表现，反映低碳模式下经济发展的效率或者生产率，是国际竞争力的基础。能够有效节约使用能源，或者是在能源约束下保持经济持续增长的国家，低碳效率竞争力会高于其他国家。低碳创新竞争力是一国低碳经济发展的潜力，可以培育一国未来低碳经济的竞争优势。通过技术创新、管理创新和机制创新，一国可以创造出低碳经济竞争优势，或者弥补低碳基础和低碳效率方面的劣势，为后期低碳经济竞争打下坚实基础。所以，第二层次的低碳经济竞争过程，既反映了低碳经济现实竞争力，也反映了低碳经济潜在竞争力。

第三层次包括机遇、机制、科技、产业、环境和能源六大要素，它们是影响和决定低碳经济竞争力的关键因素。每个国家这六大要素的表现不尽相同，六大要素组合作用，决定了一国低碳经济竞争力。

低碳经济竞争力金字塔模型三个层次之间是递进关系，第三层次竞争要素中的六大要素是低碳经济竞争过程中的基础，低碳环境竞争力、低碳产业竞争力、低碳效率竞争力和低碳创新竞争力分别对应四个基本要素。其中机遇、机制、科技和产业四个要素决定了低碳创新竞争力，机制、科技、产业和环境决定了低碳产业竞争力，科技、产业、环境和能源四个要素决定了低碳效率竞争力和低碳环境竞争力。第二层次竞争过程又决定了第一层次竞争表现，第一层次内部的碳减排能力和财富创造能力之间又是相互制约、相互联系的，碳减排能力越强的国家，其低碳经济生产率越高，财富创造能力也就越强，反之，能够迅速创造并积累财富的国家生产率比较高，经济发展到一定程度，经济结构优化，碳减排能力也会提升。

三　低碳经济竞争力模型要素分析

1. 机遇

引发低碳经济发展机遇的原因有很多种，包括气候异常变化引起的低碳需求、新能源技术的开发和应用、能源危机和能源价格突变、国际碳减排机制的调整、碳关税和贸易政策变化等，一旦发生，会打破原有状态，国内经济和国际经济秩序发生改变，容易产生新的竞争格局。能够抓住机遇的国家可以利用新的竞争环境，创造新的竞争优势，而不善于把握机遇的国家，则有可能丧失原有的竞争优势。

尽管国际碳减排机制还未成熟，但随着发达国家推动的联合国气候变化会议持续召开，国际碳减排合作和竞争的格局逐步形成，低碳经济发展态势越来越明显，每一个国家面对气候异常变化都不能置之度外，都将面临低碳模式对经济发展方式转变提出的新要求，特别是国际贸易规则发生变化的情况下，国内经济发展都会受到一定的影响。世界各国处于不同的发展阶段，发达国家和发展中国家之间经济发展水平存在明显差距，发展低碳经济基础和条件各不相同，对低碳经济的认知也有明显差异，各国对发展低碳经济的态度和把握机遇的能力会决定其竞争力的强弱。

在完全自由竞争阶段，每一个竞争者的地位是平等的，他既有按市场价购买原材料和雇用劳动力的机会，也能按市场价出售产品和服务，决定其竞争成功与否的关键就是产品的价格优势和质量优势，而这又取决于其生产率和技术水平。所以在自由竞争市场中，交易规则相对而言是非常简单的，每一个市场参与者都遵守这样简单的交易规则，竞争规则也就对所有参与者都是公平的。但是竞争发展到一定阶段以后，垄断竞争成为常态，并且从私人垄断发展到国家垄断，再发展到国际垄断，竞争者之间的关系不再是平等的竞争关系，垄断者和非垄断者之间的交易不再按照等价原则进行商品交换，垄断者凭借垄断地位以高于行业平均利润为基础的市场价格出售商品，或者以低于行业平均利润为基础的市场价格购买商品，从而获得超过市场平均利润的超额利润。这种情况下，交易规则由垄断者制定，不管是私人垄断者，还是代表垄断者利益的国家，都会制定有利于维护自身利益的竞争规则，对于竞争者而言，能否参与制定竞争规则非常重要，将直接影响到自身的竞争力。

人类面临着复杂多样的生态环境问题，气候异常变化只是其中之一，但其他环境问题都只是局部性的，可以在一国或一个区域内部解决，只有气候问题才可能上升到国际层面，作为全球环境政治的重要内容，牵涉全球每一个国家。最早提出应对气候变化并提出发展低碳经济的欧洲国家，是力主把碳减排纳入国际公共空间的倡导者，推动通过协商谈判机制来制定国际法规，通过确立发达国家与发展中国家在应对气候变化中“共同但有区别的责任”原则，成功地把发展中国家纳入碳减排责任体系中。

低碳经济竞争是各国在低碳发展模式下开展的国际经济竞争，是在为了履行应对气候变化的国际责任前提下的国际经济竞争，核心是维护国家经济的长期发展，争夺国际发展空间。在全球气候谈判进程中，欧美等发达国家一直掌握着气候与环保的国际话语权，控制着国际碳减排机制发展的方向，以获取最大政治经济利益。目前碳减排机制和国际碳排放权的交易机制还不成熟，正在各国激烈的谈判和博弈中逐步完善，在这种情况下，对气候变化比较重视的国家，应对气候变化行动更积极，就会主动参与国际应对气候变化行动的合作和竞争，在构建国际碳减排机制中为本国争取更多有利条件。

2009 年哥本哈根气候会议之所以受到格外关注，就是因为金融危机后往往孕育着新的技术革命这个共识，使大家意识到低碳经济是新技术革命背景下对全球政治和经济利益的再分配，新能源等一大批低碳技术应用领域背后隐含着巨大的政治经济利益。美国次贷危机引发的全球金融危机迫使全球金融资本寻找新的投资机会和经济增长点，低碳经济刚好具有引发新一轮全球金融资本扩张的潜力。低碳经济将催生新一轮科技革命，以低碳经济、生物经济等为主导的新能源、新技术将创造新的主导产业，对于国家和企业而言都是巨大的发展机遇，不但可以催生新的经济增长点，还可以实现向低碳高增长模式的转变。低碳经济还使基于新能源、低碳技术和低碳企业的新兴金融市场蓬勃发展，成为国际金融危机后新一轮增长的主要带动力量，引导国际资本新流向，从而改变世界经济秩序。在新一轮技术革命和产业发展中，市场建设者和主导者将成为最大的受益者，特别是掌控交易规则制定权的发达国家和那些能够创造交易工具并掌握庞大国际资本的企业。

2. 机制

对于大部分企业而言，发展低碳经济面临着能源约束对产出的影响，或者是能源价格上升和征收碳税、碳关税造成的生产成本和产品价格的上升，都会削弱企业的竞争优势。如果完全按照市场经济原则，完全要企业承担碳减排责任，企业发展低碳经济的积极性不会高，特别是高耗能产业不愿意应用低碳技术和低碳产品，新能源和低碳技术产品需求不足，新兴产业也就发展不起来。所以，发展低碳经济的关键还在于政府推动，制定并实施有效的低碳政策，用低碳政策工具引导全社会转向低碳经济发展模式。在设计各种低碳政策工具时，既要充分利用市场机制，调动微观经济主体的积极性，也要弥补市场失灵，其理论依据一般包括五个方面。一是外部性理论。碳排放引发的气候问题具有典型的外部性，大量排放温室气体的企业没有因此负担额外责任，而受到温室效应带来的气候变化影响的企业没有因此获得补偿。碳排放也可以认为是一种公共品，在没有约束情况下，任何一个企业都可以使用碳排放权这种公共品，即任意向环境中排放温室气体。市场机制不能解决外部性问题和公共品问题，就需要依靠政府干预来弥补市场失灵。二是产权理论。西方经济学产权理论认为市场失灵是与产权紧密相连的，公共品问题就是因为产权不清晰导致的，如果能够明确分配与界定产权，就能够消除公共品的市场失灵问题，充分发挥市场机制的作用，社会生产和交换就会实现最优化。三是信息不对称理论。市场机制有效的一个前提是信息对称，即竞争者以及买卖双方拥有充分的信息，完全了解商品的价值和使用价值，从而做出正确的决策。但现实情况是只有企业对自身商品拥有完整信息，竞争者不会完全了解竞争对手的信息，消费者对企业商品的了解程度更低，完全处于信息劣势地位。企业生产中是否积极努力节约能源，是否因为减少碳排放的原因而增加企业生产成本，对外界而言无法确认，造成积极降低碳排放的企业得不到市场认可和奖励，大量排放温室气体的企业也不会因此受到相应的惩罚，因此，企业没有碳减排的积极性，容易引发“逆向选择”和道德风险，制约了低碳经济的发展。四是不确定性理论，或者称为风险理论。企业研发、购买和应用低碳技术都需要大量的资本投入，带来的收益则存在明显的不确定性，一方面是技术研发本身存在风险，另一方面是低碳技术应用带来的成本上升或者收益下降带来的市场性风险。五是生态经济学理论。因为低碳经济与生态经济、循环经济、绿色经济是一脉相承、相互联系的，生态经济学要求碳减排工作重点不仅仅在生产领域的能源消耗，应该把末端治理的模式扩大到源头防治和全过程管理，从生产方式和生活方式整体上实施低碳经济。

基于不同的理论基础，目前各国已经制定并实施了一系列低碳经济政策，如表5－1所示，每一种理论基础都对应于若干种不同的政策工具，不同的政策工具组合有力地弥补了市场机制的不足，促进了低碳经济的发展。

表 5－1　低碳经济政策理论和工具

理论基础	低碳政策工具类型
外部性理论	政府管制、碳税、碳基金
产权理论	碳排放权交易
信息不对称理论	标签计划、自愿协议
不确定性理论	能源合同管理、补贴
生态经济理论	生态工业园规划

（1）政府管制。政府通过制定严格的产品能耗效率标准逐步淘汰现存的高碳产品，并对进口贸易商品认定其能耗标准，用配额制度和法律行政强制手段推行节能目标，以促进低碳经济发展。欧盟和日本等国都制定严格的产品能耗效率标准与耗油标准，制定法规逐步淘汰高耗能照明设备，对电冰箱、空调等进口商品认定能耗标准，欧美发达国家都制定了建筑物节能标准。政府管制具有强制性，目标非常直接，对碳减排任务有针对性，但需要政府机构监督，政策执行成本较高，当政策不完善或者执行不到位时，企业容易规避相应责任。

（2）碳税和补贴。碳排放税是政府针对排放二氧化碳所征收的税种，主要是通过对使用燃煤和石油等化石燃料的产品进行征税的方式，来达到减少化石燃料消耗和二氧化碳排放的目的。比如英国征收大气税，日本征收环境税，德国征收生态税，一方面提高了高耗能产品的成本和价格，降低了高耗能产品的生产和消费；另一方面又可以利用碳税收入支持企业加速节能投资和节能技术的研发、应用。另外，还有很多国家虽然没有明确征收碳税，但是通过提高能源价格或者征收能源税的形式，也相当于征收了产品的碳税。

财政补贴和税收的作用刚好相反，是对企业进行新能源开发、投资以及低碳技术研发应用进行补贴，可以在一定程度上降低企业的风险，具有明显的激励作用，也能够提高低碳技术产品的竞争优势，有利于促进低碳经济发展。比如美、英、丹麦等国对新能源技术、碳封存技术研发给予补贴，对清洁能源、可再生能源投资给予补贴，中国对太阳能、风电等清洁能源生产和节能产品进行补贴，以弥补企业成本较高的劣势。表 5-2 是一些国家能源产品的隐含碳税税率。

表 5-2　一些国家能源产品的隐含碳税税率（以能源产品的含碳量计）

单位：美元/吨

国家	车用无铅汽油	车用柴油	工业用柴油	工业用煤	工业用天然气
丹麦	601	348	264	245	55
芬兰	851	414	70	51	55
法国	898	473	99	0	4
德国	752	400	51	0	62
荷兰	887	429	132	18	106
挪威	792	513	59	70	180
西班牙	744	455	432	0	15
瑞典	693	378	234	190	205
瑞士	543	473	4	0	0
英国	957	821	51	0	0
美国	154	147	–	–	–
日本	488	158	4	–	44

注：表中税率以 1999 年美元价计算。

资料来源：Baranzini，A.，Goldemberg，J.，Peck，S. A Future for Carbon Taxes［J］. *Ecological Economics*，2000（32）：395-412。

（3）碳基金。政府或组织通过碳基金来促进企业采用低碳技术，加强碳排放力度。比如英国碳减排基金，是由英国环境、食品与农村事务部、商务部等部门联合投资建立起来的一家独立基金公司，目的是通过与其他机构合作来促进碳减排。亚洲开发银行“未来碳基金”，设立的目的也是为亚太地区清洁能源项目提供所需资金。碳基金给企业应用低碳技术提供资金来源，同时能够很大程度上分散低碳投资和低碳技术应用的风险，提高了企业应用低碳技术的积极性。

（4）碳排放权交易。它是指在明晰碳排放权的前提下，碳减排压力更大的企业向具有碳排放权的企业购买碳排放额度，通过后者主动碳减排来完成前者的碳减排任务而获得补偿的一种机制。碳排放权交易提高了买卖双方碳减排的积极性，有利于解决碳排放的外部性问题，在全世界范围内被广泛采用。碳排放权交易市场建设和交易规则的制定影响着碳排放权交易的市场规模，也是影响企业碳减排积极性的重要因素，对于一国低碳经济发展有积极引导作用。

（5）自愿协议和标签计划。自愿协议主要是指发达国家一些社会责任意识比较强的企业，自愿承诺减少碳排放或采用清洁生产技术，以达到减少政府管制的目的，比如日本经济团体自愿减排协议，这种协议的优点在于塑造企业社会责任形象，又降低了政府监管成本。标签计划就是政府机构或公共组织等第三方机构，对企业应用低碳技术的低碳产品进行认证，是一种对企业提高能源效率的认证制度。比如意大利自 2005 年 1 月起对能耗效率管理采取了“白色证书”制度，获得认证的企业能够在社会上树立起自身“碳中性”和“碳生态足迹为零”的良好“低碳”形象，获得公众认同。

（6）能源合同管理。它是指高能耗企业引进专门的能源管理公司帮助实施节能项目投资，用减少的能源费用来支付节能项目全部成本的一种节能投资方式。对于节能企业而言，可以大幅度降低能源消耗，完成碳减排任务，还不用承担设备投资和技术改造带来的财务风险。对于能源管理公司而言，可以凭借专业的节能管理技术和经验，获得部分节能效益。能源合同管理是有利于双方的一种市场机制，能够有效地整合资本、技术等资源，促进全社会碳减排，有利于低碳经济发展。

市场机制不能解决低碳经济存在的外部性问题，政府的积极干预可以恰当地弥补市场失灵，对于促进低碳经济发展有积极的作用，但有一个重要的前提就是政府干预是为了建立一个更好的市场竞争机制，而不是阻碍竞争。政府都有过度干预经济的天然冲动，常常以保护弱小产业和民族产业为借口，通过各种政策限制竞争，或者阻碍国外资本进入这些产业。对于国内处于起步阶段的“幼稚产业”，给予一定的保护和扶持是有必要的，否则在国际跨国垄断资本的挤压下难以成长，但过度保护和限制竞争的措施，反而会使受保护产业沉溺于政府的支持环境，不但无益于产业的成长，还会失去市场竞争的能力。所以，基于市场机制、有利于竞争的低碳政策工具，例如碳排放权交易、自愿协议和标签计划以及能源合同管理等，更有利于提高低碳经济效率，增强一国低碳经济竞争力。

3. 科技

竞争的核心是生产率，提高生产率的关键则是科学技术。科技进步可以有效提高生产率，减少生产中劳动消耗和物质消耗，降低生产成本，而成本优势是所有竞争力理论都不可否认的重要竞争优势。科技进步是开发新产品和服务的重要手段，也是提高产品和服务质量的重要途径，提供高质量产品和新产品是获得竞争优势的重要手段，所以科技创新和进步对于一国竞争力至关重要。

低碳经济要求尽量减少化石能源消耗，但能源使用的约束必然会影响到正常的生产和消费，不管是减少能源使用量还是提高能源价格，都会使企业产出下降或者生产成本上升，在建筑、交通和日常生活等领域的节能计划也都可能不利于经济增长，单纯的节能与发展是相冲突的，也是不可取的。清洁能源和可再生能源还不具备完全替代传统化石能源的条件，在商业应用上更不具备竞争优势，第一个原因是水电、太阳能等可再生能源通常会受到季节、天气变化等自然条件的影响，不能保证提供稳定的能源，而目前把风能、太阳能等能源储存起来的技术还不成熟。第二个原因是风电、太阳能成本较高，供给量也不足，与传统化石能源相比，处于明显的劣势。第三个原因是目前新能源还主要集中于发电领域，直接用于生产、交通、建筑和生活领域的较少。解决的途径只能是依靠科技进步，通过科技进步解决发展经济和节约能源的矛盾，依靠科技进步提高新能源的竞争力。

低碳经济其实也涉及一个技术创新问题，发展低碳经济就是要改变传统经济发展方式，通过能源技术和减排技术的创新，促进产业结构调整、制度创新以及人类消费观念的根本性转变，达到减少碳排放、减缓气候变化、促进和保持全球生态平衡的目的。围绕碳减排目标，低碳技术包括的种类比较多，包括节能技术、无碳和低碳能源技术、二氧化碳捕获和封存技术三大类，具体如表 5－3 所示。

第一类节能技术的关键是提高能源利用效率，降低化石能源消耗，这就需要在生产、建筑和交通等领域中采用新工艺、新方法，尽可能地应用节能减排技术，包括替代技术、减量化技术、再利用技术、资源化技术、系统化技术、能源利用技术、节能建筑技术、绿色消费技术、信息技术、评价技术和管理技术等。第二类无碳和低碳能源技术就是人力开发和使用

表 5－3　低碳技术分类

类别	低碳技术
节能技术	替代技术、减量化技术、再利用技术、资源化技术、绿色化学技术、系统化技术、能源利用技术、节能建筑技术、绿色消费技术、信息技术、评价技术、管理技术
无碳和低碳能源技术	新能源利用技术、生物炼制技术、能源存储技术
二氧化碳捕获和封存技术	生态农业技术、生态恢复技术、碳封存技术

水电、风能、太阳能、核能、地热、生物质能等可再生能源，特别是推进太阳能和核能等高技术的广泛应用，可再生能源在保障经济发展对能源需求的同时，可以替代化石能源，减少温室气体排放。第三类二氧化碳捕获和封存技术，通过发展林业碳汇和海洋、地下封存二氧化碳，减少二氧化碳向大气排放，降低温室效应。

发达国家拥有技术和资本实力，在低碳技术研发和应用等方面都比发展中国家拥有更多的优势，不但可以为本国产业的低碳技术应用提供强大技术支撑，还可以凭借技术领先优势占据低碳技术市场的制高点，向技术落后国家转移低碳技术，从而获得低碳产业发展的竞争优势。发展中国家也具有后发优势，可以通过引进、吸收等方式，与自主研发相结合，缩短技术积累时间，加快技术进步速度，有利于低碳技术的应用。发展低碳经济必须在技术上实现突破和创新，没有技术创新的支撑，发展低碳经济将会困难重重。所以，不管是发达国家还是发展中国家，科技进步都是发展低碳经济的核心要素，以低碳技术为基础的新兴产业体系应该是低碳经济的重要方向，科技进步也是低碳经济竞争的关键要素。低碳技术也是决定一国低碳经济竞争力的重要因素，能够掌握先进的低碳技术，就能够在国际竞争中掌握主动权，拥有别国难以企及的竞争力。

4. 产业

产业是一国经济发展的基础，也是参与国际经济竞争的主体。影响低碳经济竞争力的产业不仅指新能源相关低碳产业，还包括整个国家的产业规模和产业结构。产业发展水平是决定一国低碳经济竞争力的重要因素，不仅仅是产业规模，产业结构和产业技术水平应该处于更重要的地位。实行规模经济是提高经济效率，增强产业实力的重要途径，但实行规模经济的重要前提是需求的持续增长，这种需求包括国内市场需求和国际市场需求，很多因素都容易导致需求发生变化，比如消费需求层次升级、新技术和新产品的出现、汇率政策的突变、贸易壁垒等，各种因素的变化使以规模和数量取胜的产业难以保持长期竞争优势，还有可能因为投资沉淀等原因难以跟上技术进步要求，规模优势容易转变成劣势。在低碳发展要求下，如果高耗能产业规模太大，节能减排的难度就大得多，因为这些产业对传统化石能源消耗需求形成依赖，低碳技术改造和新能源应用也会受到资金瓶颈的制约，所以，产业规模对低碳经济竞争力的作用有正反两面性，关键要看产业的发展层次和技术水平。

产业结构和产业发展水平决定了一国经济发展阶段，也是能源消耗水平的重要决定因素。经济有其自身发展规律，产业结构的升级发展必然有一个从重化再到技术化的阶段，尽管发展中国家具有后发优势，可以从发达国家引进吸收技术，获得更快的工业化进程，但基础工业的发展还是必需的。没有完成工业化的国家，是不可能直接成为发达国家的，发展中国家经济结构的变化也是一个循序渐进的过程，不能跳过高耗能、高碳的重化工业阶段而直接进入以高新技术产业和服务业为主体的产业发展阶段，只有产业发展到一定程度，才能进入以低耗能、低碳排放产业为主的阶段。处于不同发展阶段的国家，其产业结构就有明显差异，决定了经济结构也有很大不同，能源消耗需求结构就有差别，形成低碳经济的不同基础。

发展中国家大多处于工业化初级阶段向中级阶段迈进的过程中，重工业比重快速上升，钢铁、汽车、交通、冶金、化工、建材、机械制造等产业发展较快，这些产业都是传统高能耗产业，经济增长越快，对能源需求增长越迅速，也就是处于库兹涅茨倒 U 曲线的上升阶段。另外，发展中国家为了促进经济增长，弥补基础设施薄弱的不足，对交通和能源等基础设施大量投入，这些基础设施所采用的大多属于传统高耗能、高排放的技术和设备，一旦投入使用，将对温室气体排放产生长期影响，形成“锁定效应”。而转向以低碳技术为主的基础设施建设又受到资金和技术约束，形成了对传统化石能源的依赖，发展低碳经济就会受到多重影响。碳减排任务和能源约束对经济增长的制约非常明显，要在低碳模式下实现经济快速增长的难度很大。在这种情况下，发展中国家就不具备发展低碳经济的优势，产业结构制约了低碳经济竞争力的提升。发达国家基本完成工业化，进入知识经济和服务经济时期，或者已经进入工业化后期阶段，产业结构以高新技术产业和服务业为主，不需要消耗大量的物质资源和能源，处于库兹涅茨倒U曲线的拐点或下降阶段，随着经济发展水平提高，碳排放量会逐步下降。经济增长对能源的依赖程度较低，而且具备发展低碳产业的资金优势和技术优势，经济结构有利于向低碳模式转型。

从全球产业分工体系来看，发达国家凭借资本和技术优势，在全球产业分工中处于优势地位，主导着技术含量高、附加值高和竞争力强的产业，而发展中国家主要通过引进资本和技术，承接跨国产业转移，经济结构中以大量消耗资源能源、大量排放污染物和温室气体的产业为主。全球产业分工格局决定了国际贸易局势，发达国家在主要出口技术密集型产品和服务，获取高额垄断利润的同时，通过进口物资产品满足本国消费需求，而发展中国家以出口劳动密集型和物资密集型产品为主，也直接或间接地出口了大量能源资源，不但收益较低，还要付出巨大的环境代价。当前国际碳减排机制话语权由欧美发达国家掌控，承担碳排放责任的不是产品消费者，而是产品生产者，这就意味着高收入国家居民在享受丰富的物质资源的同时，不用为生产这些产品而导致的碳排放承担责任。进一步地讲，欧美等国正在酝酿对进口产品中承载的碳排放征收碳关税，不但把碳排放责任完全推给了产品生产国，还通过这种贸易壁垒的形式，削弱了出口国的竞争力。

5. 环境

土地、大气、水和森林等自然环境是人类活动不可缺少的空间基础，给人类经济活动提供能源与资源，也接受经济活动产生的各种排弃物。长期以来工业生产给人类生活环境排放了大量废弃物和污染物，有部分能够被环境系统消化吸收，重新纳入生态体系，但还有很大一部分不能够被环境消化，对生态环境造成永久损害。固体废弃物具有地域性质，大多数生产地就是排弃地，最终影响的也是原始生产地。液体废弃物的影响范围大大扩展了，随着河流和地下水的流动传播，液体废弃物的生产地和受影响地发生了分离，经济外部性非常明显。气体废弃物的影响范围就更大了，大气流动传播污染气体没有地域界限，而温室气体效应的影响范围是全球性的，依靠一个或少数几个国家不可能解决二氧化碳过度排放的问题，这就是要求世界各国合作建立一个全球性碳减排机制的原因。环境保护能够抵消生产和消费的外部性影响，对于企业生产而言，环境保护意味着生产成本和产品价格的提高，虽然政府采取财政税收等政策工具承担了一部分环保成本，将环保压力对企业的不利影响转嫁给全体社会成员，但企业将要承担的环境成本总是逐步上升的。因此，环境破坏程度越高，或者环境保护力度越大，对企业的影响越大，各国会采取不同的环保政策工具，执行力度也不相同，对企业的影响有很大差别。

虽然温室效应是全球性的，但温室效应造成的气候异常变化对每个国家的影响程度大不相同。气候异常变化造成的极热极寒、干旱、水灾等自然灾害对处于不同地理位置和自然环境条件的国家影响不同，地势较低的沿海国家和岛国容易受到台风和海平面上升的影响，生态环境保护较好的国家不容易受到干旱、水灾的影响，高纬度和低纬度国家承受气温变化的能力也不同。另外，农业生产技术较为落后和基础条件较差的国家更容易受到自然灾害的影响，破坏程度更严重。总之，各国自然环境条件不同，受到气候变化的影响程度不相同，承受气候变化的能力也有很大差异。各国应对气候变化的政策工具也不尽相同，影响面和执行力度有很大差距，较高的碳减排目标需要更为严格的低碳经济政策工具，对企业而言意味着更强的能源约束和更重的碳减排任务，使生产成本上升，在短期内将削弱企业的竞争优势。但从长期来看，受到严格政策工具影响的企业却能够更早适应低碳发展模式的要求，有利于形成长期的低碳经济竞争优势。

相对于化石能源排放温室气体而言，森林碳汇对于低碳经济竞争的重要作用不言而喻。森林碳汇是指森林植物通过光合作用将大气中的二氧化碳吸收并固定在植被与土壤当中，从而减少大气中二氧化碳浓度的过程。据测算，树木每生长 1 立方米蓄积量，大约能够吸收 1.83 吨二氧化碳，释放 1.62 吨氧气。碳汇能力主要是指森林吸收并储存二氧化碳的多少，或者说是森林吸收并储存二氧化碳的能力。森林不但可以吸收和固化大气中的二氧化碳，还是优化生态环境的重要手段，所以提高森林覆盖率和森林蓄积量，也就成为实现碳减排目标的最好方式之一。《京都议定书》认可森林碳汇对减缓气候变暖的重要作用，并要求各国加强森林可持续经营和植被恢复及保护工作，积极发展林业碳汇。林业碳汇是指通过植树造林、加强森林经营管理、减少毁林、保护和恢复森林植被等活动，吸收和固定大气中的二氧化碳，并与国际碳减排机制相结合的机制。为了鼓励各国积极发展林业碳汇，《京都议定书》允许发达国家向发展中国家提供资金和技术来开展再造林碳汇项目，将森林碳汇额度用于抵消其本国内的碳减排指标。

一国拥有的森林面积和森林蓄积量决定了其碳汇能力，碳汇能力越高的国家，对生产活动中排放的二氧化碳的吸收能力就越强，碳减排能力就越高，这也是增强低碳经济竞争力的重要基础。除了现有森林以外，森林面积和森林蓄积量的增长能力尤为重要，因为人工造林受到各种条件的限制，适宜的土壤和充足的雨水是森林成长的基本条件，把已经被开发利用的土地退还用于植树造林，也考验一国或一个地区的经济承载能力。

6. 能源

能源是指可产生各种能量（如热量、电能、光能和机械能等）或可做功的物质的统称，包括煤炭、原油、天然气、煤层气、水能、核能、风能、太阳能、地热能、生物质能等一次能源和电力、热力、成品油等二次能源，以及其他新能源和可再生能源。能源是人类活动的物质基础，特别是工业生产需要消耗大量能源，可以说，人类社会的发展离不开能源，没有大量能源生产的支持，就没有现代经济发展，经济发展水平越高的国家，对能源的依赖程度越高，所以能源发展是全球各国经济发展的重中之重。但随着世界经济快速发展，人类生活水平普遍提高，高耗能的生产方式和消费方式成为主流，能源消耗需求与日俱增，对能源生产形成巨大压力，特别是不可再生的化石能源被大量采掘和消耗，已经成为自然界不可承受之重。传统化石能源的日渐枯竭和可再生能源开发不足威胁到经济增长对能源的需求，能源安全问题也日益成为国际社会关注的焦点，能源短缺也成为国家战略安全的隐患和制约经济社会可持续发展的瓶颈。保障能源供应，是经济持续增长和人民生活水平提高的前提条件，一国能源供应既可以依靠本国的能源生产，也可以从国外进口，当能源危机威胁到所有国家时，依靠进口能源将会影响到国家战略安全，所以，本国的能源禀赋和能源自给能力将是一国拥有国际竞争优势的保证。

如表 5－4 所示，二氧化碳排放的主要来源是煤炭、石油和天然气等化石能源的消耗，煤炭消耗的碳排放强度最大，水电、核电和太阳能等清洁能源在生产和使用中不排放或者仅排放少量二氧化碳。因此，一国能源消费规模和结构决定了碳排放水平，而一国能源禀赋又决定了其能源消耗规模和消费结构。拥有丰富煤炭和石油等化石能源的国家，比较容易获得这些化石能源，其经济发展对能源的消耗以这些化石能源为主，也没有积极性去开发其他能源。相反，煤炭和石油等化石能源比较贫乏的国家，面对国际能源争夺和能源危机，考虑到国家能源安全和战略安全，就会积极开发非化石能源。开发新能源和可再生能源不但能够增强能源供给能力，还能够优化能源结构，这是解决能源安全问题的关键所在，也是维持一定能源消耗情况下达到碳减排目标的关键所在。开发可再生能源同样取决于各国资源禀赋，水能资源丰富的国家可以大力开发水电，太阳能和风能的开发也受制于自然条件。

表 5－4　主要种类能源碳排放强度

能源种类	碳排放强度	能源种类	碳排放强度
原煤和洗精煤	0.7559	柴油	0.5921
焦炭	0.8550	燃料油	0.6185
其他焦化产品	0.6449	液化石油气	0.5040
原油	0.5857	天然气	0.4483
汽油	0.5538	焦炉煤气	0.3548
煤油	0.5714	水电、核电	0

资料来源：IPCC. IPCC Guidelines for National Greenhouse Gas Inventories 2006［R］. 2006. http://www. ipcc-nggipiges。

由于各种能源价格、可获得性和应用技术要求不同，处于不同发展阶段的国家，对不同能源消耗需求也有差别，在生产、交通和照明等领域会选择不同的能源。一般而言，低收入国家由于资金和技术限制，比较倾向于使用木材和煤炭等价格较为低廉的材料做能源，能源利用效率较低，结果就是大量排放二氧化碳的同时，破坏了森林等自然资源，进一步恶化了生态环境，增加了碳减排压力。高收入国家则能充分利用技术优势，大量使用太阳能、核电等清洁能源，能源利用效率也比较高，节约了石油、煤炭等化石能源消耗，也能够有效保护生态环境，有利于实现碳减排目标。所以，从能源角度来看，影响一国低碳经济竞争力的不仅仅是能源消费总量，能源禀赋、能源生产和能源消费结构对碳减排能力也有显著影响。

四　小结

低碳经济竞争力金字塔模型首先是一个综合型模型，六个基本要素之间相互依赖、相互影响，构成一个互动的整体，任何一个因素的变化都会影响到其他因素，使其他因素的表现发生变化。机遇的出现会影响政府和企业的决策，改变技术发展方向；政府对发展低碳经济的态度以及各种政策工具的实施，会主导产业发展步骤及其调整方向，也会影响低碳技术的研发、推广和应用，对环境保护和能源开发也有直接影响；科技是提高企业生产效率的基础，也是提高产业竞争力的核心，科技水平也决定了新能源产业的发展水平和发展方向；产业发展水平和产业结构是政府出台各种政策工具必须考虑的基础条件，也决定着技术研发的投入和应用推广，产业发展水平还直接决定了能源生产和消耗，对环境也有重大影响；环境和资源禀赋等自然条件不但是产业发展支撑，也是各种环保政策工具的目标因素；能源是经济活动的基础，左右着政府的能源政策工具和产业发展方向，能源禀赋也是刺激低碳技术研发的重要因素。经济发展水平和环境条件不同的国家，六大要素之间相互影响的程度会有差别，作用过程也不尽相同，但通过六个要素可以反映出一国各种条件的状态，低碳经济竞争力是六个基本因素综合作用的结果。

低碳经济竞争力要素模型是一个动态型模型，不但反映了一国当前拥有的各种要素对低碳经济竞争力的影响，也可以通过创造竞争优势来提升竞争力，更重要的是提升潜在竞争力。低碳基础竞争力和低碳效率竞争力是现实竞争力的体现，低碳创新竞争力是对未来竞争力的体现，是对未来的一种态度和把握能力，体现了一种可持续发展思路。

低碳经济竞争力要素模型是一个开放型模型，低碳经济是国际碳减排合作与竞争的结果，低碳经济竞争环境是国际市场，低碳经济竞争力必定要体现国际低碳经济对国内的影响。低碳经济竞争力要素模型中的要素都具有开放性质，都会受到国际竞争与合作的影响。

低碳经济竞争力要素模型的作用在于，可以利用该模型评估各国如何利用或创造这些要素，并对这些要素进行优化配置、组合，创造出一个国家或地区低碳经济发展的竞争优势，这六大要素及其内在相互关系就是分析一个国家或地区低碳经济竞争力的必要工具。也可以利用该模型引导一国或产业分析自身所处的环境和所拥有的要素的差异，明确提升低碳经济竞争力的路径。

第六章
低碳经济竞争力综合评价体系

低碳经济竞争力机理分析和模型分析是认识竞争力的理论和方法，要从实践角度比较准确地判断一国低碳经济竞争力，分析其竞争过程中表现的强项和不足。竞争力评价方法一直伴随着竞争力理论发展而不断丰富，既有单一指标法，也有多指标综合法，对于多指标综合法，根据处理方式不同，又有指标体系法、主成分分析和因子分析、包络曲线法（DEA）、层次分析法等常用方法。最常用的多因素综合评价方法，是通过构建评价指标体系，收集统计数据和调查数据，利用评价模型测算竞争力得分，从而度量竞争力并分析其影响因素，综合评价的核心是建立指标体系和评价模型。

第一节　IMD 和 WEF 国际竞争力评价方法

当前，研究评价国家竞争力有影响力的研究机构当数瑞士国际管理发展学院（IMD）和世界经济论坛（WEF），这两个机构每年都定期发布国际竞争力报告，得到广泛认可，它们的国际竞争力理论、评价方法和评价结果大大加深了人们对国际竞争力的认识，为人们了解国际经济竞争发展的格局和态势，探求各个国家在国际经济竞争中的地位、优劣势和努力方向，提供了可供参考的理论、方法和依据。两个机构都认为一国的经济体制和宏观经济环境决定了一国的国际竞争力，它们包括国内经济实力、国际贸易、公共管理、金融、基础设施、企业管理、技术基础、国民素质、健康与环境、政策法规、劳动力市场及流动性等因素。

一　IMD 国际竞争力评价体系

IMD 对国际竞争力的最新定义是国家或企业如何管理综合要素以实现更大的繁荣，它们认为，评价一国竞争力不应仅看其经济增长和经济成就，而应该更多地考虑诸如环境、生活质量、技术、知识等竞争力“软要素”。IMD 对世界各国和地区国际竞争力的发展过程与趋势进行测度，并分析其国际竞争力的优劣势，经过多年的补充和完善，已经形成了比较全面和成熟的国际竞争力综合评价体系和方法。目前，该评价指标体系由四大要素、20 个子要素、327 个指标构成（具体见表 6 - 1），但只有 246 个指标参与竞争力测算，其他 81 个指标只作为参考依据，这些指标具体内容包括社会、政治、经济、文化、技术、产业结构、政策、法律、制度等因素。

表 6 - 1　IMD 国际竞争力评价指标体系

要素	子要素	指标数
经济绩效（Economic Performance）	国内经济、国际贸易、国际投资、就业、物价	76
政府效率（Government Efficiency）	公共财政、财政政策、经济体制、商业立法、社会结构	71
企业效益（Business Efficiency）	生产率、劳动力市场、金融、商业管理、态度与价值	67
基础设施（Infrastructure）	基础设施、技术基础、科研基础、健康与环境、教育	113

资料来源：IMD. World Competitiveness Yearbook 2010［R］. 2010. http://www. imd. ch。

IMD 国际竞争力评价体系建立在大量的统计数据和调查数据基础之上，除了反映宏微观经济发展水平的绩效指标外，还有大量涉及制度、法律、教育、科技等方面的指标，既含有 135 个描述经济现状的客观指标，也有 110 个广泛调查的反映国家政策、制度、环境、社会福祉的主观评价指标。指标体系强调以国家或地区的政府作为竞争主体，通过经济社会发展的数据来表现，重点评价政府在提升企业竞争力、增进人民福祉的过程中发挥的作用与能力。

IMD 国际竞争力评价体系是一种运用综合要素评价国家竞争力的成熟方法，不但形成了比较全面和完善的指标体系，还依据大量的统计数据和调查数据进行国际竞争力排名，反映了国家之间的竞争力差距，使各个国家能够比较清楚地了解到自己的强项和不足。通过单独列出表现最差的20个指标和亟待改进的主要方面，给各国提供了非常有价值的参考依据。

二　WEF国际竞争力评价体系

世界经济论坛（WEF）每年都发布全球竞争力报告，公布全球竞争力指数（GCI），从微观和宏观经济角度探讨世界各国实现经济稳定增长和长期繁荣的因素，并把国际竞争力定义为决定一国生产率水平的制度、政策和影响因素。WEF认为竞争力是竞争资产和竞争过程的有效结合，资产必须成功转化成财富才能形成竞争力，高效的竞争过程能够弥补资产缺乏的劣势，创造出竞争力。它们还认为，竞争力是可以测度的，包括可以量化的“硬指标”和不可以量化的“软指标”，从长远来看，“软指标”对一国保持竞争力更重要。WEF的全球竞争力指标体系涵盖三大竞争要素、12个竞争支柱、110个指标（具体如表6－2所示）。

表6－2　WEF全球竞争力要素构成指标

竞争要素	竞争支柱	指标数	说明
一、基础条件	支柱1：制度	18	公共机构和私营机构两部分，包括产权保护、司法、政府效率、企业治理等指标
	支柱2：基础设施	8	各种交通、通信设施建设和应用评价
	支柱3：宏观经济	5	财政、利率、储蓄、通胀等
	支柱4：健康和初等教育	11	疾病控制、婴儿死亡率、预期寿命，初等教育的入学率、费用和教学质量等
二、效率提升	支柱5：高等教育和培训	8	高等教育入学率、费用、教育质量、培训质量等
	支柱6：商品市场效率	15	国内市场的竞争、反垄断、税收，国际贸易壁垒、国际投资，消费者等
	支柱7：劳动市场效率	10	工资刚性、招聘和解雇、人力资源管理等
	支柱8：金融市场成熟度	9	贷款、资本流动限制、保护投资、银行效率、证券交易规则等
	支柱9：技术准备	8	最新技术、技术转移和吸收、电脑网络应用等
	支柱10：市场规模	2	经济总量、进出口等

续表

竞争要素	竞争支柱	指标数	说明
三、创新与成熟度	支柱 11：商业成熟度	9	商业网络、价值链、市场营销、公司治理等
	支柱 12：创新	7	科技研发、技术创新、政府支持、智力开发
合　计	12	110	

资料来源：WEF. The Global Competitiveness Reports 2009 - 2010 ［R］. 2010. http：//www.EFORUM. org。

WEF 的国际竞争力指标体系主要说明一国或地区经济生产率、经济增长和经济繁荣水平是如何决定的，但这些经济指标都可以用包括制度、政策、各种要素在内的各种因素来解释，所以 WEF 的 GCI 指标体系中没有纳入常见的经济指标，特别是国民核算体系的产出和增加值指标很少，更多的是对制度、效率、质量的主观评价指标。这就造成 GCI 指标体系中有客观数据的“硬指标”较少，而通过调查反映主观评价的“软指标”较多，2009 ~2010 年参评指标有 110 个，其中硬指标只有 34 项，约占指标总数的 30%。另外，GCI 指标体系更注重反映一个国家的潜在竞争力和长期竞争力，根据经济发展阶段的不同，把参评国家以人均 GDP 高低为标准，划分为要素驱动、效率驱动和创新驱动三个阶段以及两个中间过渡阶段，总评时给予三个竞争要素不同的权重，属于要素驱动的经济落后国家“基础条件”要素的权重为 60%，“创新与成熟度”要素的权重只有 5%，属于创新驱动的经济发达国家“效率提升”要素和“创新与成熟度”要素的权重分别提高到 50% 和 30%。

三　简要述评

尽管 IMD 和 WEF 国家竞争力评价体系在 20 多年里不断完善，其评价方法和评价结果也得到全球广泛认同，但对其也要有正确客观的认识。首先，这两大评价体系都是以自由市场经济为标准的，很多指标的设置对发展中国家并不公正。比如关税和贸易保护方面，特别是金融市场的完全开放，忽略了发展中国家保护弱小产业、维护国家金融安全的要求，完全偏向于欧美发达国家，还有一些经济社会发展的人均指标也对中国等人口大国不利。其次，两大评价体系中都大量使用定性指标，这就使得调查结果的准确性严重依赖于所收回的调查问卷的准确性和代表性，由于国际竞争力涉及问题的多样性和竞争力指标的多变性，被访问者的理解不同使得回答结果出现很大偏差，个人的主观性甚至偏见都会影响到评价结果的正确性。最后，由于两大评价体系包含的指标数量都非常多，指标之间的重复性比较明显，产生大量的信息冗余，并且指标体系中对不同层次、重要性不同的指标采用相同的权重计算得分，不能很好地反映不同指标在指标体系中的地位。

第二节　低碳经济竞争力评价体系

根据低碳经济竞争力要素模型，影响一国低碳经济竞争力的六大要素包括机遇、机制、科技、产业、环境和能源，涉及面非常广，既是一个国家或地区内经济运行的体系，也是国际经济环境影响的结果。低碳经济是一个极为复杂的系统，决定和影响低碳经济竞争力的因素很多，各因素之间存在复杂的关系，对它进行系统的综合分析评价不是一件容易的事，必须要建立一个综合评价体系，才能把各种主要因素纳入低碳经济竞争力评价结果中来，评价结果才能比较具体、准确，具有指导性和可操作性。综合评价体系的关键是要建立一套能够客观、准确地反映各国低碳经济竞争力水平的指标体系，以及一个科学、合理的数学评价模型，这是对低碳经济竞争力进行综合评价、分析和研究的基础和关键。

一　指标体系构建原则

低碳经济竞争力是对低碳经济竞争优劣势的客观反映，因此构建评价指标体系一方面要遵循构建指标体系的一般原则，另一方面还应根据低碳经济竞争力的特点来确定，需遵循以下原则。

1. 科学性和客观性原则

评价指标体系的设计要符合低碳经济发展的客观规律，要反映低碳经济竞争的特征和要求，更要能体现低碳经济竞争力的内涵、内在结构和现实状况。要以低碳经济竞争力要素模型为基础，充分吸收构建低碳经济竞争力要素模型的思想内涵，比较全面地反映模型中各要素对低碳经济竞争力的贡献和影响。纳入指标体系的各个指标必须有明确的含义、统计口径和范围，尽可能采用国际上通用的名称或者概念，是公开统计体系的指标，能够为大多数人所理解和接受，能够在时间和空间上对评价对象进行比较。指标是客观的，也是可比的，要求指标数据能够采集，有权威、可靠的数据来源，指标和模型的统计、计算、比较和分析有客观依据，以保证评价工作能够顺利进行并保证评价结果的可信度。

2. 整体性和完备性原则

低碳经济综合运行系统，包括经济系统、能源系统和生态系统三个部分，内部关系非常复杂，各个子系统之间相互影响、相互制约，与低碳经济竞争存在千丝万缕的关系。综合评价的优势在于能够通过一套指标体系较为全面地反映评价对象，低碳经济竞争力指标体系作为一个整体，应该能比较全面地反映影响低碳经济竞争力的各个要素，要能全面、科学、准确地反映整个低碳经济系统的水平和特征。指标体系既要涵盖机遇、机制、科技、产业、环境和能源六大要素，也要能够体现国内和国外两大市场对低碳经济竞争的影响。指标体系不可能涵盖所有经济和碳排放相关指标，但必须比较全面地反映当前国际低碳经济竞争中迫切需要解决的主要问题，即哪些关键因素影响了低碳经济竞争力，应该选择那些有代表性、信息量大的指标。

3. 逻辑性和层次性原则

指标体系不是把相关指标简单地罗列在一起，而是要按照一定的逻辑关系进行组合，体现出合理的结构层次关系。选择的指标一方面要尽量从各个不同角度全面完整地反映各个国家低碳经济竞争的优劣势；另一方面又要反映对象的主要信息，力求精简和指标的相对独立性，尽可能不互相重叠或形成相互包含的因果关系，以尽可能少的指标涵盖尽可能多的信息，反映评价对象的发展状况。基于评价对象的复杂性，难以一次性地全面洞悉问题的各个方面，需要将评价内容分解为多个层次、多个子系统，即采用逐层分解的方法，将指标体系构造成一个有序、系统的层次结构，反映处于不同层次指标的从属关系和相互作用。

4. 动态性和前瞻性原则

发展低碳经济是个动态过程，低碳经济竞争是一个动态、连续的过程，低碳经济竞争力是可变的，指标体系必须要能够反映低碳竞争力的动态性特点，要充分考虑到低碳经济发展的趋势和未来状况。需要选择具有预见性的前瞻性指标，这些指标不仅能够反映评价对象的过去和当前状态，也能够反映未来的发展趋势。从竞争力评价来看，指标体系既要体现一国发展低碳经济的当前要素和资产，也要体现创造竞争优势的能力和潜力。

5. 普遍性和导向性原则

竞争力高低是一个相对概念，比较优势和竞争优势都是不同对象相互比较的结果，只有一个对象不会有竞争力评价。低碳经济竞争力评价是为了反映不同国家发展低碳经济的竞争优势，需要在多个国家之间比较，指标需要能够适应所有评价对象，具有普遍性，不能偏重于部分国家，而对其他国家不利。指标体系要经得起不同观点和意见的质疑、推敲和论证，经得起事实检验。低碳经济竞争力评价的关键还在于引导，所选取的指标要引导决策者、企业和居民支持发展低碳经济，要有导向性作用，能够促进人们在低碳发展模式下生产和生活，有利于提升低碳经济竞争力。

二　指标体系

基于低碳经济竞争力要素模型，根据低碳经济竞争力的内涵、要素模型和特征，依照指标体系构建原则，采用国际竞争力评价体系的主流研究方法，采取自上而下、逐层分解的方法，建立一个由三个层次指标构成的低碳经济竞争力指标体系。

首先，根据低碳经济竞争力评价的目的和意义，建立一个一级指标（目标层），即低碳经济竞争力，用以反映低碳发展模式下一国实现经济增长和国民财富增加的能力。低碳经济竞争力高的国家表现为经济增长的同时碳排放下降，要求实现单位产出的碳排放越少越好，即碳排放强度越低越好，或者是单位碳排放的经济产出越高越好，即碳生产力越高，其竞争力越强。

其次，以低碳经济竞争力要素模型为基础，建立 4 个二级指标（准则层），即低碳环境竞争力、低碳产业竞争力、低碳效率竞争力和低碳创新竞争力，反映一国低碳经济竞争的基础竞争力、现实竞争力和潜在竞争力，也反映了一国在低碳经济竞争中的竞争资产和竞争过程。因为二级指标也是综合性指标，还需要更为具体的指标来体现。

最后，根据对低碳经济竞争力要素模型中各竞争过程的影响要素分析，每个二级指标包含若干个三级指标（指标层），从不同侧面反映影响二级指标竞争力变化的原因，共有 26 个三级指标。这些三级指标都是客观性数据指标，在指标体系中居于基础性地位，尽可能使用现行国际统计体系中公开发布的指标数据，这些指标也都是相关领域公认的能够反映评价对象特征的指标。由于受统计体系不完善和统计指标不完整的限制，根据研究的需要，指标体系中也有个别指标是根据现有指标计算出来的合成指标或代替指标。根据三级指标对所属二级指标作用不同，还确定了三级指标的正方反向。具体指标体系如表 6－3 所示。

表 6－3　低碳经济竞争力评价指标体系

一级指标：低碳经济竞争力							
准则层	权重	指标层	指标说明	指标单位	方向	权重	数据来源
低碳环境竞争力	0.154	人口密度	单位国土面积居住人口	人/平方公里	反向	0.143	UN①
		森林覆盖率	森林面积占国土面积比重	%	正向	0.144	UN
		碳汇建设	森林面积增长率	%	正向	0.041	UN
		水电资源	水电理论装机容量	亿千瓦时/年	正向	0.186	国际统计年鉴②
		人力资源	15～64 岁人口比重	%	正向	0.088	国际统计年鉴
		技术环境	网络用户比重	%	正向	0.347	UN
		商业环境	企业开业平均所需时间	天	反向	0.051	UN
		（7 个）					
低碳产业竞争力	0.188	产业结构	第三产业增加值占 GDP 比重	%	正向	0.281	UN
		产出物耗	单位 GDP 钢铁消耗	万吨/万美元	反向	0.182	UN
		能源自给率	能源生产量占一次能源供应量比重	%	正向	0.223	中国能源统计年鉴③
		国际贸易输出	货物贸易顺差占 GDP 比重	%	反向	0.115	UN
		国际资本输入	资本账户和金融账户盈余	亿美元	正向	0.021	UN
		投资率	固定资产投资占 GDP 比重	%	正向	0.178	UN
		（6 个）					
低碳效率竞争力	0.343	经济增长速度	GDP 年均增长率	%	正向	0.163	UN
		经济发展水平	人均地区生产总值	美元	正向	0.158	UN
		清洁能源比重	清洁能源占能源消费比重	%	正向	0.117	BP④
		能源消耗强度	单位 GDP 综合能耗	吨标油/万美元	反向	0.198	BP
		碳排放强度	单位 GDP 二氧化碳排放量	吨 CO_2/万美元	反向	0.191	IEA⑤
		人均碳排放	人均二氧化碳排放量	吨 CO_2/人	反向	0.006	IEA
		碳减排	碳排放总量年均增长率	%	反向	0.167	IEA
		（7 个）					

续表

一级指标：低碳经济竞争力							
准则层	权重	指标层	指标说明	指标单位	方向	权重	数据来源
低碳创新竞争力	0.315	人力资源开发	公共教育支出占 GDP 比重	%	正向	0.070	UN
		社会劳动生产率	就业人口平均产出	美元/人	正向	0.228	国际统计年鉴
		研发投入	R&D 占 GDP 比重	%	正向	0.188	美国统计年鉴⑥
		电力碳排放	单位电力供应的碳排放	克 CO_2/千瓦时	反向	0.199	IEA
		能源消耗弹性	能源消耗增速与 GDP 增速之比	%	反向	0.224	BP
		高新技术产品出口比重	高新技术产品出口占制造业产品出口总额比重	%	正向	0.091	UN
		（6 个）					

注：①指联合国网站数据库（http：//data. un. org）；

②中国国家统计局．《国际统计年鉴 2013》［M］．北京：中国统计出版社，2013；

③中国国家统计局．《中国能源统计年鉴 2013》［M］．北京：中国统计出版社，2013；

④BP Statistical Review of World Energy ［R］．June 2013． http：//www. bp. com；

⑤International Energy Agency. CO_2 Emissions from Fuel Combustion Highlights 2013；

⑥U. S. Census Bureau. *Statistical Abstract of the United States*：*2013* ［M］． Skyhorse Publisling，2013。

1. 低碳环境竞争力

根据对低碳环境竞争力的界定，低碳环境是一个广义的范畴，既包括自然环境，也包括经济环境、社会环境和科技环境等。根据低碳经济竞争力要素模型中对低碳环境竞争力影响要素的分析，主要包括科技、产业、环境和能源四大要素，据此设计 7 个三级指标代表低碳环境竞争力的影响要素。

（1）人口密度。人口密度通常以每平方公里的常住人口为计量单位，反映某一国家或地区范围内人口疏密程度。人口密度越高，经济活动对自然环境和大气环境的影响越大，生态环境的自动适应能力和调整能力越弱。人口密度是反映一国经济社会活动对低碳自然环境影响程度的指标。

（2）森林覆盖率。森林是二氧化碳的吸收器、储存库和缓冲器，是吸收并存储二氧化碳的最有效途径，在降低大气中温室气体浓度、减缓全球气候变暖中具有十分重要的独特作用。森林覆盖率越高，吸收并储存二氧化碳的能力越强，能够大大降低大气中二氧化碳的浓度。森林覆盖率是反映一国生态环境和碳汇能力的重要指标，由一个国家或地区的森林面积/土地总面积计算得到。

（3）碳汇建设。碳汇一般是指从空气中清除二氧化碳的过程、活动、机制，包括林业碳汇，也包括生产过程中的二氧化碳捕获、存储和利用。由于生产中的碳汇技术还在不断完善，商业应用较少，没有完备的统计资料，目前主要的碳汇途径还是林业碳汇，所以选择森林面积增长率衡量一国植树造林工作成效，作为碳汇建设的主要评价指标。

（4）水电资源。水电资源作为可再生清洁能源，具有可再生、无污染、运行费用低的特点，是非化石能源的重要组成部分，也是当前非化石能源中应用技术最为成熟、应用最为广泛的能源，是发展低碳经济能源供应的主要种类。一国是否拥有丰富的水电资源，决定了水电开发的潜力，这里选择水电理论装机容量代表一国发展低碳经济可供开发利用的资源。

（5）人力资源。人力资源又称劳动力资源或劳动力，是指能够推动整个经济和社会发展、具有劳动能力的人口总和。人力资源数量是具有劳动能力的人口数量，人力资源质量指经济活动人口具有的体质、文化知识和劳动技能水平。劳动力是生产活动的基本要素，充足的人力资源有利于生产的发展，也是影响竞争力的主要因素。这里选择15～64岁人口数量占全部人口的比重代表一国人力资源。

（6）科技环境。现代科学技术飞速发展，科学技术在生产中发挥越来越重要的作用，科学技术发展水平成为影响整个社会生产率的主要因素。科技发展水平既包括科学技术研究水平，也包括科技应用水平，既指企业生产中的科技应用，也包括消费者的科技应用。科技的广泛应用，一方面可以提高生产力，促进经济增长；另一方面可以大量节约物质资源和能源消耗，减少碳排放。这里选择网络用户比重代表信息技术应用水平，也代表整个科学技术的普及程度。

（7）商业环境。一国经济增长的主体单位是企业，企业的发展关乎一国经济整体发展，而企业面临的商业环境对于培养企业竞争力非常重要。

商业环境包括政治和制度环境、宏观经济稳定性、私人企业政策、外来投资政策、融资和基础设施等方面，既有政府政策的影响，也是企业竞争过程中自主形成的环境。这里选择企业开业平均所需时间代表企业面临的经营环境，所需时间越短，说明政策约束越小，效率越高。

2. 低碳产业竞争力

根据对低碳产业竞争力的界定，低碳产业是一个广义的范畴，不仅仅是与低碳相关的新能源、新技术产业，还包含了低碳发展模式下的整个经济的产业规模和产业结构。根据低碳经济竞争力要素模型中对低碳产业竞争力影响要素的分析，主要包括科技、产业、环境和机制四大要素，据此设计 6 个三级指标代表低碳产业竞争力的影响要素。

（1）产业结构。低碳模式的产业体系是发展低碳经济的核心，也是低碳经济竞争的重要内容。一般而言，能源消耗和碳排放主要发生在第二产业的工业和建筑业两大领域，第三产业除了交通运输以外，其他产业都是属于低能耗产业，碳排放量少。所以，第三产业在国民经济中的比重高，能源消耗和碳排放越少，越有利于发展低碳经济，另外，第三产业比重高，也是一国经济发展水平高的表现。这里选择第三产业增加值占 GDP 比重作为衡量一国或地区低碳经济产业结构的指标。

（2）产出物耗。比如生产钢铁、铝等冶金产品和水泥等建材都需要消耗大量的能源，如果经济生产活动中消耗大量的物质资源，能源消耗也会很高，就会排放大量二氧化碳，所以低物耗也是低碳经济的重要体现。由于生产和消耗的物质产品种类繁多，这里选择钢铁为代表，用单位 GDP 钢铁消耗代表经济活动的物质消耗水平。

（3）能源自给率。本国生产的能源不足以满足经济活动需求时，可以通过进口途径从国际市场获得能源，本国能源充沛的国家也可以出口能源发展本国能源产业。但国际经济变化引致能源价格波动，另外，碳关税的征收也可能波及国际能源价格，依靠能源进口的国家容易受到能源价格波动影响，进而影响到国家能源安全，不利于经济稳定增长。所以，能源自给率高的国家，竞争优势更明显。

（4）国际贸易输出。一般而言，一国出口规模越大，说明其商品在国际市场中竞争力越强，但国际碳减排机制会改变传统国际竞争模式，低碳模式下过多出口物质产品就不再是竞争优势，而是竞争劣势。因为产品生产过程中消耗能源和排放二氧化碳，碳排放责任归结为生产国或者出口国，而进口国消费物质产品不用承担碳排放责任，特别是当征收碳关税时，物质产品出口会进一步转化成劣势，只有服务贸易净出口才体现低碳经济竞争优势。所以，选择货物贸易顺差占 GDP 比重代表一国在国际低碳经济贸易体系中的地位。

（5）国际资本输入。经济增长的主要投入要素是资本，资本拥有量和吸引资本的能力是一国的重要竞争优势，特别是吸引国外资本是创造竞争优势的能力。对国际资本的吸引除了外商直接投资（FDI）以外，还包括金融资本，以及本国对国外投资的收益，这里选择国际收支平衡表中的资本账户和金融账户盈余代表一国吸引国际资本的能力。

（6）投资率。投资是资本集聚和资本集中的重要方式，也是扩大再生产的前提，是经济增长的基本要素，没有一定的投资，就不能保证经济的稳定增长。但投资规模过大，需要大量固定资产，容易形成“碳锁定”，也就是说，在当前低碳技术不成熟的情况下投资形成的生产力是一种“高碳”生产力，不利于以后的低碳技术改造和应用。而且，高投资、低产出也是一种低效率的表现，所以，选择固定资产投资占 GDP 比重代表低碳产业发展的潜力。

3. 低碳效率竞争力

根据对低碳效率竞争力的界定，低碳效率是一国低碳模式下经济发展的成就和表现，反映了碳减排和经济增长的协调关系。根据低碳经济竞争力要素模型中对低碳效率竞争力影响要素的分析，主要包括科技、产业、环境和能源四大要素，据此设计 7 个三级指标代表低碳效率竞争力的影响要素。

（1）经济增长速度。保持一定的经济增长速度是一国经济发展的重要保障，也是经济发展的重要目标，一国经济增长速度越快，其财富创造能力越强。特别是在能源约束的低碳发展模式下，仍然保持持续稳定增长的经济，才是具有竞争力的经济。一般用地区生产总值代表产出，地区生产总值增长率代表经济增长速度。由于任何一个国家或地区的经济增长速度都会发生波动，为了避免这种增长波动导致不客观的评价，这里采用近三年的平均增速，更有代表性。

（2）经济发展水平。人均地区生产总值是衡量一个国家或地区经济发展水平的常用指标，经济发展水平达到一定高度以后，有利于经济发展方式转型，更加注重经济增长效益和增长质量，更加注重环境保护。尽管经济增长过程中，收入越高，生产和消费能力越强，会消耗更多能源，排放更多二氧化碳，但库兹涅茨曲线说明，达到拐点以后，经济发展水平越高，对环境保护力度越大，碳排放量会逐渐降低。

（3）清洁能源比重。根据碳排放程度不同，能源消耗主要分为四大类：煤炭、石油、天然气和非化石能源。非化石能源又包括水电、风电、太阳能、核能等清洁能源。能源消耗中二氧化碳排放主要来自前三类化石能源，为完成碳减排任务的能源约束会影响经济正常运行，而清洁能源则能满足经济运行的需要，且不会排放二氧化碳。清洁能源消耗占能源总消耗的比重越高，能源约束对经济增长的负面影响越小，竞争优势越明显。

（4）能源消耗强度。如果经济增长过度依靠能源资源的投入，而且能源资源使用效率偏低，不仅造成极大浪费，还带来严重的环境污染和大量的二氧化碳排放，会制约经济的可持续发展，也不符合低碳模式的发展要求。能源消耗强度越低，说明能源利用效率越高，单位能源消耗的产出越大，经济增长对能源的依赖就比较小，低碳发展模式下的能源约束对经济增长的影响较小，用单位 GDP 综合能耗反映一国或地区能源利用效率。

（5）碳排放强度。能源消耗不一定产生碳排放，只有化石能源消耗才排放二氧化碳。在低碳发展模式下，较大的经济产出只产生较少的碳排放量，碳排放强度就是衡量一国或地区经济发展中碳排放效率的指标，可以用二氧化碳排放量除以地区生产总值来计算。

（6）人均碳排放。人均碳排放衡量的是全球每一个人都有公平的碳排放权，尽管目前国际碳减排机制还没有明确各国碳减排任务的分配标准，但人均碳排放应该是一个较为公平也能获得大多数国家认可的标准，人均碳排放较低的国家，其面临的碳排放约束就会小一些，有利于保持经济增长。

（7）碳减排。碳减排能力反映了一国发展低碳经济的能力，也是实现低碳经济转型的重要体现，还是低碳经济竞争力的重要表现，因为按照前述低碳经济竞争力的定义，碳减排能力和财富创造能力是低碳经济竞争力的两个核心组成部分。由于碳排放量会受到多种因素的影响，每年的碳减排或者碳排放增长具有不确定性，为了方便比较，用近三年碳排放总量的年均增长率衡量一国的碳减排能力。

4. 低碳创新竞争力

根据对低碳创新竞争力的界定，低碳创新培育一国低碳经济未来竞争优势，反映了科技进步对低碳经济竞争力的影响。根据低碳经济竞争力要素模型中对低碳创新竞争力影响要素的分析，主要包括机遇、机制、科技和产业四大要素，据此设计6个三级指标代表低碳创新竞争力的影响要素。

（1）人力资源开发。人力资源既有数量，也有质量，即劳动力的素质。当代科学技术飞速发展，生产中广泛应用现代科学技术，经济发展主要依靠劳动力素质的提高，提高人力资源的质量在经济发展中的作用越来越重要。所以，还需要借助于教育培训、激发鼓励、科学管理等手段来丰富一国的人力资源，其中教育投入是最重要的影响因素。我们选择公共教育支出占 GDP 比重反映一国政府对人力资源开发的投入水平，也反映了人力资源开发力度。

（2）社会劳动生产率。社会劳动生产率是以全社会为单位来计算单位产品所耗费的社会平均必要劳动量，可以用同一劳动在单位时间内生产某种产品的数量来表示，单位时间内生产的产品数量越多，劳动生产率就越高，这是衡量全社会范围内生产力的重要尺度。劳动生产率高的国家，其单位产品的价值量就少，在国际竞争中具有成本优势和价格优势，所以，提高全社会劳动生产率是提升国际竞争力的关键因素。这里用就业人口的平均产出来衡量一个国家或地区的劳动生产率。

（3）研发投入。研究和发展活动（R&D）包括基础研究、应用研究和试验发展等活动，研究和发展活动成果是科技进步的基础。科学技术进步的动力在于大量的科技投入，大幅增加科技投入成为很多国家提升竞争力的国家战略，其中对研究和发展活动的投入最为重要，R&D 经费是科技创新的基础，是培养科技人才和创造科技成果的前提。选用 R&D 经费占地区生产总值比重代表一个国家或地区对科技研发投入水平。

（4）电力碳排放。电力的发明和应用掀起了第二次工业化浪潮，在经济活动中电力得到最为广泛的应用，发电方式目前主要有火力发电、太阳能发电、风力发电、核能发电、氢能发电、水力发电等。考虑到成本和可控性等因素，在很多国家以煤炭为燃料的火力发电依然是主要电力来源，不可避免地排放大量二氧化碳。因此，生产单位电力所排放的二氧化碳量的高低，就成为衡量一个国家或地区电力供应中低碳技术水平的指标。

（5）能源消耗弹性。能源消耗强度只是反映了某一特定时期内的能源利用效率，是静态指标，不能够体现节能减排效果。能源消耗弹性系数是反映能源消耗增长速度与国民经济增长速度之间比例关系的指标，其发展变化与国民经济结构、技术装备、生产工艺、能源利用效率、管理水平乃至人民生活水平等因素密切相关，是动态指标，能够反映能源利用技术和效率的变化。随着经济发展方式向低碳模式转变，以及低碳技术的广泛应用和能源利用效率的提高，能源消耗弹性系数会趋于下降，碳减排能力也会相应提升。为了保证国际比较的客观性和指标稳定性，这里的能源消耗增长速度和国民经济增长速度的计算都是采用近三年内的平均增速。

（6）高新技术产品出口比重。高新技术产业规模是科技进步依托下产业发展的体现，科技水平越高，产业化效益越显著的国家，高新技术产业在整个国民经济中的比重就越高。高新技术产品一般是技术密集型、知识密集型产品，具有更高的附加值和平均利润率，比一般产品更具有竞争优势，而一个国家或地区高新技术产品出口规模的扩大，则是其国家创新能力的重要体现。这里选择高新技术产品出口额占制造业产品出口总额比重来反映一国的技术创新竞争力，用以衡量其低碳经济发展潜力，以及未来竞争力。

三　评价对象和数据收集

在选择国际比较对象时，涵盖的范围要有一定的代表性，即评价的这些国家在国际上有一定的影响，具有较强的经济实力，能够对国际经济关系变化产生较大影响。更重要的一点是这些国家都关注并着力发展低碳经济，在制定国际碳减排机制中发挥较大作用，积极主动参与国际低碳经济竞争，本书研究对象选取二十国集团国家。由主要发达国家和新兴市场经济国家组成的二十国集团（简称 G20）成立于 1999 年，是由 19 个成员国和欧盟共同组成的国际经济合作论坛，属于布雷顿森林体系框架内非正式对话的一种机制。19 个成员国包括阿根廷、澳大利亚、巴西、加拿大、中国、法国、德国、印度、印度尼西亚、意大利、日本、墨西哥、俄罗斯、沙特阿拉伯、南非、韩国、土耳其、英国和美国。二十国集团已经成为“国际经济合作的主要平台”，每年举行各国财长会议和全球金融高峰会议，旨在促进工业化国家和新兴市场国家就国际经济、货币政策和金融体系的重要问题开展富有建设性和开放性的对话，并通过对话，为有关实质问题的讨论和协商奠定广泛基础，以寻求合作并推动国际金融体制的改革，加强国际金融体系架构，促进世界经济的稳定和持续增长。二十国集团成员国人口占全球人口的2/3，国内生产总值占全球总额的85%以上，贸易总额占80%以上，在国际货币基金组织和世界银行所占的股权份额约65%，可以说二十国集团在全球经济中占有重要地位。

进行低碳经济国际竞争力评价，除了设计指标体系以外，指标数据的收集工作尤为重要，没有数据自然无法进行评价，不是权威可靠的指标数据也不能用于评价。此外，还要求指标具有可比性，即要求同一个指标的统计方法、统计口径和统计来源都相同。联合国推广的国民经济核算体系（SNA）已经得到全世界大部分国家的应用，这在一定程度上保证了指标的可比性，各国相关指标数据大部分都采集自联合国网站，其他几个指标的数据分别采集自国际能源署的二氧化碳统计数据、BP石油公司发布的《国际能源统计年鉴》、中国国家统计局发布的《国际统计年鉴》和《中国能源统计年鉴》，以及美国统计署发布的《美国统计年鉴》。这些指标数据都由国际组织或国家政府正式发布，来源可靠，数据具有客观权威性。数据所属时间是2001～2013年，由于这些年鉴发布数据时价值型指标都是以美元计价，所以不存在汇率换算问题，除了能源消耗强度指标的经济产出是以2000年美元不变价度量以外，其他指标都是以美元当年价格计量。

四　指标权重

在经济系统中，各因素之间的因果关系有的非常密切，有的关系就不会那么显著，反映到层次性指标体系中，同一层次的多个指标对上一级指标的影响也各不相同，比如各个二级指标在一级指标中的作用不同，二级指标中各个三级指标的作用也不相同，评价过程必须反映这种差异性，这就需要给各级指标设定不同的权重。

指标权重是各指标在指标体系中对评价对象所起作用的大小程度，确定每个指标的权重是保证指标体系完整性的必备条件，权重不同，最后的评价结果就会不同，所以，确定指标权重对评价结果有着至关重要的影响，也是关系到评价体系是否客观的关键因素，如果指标的权重不合理，再好的评价体系也将失去意义。一般而言，确定指标权重的方法主要分为客观法和主观法两大类，每一类又有多种不同的具体方法，还有一种就是把主观法和客观法结合起来，称为组合赋权法。客观法确定指标权重是指不用根据人的主观判定，而是根据各指标数据本身变化规律，通过一定的测算模型和技术公式，计算出各指标权重，避免了人为主观性带来的不确定性影响，而且有章可循，操作简便，常用的有方差法、主成分法和熵值法。但客观法确定指标权重的不足之处是容易受到指标数据变化的影响，不一定能准确反映指标的贡献度。

常用的主观法又包括德尔菲法和 AHP 法。德尔菲法又称为专家法，就是在确定评价指标的基础上邀请相关领域多名专家根据专业知识和研究，直接给定各指标的权重，收集以后采用平均法测算各指标权重，再反馈给各专家，提出修改意见。这种方法的优点是能够全面吸纳各方面专家意见，有较强的权威性，容易获得较为广泛的认可。但采用德尔菲法的前提是相关理论基础比较扎实，研究方法都要比较成熟，需要专家对评价对象有比较深入的认识，对同一问题的看法比较接近，否则不同专家的主观性太强，容易受到各位专家本身学识和研究的影响，难以达成共识，操作过程也是费时费力，一般作为其他方法的补充。AHP 法也称为层次分析法，确定指标权重时，主要包括四个步骤：①根据指标体系建立指标层次，同一级指标作为一个层次结构；②邀请专家来衡量同级指标的相对重要性（1 ~9 级），构造同一级指标的两两比较判定矩阵；③计算判定矩阵的特征值和特征向量，据此计算被比较指标的相对权重；④计算同一层各指标的权重，并进行一致性检验。虽然 AHP 法也采用了专家调查法，同样存在一定的主观性，但通过数据模型对专家意见进行处理，并且要通过一致性检验，在很大程度上消除了主观因素的影响，确定的指标权重更有客观性。但 AHP 法确定指标权重也有明显不足，一是不能完全免除主观性影响；二是用 1 ~9 级来判定两个指标的相对重要性，评价级数太多，评价者不容易把握，也容易造成偏差。

所以，构建一个评价体系过程中，选择不同的方法确定指标权重，关键是要依据对评价对象的认识程度，再结合不同方法的特点，采用最有效的方法。由于低碳经济属于新概念、新范畴，对其本质性和规律性的研究比较少，对低碳经济竞争和低碳经济竞争力的研究还处于探索阶段，人们对竞争力的内涵还存在不同的理解，遑论对低碳经济竞争力达成共识，因此，在当前阶段，还不宜采用主观法确定低碳经济竞争力指标权重，以避免认识不同造成的偏差，采用客观法确定指标权重更有现实意义。

本书基于对低碳经济竞争的研究，根据低碳经济竞争力评价指标体系的特点，设计了一种新的确定权重方法。一个指标对另一个指标的作用大小可以换另一个角度来衡量，即两个指标之间的关联程度，当两个指标的关联程度越高时，两个指标之间存在的相互作用关系越明显，在统计上可以用相关系数来度量两个指标的相关程度。由于低碳经济竞争力指标体系中的指标都是有客观数据的指标，属于定量的连续性变量，可以采用“积差法”计算相关系数来测定变量之间的相关程度。

$$r_{xy}=\frac{\sigma_{xy}}{\sigma_x\sigma_y}=\frac{\sum(x-\bar{x})(y-\bar{y})}{\sqrt{\sum(x-\bar{x})^2}\sqrt{\sum(y-\bar{y})^2}} \tag{6-1}$$

x 和 y 分别代表要测算相关系数的两个变量，σ_x是 x 的标准差，σ_y是 y 的标准差，σ_{xy}是 x 和 y 的协方差，r_{xy}就是两个变量的相关系数，是反映 x 和 y 之间的相关程度的统计量。r_{xy}值在 -1 到 1 之间，其正负性决定了 x 和 y 之间正向或负向关系，其绝对值的大小决定了相关程度的高低，即 r_{xy} 绝对值越接近于 1，x 和 y 之间的相关程度就越高。

因此，可以根据相关关系的大小来确定权重，某个指标与上一级指标的相关关系越明显，说明这个指标与上一级的关联程度就越高，两者之间相互作用关系就越明显，也就说明这个指标对上一级指标的影响程度越大，其权重也就应该设置得大一些。反之，与上一级指标相关关系不明显的指标，其权重也应该比较小。

假设 x_1，x_2，…，x_n代表同一层次的 n 个不同指标，y 代表上级指标，分别计算它们之间的相关系数 r_{xy}^1，r_{xy}^2，…，r_{xy}^n，这里 r_{xy}^1代表 x_1和 y 之间相关系数，其他依次类推，n 个相关系数大小一般各不相同，反映了各个指标对上一级指标的影响程度不同。由于 n 个相关系数之和不等于 1，为了测算模型计算的方便，需要进行归一化处理。

$$w_i=\frac{|r_{xy}^i|}{\sum_{i=1}^{n}(|r_{xy}^i|)} \tag{6-2}$$

这里 w_i 即代表第 i 个指标在本层指标结构中的权重，同一层指标权重之和为 1，即：

$$\sum_{i=1}^{n}(w_i) = 1 \tag{6-3}$$

低碳经济竞争力指标体系中三级指标都是有客观数据的基础性指标，可以直接用来计算相关系数，但作为上级指标的二级指标和一级指标都是综合性指标，不宜和单个数据指标一起计算相关系数，必须找到一个有数据基础的指标作为替代指标，以便计算相关系数。尽管低碳经济竞争力指标体系有 4 个二级指标，各具体指标也都属于不同的二级指标，但所有指标都是围绕一个核心指标（即一级指标低碳经济竞争力）而设计的。每个指标与一级指标的相关系数，也可以作为其与二级指标作用程度的反映。根据前述对低碳经济竞争力的内涵的界定，可以把低碳经济竞争力看成一定碳排放基础上的经济产出能力，即碳生产力，可以把单位碳排放的经济产出（GDP/碳排放量）作为低碳经济竞争力的替代指标，与所有三级指标计算相关系数，从而确定三级指标的权重，最终确定的指标权重如表 6－3所示。

第三节　低碳经济竞争力评价指数模型

一　三级指标无量纲化得分

由于低碳经济竞争力评价指标体系中的 26 个三级指标计量单位和量纲不同，而且往往数值相差也较大，因此不能直接进行比较或计算，必须先对各指标进行无量纲化处理，将其变换为无量纲的标准得分后，才能进行综合计算。无量纲化的方法比较多，这里采用功效系数法对三级指标进行无量纲化处理。

当指标的变化对上一级指标的变化产生积极作用时，为正向指标，值越大，意味着竞争力越强，计算其无量纲化得分的功效系数公式为：

$$\alpha_i = \frac{x_i - x_{\min}}{x_{\max} - x_{\min}} \times 100 \tag{6-4}$$

其中，α_i 是指标的标准化得分，$x_{\max}$ 和 $x_{\min}$ 分别代表同一指标不同评价对象的最大值和最小值。无量纲化后，每个指标的标准化得分都在 0～100 区间，最大值指标的标准化得分为 100，最小值指标的标准化得分为 0。

当指标的变化对上一级指标的变化产生消极作用时，为反向指标或逆向指标，值越大，意味着竞争力越弱，计算其无量纲化得分的功效系数公式为：

$$\alpha_i = \frac{x_{max} - x_i}{x_{max} - x_{min}} \times 100 \qquad (6-5)$$

符号含义同上，三级指标经过无量纲化处理以后，每个指标的标准化得分都在 0～100 区间，最大值指标的标准化得分为 0，最小值指标的标准化得分为 100。

二　二级指标综合得分

计算出三级指标的无量纲化得分以后，就可以根据各指标权重计算二级指标（准则层）的综合得分，由所涵盖的下级指标标准得分加权求和得到，公式为：

$$\beta_i = \sum w_i \alpha_i \qquad (6-6)$$

β_i代表各二级指标综合得分，w_i是各三级指标权重，α_i是各三级指标的标准得分。这样便可以根据计算出的 4 个二级指标得分进行排名，比较得出各国在二级指标上的排名位置。

三　一级指标综合得分

4 个二级指标的表现共同决定了一级指标（目标层）的表现，但它们之间不是简单并列关系，也不宜用线性组合的方式加总得到一级指标得分，况且，4 个二级指标没有替代的数量指标，不能直接计算各个二级指标和一级指标之间的相关系数，也就不能计算出 4 个二级指标的权重。根据对低碳经济竞争力内涵的界定，以及低碳经济竞争力要素模型对 4 个竞争力关系的说明，建立一个低碳经济竞争力评价指数模型，公式为：

$$\gamma = \beta_E \times (\beta_I + \beta_B) \beta_C \qquad (6-7)$$

这里，γ 代表低碳经济竞争力一级指标综合得分，β_E代表低碳环境竞争力综合得分，β_I代表低碳产业竞争力综合得分，β_B代表低碳效率竞争力综合得分，β_C代表低碳创新竞争力综合得分。

根据这个指数模型和 4 个二级指标得分可以计算出一级指标的综合得分，据此可以得到全部评价对象的低碳经济竞争力综合排名和各分项排名，比较出各评价对象的竞争优劣势位置。

第四节　低碳经济竞争力动因模型

一　动因模型

通过低碳经济竞争力要素模型能够说明影响低碳经济竞争力的要素，低碳经济评价体系能够对评价对象的竞争优劣势位置做出精确判定，但具体是哪些因素决定了低碳经济竞争力的高低，指标体系中各指标对低碳经济竞争力变化的影响程度有多大，还需要建立低碳经济竞争力动因分析模型来分析，以便找出影响低碳经济国际竞争力的关键因素及其影响程度。

低碳经济竞争力综合得分是由一个完整的指标体系计算得来，其结果包含所有 26 个三级指标数据信息，任何一个三级指标的变化都会影响到综合得分。指标体系中三级指标较多，具体到每一个指标对综合竞争力的影响都比较小，而且由于每一个指标本身具有不同的特征，其变化对综合竞争力的影响又千差万别，常常伴随着指标之间的交叉作用和共同影响，要找出指标对综合竞争力具体影响最有效的办法是构建多元回归模型，分析各指标对综合竞争力的影响。以评价对象某一个评价时期的静态截面数据为样本，建立如下模型：

$$y = \beta_0 + \sum \beta_i x_i + \varepsilon \qquad (6-8)$$

这里 y 是低碳经济竞争力综合得分，作为被解释变量；x_i是指标体系中的各个指标，是解释变量；系数 β_i用来表示各指标对低碳经济竞争力综合得分变化的影响程度。

根据需要，这个模型可以用在分析低碳经济竞争力的不同场合，解释变量 x_i可以是指标数据标准化后的得分，代表不同的指标对综合竞争力的影响程度。但是这些指标之间存在一定的相关性，如果把 26 个指标得分全部纳入回归模型中作为解释变量，则在估计模型参数时会出现多重共线性问题，使模型估计结果出现偏差。

消除指标间相关关系的基本方法有三种。第一种方法是减少指标数量。既然指标间相关性是由于指标过多重叠产生的，就尽量减少重叠性指标。可以说，指标越少，指标相互重叠的可能性就越小，应该在能够反映评价指标体系整体性的前提下，尽可能地选择关键性指标，排除重要性较低的指标，达到减少指标信息重叠的目的。这样处理的前提是要非常清楚各个指标的重要程度，但哪些指标该纳入指标体系，哪些指标又不能纳入指标体系，这都难以明确界定，另外，排除在指标体系之外的指标虽然不是非常重要，但至少还是包含了一些综合竞争力的信息，简单地把这些指标排除在外，使得整个指标体系不够完整，缺失部分信息。第二种方法是修正指标权重。通过建立指标相互影响矩阵，将指标信息重叠部分转化为指标影响权重，用修正权重的方法，达到消除指标信息重叠的目的。这种方法能够在一定程度上避免指标信息冗余，将其权重调整到各指标比较合理地分布在整个指标体系之中，使其所反映的信息按要求汇总到综合竞争力当中。但这种方法的最大问题是权重的确定，指标体系的权重确定本身是一个难点，没有科学的方法来给每一个指标确定合理权重，如果还要同时考虑到指标信息重叠情况，指标体系的权重就更加难以确定。第三种方法是分离冗余信息。通过一定的数学方法，将存在相关关系的指标分别进行分解，分析各个指标的冗余信息，把冗余信息分离出来进行归类，整理成独立的指标，这些独立的指标既包含了原有指标的信息，相互之间又不存在相关关系，大大精简了指标数量，因此这是一种行之有效的方法，其中主成分分析就是一种非常有效的处理指标冗余信息的方法，应用比较广泛。

主成分回归是一种多元统计方法，其原理是可以将许多相关性很高的变量通过线性变换转化为彼此独立或者不相关的变量，以尽量多地包含原有信息量为标准，提取少数几个最有代表性的指标作为主成分，剔除包含信息少的多数指标，既可以保留绝大部分原有信息，又可以避免指标间存在相关关系影响因素分析或综合评价。其具体运算步骤如下。

（1）设样本数据矩阵为 $X = (x_{ij})_{m \times n}$，即包含 m 个样本，每一个样本中有 n 个指标，首先对数据进行标准化处理，生成新的矩阵 $X' = (x'_{ij})_{m \times n}$：

$$x'_{ij} = (x_{ij} - \bar{x}_{.j}) / \sigma(x_{.j})$$

其中 $\bar{x}_{.j}$和 $\sigma(x_{.j})$ 分别表示指标 j 数据的均值和标准差。

（2）计算样本相关系数矩阵 $R = (r_{ij})_{n \times n}$，相关系数为：

$$r_{ij} = \mathrm{cov}(x_{.i}, x_{.j}) / (\sigma(x_{.i}) \sigma(x_{.j}))$$

其中 $\mathrm{cov}(x_{.i}, x_{.j})$ 表示指标 i 和指标 j 的协方差。

（3）由特征方程 $|R - \lambda I| = 0$ 解出相关系数矩阵 R 的 n 个特征值，并按大小排序：

$$\lambda 1 \geqslant \lambda 2 \geqslant \lambda n \geqslant 0$$

由齐次线性方程组 $(R - \lambda I) L = 0$ 解出对应的特征向量 L_1，L_2，…，L_n，其中

$$L_i = (l_{1i}, l_{2i}, \cdots, l_{ni})^T \quad (i = 1, 2, \cdots, n)$$

（4）计算各主成分的贡献率：

$$a_i = \lambda_i / (\sum_{i=1}^{n} \lambda_i)$$

因为特征值 λ_i是按大小排列的，所以其对应的贡献率 a_i也是按大小排列的，把贡献率从大到小累加，累加贡献率达到一定的比重，即可以确定最大的几个主成分，即：

$$(\sum_{i=1}^{k} \lambda_i) / (\sum_{i=1}^{n} \lambda_i) \geqslant b\%$$

这里 $b\%$ 即为累加贡献率标准（根据需要确定，比如 85% 以上），以此为准则，提取 k 个主成分：

$$Z_i - (z_{ji})_{n \times 1} - X'L_i = (x'_{ij})_{m \times n} (l_{ij})_{n \times 1} \quad (i = 1, 2, \cdots, k) \qquad (6-9)$$

由此可以看出，主成分变量 Z_i其实是原有 n 个指标标准化以后的线性组合，也就是原先多个具有相关关系的指标经过线性组合形成少数几个新指标，而这几个新指标不存在相关关系，但保留了绝大部分原有指标信息，可以用来代替原有指标进行各种分析。

把主成分作为解释变量纳入动因回归模型，既能说明各指标对低碳经济竞争力的影响程度，又不存在多重共线性问题，能够保证模型参数的估

计结果比较准确，公式为：

$$y = \beta_0 + \sum \beta_i z_i + \varepsilon \tag{6-10}$$

这里的被解释变量 y 是低碳经济竞争力综合得分，z_i 是主成分得分。估计出参数 β_i 以后，就可以比较准确地了解指标组对竞争力的影响程度。

二 指标数据概况

指标排名只能说明各个国家在这个指标上的相对位次，但指标值之间的差距不能完整体现出来，还需要看指标原始数据与各个平均对象的比较情况。表 6－4 列出了全部 26 个三级指标的最大值、最小值及其所对应的国家，以及中国在这些指标上的表现。

表 6－4　2013 年指标数据分布情况

指标	指标单位	最大值		最小值		中位数	中国
人口密度	人/平方公里	韩国	515.9	澳大利亚	3.0	97	145
森林覆盖率	%	日本	68.6	沙特	0.5	31.6	22.6
碳汇建设	%	土耳其	1.0	阿根廷	-0.8	0.0	0.7
水电资源	亿千瓦时/年	中国	722172	沙特	0	51796	722172
人力资源	%	中国	73.1	日本	61.9	65.9	73.1
技术环境	%	英国	89.8	印度	15.1	60.5	45.8
商业环境	项	阿根廷	14	加拿大	1	6	13
产业结构	%	法国	79.4	沙特	37.2	69.0	46.1
产出物耗	吨/万美元	南非	18.8	俄罗斯	0.3	1.2	8.4
能源自给率	%	沙特	322	日本	11.2	89.0	89.0
国际贸易输出	%	沙特	31.2	土耳其	-12.2	0.0	2.5
国际资本输入	亿美元	中国	3478.5	日本	37.2	281.5	3478.5
投资率	%	中国	41.7	英国	14.1	21.1	41.7
经济增长速度	%	中国	7.7	意大利	-1.9	2.0	7.7
经济发展水平	美元	澳大利亚	67468	印度	1499	25851	6807
清洁能源比重	%	德国	19.1	沙特	0.0	3.8	3.1
能源消耗强度	吨标油/万美元	南非	3.5	澳大利亚	0.7	1.5	3.1
碳排放强度	吨 CO_2/万美元	南非	12.6	法国	1.4	3.5	10.3
人均碳排放	吨 CO_2/人	沙特	21.9	印度	1.5	8.0	7.0

续表

指标	指标单位	最大值		最小值		中位数	中国
碳减排	%	巴西	6.4	意大利	-5.8	0.6	3.9
人力资源开发	%	南非	6.6	土耳其	2.9	5.1	4.3
社会劳动生产率	美元/人	澳大利亚	136872	印度	4011	52306	12285
研发投入	%	韩国	4.0	沙特	0.1	1.3	2.0
电力碳排放	克 CO_2/千瓦时	印尼	2.4	法国	0.7	1.4	1.8
能源消耗弹性	%	法国	0.1	澳大利亚	0.0	0.0	0.0
高新技术产品出口比重	%	中国	26.3	沙特	0.6	12.4	26.3

注：最大值是 19 个国家中的最大数；最小值是 19 个国家中的最小数；中位数是 19 个国家中从小到大排序的中间值。

资料来源：同表 6－3。

在全部 26 个三级指标中，中国有 6 个指标是最大值，其中水电资源、人力资源、国际资本输入、投资率、经济增长速度和高新技术产品出口比重 6 个指标都是正向指标。这主要反映了中国拥有丰富的可再生资源，巨大的投资刺激经济高速增长，但面临着过量的资源能源消耗，带来了温室气体排放的过快增长。

三　指标相关性分析

表 6－5 至表 6－8 分别列出了低碳环境竞争力、低碳产业竞争力、低碳效率竞争力、低碳创新竞争力 4 个二级指标组中三级指标的相关关系。两个指标的相关关系绝对值越大，说明它们之间的关联程度越高，一般而言，当相关系数超过 0.8 时，即认为两个指标存在高度相关性。如果一个指标组中有多个高度相关的指标，则说明这个指标组的指标信息高度重叠，指标有重复性。

低碳环境竞争力指标组中的 7 个三级指标之间相关系数都比较小，最大的是商业环境和技术环境之间相关系数－0.529，但为负数，也不显著。其次是人力资源和水电资源之间的相关系数 0.528，而这两个指标从实际意义上看是没有任何关联的。因此，可以说低碳环境竞争力指标组的三级指标不存在冗余信息，指标设置是没有重复性的。

表 6－5　2013 年低碳环境竞争力指标组相关系数

	人口密度	森林覆盖率	碳汇建设	水电资源	人力资源	技术环境	商业环境
人口密度	1						
森林覆盖率	0.365	1.000					
碳汇建设	0.046	－0.040	1.000				
水电资源	－0.195	0.167	0.419	1.000			
人力资源	0.006	0.159	0.100	0.528	1.000		
技术环境	0.031	0.100	－0.063	－0.073	－0.039	1.000	
商业环境	0.088	0.022	0.046	0.299	0.076	－0.529	1.000

低碳产业竞争力指标组中的 6 个三级指标之间相关系数也都比较小，比较大的有产业结构和投资率的相关系数－0.601、能源自给率与国际贸易输出的相关系数 0.638，但相对而言也是不太显著，说明低碳产业竞争力指标组的相关性不太高，基本不存在冗余信息。

表 6－6　2013 年低碳产业竞争力指标组相关系数

	产业结构	产出物耗	能源自给率	国际贸易输出	国际资本输入	投资率
产业结构	1.000					
产出物耗	－0.208	1.000				
能源自给率	－0.533	0.082	1.000			
国际贸易输出	－0.542	0.052	0.638	1.000		
国际资本输入	－0.103	0.082	－0.012	－0.035	1.000	
投资率	－0.601	0.200	0.206	－0.027	0.450	1.000

低碳效率竞争力指标组中的 7 个三级指标之间有多个较大的相关系数，其中经济增长速度和碳减排的相关系数为 0.607，经济发展水平与能源消耗强度、碳排放强度和人均碳排放 3 个指标的相关系数都超过 0.6，还有就是能源消耗强度和碳排放强度两个指标相关系数达到 0.962，由于碳排放量由能源消耗量和能源消耗结构共同决定，而在能源消耗结构差不多的情况下，这两个指标高度相关，但由于反映的内涵和意义不同，这里还是需要同时考虑两个指标都纳入指标体系，其他指标之间的相关系数都比较小。

表 6-7 2013 年低碳效率竞争力指标组相关系数

	经济增长速度	经济发展水平	清洁能源比重	能源消耗强度	碳排放强度	人均碳排放	碳减排
经济增长速度	1.000						
经济发展水平	-0.492	1.000					
清洁能源比重	-0.459	0.323	1.000				
能源消耗强度	0.519	-0.613	-0.646	1.000			
碳排放强度	0.559	-0.622	-0.596	0.962	1.000		
人均碳排放	-0.136	0.639	-0.229	0.077	0.000	1.000	
碳减排	0.607	-0.420	-0.107	0.372	0.327	-0.129	1.000

低碳创新竞争力指标组中的 6 个三级指标之间相关系数都比较小，只有研发投入和高新技术产品出口比重之间相关系数为 0.725，这直接说明了科技投入与产出之间的高度关联性。

表 6-8 2013 年低碳创新竞争力指标组相关系数

	人力资源开发	社会劳动生产率	研发投入	电力碳排放	能源消耗弹性	高新技术产品出口比重
人力资源开发	1.000					
社会劳动生产率	0.293	1.000				
研发投入	0.100	0.522	1.000			
电力碳排放	-0.319	-0.466	-0.500	1.000		
能源消耗弹性	0.149	0.281	0.201	-0.407	1.000	
高新技术产品出口比重	0.260	0.248	0.725	-0.380	0.227	1.000

四 主成分分析

通过上述指标相关分析可以发现，26 个三级指标之间共有 325 个相关系数，只有 1 个相关系数绝对值超过 0.9，大部分都小于 0.5，说明指标间的信息重复率非常低。但如果把 26 个三级指标全部放在回归模型中用来解释竞争力变化，显然也不合适，一个原因是解释变量过多，超过样本个数，不能估计参数；另一个原因是指标间多少还是存在一定的重复信息，使回归方程存在多重共线性问题，导致估计参数有偏。这就需要用主成分方法精减指标，用几个合作指标找出真正影响竞争力的指标及影响程度。

对 26 个三级指标进行标准化处理后，用 SPSS 16.0 软件进行主成分分析，得到相关系数矩阵的 26 个特征值及其在全部特征值中的贡献率，如表 6－9 所示。

表 6－9　主成分特征值及其方差贡献率

主成分	特征值	贡献率（%）	累加贡献率（%）
1	8.904	34.247	34.247
2	4.619	17.764	52.012
3	3.040	11.693	63.704
4	2.286	8.791	72.495
5	1.748	6.725	79.219
6	1.235	4.750	83.969
7	1.038	3.994	87.963
8	0.708	2.725	90.688
9	0.622	2.394	93.082
10	0.445	1.712	94.793
11	0.393	1.512	96.305
12	0.297	1.142	97.447
13	0.231	0.888	98.336
14	0.166	0.639	98.975
15	0.098	0.378	99.353
16	0.095	0.367	99.720
17	0.056	0.216	99.936
18	0.017	0.064	100.000
…	…	…	…
26	－4.021E－16	－1.546E－15	100.000

注：由于第 19 个及其后的特征值都非常小，贡献率接近于 0，这里省略。

贡献率反映了这个主成分能够描述原有 26 个三级指标信息的多少，第一个主成分包含 34.247% 的信息，按照累加贡献率超过 85% 的原则，这里选择前 7 个主成分，累加贡献率为 87.963%，而且这 7 个特征值都大于 1，可以作为 26 个三级指标的代表。

为了更清晰地看出26个三级指标在7个主成分上的负载，对因子负载做方差最大化旋转，得到旋转后的因子负载矩阵，如表6－10所示。

表6－10　因子负载矩阵

指标	1	2	3	4	5	6	7
人口密度	－0.163	－0.568	0.101	0.486	0.367	0.172	0.315
森林覆盖率	0.251	0.531	－0.398	0.338	－0.425	－0.296	0.137
碳汇建设	0.046	0.375	0.591	－0.163	0.256	0.534	－0.144
水电资源	－0.388	0.501	0.207	0.433	0.387	－0.167	0.089
人力资源	0.055	0.742	0.18	0.337	－0.184	0.001	0.326
技术环境	0.87	0.179	0.265	0.159	－0.195	－0.027	－0.14
商业环境	0.349	－0.121	0.652	－0.461	－0.028	0.12	0.065
产业结构	0.844	0.197	－0.122	－0.047	0.28	0.09	0.268
产出物耗	0.566	－0.64	－0.405	－0.09	－0.09	－0.226	0.092
能源自给率	－0.409	－0.68	0.351	0.326	－0.207	－0.142	0.03
国际贸易输出	0.283	0.496	－0.341	－0.358	0.475	－0.181	0.222
国际资本输入	0.099	－0.119	0.238	0.162	0.784	－0.425	－0.008
投资率	－0.593	0.607	0.25	－0.103	0.026	－0.015	－0.193
经济增长速度	－0.881	0.316	0.026	0.038	0.086	0.09	0.012
经济发展水平	0.897	－0.069	0.349	0.028	－0.026	0.017	0.014
清洁能源比重	0.397	0.203	－0.344	0.61	0.137	0.33	－0.197
能源消耗强度	0.799	－0.025	－0.358	－0.146	0.096	－0.045	－0.104
碳排放强度	0.727	－0.077	－0.293	－0.141	0.197	－0.096	－0.479
人均碳排放	－0.422	0.26	－0.731	－0.281	0.17	0.203	－0.123
碳减排	0.89	－0.02	0.056	0.018	－0.042	0.034	0.276
人力资源开发	0.362	－0.654	0.12	0.358	0.133	－0.039	－0.229
社会劳动生产率	0.89	－0.182	0.327	－0.041	0.037	0.098	－0.043
研发投入	0.693	0.544	0.244	0.064	－0.221	－0.115	－0.113
电力碳排放	0.521	0.105	－0.408	0.534	0.014	0.436	0.003
能源消耗弹性	0.697	0.232	0.008	－0.324	0.021	0.073	0.279
高新技术产品出口比重	0.321	0.667	0.274	0.262	0.037	－0.324	－0.28

从第一主成分来看，系数比较大的有技术环境、产业结构、产出物耗、经济增长速度、经济发展水平、能源消耗强度、碳排放强度、碳减排、人力资源开发、社会劳动生产率、研发投入和能源消耗弹性等指标，主要反映经济增长的质量和效率。从第二主成分来看，系数比较大的有人口密度、森林覆盖率、水电资源、人力资源、能源自给率、国际贸易输出、投资率和高新技术产品出口比重等指标，主要反映经济发展环境和结构。从第三主成分来看，系数比较大的有碳汇建设、商业环境和人均碳排放等指标，主要反映低碳环境建设。第四主成分主要是清洁能源比重和电力碳排放两个指标系数比较大，反映能源结构和能源效率。第五主成分主要是国际资本输入中一个指标系数比较大，反映国家资本要素流动。第六主成分和第七主成分包含指标的系数都比较小，没有明显突出指标，包含指标信息比较分散。

五　动因分析

为了研判指标体系中各个指标与低碳经济竞争力是否具有因果关系，可以建立回归模型，通过回归模型参数估计的显著性检验，可以判断各指标对低碳经济竞争力是否有显著影响，模型如下：

$$y_j = \beta_0 + \sum_{i=1}^{7} \beta_i z_{ji} + \varepsilon_j \tag{6-11}$$

被解释变量选择代表低碳经济竞争力的碳生产力指标的标准得分，解释变量选择通过主成分分析方法选择的 7 个主成分，因为这 7 个主成分变量能够代表原先 26 个三级指标的信息超过 85%，每个主成分都有比较明显的指标信息，而且这 7 个变量之间不存在明显的相关关系，因此回归模型中不存在多重共线性问题。用 Eviews 5.0 软件进行参数估计的结果为：

$$y = 0.372 + 0.238z_1 + 0.027z_2 - 0.082z_3 - 0.025z_4 + 0.013z_5 + 0.051z_6 - 0.075z_7$$

(10.63)　(6.74)　(0.72)　(−3.86)　(−0.83)　(0.28)　(1.86)　(−2.79)

(0.00)　(0.00)　(0.49)　(0.00)　(0.42)　(0.78)　(0.09)　(0.02)

$\overline{R}^2 = 0.733$　　D.W. = 2.7　　F = 8.074 (p = 0.001)

上行括号中的值为对应参数的 t 值，下行括号中的值为对应参数显著性检验的相伴概率。从估计参数看出，第二、第四、第五主成分系数太小，其相伴概率大于 0.1，不能通过显著性检验，应该在模型中剔除。最后得到的估计结果为：

$$y = 0.372 + 0.238z_1 - 0.082z_3 + 0.051z_6 - 0.075z_7$$

$$(11.39)\quad(6.66)\quad(-3.22)\quad(2.14)\quad(-3.42)$$

$$(0.000)\quad(0.000)\quad(0.006)\quad(0.051)\quad(0.004)$$

$$\overline{R}^2 = 0.768 \qquad \text{D. W.} = 2.53 \qquad \text{F} = 15.908\ (\text{p} = 0.000)$$

常数项和 4 个解释变量的系数都通过显著性检验，第一、第六主成分的系数为正值，对低碳经济竞争力的影响是正向的，而第三、第七主成分的系数为负值，表明其对低碳经济竞争力的影响是反向的。调整后的可决系数为 0.768，说明解释变量的变化能够解释被解释变量 76.8% 的信息；D. W. 值为 2.53，说明这个由横截面数据估计的模型不存在序列相关性；F 值比较大，说明模型的线性关系比较显著。因此，提高经济发展水平，提高经济增长质量和效率以及降低碳排放水平，都能显著地提升低碳经济竞争力，而自然环境因素的作用不太明显。

第七章

中国低碳经济竞争力评价分析

第一节 G20国家低碳经济竞争力总体评价

一 综合排名分析

以低碳经济竞争力评价指标体系和评价模型为基础，根据2001～2013年指标数据，测算出G20国家低碳经济竞争力各级指标排名和得分，表7－1按照综合排名位次列出G20国家低碳经济竞争力一级指标排名。

表7－1 G20国家低碳经济竞争力排名

年份	2001	2002	2003	2004	2005	2006	2007	2008	2009	2010	2011	2012	2013
美国	1	1	1	1	1	1	2	2	1	1	2	1	1
英国	5	4	3	3	2	2	1	3	5	5	3	7	2
澳大利亚	9	10	10	9	9	10	9	7	8	4	7	2	3
巴西	6	7	8	7	7	7	7	6	6	7	6	5	4
加拿大	2	5	4	4	5	4	5	4	3	2	5	4	5
法国	3	2	2	2	3	3	3	1	2	3	1	3	6
意大利	8	8	7	8	8	8	8	9	9	9	8	9	7
日本	4	6	5	6	6	6	6	8	7	8	9	8	8
德国	7	3	6	5	4	5	4	5	4	6	4	6	9
韩国	10	9	9	10	10	9	10	10	10	10	10	10	10
中国	**14**	**12**	**15**	**17**	**16**	**16**	**14**	**15**	**12**	**14**	**12**	**11**	**11**

续表

年份	2001	2002	2003	2004	2005	2006	2007	2008	2009	2010	2011	2012	2013
阿根廷	11	13	14	14	14	13	13	13	11	11	11	14	12
土耳其	13	14	13	11	12	14	15	14	14	12	13	15	13
墨西哥	12	11	11	12	13	11	12	12	13	13	14	13	14
俄罗斯	15	15	12	13	11	12	11	11	15	15	15	12	15
南非	17	18	18	16	15	15	16	18	18	16	16	16	16
印尼	18	17	19	15	17	17	19	16	16	19	19	17	17
沙特	19	19	17	19	18	18	17	17	19	18	17	18	18
印度	16	16	16	18	19	19	18	19	17	17	18	19	19

2001 年，在 G20 19 个国家中，低碳经济竞争力排名前 5 位的分别是美国、加拿大、法国、日本和英国，2013 年排名前 5 位的则分别是美国、英国、澳大利亚、巴西和加拿大，法国和日本的排名降至第 5 名以后，巴西和澳大利亚的排名则提升至前 5 名。总体来看，低碳经济竞争力排在前 5 位的大部分是发达国家。2001 年低碳经济竞争力综合排位处于最后 5 名的分别是俄罗斯、印度、南非、印度尼西亚和沙特阿拉伯，2013 年仍然是这 5 个国家排名处于最后，但排位有所变化。

从综合排名变化来看，共有 8 个国家的综合竞争力排位上升，其中澳大利亚排位上升幅度最大，从 2001 年到 2013 年排位由第 9 名上升到第 3 名；其次是中国和英国，排名都上升了 3 位，巴西上升了 2 位，意大利、南非、印尼和沙特都上升了 1 位。共有 7 个国家的排名下降，其中日本的排名由 2001 年的第 4 名下降到 2013 年的第 8 名，下降幅度最大；其次是加拿大、法国和印度，都下降了 3 位，德国和墨西哥分别下降了 2 位，阿根廷则下降 1 位。另外，美国、俄罗斯、韩国和土耳其 4 个国家的排位不变，但中间年份的排位仍有波动。

2001 年中国低碳经济竞争力在 G20 国家中位列第 14 名，处于中游地位，2013 年上升到第 11 名，在此期间排名有反复波动，但在 2005 年以后排名呈现明显的上升趋势。中国的低碳经济竞争力排名落后于 G20 中的全部发达国家，领先于除巴西以外的其他发展中国家，表明中国低碳经济发展形势良好，竞争力提升明显。

总体而言，10 多年间各个国家的低碳经济竞争力排位相对比较稳定，变化幅度不是太大，各国仍然处于相对固定的区间。发达国家的低碳经济竞争力处于优势地位，而新兴市场经济体和发展中国家低碳经济竞争力仍然处于劣势地位。2005 年《京都议定书》正式生效，要求发达国家从 2005 年开始承担减少二氧化碳排放的义务，这有利于发达国家发展低碳经济，减少温室气体排放，从而有利于提升发达国家的低碳经济竞争力。但部分发达国家减少二氧化碳排放的积极性不高，特别是面对 2008 年开始爆发的金融危机和欧债危机，发达国家普遍面临经济增长放缓和高失业率等问题，注重发展经济和减少社会矛盾，从而忽视了减少二氧化碳排放的责任和义务，碳减排成效并不理想。与 2005 年比较，发达国家的低碳经济竞争力提升并不明显，较早倡议低碳经济的日本和德国，其排名反而下降幅度很大，中国和巴西等发展中国家的排名反而快速上升，是因为发展中国家虽然没有承担碳减排的硬性义务，但也都非常重视发展低碳经济来应对气候变化，通过调整产业结构，发展新能源产业，推进节能减排以及进行植树造林等碳汇工作，提高了低碳经济竞争力。

二　综合得分分析

综合排名只是列出了各国的相对位置，但不能明确各国之间低碳经济竞争力的差距大小，只有通过分析得分情况，才能比较准确地衡量各国之间的差距。表 7 - 2 按照综合得分排序列出了 G20 国家低碳经济竞争力一级指标的得分。

表 7 - 2　G20 国家低碳经济竞争力综合得分

年份	2001	2002	2003	2004	2005	2006	2007	2008	2009	2010	2011	2012	2013
美国	69.5	66.3	66.8	69.4	66.7	69.3	64.8	64.4	63.7	62.7	62.8	65.7	62.1
英国	57.7	59.2	58.9	62.7	65.0	65.4	65.0	61.3	57.3	57.4	61.9	55.8	61.8
澳大利亚	51.6	47.9	48.3	53.4	53.0	49.8	53.1	56.4	53.7	59.1	56.4	61.8	60.5
巴西	56.1	53.1	51.6	54.4	55.0	56.5	55.0	58.1	56.4	56.4	56.6	59.0	58.7
加拿大	60.9	58.2	56.8	61.4	60.2	62.6	58.5	60.7	58.3	60.3	58.0	60.1	58.5
法国	59.9	60.1	60.0	62.7	63.5	63.5	63.8	65.1	61.6	60.2	63.9	60.1	58.3
意大利	52.7	50.9	55.0	53.8	53.8	55.7	54.8	53.9	53.6	51.1	55.0	54.6	54.9
日本	59.1	57.4	55.9	59.0	57.6	57.9	55.0	54.9	55.2	53.8	51.3	54.7	54.0

续表

年份	2001	2002	2003	2004	2005	2006	2007	2008	2009	2010	2011	2012	2013
德国	53.2	59.6	55.5	59.5	61.2	58.6	61.4	59.2	57.4	57.0	59.7	56.1	53.9
韩国	49.0	48.3	48.7	53.2	51.5	53.3	49.7	51.8	48.1	50.1	49.6	51.1	51.4
中国	**40.9**	**40.3**	**39.3**	**36.2**	**37.7**	**37.5**	**38.8**	**43.2**	**42.3**	**43.8**	**45.6**	**47.1**	**48.4**
阿根廷	47.9	40.0	39.4	42.8	41.1	42.9	40.8	44.6	47.1	47.8	48.2	45.9	47.0
土耳其	42.7	40.0	40.4	45.7	43.8	38.6	38.8	44.5	40.3	46.4	44.4	43.8	46.9
墨西哥	47.2	47.3	43.9	45.0	42.1	44.8	44.4	44.8	41.2	45.2	43.9	45.9	46.5
俄罗斯	38.6	39.7	40.6	44.8	44.1	43.3	44.9	46.1	40.1	43.2	43.5	46.2	45.8
南非	38.1	33.9	33.9	37.1	39.7	38.1	33.1	31.4	31.2	36.3	37.1	38.0	36.7
印尼	33.9	34.1	33.4	39.4	35.6	35.2	30.1	38.5	31.6	30.4	33.1	37.7	35.1
沙特	31.7	32.1	34.0	34.9	35.5	34.9	32.8	34.9	30.1	31.9	35.9	35.7	34.3
印度	38.6	34.4	36.0	36.0	34.5	33.7	31.4	31.2	31.6	35.8	33.9	32.6	33.3

从低碳经济竞争力综合得分来看，2013 年排名第 1 位的美国是 62.1 分，英国以 0.3 分之差紧随其后，处于第 3 位的澳大利亚也有 60.5 分，可以把美国、英国和澳大利亚列为低碳经济竞争力第一梯队，称为最强竞争力国家。排名第 4 位的巴西只有 58.7 分，与前 3 位差距比较大，而其后的几个国家综合得分与巴西都比较接近，后 6 个国家得分都超过了 50 分，因此，可以把名列第 4 位到第 10 位的 7 个国家划归为低碳经济竞争力第二梯队，称为较强竞争力国家。排名第 11 ~ 15 位的中国等 5 个国家得分在 50 分至 40 分之间，比较接近，可以划归为第三梯队，称为中等竞争力国家。排第 16 名及以后的国家综合得分都比较低，可以划归为第四梯队，即较弱竞争力国家。

从得分变化来看，从 2001 年到 2013 年得分上升幅度最大的是澳大利亚，分值增加了 8.9 分，其次是中国和俄罗斯，分别增加了 7.5 分和 7.2 分，表明这 3 个国家的低碳经济竞争力与排名第 1 位的美国之间差距缩小非常明显。另外，英国和土耳其的得分上升幅度也比较大。美国等 8 个国家的综合得分在此期间是下降的，其中美国的得分下降幅度最大，达到 7.4 分，其次是印度和日本，下降的分值都超过 5 分。

三　综合排名与相关指标关系

1. 综合排名与碳生产力关系

根据前述对低碳经济竞争力内涵的界定，可以用碳生产力指标来表示低碳经济竞争力的强弱，但低碳经济竞争力毕竟是一个综合性概念，受到复杂因素影响，不能完全用一个指标来简单替代，通过评价体系测算出的综合排名与碳生产力单一指标的排名会有所不同，但两者之间还是存在内在逻辑关系。图 7－1 和图 7－2 分别反映了 2001 年和 2013 年 G20 19 个国家的低碳经济竞争力综合得分和碳生产力指标得分之间的线性关系。

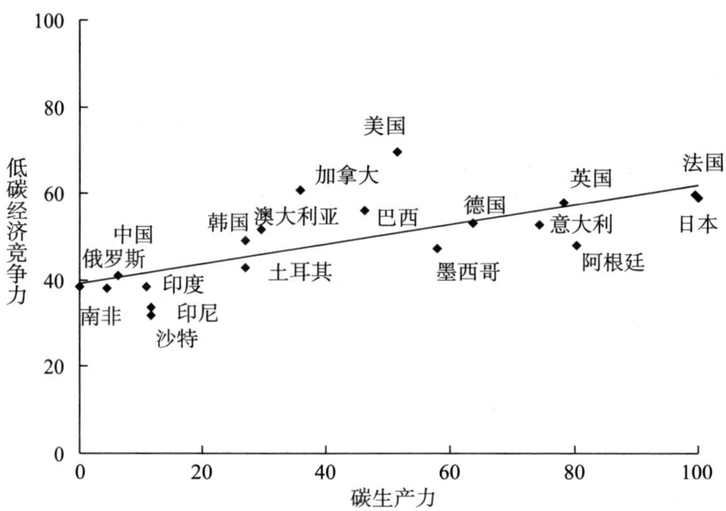

图 7－1　2001 年低碳经济竞争力综合得分与碳生产力得分关系

图 7－1 中横轴代表各国碳生产力指标得分，纵轴代表低碳经济竞争力综合得分。从两者得分的关系来看，存在明显的同方向变化线性关系，即碳生产力指标得分越高的国家，其低碳经济竞争力综合得分就越高，反之，碳生产力指标得分低的国家，其低碳经济竞争力综合得分也低。这也证明了用碳生产力指标代表低碳经济竞争力的合理性，说明一个国家或地区要提升低碳经济竞争力，重点就在于提高碳生产力，即尽量降低单位产出的碳排放。

但是，影响低碳经济竞争力的因素较多，多方面原因使得有些国家的低碳经济竞争力排位和碳生产力指标排位出现偏差，也就是说这些国家在

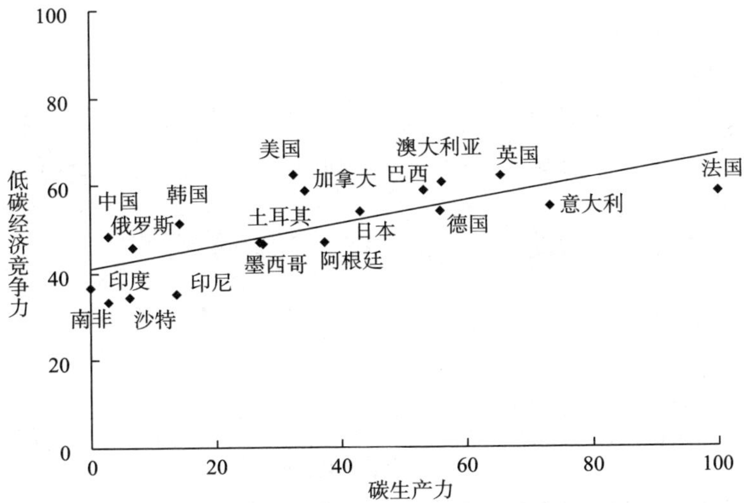

图 7－2 2013 年低碳经济竞争力综合得分与碳生产力得分关系

图中的位置偏离了直线，美国等国表现较为明显，2001 年和 2013 年美国的碳生产力指标排名分别是第 8 位和第 10 位，而低碳经济竞争力排名都是第 1 位，有较大差距。

2. 综合排名与能源消耗强度关系

碳排放的主要来源是化石能源消耗，能源消耗强度较高的国家，能源利用效率比较低，经济增长过程中碳排放量也比较大，低碳经济竞争力就会比较弱。但清洁能源属于零碳能源，大量消耗清洁能源情况下，能源消耗强度可能比较高，但不会产生大量碳排放，所以低碳经济竞争力与能源消耗强度之间也不是必然的对应关系，但还是存在一定的联系。图 7－3 反映了 2013 年 G20 19 个国家低碳经济竞争力综合得分和能源消耗强度指标得分之间的线性关系。

图 7－3 中，横轴代表各国能源消耗强度指标得分，纵轴代表低碳经济竞争力综合得分。从两者的关系来看，具有显著的同方向变化线性关系，即能源消耗强度指标得分越高的国家，其低碳经济竞争力综合得分就越高，反之，能源消耗强度指标得分低的国家，其低碳经济竞争力综合得分也低。这也说明一个国家或地区要提升低碳经济竞争力，需要大力推进节能减排工作，尽量降低单位产出所需的能源消耗，提高能源利用效率，降低碳排放量。

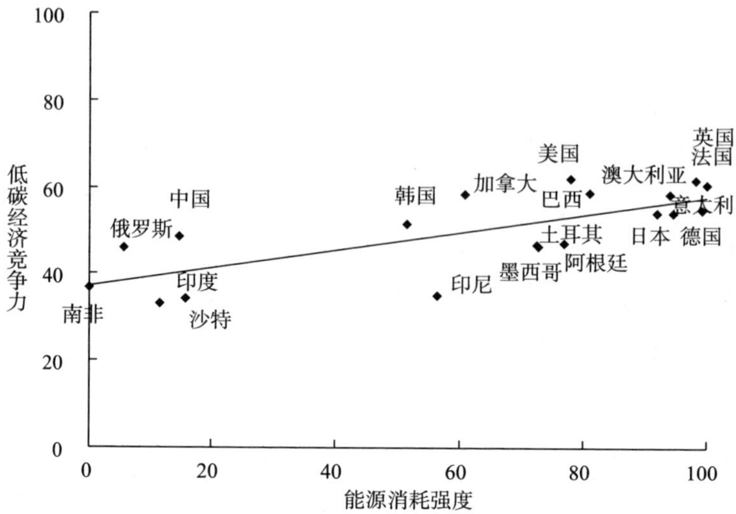

图 7－3　2013 年低碳经济竞争力综合得分与能源消耗强度得分关系

从图 7－3 中也可以看出有一些国家的低碳经济竞争力得分和能源消耗强度指标得分出现偏差，在图中的位置偏离了直线，比较明显的有美国和印尼等国家，其中，美国低碳经济竞争力排名第 1 位，而能源消耗强度指标排名第 8 位，印尼的低碳经济竞争力排名第 17 位，而能源消耗强度指标排名第 13 位，两者都有一定的差距。之所以造成这一现象，除了影响低碳经济竞争力的因素复杂多样以外，还在于能源消耗强度与竞争力的差别在于能源消耗结构的不同，部分国家的清洁能源比重较高，在相同的能源消耗总量下，其碳排放相对较低。另外，化石能源本身的结构不同，使得消耗相同标准单位的煤炭、石油和天然气，碳排放量各不相同，因此，能源消耗强度和能源消耗结构共同决定了碳排放水平，影响着低碳经济竞争力。

3. 综合排名与经济发展水平的关系

低碳经济竞争与一国经济发展水平关系密切，虽然经济发展过程中对能源消耗需求越来越高，但经济发展到一定水平以后，可以通过经济转型，更加注重经济增长质量和效益，因为经济增长更多地依赖科技因素，所以对能源消耗需求会逐步降低，低碳模式下发展经济的能力更强。所以，代表经济发展水平的人均 GDP 与低碳经济竞争力之间存在必然的联系，图 7－4 和图 7－5 分别反映了 2001 年和 2013 年 G20 19 个国家的低碳经济竞争力综合得分和人均 GDP 指标得分之间的显著线性关系。

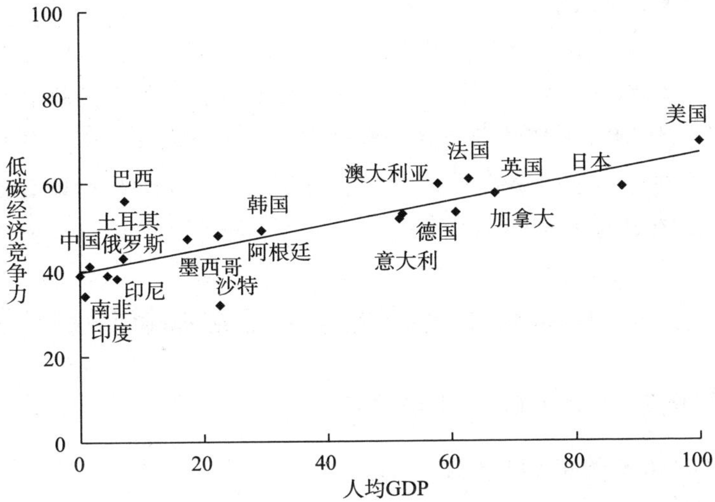

图 7-4　2001 年低碳经济竞争力综合得分与人均 GDP 得分关系

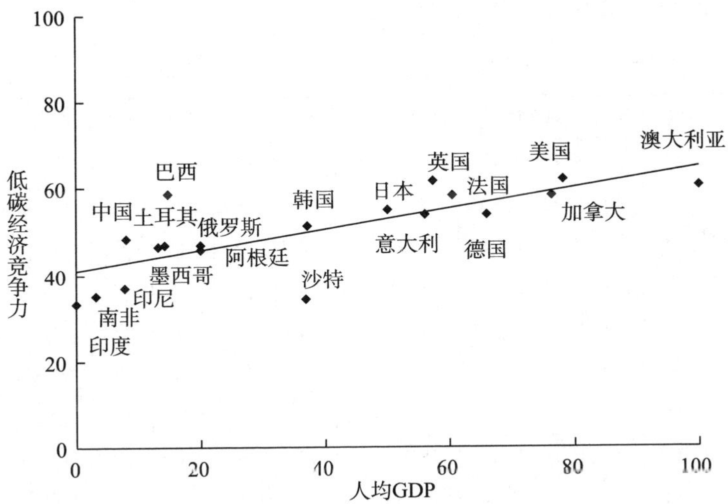

图 7-5　2013 年低碳经济竞争力综合得分与人均 GDP 得分关系

图 7-4 与图 7-5 中，横轴代表各国人均 GDP 指标得分，纵轴代表低碳经济竞争力综合得分。从两者的关系来看，具有显著的同方向变化关系，即人均 GDP 越高的国家，其低碳经济竞争力综合得分和排位就越高，反之，人均 GDP 越低的国家，其低碳经济竞争力综合得分和排位也低，也就是说经济发展水平的提高有助于提升低碳经济竞争力，这也就解释了为

什么发达国家低碳经济竞争力排名普遍比较高，低碳经济竞争力综合排名较低的大多是发展中国家。

但是，低碳经济竞争力排名受到复杂因素的综合影响，单凭人均 GDP 一个指标不可能完全决定一个国家或地区低碳经济竞争力的排名情况，也存在个别人均 GDP 很高的国家其低碳经济竞争力排名比较落后的情况，比如巴西和沙特等几个国家的人均 GDP 和低碳经济竞争力排位就有较大的偏差，偏离了图中的直线。

第二节　中国低碳经济竞争力二级指标评价分析

一　中国低碳环境竞争力评价分析

1. 低碳环境竞争力排名分析

根据低碳经济竞争力综合评价结果，表 7 – 3 列出了中国低碳环境竞争力指标排位与其他 G20 国家的比较情况。

表 7 – 3　中国低碳环境竞争力排名变化趋势国际比较

年份	2001	2002	2003	2004	2005	2006	2007	2008	2009	2010	2011	2012	2013
阿根廷	17	17	17	17	17	18	18	18	17	18	17	17	17
澳大利亚	7	13	14	13	8	8	9	9	9	10	11	12	12
巴西	3	6	5	5	5	4	5	5	5	5	4	1	1
加拿大	1	1	1	1	1	1	1	2	2	2	2	3	3
中国	**4**	**3**	**3**	**3**	**2**	**2**	**2**	**1**	**1**	**1**	**1**	**2**	**2**
法国	10	10	10	10	10	11	8	8	8	7	7	7	7
德国	11	8	8	8	9	10	11	11	11	12	12	11	11
印度	18	18	18	18	18	19	19	19	19	19	19	19	19
印尼	13	12	13	14	14	15	15	16	16	17	18	18	18
意大利	9	9	9	9	11	9	10	10	10	9	10	10	9
日本	6	5	7	6	6	7	7	7	7	8	8	9	10
韩国	8	7	6	7	7	6	6	6	6	6	6	6	6
墨西哥	15	15	15	15	15	14	14	15	15	15	15	15	15
俄罗斯	5	4	4	4	4	5	4	4	4	3	3	4	4
沙特	19	19	19	19	19	17	16	14	14	14	14	14	13

续表

年份	2001	2002	2003	2004	2005	2006	2007	2008	2009	2010	2011	2012	2013
南非	16	16	16	16	16	16	17	17	18	16	16	16	16
土耳其	12	14	12	12	13	12	12	12	12	11	9	8	8
英国	14	11	11	11	12	13	13	13	13	13	13	13	14
美国	2	2	2	2	3	3	3	3	3	4	5	5	5

注：国家是按照英文名称排序，下同。

2001 年低碳环境竞争力排位前 3 名分别是加拿大、美国和巴西，排位后 3 名分别是阿根廷、印度和沙特；2013 年排位前 3 名分别是巴西、中国和加拿大，排位后 3 名分别是阿根廷、印尼和印度。

从排名变化来看，2001～2013 年有 7 个国家的低碳环境竞争力排名上升，其中沙特的排名上升 6 位，幅度最大；其次是土耳其和法国，分别上升了 4 位和 3 位，巴西、中国和韩国都上升了 2 位，俄罗斯上升了 1 位。在此期间有 6 个国家的排位下降，其中印尼和澳大利亚的排位都下降了 5 位，日本和美国分别下降了 4 位和 3 位。另外意大利等 6 个国家的排位不变，但此期间也有所波动。

2001 年中国低碳环境竞争力在 G20 19 个国家中排在第 4 位，仅次于加拿大、美国和巴西，处于领先位置，此后中国的排位保持稳步上升趋势，2008 年以后连续处于第 1 名的位置，2012 年和 2013 年又下降至第 2 名，总体而言，中国低碳环境竞争力具有非常强的竞争优势。

2. 低碳环境竞争力得分分析

根据低碳经济竞争力综合评价结果，表 7－4 列出了中国低碳环境竞争力指标得分与其他 G20 国家的比较情况。

表 7－4　中国低碳环境竞争力得分变化趋势国际比较

年份	2001	2002	2003	2004	2005	2006	2007	2008	2009	2010	2011	2012	2013
阿根廷	23.4	26.9	22.9	22.8	21.9	22.2	22.8	22.6	23.1	24.8	26.5	27.9	29.0
澳大利亚	44.1	33.2	31.0	30.8	42.4	38.9	39.0	38.7	38.3	38.0	38.7	38.6	38.9
巴西	48.7	47.6	49.4	51.1	50.7	51.7	51.1	51.0	49.7	49.9	50.3	61.1	62.1
加拿大	65.0	66.6	64.8	63.8	64.0	62.4	60.6	59.9	58.0	56.7	55.8	56.3	56.3
中国	**48.4**	**53.0**	**54.2**	**55.8**	**58.7**	**59.0**	**59.8**	**61.0**	**62.0**	**62.7**	**63.2**	**60.6**	**60.8**

续表

年份	2001	2002	2003	2004	2005	2006	2007	2008	2009	2010	2011	2012	2013
法国	39.6	41.0	40.1	39.3	38.9	37.8	40.8	40.9	40.0	40.2	40.6	42.5	42.4
德国	36.8	41.8	40.5	40.0	39.6	38.8	38.4	37.9	36.9	36.9	37.3	38.9	39.5
印度	22.7	22.9	21.7	21.6	21.0	19.0	19.1	19.0	18.3	18.3	19.3	21.4	22.3
印尼	32.4	34.4	31.4	30.6	29.5	26.6	25.8	25.6	24.8	24.9	25.5	26.7	27.4
意大利	41.6	41.1	40.2	39.6	38.9	38.8	38.5	38.2	38.3	38.6	38.8	40.8	41.1
日本	45.9	48.6	45.8	47.2	46.4	44.0	43.9	42.0	40.5	39.3	39.3	41.1	40.7
韩国	43.5	47.2	46.0	46.1	45.7	45.3	44.9	44.3	44.3	45.1	45.4	44.2	44.2
墨西哥	27.7	30.5	27.3	26.3	26.2	27.2	27.3	27.2	28.0	28.5	30.8	32.7	34.1
俄罗斯	48.0	51.3	50.1	51.1	51.7	51.4	51.6	51.3	50.2	52.4	52.5	55.8	54.7
沙特	19.2	21.4	20.1	20.5	20.9	23.2	25.7	27.4	28.1	29.2	31.6	34.6	36.8
南非	26.2	27.7	25.7	25.3	24.1	23.9	23.5	23.2	22.9	25.0	27.3	29.8	31.4
土耳其	32.9	33.1	34.1	34.1	33.9	34.8	36.5	37.0	36.9	37.4	38.9	41.8	42.4
英国	31.2	37.0	37.0	35.4	35.6	33.9	34.5	34.4	34.3	33.9	34.3	35.7	35.8
美国	56.5	57.7	58.8	58.9	58.0	56.0	56.3	54.1	50.4	50.1	48.7	51.5	52.3

2013 年低碳环境竞争力得分最高的是巴西，中国次之，分别是 62.1 分和 60.8 分，也是仅有的超过 60 分的两个国家；加拿大、俄罗斯和美国 3 个国家的得分在 50 分和 60 分区间，阿根廷、印尼和印度 3 个国家的得分则低于 30 分，各国之间得分差距比较明显。从低碳环境竞争力得分变化来看，有 12 个国家的得分上升，主要是新兴经济体和发展中国家，其中沙特、巴西和中国的得分上升幅度最为显著，另外 7 个国家的得分是下降的，大部分是发达国家，其中加拿大、澳大利亚和日本等国家分值下降幅度比较大。从得分差距的变化来看，2013 年最高分比 2001 年最高分减少了 2.9 分，最低分增加了 3.1 分，最高分和最低分的差距总共缩小了 6 分，说明 G20 国家低碳环境竞争力的差距正在逐步缩小，反映了各个国家为发展低碳经济营造良好环境的努力和成效。

3. 低碳环境竞争力三级指标分析

低碳环境竞争力是一个综合指标，得分和排名是由下属 7 个三级指标共同决定的。表 7－5 和表 7－6 分别列出了 2001 年和 2013 年中国低碳环境竞争力及其下属三级指标排名的国际比较情况。

表 7－5　2001 年中国低碳环境竞争力排名国际比较

	人口密度	森林覆盖率	碳汇建设	水电资源	人力资源	技术环境	商业环境	低碳环境竞争力
阿根廷	5	17	19	12	16	10	14	17
澳大利亚	1	13	14	14	8	3	2	7
巴西	6	2	18	2	11	15	19	3
加拿大	2	7	10	1	3	1	1	1
中国	**13**	**14**	**1**	**4**	**4**	**17**	**14**	**4**
法国	11	11	5	8	12	9	5	10
德国	15	9	9	13	5	7	6	11
印度	18	12	4	7	17	19	11	18
印尼	12	4	15	15	13	18	13	13
意大利	14	10	3	9	7	8	6	9
日本	17	1	8	6	6	5	11	6
韩国	19	3	17	17	1	2	10	8
墨西哥	9	6	16	10	18	11	6	15
俄罗斯	3	5	13	5	2	16	14	5
沙特	4	19	10	19	19	14	18	19
南非	8	18	10	18	14	12	6	16
土耳其	10	15	2	11	15	13	14	12
英国	16	16	6	16	10	6	3	14
美国	7	8	7	3	9	4	3	2

2001 年中国低碳环境竞争力排第 4 名，在 G20 国家中位列前茅。在三级指标中，人口密度、森林覆盖率、技术环境和商业环境 4 个指标的排名都比较靠后，特别是技术环境排第 17 名，仅仅高于印度尼西亚和印度两个国家。具有优势的指标是碳汇建设、水电资源和人力资源，其中碳汇建设排第 1 名，反映出我国重视建设生态文明，大力开展植树造林活动，碳汇建设能力高于其他国家，有助于发展低碳经济。

2013 年中国低碳环境竞争力排第 2 名，与 2001 年相比排名上升了 2 位，在 G20 国家中位列前茅。在三级指标中，依然是人口密度、森林覆盖率、技术环境和商业环境 4 个指标的排名都比较靠后，特别是商业环境的排名不升反降，说明中国还有待改善企业经营环境，特别是要加快转变政

表 7－6　2013 年中国低碳环境竞争力排名国际比较

	人口密度	森林覆盖率	碳汇建设	水电资源	人力资源	技术环境	商业环境	低碳环境竞争力
阿根廷	5	17	19	12	16	11	19	17
澳大利亚	1	14	17	15	8	7	2	12
巴西	6	3	3	2	4	13	17	1
加拿大	2	6	12	3	5	3	1	3
中国	**13**	**13**	**4**	**1**	**1**	**16**	**17**	**2**
法国	11	11	5	8	18	8	3	7
德国	15	9	10	13	11	6	13	11
印度	18	12	7	6	12	19	16	19
印尼	12	4	18	14	10	18	15	18
意大利	14	10	2	9	17	12	6	9
日本	17	1	9	7	19	2	12	10
韩国	19	2	16	17	2	4	3	6
墨西哥	9	8	15	11	13	17	6	15
俄罗斯	3	5	11	5	3	9	11	4
沙特	4	19	12	19	6	10	13	13
南非	8	18	12	18	14	14	3	16
土耳其	10	15	1	10	7	15	6	8
英国	16	16	6	16	15	1	6	14
美国	7	7	8	4	9	5	6	5

府职能，提高政府服务水平，努力打造高效、公平的市场环境，才能提高商业环境竞争力，实现低碳经济要素的优化配置，发挥市场在促进低碳经济发展中的决定性作用。森林覆盖率排名上升了 1 位，反映了我国植树造林等绿色生态建设工作的卓越成效，但碳汇建设指标的排名下降了 3 位，说明中国应该继续保持较强的碳汇建设工作力度。水电资源指标排名上升明显，说明发展水平有明显提高，能源结构得到改善，为创造低碳环境竞争力打下了良好基础。

二　中国低碳产业竞争力评价分析

1. 低碳产业竞争力排名分析

根据低碳经济竞争力综合评价结果，表 7－7 列出了中国低碳产业竞争力指标排位与其他 G20 国家的比较情况。

表 7-7　中国低碳产业竞争力排名变化趋势国际比较

年份	2001	2002	2003	2004	2005	2006	2007	2008	2009	2010	2011	2012	2013
阿根廷	3	11	11	10	9	11	11	9	12	8	9	7	8
澳大利亚	5	5	5	4	7	5	6	4	5	4	4	3	3
巴西	6	8	9	7	6	6	5	6	6	6	6	6	6
加拿大	8	6	7	6	4	4	4	5	4	5	5	5	4
中国	**19**	**19**	**19**	**19**	**19**	**19**	**19**	**19**	**19**	**19**	**19**	**19**	**17**
法国	4	3	3	3	3	3	3	3	3	3	3	4	5
德国	11	4	4	9	5	7	10	10	8	11	10	10	11
印度	13	14	14	17	18	18	18	17	15	14	15	14	14
印尼	18	18	18	18	17	17	16	15	18	18	16	16	16
意大利	10	9	6	5	8	8	8	12	7	9	7	9	9
日本	12	12	12	12	13	12	12	11	11	12	12	12	13
韩国	17	17	15	15	15	14	14	14	16	16	14	15	15
墨西哥	7	7	8	8	12	13	13	13	13	13	13	13	12
俄罗斯	16	13	13	13	11	9	7	7	9	7	8	8	7
沙特	14	15	17	16	16	16	17	16	14	15	17	18	19
南非	15	16	16	14	14	15	15	18	17	17	18	17	18
土耳其	9	10	10	11	10	10	9	8	10	10	11	11	10
英国	2	2	2	2	1	2	2	1	2	2	2	2	2
美国	1	1	1	1	2	1	1	2	1	1	1	1	1

2001 年低碳产业竞争力排前 3 名的分别是美国、英国和阿根廷，排后 3 名的分别是韩国、印尼和中国；2013 年排前 3 名的分别是美国、英国和澳大利亚，排后 3 名的分别是中国、南非和沙特。从排名变化来看，2001～2013 年有 7 个国家的低碳环境竞争力排位上升，其中俄罗斯的排位上升 9 位，幅度最大；其次是加拿大，排位上升了 4 位。在此期间有 8 个国家的排位下降，其中阿根廷、墨西哥和沙特的排位都下降了 5 位，南非下降了 3 位。另外美国、英国、巴西和德国 4 个国家的排位不变，但在此期间也有所波动。

2001 年中国低碳产业竞争力在 G20 19 个国家中排在最后一位，此后多年中国的排位持续保持在末端，直到2013年才上升了两位，排在第17名，总体而言，中国低碳产业竞争力不但落后于发达国家，而且落后于其他发展中国家，处于明显的竞争劣势地位。

2. 低碳产业竞争力得分分析

根据低碳经济竞争力综合评价结果，表7-8列出了中国低碳产业竞争力指标得分与其他G20国家的比较情况。

表7-8 中国低碳产业竞争力得分变化趋势国际比较

年份	2001	2002	2003	2004	2005	2006	2007	2008	2009	2010	2011	2012	2013
阿根廷	66.5	53.4	53.9	55.9	57.4	55.4	56.1	58.9	55.8	57.2	57.2	58.7	58.0
澳大利亚	60.8	61.1	59.8	65.6	59.8	61.1	60.6	65.3	63.8	65.0	64.1	66.4	64.3
巴西	58.7	56.5	56.0	57.3	59.8	59.6	61.2	62.2	60.6	60.8	61.2	63.3	62.4
加拿大	57.4	59.3	58.2	58.9	61.4	62.2	65.4	63.4	64.5	63.8	63.9	64.4	63.6
中国	**33.2**	**37.4**	**37.3**	**30.0**	**28.9**	**27.3**	**28.7**	**35.2**	**38.5**	**39.5**	**42.8**	**43.9**	**44.7**
法国	64.0	67.8	71.6	67.3	69.7	67.7	67.0	66.5	65.0	65.6	64.5	64.9	62.6
德国	54.0	61.4	61.8	56.1	61.2	59.6	57.0	58.2	58.7	56.6	56.7	56.2	55.9
印度	46.3	46.4	46.6	45.9	45.3	44.4	43.7	47.2	48.1	46.8	46.8	49.1	47.2
印尼	36.2	38.3	41.4	45.2	47.5	46.4	46.1	49.0	42.9	45.1	46.7	47.3	45.0
意大利	54.3	54.4	58.8	59.3	59.6	58.8	58.0	56.9	60.5	57.1	58.5	57.8	57.6
日本	50.2	51.3	53.2	55.6	56.1	53.8	54.3	57.3	56.0	54.5	54.9	55.6	51.6
韩国	42.9	43.0	44.8	46.5	49.2	48.5	47.9	50.8	45.5	46.1	47.4	48.0	47.0
墨西哥	58.2	59.1	57.2	56.3	56.3	53.6	54.0	55.4	52.2	53.3	52.6	52.2	53.7
俄罗斯	44.6	47.4	51.5	55.1	57.1	57.9	59.2	60.8	57.6	58.7	58.4	58.3	58.4
沙特	45.9	44.6	44.1	46.5	47.8	46.5	44.4	47.7	48.1	46.2	45.5	46.3	40.7
南非	44.7	43.9	44.7	48.4	49.6	47.8	46.7	44.8	43.8	45.7	45.0	46.5	44.1
土耳其	56.2	54.2	54.6	55.6	57.3	56.0	57.3	60.1	57.4	57.0	55.4	55.8	55.9
英国	71.3	69.5	73.3	75.2	84.2	79.1	80.1	81.4	69.5	72.7	69.1	72.2	70.1
美国	77.4	77.4	78.8	80.2	72.8	79.4	80.4	81.0	80.6	81.5	77.6	77.0	76.0

2013年低碳产业竞争力得分最高的是美国，英国次之，分别达到了76分和70.1分，澳大利亚、加拿大、法国和巴西4个国家得分都超过了60分，中国和印度等6个国家的得分低于50分，但都超过40分，各国之间得分差距比较大。从低碳产业竞争力得分变化来看，有11个国家的得分上

升，主要是新兴经济体和发展中国家，其中俄罗斯和中国的得分上升幅度最为显著，增加分值超过 10 分。8 个国家的得分下降，其中阿根廷等国家分值下降幅度比较大。从得分差距的变化来看，2013 年最高分比 2001 年最高分减少了 1.4 分，最低分增加了 7.5 分，最高分和最低分的差距总共缩小了 8.9 分，说明 G20 国家低碳产业竞争力的差距正在逐步缩小，低碳产业处于劣势地位的国家逐步赶进。

3. 低碳产业竞争力三级指标分析

低碳产业竞争力是一个综合指标，得分和排名是由下属 6 个三级指标共同决定的。表 7－9 和表 7－10 分别列出了 2001 年和 2013 年中国低碳产业竞争力及其下属三级指标排名的国际比较情况。

表 7－9　2001 年中国低碳产业竞争力排名国际比较

	产业结构	产出物耗	能源自给率	国际贸易输出	国际资本输入	投资率	低碳产业竞争力
阿根廷	4	4	7	14	17	1	3
澳大利亚	5	7	2	9	10	17	5
巴西	9	14	11	8	8	4	6
加拿大	10	8	4	16	6	12	8
中国	**18**	**18**	**10**	**12**	**4**	**19**	**19**
法国	2	5	15	6	3	7	4
德国	8	10	16	15	7	11	11
印度	16	15	12	5	13	15	13
印尼	19	6	5	17	19	9	18
意大利	6	9	19	10	9	13	10
日本	7	11	17	11	12	16	12
韩国	14	12	18	13	14	18	17
墨西哥	12	17	6	4	5	10	7
俄罗斯	15	3	3	18	16	8	16
沙特	17	13	1	19	18	6	14
南非	11	19	8	7	11	2	15
土耳其	13	16	14	2	15	3	9
英国	3	2	9	1	2	5	2
美国	1	1	13	3	1	14	1

2001 年中国低碳产业竞争力排第 19 名，在 G20 国家中居于末位。在三级指标中，大多数指标的排名都比较靠后，特别是产业结构和产出物耗两个指标排第 18 名，投资率排第 19 名，远远落后于其他国家。仅国际资本输入排在第 4 位，具有一定的优势。这说明我国在 2001 年的经济结构和产业结构都不利于发展低碳经济，大量货物生产和出口，在拉动国内经济增长的同时，也给我国的资源能源消耗带来巨大的压力，不利于节能减排，同时还要承担排放大量温室气体的责任。

表 7－10　2013 年中国低碳产业竞争力排名国际比较

	产业结构	产出物耗	能源自给率	国际贸易输出	国际资本输入	投资率	低碳产业竞争力
阿根廷	11	8	8	14	15	3	8
澳大利亚	7	3	2	12	6	16	3
巴西	9	12	9	11	3	6	6
加拿大	6	7	5	9	5	14	4
中国	**17**	**18**	**10**	**15**	**1**	**19**	**17**
法国	1	6	14	5	18	7	5
德国	10	10	16	17	9	2	11
印度	16	15	12	2	10	17	14
印尼	18	2	3	8	11	18	16
意大利	4	9	17	13	12	4	9
日本	5	13	19	6	19	15	13
韩国	15	11	18	16	14	13	15
墨西哥	13	16	6	10	8	10	12
俄罗斯	14	1	4	18	4	12	7
沙特	19	17	1	19	16	11	19
南非	8	19	7	7	17	9	18
土耳其	12	14	15	1	13	8	10
英国	3	4	13	3	7	1	2
美国	2	5	11	4	2	5	1

从三级指标来看，使中国低碳产业竞争力排位落后的原因是有几个指标处于明显劣势地位，得分太低，影响了综合得分和排位。中国的钢铁、

水泥等高耗能产品产销量均居世界第一，国民经济的产出物耗水平远远高于其他国家，单位 GDP 钢铁消耗是美国的 40 倍，高耗能产品的生产需要消耗大量能源。另外，中国的产业结构指标排名处于第 17 位，仅高于印尼和沙特两个国家，这些是由当前中国经济发展还处于重化工业阶段决定的。中国进出口贸易规模越来越大，连年贸易顺差对经济增长的拉动作用非常明显，但中国贸易结构还有待优化，表现在货物贸易比重过高，服务贸易还不发达，劳动密集型和低附加值产品出口比重较高，特别是高耗能产品比重过高，这都导致中国要承担因为出口大量物质产品所承载的能源消耗和碳排放责任。能源自给率指标排在第 10 位，处于中间位置，作为能源消耗大国，能源自给率过低会影响到国家能源安全，这也是中国必须注意的问题。

三 中国低碳效率竞争力评价分析

1. 低碳效率竞争力排名分析

根据低碳经济竞争力综合评价结果，表 7－11 列出了中国低碳效率竞争力排位变化趋势与其他 G20 国家的比较情况。

表 7－11 中国低碳效率竞争力排名变化趋势国际比较

年份	2001	2002	2003	2004	2005	2006	2007	2008	2009	2010	2011	2012	2013
阿根廷	9	10	8	10	11	8	10	12	9	6	6	12	9
澳大利亚	16	14	10	11	10	12	7	7	8	8	7	1	3
巴西	1	1	1	2	3	2	5	3	3	3	5	7	6
加拿大	10	11	14	13	9	10	11	11	10	12	12	10	12
中国	**15**	**16**	**17**	**18**	**19**	**19**	**17**	**15**	**16**	**16**	**18**	**15**	**15**
法国	4	5	5	6	5	5	4	4	4	4	2	4	5
德国	6	3	3	1	1	1	1	1	1	1	1	3	4
印度	12	15	11	15	15	14	14	16	14	13	14	16	16
印尼	14	12	15	12	14	13	15	6	12	14	13	9	13
意大利	3	6	6	4	4	3	3	2	2	2	4	2	1
日本	2	4	4	5	6	6	6	8	5	9	8	8	7
韩国	13	13	13	14	13	11	12	14	15	15	15	14	14

续表

年份	2001	2002	2003	2004	2005	2006	2007	2008	2009	2010	2011	2012	2013
墨西哥	8	7	9	9	12	9	8	9	11	10	11	11	11
俄罗斯	19	19	19	19	18	18	16	17	18	18	19	17	17
沙特	18	17	16	16	17	17	18	18	19	19	16	19	18
南非	17	18	18	17	16	16	19	19	17	17	17	18	19
土耳其	11	9	12	7	8	15	13	13	13	5	9	13	8
英国	5	2	2	3	2	4	2	5	6	7	3	6	2
美国	7	8	7	8	7	7	9	10	7	11	10	5	10

2001 年低碳效率竞争力排前 3 名的分别是巴西、日本和意大利，排后 3 名的分别是南非、沙特和俄罗斯；2013 年排前 3 名的分别是意大利、英国和澳大利亚，排后 3 名的分别是俄罗斯、沙特和南非。从排名变化来看，2001 ~2013 年有 7 个国家的低碳效率竞争力排名上升，其中澳大利亚的排名上升 13 位，幅度最大；其次是英国和土耳其，排名上升了 3 位。在此期间有 9 个国家的排位下降，其中巴西和日本的排名都下降了 5 位，印度下降了 4 位。另外，阿根廷、中国和沙特 3 个国家的排位不变，但在此期间也有所波动。

2001 年中国低碳效率竞争力在 G20 19 个国家中排在第 15 位，此后排名一直下降，到了 2005 年和 2006 年的排名直至末位，2008 年才又上升至第 15 位。总体而言，中国低碳效率竞争力落后于 G20 中的全部发达国家，也落后于其他发展中国家，处于明显的竞争劣势地位。

2. 低碳效率竞争力得分分析

根据低碳经济竞争力综合评价结果，表 7 –12 列出了中国低碳效率竞争力指标得分与其他 G20 国家的比较情况。

表 7 –12　中国低碳效率竞争力得分变化趋势国际比较

年份	2001	2002	2003	2004	2005	2006	2007	2008	2009	2010	2011	2012	2013
阿根廷	58.5	53.3	57.6	57.6	51.7	58.0	47.5	50.3	54.5	60.9	60.0	51.0	52.8
澳大利亚	47.4	50.3	56.9	57.1	52.4	49.9	53.9	57.5	57.2	60.6	56.8	72.0	68.8
巴西	66.9	72.4	69.7	69.0	66.2	68.0	62.3	64.6	69.1	65.4	62.5	59.4	57.8
加拿大	53.6	52.8	51.6	55.5	52.9	54.5	47.2	50.9	52.7	51.1	47.4	52.6	49.3

续表

年份	2001	2002	2003	2004	2005	2006	2007	2008	2009	2010	2011	2012	2013
中国	**48.9**	**43.7**	**39.6**	**32.5**	**29.6**	**29.3**	**30.8**	**35.0**	**33.1**	**31.4**	**28.6**	**32.5**	**36.1**
法国	62.8	66.7	63.8	66.0	65.1	66.4	65.2	64.2	68.1	64.7	69.1	63.5	61.7
德国	61.0	68.3	65.8	70.8	71.6	72.5	77.3	73.4	74.1	71.7	76.4	68.2	66.8
印度	52.4	46.4	56.3	50.8	47.2	47.0	41.1	33.5	41.0	49.7	40.5	31.7	34.8
印尼	49.8	51.8	51.2	56.3	48.7	49.6	38.7	59.9	46.6	43.9	44.3	54.2	47.1
意大利	63.6	66.2	63.5	67.4	65.4	67.5	65.5	65.4	69.7	65.4	66.5	70.4	72.6
日本	65.8	67.6	64.7	66.8	62.3	63.5	56.5	55.7	66.4	60.6	56.1	54.7	57.7
韩国	50.2	51.2	51.9	52.9	49.2	51.8	42.7	41.2	39.9	40.3	34.0	39.0	40.0
墨西哥	59.1	64.3	57.4	59.4	50.8	57.5	53.1	53.3	47.7	54.1	47.5	52.6	50.8
俄罗斯	24.8	27.1	30.3	31.7	31.8	29.5	32.8	33.3	22.2	25.5	24.9	30.1	29.3
沙特	35.4	36.3	44.1	39.8	39.4	34.5	28.6	31.2	22.1	23.5	31.8	27.1	25.1
南非	41.4	35.6	38.0	38.4	41.2	36.7	25.3	18.9	27.2	29.7	30.8	27.8	24.2
土耳其	53.5	53.4	55.6	63.6	56.5	45.8	42.1	50.0	46.0	61.6	53.5	48.2	56.4
英国	61.4	70.0	68.0	68.4	68.0	67.3	70.1	63.5	65.9	60.8	68.2	60.1	69.9
美国	60.5	60.8	61.4	59.7	58.3	58.2	49.9	53.2	57.8	51.6	52.3	60.1	51.0

2013 年低碳效率竞争力得分最高的是意大利，达到了 72.6 分，英国、澳大利亚、德国和法国 4 个国家得分都超过了 60 分，中国和印度等 5 个国家的得分都低于 40 分，特别是俄罗斯、沙特和南非的得分不到 30 分，与其他国家的得分差距较大。

从低碳效率竞争力得分变化来看，有 6 个国家的得分上升，其中澳大利亚得分上升幅度最为显著，增加 21.4 分，意大利、英国和德国等国家得分上升幅度也较大。共有 13 个国家的得分下降，其中南非和印度两个国家分值下降幅度最大。从得分差距的变化来看，2013 年最高分比 2001 年最高分增加了 5.7 分，最低分下降了 0.6 分，最高分和最低分的差距总共扩大了 6.3 分，说明 G20 国家低碳效率竞争力的差距正在逐步扩大，各国节能减排效率变化呈分散趋势。

3. 低碳效率竞争力三级指标分析

低碳效率竞争力是一个综合指标，得分和排名是由下属 7 个三级指标共同决定的。表 7－13 和表 7－14 分别列出了 2001 年和 2013 年中国低碳效率竞争力及其下属三级指标排名的国际比较情况。

表 7－13 2001 年中国低碳效率竞争力排名国际比较

	经济增长速度	经济发展水平	清洁能源比重	能源消耗强度	碳排放强度	人均碳排放	碳减排	低碳效率竞争力
阿根廷	18	11	12	5	3	6	2	9
澳大利亚	8	8	13	9	11	17	17	16
巴西	13	13	1	10	9	3	14	1
加拿大	11	4	8	13	10	18	7	10
中国	**1**	**17**	**15**	**17**	**17**	**4**	**15**	**15**
法国	10	6	10	6	2	8	5	4
德国	12	5	5	4	6	14	13	6
印度	3	19	11	14	16	1	9	12
印尼	5	18	2	15	15	2	19	14
意大利	9	7	4	3	5	10	8	3
日本	16	2	6	1	1	12	6	2
韩国	4	9	17	12	13	15	16	13
墨西哥	17	12	3	7	7	7	10	8
俄罗斯	2	16	18	19	19	13	11	19
沙特	15	10	19	16	14	16	18	18
南非	6	15	16	18	18	9	4	17
土耳其	19	14	14	11	12	5	1	11
英国	7	3	9	2	4	11	12	5
美国	14	1	7	8	8	19	3	7

2001 年中国低碳效率竞争力排第 15 名，在 G20 国家中位于中等偏后位置。在三级指标中，经济发展水平、清洁能源比重、能源消耗强度和碳排放强度等大多数指标的排名都非常靠后，只有经济增长速度和人均碳排放两个指标的排位分别是第 1 名和第 4 名，具有较强的竞争优势。这说明 2001 年我国能源消耗和碳排放水平偏高，亟须转变经济发展模式，降低能源消耗和碳排放水平。

表 7-14　2013 年中国低碳效率竞争力排名国际比较

	经济增长速度	经济发展水平	清洁能源比重	能源消耗强度	碳排放强度	人均碳排放	碳减排	低碳效率竞争力
阿根廷	7	11	10	9	8	6	13	9
澳大利亚	8	1	6	1	4	16	2	3
巴西	9	13	3	7	6	3	19	6
加拿大	10	3	14	12	9	17	9	12
中国	**1**	**16**	**13**	**16**	**18**	**9**	**16**	**15**
法国	18	5	7	5	1	7	10	5
德国	17	4	1	4	5	12	12	4
印度	3	19	8	17	17	1	17	16
印尼	2	18	11	13	14	2	18	13
意大利	19	8	2	2	2	8	1	1
日本	14	7	9	6	7	13	6	7
韩国	6	9	16	14	13	15	11	14
墨西哥	16	15	15	10	11	4	5	11
俄罗斯	15	12	18	18	15	14	7	17
沙特	5	10	19	15	16	19	15	18
南非	11	17	17	19	19	11	8	19
土耳其	4	14	12	11	12	5	4	8
英国	13	6	4	3	3	10	3	2
美国	12	2	5	8	10	18	14	10

2013 年中国低碳效率竞争力在 G20 国家中排第 15 位，与 2001 年相比，排位不变，但在此期间有所波动，而且从三级指标来看，中国近年来经济实现高速增长，除了 2012 年和 2013 年经济增速为 7.7%，其他年份的增速都超过 9%，经济增长速度在 G20 国家中稳居第 1 位，远远高出欧美发达国家的经济增速。印度、俄罗斯和阿根廷等新兴市场经济也有不错表现，在金融危机以后实现了高速增长，虽然近两年有所下降，但仍然超过了发达国家的增长速度。中国人均碳排放从 2001 年的 2.75 吨 CO_2/人，快速上升到 2013 年的 7 吨/人，从远远低于世界平均水平到快速超过世界平均水平，说明中国碳排放总量增长太快，但人均碳排放水平仍然低于大部分发达国家人均碳排放水平，只有美国人均碳排放的 37.4%，但高于很多发展中国家，尤其是以较大幅度高于印度和印尼等国的人均碳排放水

平，人均碳排放指标的排位下降幅度比较明显。近年来中国碳排放总量快速增长，已经成为年度碳排放量最大的国家，而欧美发达国家的碳排放总量都得到一定程度的控制，有的国家碳排放总量还有所下降，所以，碳减排是中国的竞争劣势指标。另外中国能源消耗强度排名上升了 1 位，说明中国近年来大力推进节能减排工作取得一定成效，但碳排放强度反而下降了 1 位，中国在稳定经济增长的同时，还需要继续转变经济发展方式，优化能源消耗结构，提高清洁能源比重，切实降低碳排放增速。

四　中国低碳创新竞争力评价分析

1. 中国低碳创新竞争力排名分析

根据低碳经济竞争力综合评价结果，表 7－15 列出了中国低碳创新竞争力及下属 6 个三级指标排位与其他 G20 国家的比较情况。

表 7－15　中国低碳创新竞争力排名国际比较

年份	2001	2002	2003	2004	2005	2006	2007	2008	2009	2010	2011	2012	2013
阿根廷	12	15	16	14	16	13	13	11	9	10	11	14	12
澳大利亚	8	8	9	8	8	9	8	8	8	1	6	3	3
巴西	10	10	11	11	11	10	10	10	10	9	10	9	9
加拿大	4	6	7	5	6	4	7	4	6	3	7	6	7
中国	**15**	**14**	**15**	**17**	**15**	**16**	**15**	**13**	**13**	**14**	**12**	**10**	**10**
法国	3	3	2	2	1	2	1	1	1	2	1	4	5
德国	6	2	6	4	3	7	3	5	4	6	5	7	8
印度	16	17	17	18	18	17	17	18	18	18	18	18	18
印尼	19	19	19	19	19	18	19	19	19	19	19	19	19
意大利	9	9	4	9	9	8	9	9	11	13	8	11	11
日本	2	4	3	7	5	5	5	7	7	8	9	5	6
韩国	7	7	8	6	7	6	6	2	3	4	4	2	1
墨西哥	11	11	10	12	13	12	11	12	12	11	14	13	13
俄罗斯	14	12	12	10	12	15	14	14	15	15	15	15	15
沙特	18	16	13	15	14	14	16	16	16	17	16	16	16
南非	13	13	14	13	10	11	12	15	14	12	13	12	14
土耳其	17	18	18	16	17	19	18	17	17	16	17	17	17
英国	5	5	5	3	4	3	2	6	5	7	2	8	2
美国	1	1	1	1	2	1	4	3	2	5	3	1	4

2001 年低碳创新竞争力排前 3 名的分别是美国、日本和法国，排后 3 名的分别是土耳其、沙特和印尼；2013 年排前 3 名的分别是韩国、英国和澳大利亚，排后 3 名的分别是土耳其、印度和印尼。从排名变化来看，2001～2013 年有 6 个国家的低碳创新竞争力排名上升，其中韩国的排名上升 6 位，幅度最大，其次是澳大利亚和中国，排名上升了 5 位。在此期间有 10 个国家的排位下降，其中日本排名都下降了 4 位，美国和加拿大都下降了 3 位。另外阿根廷、土耳其和印尼 3 个国家的排位不变，但在此期间也有所波动。

2001 年中国低碳创新竞争力在 G20 19 个国家中排在第 15 位，此后排名一直波动，到了 2008 年才开始逐步上升，2013 年升至第 10 位。总体而言，中国低碳创新竞争力落后于 G20 中的大部分发达国家，但领先于其他发展中国家，具有一定的竞争优势。

2. 低碳创新竞争力得分分析

根据低碳经济竞争力综合评价结果，表 7－16 列出了中国低碳创新竞争力指标得分与其他 G20 国家的比较情况。

表 7－16　中国低碳创新竞争力得分变化趋势国际比较

年份	2001	2002	2003	2004	2005	2006	2007	2008	2009	2010	2011	2012	2013
阿根廷	43.3	26.3	23.1	34.7	33.3	36.1	36.7	46.6	54.9	48.2	49.2	46.0	48.4
澳大利亚	54.2	47.2	45.6	60.0	57.4	49.1	58.9	64.2	55.6	73.0	66.0	70.4	70.1
巴西	50.2	36.0	31.4	40.2	43.4	46.8	45.2	54.7	46.3	49.5	52.6	52.4	52.7
加拿大	67.6	54.1	52.4	67.4	62.6	71.2	60.8	68.6	58.1	69.7	65.1	67.1	64.7
中国	**32.9**	**27.0**	**26.2**	**26.4**	**33.7**	**34.4**	**36.0**	**41.5**	**35.6**	**41.5**	**47.7**	**51.2**	**51.8**
法国	73.1	64.7	64.3	78.2	80.2	82.3	82.1	88.8	73.2	70.4	81.6	69.6	66.6
德国	61.1	67.1	54.0	71.0	72.6	63.4	72.8	67.3	60.0	62.7	68.5	61.1	53.3
印度	32.8	21.9	19.6	25.8	24.5	24.5	21.7	25.1	19.0	28.2	29.2	28.3	28.7
印尼	17.1	11.8	9.4	25.2	16.8	18.1	9.7	19.5	12.2	7.5	15.8	22.5	20.9
意大利	51.1	41.7	57.3	48.9	51.4	57.7	57.3	55.1	46.1	43.2	56.4	49.3	48.5
日本	74.7	62.0	59.7	66.4	65.4	70.1	65.3	64.6	58.0	60.9	55.0	67.5	65.9
韩国	59.4	51.7	52.4	67.1	62.1	67.8	63.4	70.9	62.7	68.7	71.4	73.3	74.3
墨西哥	43.8	35.3	33.5	38.0	35.0	41.0	43.3	43.3	36.9	44.9	44.5	46.1	47.4

续表

年份	2001	2002	2003	2004	2005	2006	2007	2008	2009	2010	2011	2012	2013
俄罗斯	37.2	33.2	30.6	41.2	35.7	34.6	36.2	38.8	30.5	36.4	38.0	40.6	40.9
沙特	26.4	26.0	27.9	32.8	34.0	35.4	32.6	33.5	21.8	28.7	34.5	34.6	34.5
南非	40.1	28.5	27.2	36.4	43.8	43.8	36.8	38.7	30.7	44.6	45.5	47.7	47.2
土耳其	28.1	19.1	17.3	29.5	27.4	17.9	19.4	30.9	20.9	29.4	29.7	29.4	32.8
英国	67.0	60.3	57.3	71.6	72.1	81.1	75.2	66.0	59.3	62.1	76.0	55.2	71.3
美国	83.4	69.5	68.3	78.8	77.7	83.7	72.7	69.4	66.1	67.6	72.5	74.2	69.3

2013 年低碳创新竞争力得分最高的是韩国，达到了 74.3 分，英国和澳大利亚得分都超过了 70 分，印度和印尼两国的得分不到 30 分，与其他国家的得分差距较大。

从低碳效率竞争力得分变化来看，有 12 个国家的得分上升，其中中国得分上升幅度最为显著，增加分值 18.9 分，澳大利亚和韩国等国家得分上升幅度也较大。共有 7 个国家的得分下降，其中美国的分值下降幅度最大。从得分差距的变化来看，2013 年最高分比 2001 年最高分下降了 9.1 分，最低分增加了 3.8 分，最高分和最低分的差距总共缩小了 12.9 分，说明 G20 国家低碳创新竞争力的差距有明显缩小，落后国家凭借后发优势，在低碳创新方面有效追赶领先国家。

3. 低碳创新竞争力三级指标分析

低碳创新竞争力是一个综合指标，得分和排名是由下属 6 个三级指标共同决定的。表 7－17 和表 7－18 分别列出了 2001 年和 2013 年中国低碳创新竞争力及其下属三级指标排名的国际比较情况。

表 7－17　2001 年中国低碳创新竞争力排名国际比较

	人力资源开发	社会劳动生产率	研发投入	电力碳排放	能源消耗弹性	高新技术产品出口比重	低碳创新竞争力
阿根廷	7	10	16	5	10	15	12
澳大利亚	6	8	8	9	18	11	8
巴西	13	15	11	3	2	8	10
加拿大	5	7	6	2	3	10	4
中国	**17**	**17**	**12**	**17**	**11**	**7**	**15**

续表

	人力资源开发	社会劳动生产率	研发投入	电力碳排放	能源消耗弹性	高新技术产品出口比重	低碳创新竞争力
法国	2	3	5	1	14	5	3
德国	10	6	3	7	15	9	6
印度	15	19	14	11	7	16	16
印尼	19	18	19	19	17	12	19
意大利	8	4	10	12	9	14	9
日本	14	2	1	4	4	4	2
韩国	12	11	4	14	12	3	7
墨西哥	11	12	17	16	6	6	11
俄罗斯	16	16	9	15	8	13	14
沙特	1	9	18	18	19	19	18
南非	4	14	13	13	5	17	13
土耳其	18	13	15	10	16	18	17
英国	9	5	7	6	13	1	5
美国	3	1	2	8	1	2	1

2001 年中国低碳创新竞争力排第 15 名，在 G20 国家中位于中等偏后位置。在三级指标中，人力资源开发、劳动生产率、电力碳排放等大多数指标的排名都非常靠后，只有高新技术产品出口的排位进入前 10 名，具有一定的竞争优势。这说明 2001 年我国创新能力较低，亟须加大创新投入，提高创新水平。

表 7－18　2013 年中国低碳创新竞争力排名国际比较

	人力资源开发	社会劳动生产率	研发投入	电力碳排放	能源消耗弹性	高新技术产品出口比重	低碳创新竞争力
阿根廷	2	11	16	9	14	13	12
澳大利亚	11	1	5	12	1	9	3
巴西	4	16	11	2	15	11	9
加拿大	7	3	8	3	13	10	7
中国	**14**	**17**	**7**	**17**	**9**	**1**	**10**
法国	5	4	6	1	19	3	5

续表

	人力资源开发	社会劳动生产率	研发投入	电力碳排放	能源消耗弹性	高新技术产品出口比重	低碳创新竞争力
德国	12	6	3	6	18	8	8
印度	18	19	14	16	10	16	18
印尼	17	18	18	19	11	14	19
意大利	13	5	10	5	17	15	11
日本	16	8	2	4	2	6	6
韩国	8	10	1	10	8	2	1
墨西哥	9	14	17	14	4	7	13
俄罗斯	15	13	12	13	6	12	15
沙特	10	9	19	18	12	19	16
南非	1	15	15	15	5	17	14
土耳其	19	12	13	7	7	18	17
英国	3	7	9	11	3	4	2
美国	6	2	4	8	16	5	4

2013 年中国低碳创新竞争力在 G20 国家中排第 10 位，与 2001 年相比，排位上升了 5 位，在此期间排位有所波动，但总体上升趋势比较明显。从三级指标来看，人力资源开发排名比较靠后，只排在第 14 位。中国公共教育投入占 GDP 比重一直偏低，长期低于法律规定的 4% 的标准，直到 2012 年财政教育经费占 GDP 比重才达到 4%，发达国家的这一比例基本超过 5%，印度和印尼等发展中国家也都超过 3%，教育投入的不足影响了劳动力素质提高，使得全社会劳动生产率偏低，也会制约国家创新能力的提高，不利于提高低碳创新竞争力。研发投入指标排名由第 12 名上升到第 7 名，上升幅度较大，反映出我国近年来实施国家创新战略，非常重视科技投入对技术创新的作用，加大了财政对研发投入的支持和扶持，实施了一系列重大科研攻关项目，研发投入占 GDP 比重从 2001 年的 0.95% 快速上升到 2013 年的 1.98%，比重提高了 1 倍多。研发投入是低碳创新竞争力的重要支撑因素。电力碳排放的排位较低，主要是因为我国目前还是以火电为主，大量消耗煤炭，能源消耗结构还有待改善。能源消耗弹性的排位从第 11 位上升到第 9 位，表明我国近年来节能减排成效比较显著，在保持

经济高速增长的同时，实现了能源消耗效率的提升。高新技术产品出口占制造业产品出口比重较高，排位上升较快，从第 7 位上升到第 1 位，高于欧美发达国家，这是中国高新技术产业在国际市场中竞争优势地位的表现。

第三节　中国低碳经济竞争力综合评价分析

一　中国低碳经济竞争力综合评价

根据低碳经济竞争力综合评价结果，图 7－6 和图 7－7 显示了中国低碳经济竞争力一级指标和 4 个二级指标的得分和排名变化情况，表 7－19 列出了中国低碳经济竞争力一级指标和 4 个二级指标得分及与最高分、最低分比较情况。

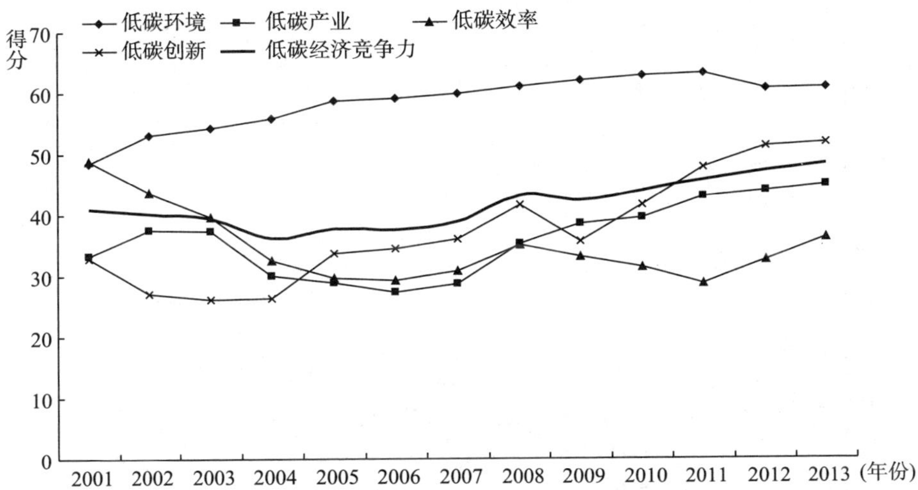

图 7－6　中国低碳经济竞争力得分变化趋势

从得分来看，中国低碳经济竞争力综合得分从 2001 年的 40.9 分，逐步下降到 2006 年的 37.5 分，此后又开始逐步上升，到 2013 年达到最高分 48.4 分。从 4 个二级指标来看，低碳环境竞争力得分是一直处于上升趋势，从 2001 年的 48.4 分上升到 2013 年的 60.8 分，也是得分最高的指标，远远超过其他 3 个二级指标得分，对低碳经济竞争力综合得分上升的贡献度是 41.5%。低碳产业竞争力得分一直较低，虽然分值上升了 11.5 分，但一直低于低碳经济竞争力综合得分，分值上升幅度较小，对低碳经济竞争力综合得分上升的贡献度是 38.4% 。低碳效率竞争力得分在 2001 ~2003 年是高于低碳经济竞争力得分的，但得分一直下降，尽管从 2011 年开始得分开始增加，但仍然是得分最低的二级指标，也是在 2001 ~2013 年唯一一个得分下降的指标，对低碳经济竞争力综合得分上升的贡献度是 -42.9% ，成为中国低碳经济竞争力上升的主要障碍。在 2004 年以前，中国低碳创新竞争力得分逐步下降，也是得分最低的二级指标，但 2004 年开始快速上升，从 26.4 分增加到 2013 年的 51.8 分，分值上升幅度最大，超过低碳产业竞争力和低碳效率竞争力得分，成为仅次于低碳环境竞争力得分的二级指标，也是提升低碳经济竞争力综合得分贡献最大的指标，对低碳经济竞争力综合得分上升的贡献度是 63% 。

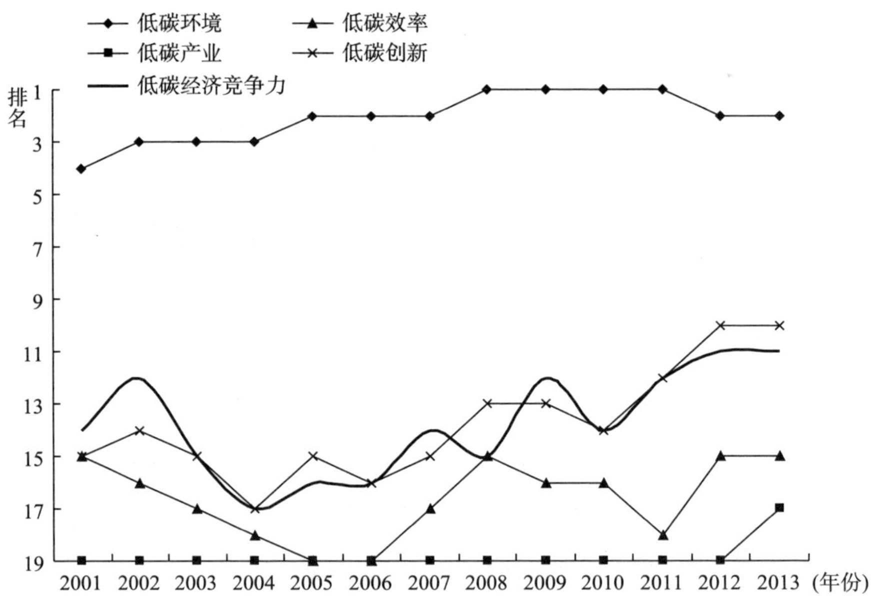

图 7 -7　中国低碳经济竞争力排名变化趋势

2001 年中国低碳经济竞争力综合排位处于第 14 位，处于中间偏下位置，此后排名呈波动下降趋势，2004 年达到最低的第 17 位，从 2005 年开始又呈波动上升趋势，到 2013 年达到最高的第 11 位。从二级指标来看，低碳环境竞争力排名最高，在 2008 年到 2011 年甚至达到第 1 位，也是 4 个二级指标中唯一一个排名稳居前列的指标。低碳效率竞争力和低碳创新竞争力排名都呈现先下降后上升的趋势，2005 年成为关键转折点，说明我国“十一五”期间开始严格实施节能减排政策，对节约能耗、促进产业升级确实起到巨大的促进作用。低碳产业竞争力排位一直处于第 19 位，在 G20 国家中处于最后一名，直至 2013 年才上升 2 位，说明我国长期以来经济结构转变缓慢，经济发展长期以来依靠过度消耗资源能源的重化工业，大量的货物出口在拉动经济增长的同时，也为我国大量排放温室气体背上沉重的负担。表 7 - 19 列出了中国低碳创新竞争力综合得分的国际比较情况。

表 7 - 19 2013 年中国低碳创新竞争力综合得分国际比较

	低碳环境竞争力	低碳产业竞争力	低碳效率竞争力	低碳创新竞争力	低碳经济竞争力
中国得分	60.8	44.7	36.1	51.8	48.4
最高得分	62.1	76.0	72.6	74.3	62.1
	巴西	美国	意大利	韩国	美国
最低得分	22.3	40.7	24.2	20.9	33.3
	印度	沙特	南非	印尼	印度

从指标综合得分来看，中国低碳经济竞争力综合得分只有 48.4 分，与美国的最高得分差距较大，与排位第 10 名的韩国相差 3 分，差距较大，短期内难以超越，但比排位第 12 名的阿根廷得分高出 1.4 分，与其差距不太明显。二级指标得分表现最好的是低碳环境竞争力，得分 60.8 分，与得分最高的巴西相差 1.3 分，比得分最低的印度高出 38.5 分，有非常强的优势。低碳产业竞争力排名靠后，与最高得分差距非常大，只比最低分高 4 分，竞争劣势非常明显。低碳效率竞争力和低碳创新竞争力排名居中，得分与最高分的差距非常明显，还有很大提升空间。

二 中国低碳经济竞争力指标优劣势分析

低碳经济竞争力评价指标体系是由 1 个一级指标、4 个二级指标和 26 个三级指标共同构成的，低碳经济竞争力评价结果是由所有三级指标得分层层汇总得到的，任何一个三级指标的表现都会影响到低碳经济竞争力的最终排名。全部评价对象共有 19 个国家，把排位在前 10 位的指标称为优势指标，排在 10 位之后的指标称为劣势指标，据此分析每一个具体三级指标所处优劣势地位，有利于分析低碳经济竞争力综合表现的形成原因。表7－20列出了中国低碳经济竞争力指标优劣势统计情况。

表7－20　中国低碳经济竞争力指标优劣势分布

二级指标组	优势指标	劣势指标
低碳环境竞争力	碳汇建设、水电资源、人力资源（3个）	人口密度、森林覆盖率、技术环境、商业环境（3个）
低碳产业竞争力	能源自给率、国际资本输入（2个）	产业结构、产出物耗、国际贸易输出、投资率（4个）
低碳效率竞争力	经济增长速度、人均碳排放（2个）	经济发展水平、清洁能源比重、能源消耗强度、碳排放强度、碳减排（5个）
低碳创新竞争力	研发投入、能源消耗弹性、高新技术产品出口比重（3个）	人力资源开发、社会劳动生产率、电力碳排放（3个）

低碳环境竞争力的7个三级指标中，有碳汇建设、水电资源和人力资源3个优势指标，其他4个为劣势指标，反映了中国具有清洁能源资源丰富和人力资源丰富的优势，植树造林等碳汇建设的优势比较明显，但是自然环境、人文环境和技术环境处于劣势地位，不利于低碳经济竞争。低碳产业竞争力的6个三级指标中，处于竞争优势地位的只有能源自给率和国际资本输入2个指标，产业结构等4个指标处于竞争劣势地位，主要反映了中国目前的经济结构和经济发展方式不利于发展低碳经济。低碳效率竞争力的7个三级指标中，只有经济增长速度和人均碳排放2个优势指标，而经济发展水平等5个指标都是劣势指标，占指标总数的71.4%，特别是能源消耗和碳排放相关指标，都是劣势指标，中国亟须提高能源利用效率，加快推进节能减排。低碳创新竞争力的6个三级指标中，有3个优势指标，分别是研发投入、能源消耗弹性和高新技术产品出口比重，这反映了中国科技投入和产出的竞争优势比较明显，是创造竞争优势的主要途径，但是教育投入不足导致人力资源开发和社会劳动生产率处于竞争劣势地位。综合来看，在整个指标体系的26个三级指标中，共有10个优势指标，占指标总数的38.5%，劣势指标16个，占指标总数的61.5%。从4个二级指标来看，低碳环境竞争力和低碳创新竞争力是2个优势指标，但低碳创新竞争力刚刚升入第10名，竞争优势不太明显，其他2个二级指标

都是劣势指标。因此，劣势指标占主导地位，使得中国低碳经济竞争力处于居中偏下位置，属于低碳经济竞争力较弱的国家。

第四节　中国省域低碳经济竞争力比较研究

一　中国省域的低碳经济竞争

中国作为发展中国家，虽然目前还不必承担硬性碳减排任务，但第一碳排放大国的身份在国际碳减排谈判中备受压力，从国内转变经济发展方式的要求来看，也必须尽快发展低碳经济，减少碳排放。中国已经明确宣布到2020年的碳排放强度要比2005年下降40%～45%，到2030年碳排放达到峰值，“十二五”规划提出要“坚持把建设资源节约型、环境友好型社会作为加快转变经济发展方式的重要着力点”，并确定到2015年单位国内生产总值能源消耗比2010年降低16%，单位国内生产总值二氧化碳排放降低17%，并把能源消耗和碳排放下降的具体目标分解到各个省份。各省经济基础和技术条件存在一定的差距，节能减排政策实施途径和执行力度也各不相同，能源约束和环境规制对经济、就业和贸易都会产生不同的影响，导致各地方政府和企业节能减排和采用新能源积极性不高。

传统环境经济理论认为，环境规制提高了企业成本和产品价格，降低了一个国家或区域的比较优势，不利于经济发展和竞争力的提升。Walter和Ugelow①、Walter② 提出的“污染避难所假说”认为，经济不发达地区环境标准较低，污染密集型产业将获得比较优势，有利于出口，并从环境规制强度高的国家或地区吸引资本流入。从实证研究来看，Jaffe等人③认为加强环境规制在短期内往往会增加企业的生产成本。Van Beers 和 Van den

① Walter & Ugelow. Environmental Policies in Developing Countries [J]. *Ambio*, 1979 (8): 102－109.

② Walter. Environmentally Induced Industrial Relocation in Developing Countries [J]. *Environment and Trade*, 1982 (1): 67－101.

③ Jaffe, A. B., Peterson, S. R., Portney, P. R. and Stavins, R. N. Environmental Regulation and the Competitiveness of U. S. Manufacturing: What Does the Evidence Tell Us? [J]. *Journal of Economics Literature*, 1995, 33 (1): 132－163.

Bergh[①] 指出严格的环境规制不利于出口、有利于进口。Ederington 和 Minier[②] 通过不同的模型验证污染治理成本与相关进口指标的关系，认为严格的环境规制会促使一国进口增长，在一定程度上降低了该国的贸易竞争力。但现实是很多发达国家实行严格环境政策的同时，竞争力并没有受到损害，比如 Tobey[③] 等研究发现环境规制对贸易基本没有明显的影响；Costantini 和 Mazzanti[④] 证实欧盟 15 国的环境规制并未损伤其国际市场竞争力，长期内甚至部分地促进了出口。对此，Porter[⑤⑥] 较早地提出了“波特假说”，他认为从长期来看，合理设计的环境规制政策会促使企业创新技术，通过减少投入、提高效率或者产品创新，可以部分甚至完全抵消环境规制带来的成本上升，并获得竞争优势，实现“双赢”的结果。“波特假说”也得到了 Mohr[⑦] 和 Murty[⑧] 等许多实证研究结果的证实，Lanoie 等人[⑨] 分析了滞后的环境规制对全要素生产率的动态影响，发现较为严格的环境规制能够促进生产力的长期稳定增长。

国内研究中，杨海生等[⑩]和朱平芳等[⑪]等众多研究结果表明，外资会把

① Van Beers, C., Van den Bergh, J. C. J. M. An Empirical Multi-Country Analysis of the Impact of Environmental Regulations on Foreign Trade Flows [J]. *Kyklos*, 1997 (50): 29 – 46.

② Ederington & Minier. Is Environmental policy a secondary trade barrier? A Empirical analysis [J]. *The Canadian Journal of Economics*, 2003 (36): 137 – 154.

③ Tobey, J. The Effects of Domestic Environmental Policies on Patterns of World Trade: An Empirical Test [J]. *Kyklos*, 1990 (43): 191 – 209.

④ Costantini &Mazzanti. On the Green and Innovative Side of Trade Competitiveness [J]. *Research Policy*, Vol. 41, pp. 132 – 153.

⑤ Porter, M. E. America's Green Strategy [J]. *Scientific American*, 1991, 264 (4): 168.

⑥ Porter, M. E. and C. Van der Linde. Toward a New Conception of the Environmental Competitiveness Relationship [J]. *The Journal of Economic Perspectives*, 1995, 9 (4): 97 – 118.

⑦ Mohr, R. D. Technical Change, External Economies, and the Porter Hypothesis [J]. *Journal of Environmental Economics and Management*, 2002, 43 (1): 158 – 168.

⑧ Murty, M. N. and Kumar, S. Win-Win Opportunities and Environmental Regulation: Testing of Porter Hypothesis for Indian Manufacturing Industries [J]. *Journal of Environmental Management*, 2003, 67 (2): 139 – 144.

⑨ Lanoie Patry & Lajeunesse. Environmental Regulation and Productivity: New Findings on the Porter Hypothesis [J]. *J. Pord Anal*, 2008 (30): 121 – 128.

⑩ 杨梅生，等．贸易、外商直接投资、经济增长与环境污染 [J]．中国人口．资源与环境，2005 (3): 99 – 103.

⑪ 朱平芳，等．FDI 与环境规制：基于地方分权视角的实证研究 [J]．经济研究，2011 (6): 133 – 145.

污染型产业或企业转移至环境标准设置较低的我国欠发达地区以提高国际竞争力，同时地方政府为了吸引外资，也会努力弱化环境规制。同时王兵等①和张成等②的研究又为“波特假说”在中国的适用性提供了证据。陈诗一③和傅京燕④的研究都表明，中国的节能减排等环境规制短期内对比较优势产生一定负面影响，但长期内提高环境质量的同时，也可以提高产出和生产率。综合来看，环境规制强度和产业竞争力、区域竞争力之间的关系并不固定⑤，没有必要担心提高环境规制强度会降低中国的竞争力⑥。

中国正处于工业化进程和城镇化进程加快推进的关键时期，能源消耗和碳排放总量增长还将持续较长一段时间，节能减排政策是否以及如何影响低碳经济发展，对各地的竞争力又有何影响，是否存在区域差异，还有待深入研究。

二　省域低碳经济竞争力模型设计和指标数据

影响省域低碳经济竞争力的因素主要有四个方面。一是资源投入，包括资本和劳动力两大类。发展低碳经济的基础还是实现经济增长，只有实现经济持续稳定增长，才能解决社会民生和公共环境问题，体现一个区域真正的竞争力，这就需要维持经济增长需要的各种要素投入。低碳经济竞争力体现的就是对符合低碳发展模式的各种要素资源的吸引力，以及对资源进行优化配置的能力。二是能源约束和碳排放约束。低碳经济是节约能源和减少碳排放的经济模式，要求不断提高能源利用效率、降低碳排放强度。不同地区的经济结构和能源结构不同，对化石能源的依赖程度各不相同，能否有效转变经济增长方式，实现碳排放和经济增长脱钩，体现了区

① 王兵，吴延瑞，颜鹏飞．中国区域环境效率与环境全要素生产率增长［J］．经济研究，2010，（5）：95－109.

② 张成，等．环境规制强度和生产技术进步［J］．经济研究，2011（2）：113－124.

③ 陈诗一．节能减排与中国工业的双赢发展：2009—2049［J］．经济研究，2010（4）：129－143.

④ 傅京燕．环境规制、要素禀赋与贸易模式：理论与实证研究［M］．北京：经济科学出版社，2010.

⑤ 赵细康．环境保护与产业国际竞争力，理论与实证分析［M］．北京：中国社会科学出版社，2003.

⑥ 董敏杰．环境规制对中国出口竞争力的影响——基于投入产出表的分析［J］．中国工业经济，2011（3）：57－67.

域的低碳经济竞争力。三是环境规制强度。气候变化是公共环境问题，当传统化石能源具有价格优势时，新能源产业的发展受到阻碍，市场不能有效配置能源，不利于能源的合理使用。只有在区域环境规制强度不断提高，能源约束管制和能源税收提高的情况下，企业才愿意增加节能减排设备投资，逐步接受新能源。四是技术创新。技术创新带来的能源节约和效率提高，不但可以抵消环境规制带来的成本上升，低碳技术和产品本身还可以作为新兴产业促进经济增长，合理的财税政策和市场机制可以有效地鼓励低碳技术的研发、应用和推广。

基于上述分析，建立省域低碳经济竞争力模型，探讨省域低碳经济竞争力的影响因素及区域差异性。首先建立 C—D 生产函数，由于本书把能源作为重要的生产资源，所以把能源和资本、劳动一起放入模型。

$$Y = AK^{\alpha} L^{\beta} EN^{\gamma} \tag{7-1}$$

这里 Y 是产出，用地区生产总值度量，A 是广义技术进步水平，K 是资本存量，L 是劳动，EN 代表能源消耗，α、β、γ 分别是资本、劳动和能源的产出弹性系数。

根据“波特假说”，环境规制和技术进步之间存在相互作用的内生机制，环境规制和技术进步共同影响生产率，借鉴 Audretsch 等①的知识生产函数，引入环境规制因素，构建广义技术进步的 C—D 函数。

$$A = A_0 TI^{p} ER^{q} \tag{7-2}$$

这里 A_0是基础技术水平，TI 代表技术创新，ER 代表环境规制，p、q 分别是两者对技术进步的弹性系数。

将方程（7-2）代入方程（7-1）得到：

$$Y = A_0 TI^{p} ER^{q} K^{\alpha} L^{\beta} EN^{\gamma} \tag{7-3}$$

当前碳排放的主要来源是化石能源消耗，主要包括煤炭、石油、天然气三大类，水电和太阳能等清洁能源的碳排放比较少，暂时不考虑。因此，可以根据能源消耗的不同构成来构建碳排放量模型。

① Audretsch, D. B., Feldman, M. P. R&D Spillovers and the Geography of innovation and production [J]. *American Economic Review*, 1986 (86): 630-640.

$$CO_2 = \sum EN \cdot es_j \cdot ct_j = EN \cdot ES' \cdot CT \quad (j=1,\ 2,\ 3) \tag{7-4}$$

这里CO_2代表碳排放总量，es是不同能源消耗所占比重，ct是不同能源的碳排放系数，$ES' = (es_j)_{3\times1}'$，$CT = (ct_j)_{3\times1}$，EN是能源消耗总量，同上。

方程（7－3）除以方程（7－4），并两边取对数，得到低碳经济竞争力的面板数据模型。

$$\ln LCC_{it} = \ln A_0 + p\ln TI_{it} + q\ln ER_{it} + r\ln EC_{it} + \alpha K_{it} + \beta \ln L_{it} + (\gamma - 1)\ln EN_{it} + v_{it} \tag{7-5}$$

这里$LCC = \frac{Y}{CO_2} = \frac{GDP}{CO_2}$，即单位碳排放的地区生产总值，也称为低碳效率或碳生产力，代表低碳经济竞争力。$EC = ES' \cdot CT$代表碳排放系数，由能源消耗结构和各能源的碳排放系数共同决定。$v_{it} = S_i + T_t + \varepsilon_{it}$，$S$和$T$分别代表截面固定效应和时间固定效应，$\varepsilon_i \sim N(0,\ \sigma^2)$，下标$i$和$t$分别表示省份和年份。

这里用2005～2012年的省域数据进行检验，对象为除西藏之外的其他30个省、区、市。各省、区、市的产出，即地区生产总值（GDP）来自2006～2013年的《中国统计年鉴》，并统一折算为2005年的不变价格，具体做法是2005年用以当年价格核算的GDP，以后年份的GDP用2005年GDP乘以实际增长率，以避免物价影响。

现行统计资料中并没有直接给出各省、区、市资本存量数据，一般研究都需要估算，这里采用常用的永续盘存法估算各各省、区、市历年资本存量。

$$K_t = K_{t-1}(1-\delta) + I_t/P_t \tag{7-6}$$

这里K_t和K_{t-1}分别为当年和前一年的资本存量，初始值采用张军等①提供的2000年数据，为了保持一致性，经济折旧率δ仍采用该文的9.6%。I_t为资本形成总额，P_t为投资价格指数，均来自历年《中国统计年鉴》，最后再把各年资本存量按2005年不变价折算。

① 张军，吴桂英，张吉鹏．中国省际物质资本存量估算：1952—2000［J］．经济研究，2004（10）：35－44.

考虑到劳动者之间的差异，劳动投入需要用到人力资源指标，但鉴于人力资源的估算比较复杂，这里采用从业人员乘以平均受教育年限的简便方法，作为人力资源的替代指标，把平均受教育程度作为区别劳动者素质的主要指标。两个指标的数据均来自历年《中国统计年鉴》，平均受教育年限根据年鉴提供的调查数据计算。

技术创新指标用研发投入衡量，数据来自中国主要科技指标数据库①中的各省 R&D 经费。环境规制强度反映政府执行环境政策的力度，并没有统一的客观指标来衡量，现有文献中采用了综合指数和单指标等多种方法，这里采用工业污染治理投资占工业投资比重来衡量各省环境规制强度。

能源消耗总量和能源消耗结构指标来自历年《中国能源统计年鉴》中分地区能源消耗数据。至于碳排放系数，按照 IPCC② 给出的化石能源消耗的碳排放系数参考值，平均每消耗 1 吨标煤的煤炭、石油和天然气，分别产生 0.7559 吨、0.5857 吨、0.4483 吨碳，再按照 1 吨碳约产生 3.7 吨二氧化碳的比例，测算出三类能源消耗的二氧化碳排放系数分别为 2.8、2.17 和 1.66。这三大类能源各自包含很多品种，都按照《中国能源统计年鉴》提供的各种能源折标煤参考系数进行折算。由能源消耗总量、能源消耗结构和碳排放系数，可以计算出各省历年碳排放总量。

从能源消耗总量来看，全国 2012 年的能源消耗总量为 34.1 亿吨标煤，是 2005 年的 1.5 倍，年均增长 6.1%，其间的能源消耗弹性系数为 0.51，能源消耗强度由 2005 年的 1.28 吨标煤/万元下降到 2012 年的 0.76 吨标煤/万元，表明中国近年来的节能工作成效比较明显。从各省来看，共有 7 个省份的能源消耗超过 2 亿吨标煤，最高的是山东省，2012 年消耗 3.89 亿吨标煤，最少的是海南省，只有 1688 吨标煤。有 5 个省、区、市的能源消耗年均增速超过 10%，增长最快的是新疆，平均增速为 11.55%，增速最低的是北京，平均增速为 3.82%。

表 7-21 列出了根据前述数据计算出来的各省、区、市低碳效率指标情况，总体来看，低碳效率指标的最高值、平均值和最小值在 7 年内都有

① 中国科技统计网（http：//www.sts.org.cn）。

② IPCC. Guidelines for National Greenhouse Gas Inventories. 2007.

明显提高，说明近年来节能减排成效明显，低碳经济发展良好，低碳经济竞争力得到有效提升。北京是低碳效率最高的地区，也是增长幅度最大的地区，共提升了61.7%；另外，四川和上海等9个地区的低碳效率增速也都超过40%；宁夏是低碳效率最低的地区，但低碳效率仍然上升了25.9%；新疆是唯一一个低碳效率下降的地区，其碳排放增速超过了经济增长速度，主要是能源消耗的过快增长导致的。

为了区域比较的方便，把30个省、区、市分为东部、中部、西部、东北四个区域，从低碳效率平均数来看，东部最高，增速也比较高，达到38%；中部次之，但增速是最快的，为38.4%；西部最低，低碳效率平均只有东部的45.5%，增速也是最低的，只有30.4%。西部地区经济欠发达，碳排放强度较高，低碳效率提高较慢，能源利用效率与东部还有很大差距。

表7－21　30个省、区、市低碳效率指标统计

单位：元/吨

指标	2005年	2006年	2007年	2008年	2009年	2010年	2011年	2012年
最高值	5141	5395	5869	6451	6888	7193	7790	8209
平均值	2839	2936	3066	3235	3419	3556	3664	3866
最小值	892	900	929	999	1063	1109	1049	1123
东部平均	4051	4217	4414	4661	4924	5112	5290	5591
中部平均	2591	2674	2787	2961	3131	3272	3373	3587
西部平均	1949	1996	2078	2186	2306	2390	2436	2542
东北平均	2557	2640	2751	2878	3057	3211	3329	3528

注：东部（10个省市）：北京、天津、河北、上海、江苏、浙江、福建、山东、广东、海南；中部（6个省份）：山西、安徽、江西、河南、湖北、湖南；西部（11个省、区、市）：内蒙古、广西、重庆、四川、贵州、云南、陕西、甘肃、青海、宁夏、新疆；东北（3个省份）：辽宁、吉林、黑龙江。

三　省域低碳经济竞争力模型检验和参数估计

1. 单位根检验

这里采用面板数据的横截面是不同省、区、市，指标值差异比较大，单位根检验要考虑到截面差异性。面板数据模型单位根检验中的

LLC[①] 方法是假设各截面序列具有一个相同的单位根，仍采用 ADF 检验形式。而 IPS[②] 方法则是对每个截面成员分别检验单位根，再利用参数构造统计量检验整个面板数据是否存在单位根，Fisher – ADF 检验和 Fisher – PP 检验的原理类似，利用参数的 p 值构造统计量，检验整个面板数据是否存在单位根。分别用四种方法对序列进行单位根检验，滞后阶数都按 SIC 最小化准则确定，并且选择有截距项和趋势项，结果如表 7 – 22 所示。

表 7 – 22　面板数据序列的单位根检验

序列	检验方法	LCC	K	L	EN	EC	ER	TI
原序列	LLC	– 19. 85 ***	– 3. 69 ***	– 9. 11 ***	– 6. 97 ***	– 1. 41 *	– 0. 58	– 4. 08 ***
	IPS	– 0. 91	– 0. 11	– 0. 13	– 2. 43 ***	0. 96	– 0. 26	2. 96
	Fisher – ADF	– 2. 0 *	– 0. 23	– 0. 82	– 4. 29 ***	0. 97	– 0. 27	3. 84
	Fisher – PP	0. 58	1. 26	– 2. 36 ***	2. 56	1. 36	– 0. 77	1. 87
一阶差分	LLC	– 12. 01 ***	– 13. 23 ***	– 28. 55 ***	– 7. 66 ***	– 11. 73 ***	– 11. 75 ***	– 3. 66 ***
	IPS	– 2. 40 *	– 2. 47	– 4. 58 ***	– 1. 83 ***	– 10. 17 ***	– 6. 69 ***	– 6. 89 ***
	Fisher – ADF	– 1. 23	– 1. 93 **	– 7. 62 ***	1. 33	– 5. 80 ***	– 9. 99 ***	– 7. 17 ***
	Fisher – PP	– 4. 09 ***	– 6. 07 ***	– 11. 67 ***	2. 11	– 6. 39 ***	– 10. 96 ***	– 8. 75 ***

注：*** 、** 、* 分别代表显著性水平为 1% 、5% 和 10% ，下同。

尽管四种方法的检验结果有所差异，但还是比较接近的，通过对原序列和一阶差分的单位根检验结果进行判断，在 1% 显著性水平下变量都是非平稳序列，都有单位根，并且是一阶单整，进一步可以对变量进行协整检验。

2. 协整检验

在协整检验中，Engle 和 Granger 最早提出的两步法先对多个变量进行回归，根据残差是否平稳来判断变量之间是否存在长期稳定关系。面板数据的协整检验中，Pedroni[③] 的方法是假设各截面的截距项和斜率系数不同，

① Levin, A. , Lin, C. F. , Chu, C. Unit root tests in panel data: asymptotic and finite-sample properties [J] . *Econometrics*, 2002 (108): 1 – 24.

② Im, K. S. , Pesaran, M. H. , Shin, Y. Testing for unit roots in heterogeneous panels [J]. *Econometrics*, 2003 (115): 53 – 74.

③ Pedroni, P. Critical values for cointegration tests in heterogeneous panels with multiple regressors [J] . *Economics & Statistics*, 1999 (61): 653 – 670.

而 *Kao*[①] 的方法假定第一步回归中的系数相同。表 7－23 列出了不同方法对变量组的协整检验结果，滞后阶数由 SIC 准则确定，各种结果一致拒绝不存在协整关系的原假设，可以认为协整关系是显著的，变量之间存在长期的稳定关系，据此可以估计模型（7－5）的参数。

表 7－23　面板数据变量的协整检验

相同 AR 系数假设		不同 AR 系数假设	
Panel v-Statistic	－4.478***		
Panel rho-Statistic	7.615***	Group rho-Statistic	9.288***
Panel PP-Statistic	－4.951***	Group PP-Statistic	－23.423***
Panel ADF-Statistic	－1.977*	Group ADF-Statistic	－12.564***

3. 参数估计

针对各省在模型中截距和斜率的不同假设，分别采用混合模型、固定效应模型和随机效应模型进行估计，考虑到存在截面异方差，横截面个数大于时序个数，所以采用截面加权估计法（CSW），用 Eviews 6.0 软件对模型（7－5）参数估计结果如表 7－24 所示。第一种混合模型是假设不同个体在时间上不存在显著差异，不同截面之间也没有明显差异，直接把面

表 7－24　不同形式模型估计结果

变量	（1）混合模型	（2）固定效应模型	（3）随机效应模型
C	2.072（9.6）***	0.908（3.31）***	1.038（4.05）***
Log（K）	0.327（10.75）***	0.324（25.23）***	0.3（17.94）***
Log（L）	0.324（19.49）***	0.019（1.09）**	0.195（9）***
Log（EN）	－0.743（－26.92）***	－0.474（－12.84）***	－0.592（－16.11）***
Log（EC）	－3.792（－17.22）***	－1.522（－10.3）***	－2.252（－10.76）***
Log（ER）	－0.012（－1.09）	－0.016（－7.05）***	－0.01（－2.28）**
Log（TI）	0.178（14.38）***	0.06（7.18）***	0.104（7.72）***
R2	0.945	0.999	0.898
F	692.5***	6016***	350.2***

① Kao，C. Spurious regression and residual-based tests for cointegration in panel data［J］. *Econometrics*，1999（90）：1－44.

板数据混合在一起估计参数，估计结果如表 7－24 中（1）所示。第二种固定效应模型是假设不同截面和不同时间序列的截距不同，估计结果如表 7－24 中（2）所示。第三种随机效应模型是假设固定效应模型中的截距项包含了截面随机误差项和时间随机误差项的平均效应，并假设两个随机误差项都服从正态分布，估计结果如表 7－24 中（3）所示。

从几个模型的估计结果来看，拟合优度都非常高，解释变量的参数大多都能通过显著性检验，只有混合模型中的环境规制因素不够显著，由于低碳效率指标在不同个体之间有较大差距，而且模型（2）和（3）估计的 F 值非常大，不宜选择混合模型，再进行 Hausman 检验，χ^2 值为 16.7，显著大于临界值，因此采用固定效应模型。从估计系数来看，资本、劳动和技术创新对提升低碳经济竞争力都有积极作用，而能源消耗、碳排放系数和环境规制对低碳经济竞争力产生反向作用。碳排放系数变化对低碳经济竞争力的弹性系数为－1.522，表明优化能源结构、减少碳排放具有显著作用。能源消耗的弹性系数也比较大，为－0.474，虽然技术创新和环境规制有显著作用，但弹性系数都比较小，而且环境规制的作用是反向的。

为了分析不同区域的各要素对低碳竞争力的影响，采用不相关回归方法（SUR）分别利用东部、中部、西部和东北地区数据估计得到结果如表 7－25 中所示，为简便起见，没有列出各省、区、市和不同年份的截距项差额。

表 7－25　不同区域模型估计结果

变量	（4）东部	（5）中部	（6）西部	（7）东北
C	2.423（6.24）***	－1.726（－9.84）***	1.686（2.68）***	－0.846（－0.85）**
Log（K）	0.492（17.58）***	0.18（11.32）***	0.377（11.84）***	0.311（7.16）***
Log（L）	－0.002（－0.08）	0.041（2.99）***	－0.147（－3.12）***	0.13（3.36）***
Log（EN）	－0.721（－13.29）***	－0.112（－3.79）***	－0.469（－6.11）***	－0.511（－4.2）***
Log（EC）	－1.824（－9.9）***	－1.033（－10.65）***	－1.415（－3.59）***	－0.502（－0.86）
Log（ER）	－0.016（－4.09）***	－0.008（－4.49）***	－0.011（－1.86）**	0.002（0.47）
Log（TI）	0.119（3.83）***	0.071（7.32）***	0.022（1.15）	0.11（5.04）***
R2	0.997	0.999	0.996	0.993
F	2111***	3821***	1275***	409***

从四个模型总体估计结果来看，拟合优度都很高，F 值也远大于临界值，在不考虑区域差异和常数项的情况下，各变量的参数估计值大多都能通过显著性检验，只有模型（4）的劳动投入和模型（6）的技术创新少数几个变量的参数不能通过显著性检验。从系数来看，一方面，资本投入和技术创新对低碳经济竞争力起到正向作用，说明资本投入和技术创新可以提高生产率，有利于提高低碳经济竞争力。另一方面，能源消耗、碳排放系数和环境规制都起负面作用，说明能源的过快消耗、能源结构的不合理都会制约低碳经济竞争力的提升，虽然加强环境规制会制约低碳经济竞争力，但其系数比较小，影响不是太明显。技术创新系数大于环境规制的系数，说明技术创新的作用可以抵消环境规制带来的负面影响。

具体到不同区域，模型（4）反映东部地区能源消耗增长对低碳经济的负面影响比较大，高于全国平均水平。碳排放系数的影响也是最大的，能源消耗结构调整对东部地区低碳经济竞争力影响最大。技术创新的作用明显，研发投入的增加完全能够抵消环境规制带来的负面影响。模型（5）和模型（7）的结果比较接近，反映中部次发达地区技术进步能提升低碳经济竞争力，但资本投入的影响较小，环境规制的负面作用也不是很大。模型（6）反映了西部地区劳动力增长的负面作用，技术创新对低碳经济竞争力影响的系数不能通过显著性检验，说明西部欠发达地区技术创新能力还有待提高，技术创新对提高低碳效率的作用还完全没有发挥出来。

第八章

提升中国低碳经济竞争力的战略和对策

第一节　中国低碳经济竞争基础

一　社会共识高度认同

中国作为一个发展中大国，经济社会发展中还面临诸多需要解决的难题，但中国政府从全人类长远利益和国际责任出发，一直高度重视全球气候变化问题，积极参与国际气候合作机制，将应对气候变化作为经济社会发展的重大战略，在决策意识、法规政策、行动措施等方面做出了积极努力，全社会达成高度共识致力于发展低碳经济。

在中央文件和领导人讲话中多次提出，要将推行低碳经济、实现节能减排作为国家发展的重要任务。国家“十一五”规划提出了单位 GDP 综合能耗降低 20%、主要污染物排放总量减少 10% 左右的约束性指标，对加强节能环保工作具有十分重要的意义。2007 年 APEC 第十五次领导人非正式会议上时任国家主席胡锦涛提出要发展低碳经济、研发和推广低碳能源技术、增加碳汇和研发碳吸收技术。2007 年中国政府发布实施了《应对气候变化国家方案》，明确提出到 2010 年应对气候变化的具体目标、基本原则、重点领域和政策措施，是第一个制定应对气候变化国家方案的发展中国家，同时还成立了国家应对气候变化及节能减排工作领导小组，部署全国范围应对气候变化工作。2009 年中国通过了《全国人民代表大会常务委员会关于积极应对气候变化的决议》，把应对气候变化作为实现可持续发展战略的长期任务，要把发展低碳经济纳入此后的国民经济和社会发展规划。同年 9 月，胡锦涛在联合国气候变化峰会上第一次就气候变化问题阐明中国立场，承诺中国将继续采取有力措施，争取到2020年碳排放强度比2005年有显著下降。11月，国务院提出到2020年碳排放强度比2005年下降40%～45%，并作为约束性指标纳入国民经济和社会发展中长期规划，并提出要大力发展可再生能源，到2020年清洁能源占能源消费总量的15%，通过植树造林和加强森林管理提高碳汇能力，森林面积比2005年增加4000万公顷，森林蓄积量比2005年增加13亿立方米。2011年3月发布的国家“十二五”规划提出在减缓气候变化的同时提高适应气候变化能力，要充分发挥技术进步的作用，完善体制机制和政策体系，提高应对气候变化能力。综合运用调整产业结构和能源结构、节约能源和提高能效、增加森林碳汇等多种手段，大幅度降低能源消耗强度和二氧化碳排放强度，有效控制温室气体排放。具体目标是到2015年，单位国内生产总值能源消耗降低16%，单位国内生产总值二氧化碳排放降低17%，森林覆盖率提高到21.66%，森林蓄积量增加6亿立方米。

2009年科技部提出了《低碳经济科技示范区工作方案》，选择不同类型的城市、社区、行业进行试点和示范，建设低碳经济科技示范区。2010年发改委批准在广东、辽宁、湖北、陕西、云南5个省份和天津、重庆、深圳、厦门、杭州、南昌、贵阳、保定8个城市开展国家低碳省区和低碳城市试点，旨在从编制低碳发展规划、制定支持低碳绿色发展的配套政策、加快建立以低碳排放为特征的产业体系、建立温室气体排放数据统计和管理体系、积极倡导低碳绿色生活方式和消费模式五个方面进行探索，找到符合国情的低碳经济发展道路。这些政策、目标和行动措施表明，中国正在积极为全球气候变化承担义务，已经进入低碳经济发展轨道。

2014年北京召开的APEC会议期间，中国和美国两个碳排放大国公布应对气候变化的减排长期计划，美国2020年后将把二氧化碳减排速度提高1倍，计划到2025年温室气体排放较2005年整体下降26%～28%。中国同意到2030年左右或之前停止增加二氧化碳排放，到2030年化石燃料在中国能源中占比降至80%左右。同时国家发改委正式印发了《国家应对气候变化规划（2014—2020年）》，进一步明确了“到2020年，单位GDP二氧化碳排放比2005年下降40%～45%，非化石能源占一次能源消费的比重到15%左右”等目标，还指出要建立全国碳排放交易市场，向世界各国表明了我国治理环境污染、履行减排承诺的意愿与决心。

二　低碳政策体系不断完善

中国历来非常重视节能减排和环境保护工作，不断出台法律法规，致力于实现经济可持续发展。1994年发布了第一个国家级的《中国21世纪议程——中国人口、环境与发展白皮书》，确定了经济发展与环境保护协调的指导原则，1997年颁布《节约能源法》，1998年颁布《森林法》，2005年颁布《可再生能源法》，2009年颁布《循环经济促进法》，从国家法律层面确定实践科学发展观、建设资源节约型和环境友好型社会的指导思想。2010年4月，修改后的《可再生能源法》正式实施，设立了可再生能源发展基金，完善了风电、太阳能等可再生能源全额收购制度和优先调度办法，为可再生能源的发展提供了有力的法律支持。同时正在加快对《能源法》的立法进程，将对优化能源结构、发展能源产业产生积极影响。在能源发展规划方面，2004年中国发布《能源中长期发展规划纲要（2004年—2020年）》，把能源规划纳入经济社会发展总体规划，同时发布《节能中长期专项规划》，提出了十大重点节能工程。2007年发布《可再生能源中长期发展规划》，提出到2010年，可再生能源消费量占能源消费总量的比重达到10%，2020年达到15%，形成以自有知识产权为主的可再生能源技术装备能力。2008年颁布《公路水路交通节能中长期规划纲要》，提出了交通领域的节能措施和目标。中国已经制定“十二五”能源发展规划和新能源发展规划，提出未来5年非化石能源发展目标任务。在行动措施方面，2006年颁布《中国节能技术政策大纲》，2007年发布《节能减排综合性工作方案》，提出了43项具体政策措施，是对节能减排领域一系列重大政策方针的延伸与细化，将遏制高耗能高污染行业过快增长，加快淘汰落后生产能力，加快能源结构调整作为节能减排的重要工作内容。其后发布《关于印发节能减排全民行动实施方案的通知》，动员全社会积极参与节能减排和应对气候变化工作，形成以政府为主导、企业为主体、全社会共同推进的节能减排工作格局。针对关键行业部门的节能减排颁布了一系列法规，1999年颁布《重点用能单位节能管理办法》，2002年颁布《清洁生产促进法》，2006年发布《关于印发千家企业节能行动实施方案的通知》和《关于印发“十一五”十大重点节能工程实施意见的通知》，加强重点耗能企业和重点工程的节能管理，促进合理利用能源，提高能源利用效率。针对具体行业的节能法规有2000年的《民用建筑节能管理规定》和2008年的《民用建筑节能条例》，2000年的《交通行业实施节能法细则》，2008年发布的《公共机构节能条例》和《关于开展节能减排学校行动的通知》。在节能产品方面，有1999年的《中国节能产品认证管理办法》、2000年的《节约用电管理办法》和2004年的《节能产品政府采购实施意见》，扶持节能产品行业发展。针对可再生能源和清洁能源方面的立法，有《可再生能源产业发展指导目录》、《可再生能源发电有关管理规定》和《可再生能源发电价格和费用分摊管理试行办法》等一系列法规。另外，中国还出台了众多财政、税收、金融等配套政策工具，配合相关节能法规的实施。尽管大部分法规并不是直接针对气候变化而制定的，但它们在中国企业降低温室气体排放增长速度方面发挥了重要作用。

在应对气候变化方面，中国将注意力转向进一步推进气候变化相关政策向更协调的方式转变。中国政府于2007年颁布了《应对气候变化国家方案》，这是发展中国家制定的第一个国家级气候变化方案，并于2008年在联合国开发计划署（UNDP）等国际组织的支持下启动了“省级应对气候变化方案项目”，表明了中国政府将应对气候变化问题作为国家发展战略的决心。2008年颁布了《应对气候变化白皮书》，对中国在国内及国际方面的政策战略进行了详细的阐述，充分表达了中国对气候变化的重视程度。2009年人大常委会通过《全国人民代表大会常务委员会关于积极应对气候变化的决议》，再一次强调了中国发展低碳经济的重要性，并相应地强化法律制度体系。中国还定期发布《中国应对气候变化的政策与行动》，对应对气候变化工作进行总结，并提出发展措施。

三 低碳技术研发后起直追

由于起步较晚，基础较为薄弱，中国在低碳技术研发方面与发达国家还有很大差距，但正是认识到技术进步对提高能源利用效率、发展低碳经济具有重要作用，中国不断加大对低碳技术研发领域的投入，积极扶持低碳技术应用和加大相关产业领域的扶持力度，取得较为明显的成效。

“十一五”期间，国家科技计划对节能降耗等领域研发项目资助经费超过130亿元，在煤燃烧、煤气化、煤液化、太阳能电池、太阳能制氢和生物催化转化等方面涌现了一批基础研究成果。2009年以来，国家补助

4000万元资金用于支持建设先进储能材料、清洁煤高效成套设备等国家工程研究中心。为加强碳捕集和封存技术的研发应用，研究制定了碳捕集与封存、利用技术（CCUS）发展路线图，并筹建了CCUS产业技术创新联盟。在低碳技术应用方面，中国建立了世界上首座500瓦燃料敏化太阳能电池示范系统，成功研发1.5兆瓦直驱永磁式风电机组并实现产业化，建成了世界上规模最大的燃煤电厂二氧化碳捕获工程。①

中国企业已经在多个低碳产品和服务领域取得突破性进展，特别是部分可再生能源相关产业处于世界领先地位。中国已有超过150台超临界、超超临界机组并网运行，是世界上采用此种技术最多的国家之一。中国还是世界上风力发电装机容量最大、增长最快的国家，是最大的光伏组件出口国，光伏产品占世界光伏产品市场的40%。中国还是最大的太阳能热水器产销国家，约95%的太阳能热水器的核心技术为中国公司持有。另外，中国在纯电动轿车和水泥余热发电效率方面世界领先，已开始向国外出口技术和设备，等等。②

四　新能源产业发展迅速

多年来中国一直致力于发展可再生能源，2007年颁布的《可再生能源中长期发展规划》计划到2010年可再生能源比重提高到10%，到2020年提高到15%以上。为实现此目标，国家制定了关于能源产业发展的总体规划，到2020年新能源产业投资规模累计将达5万亿元。③ 在这些政策推动下，中国可再生能源产业发展迅速，特别是可再生能源发电有了很大发展，国际市场份额明显提升。2013年，水电、核电和风电等非化石能源达3.68亿吨标煤，占能源消耗总量的9.8%。截至2013年底，非化石能源发电装机容量占电力总装机容量的比重达到30.9%。④

1. 水电

水电是重要的清洁能源，又是可再生能源。中国水能资源蕴藏丰富，

① 中国发改委．中国应对气候变化的政策与行动——2010年度报告［R］．2010.

② 气候组织．中国的低碳商机（研究报告）［R］．2009.

③ 中国节能环保集团公司等．2010中国节能减排产业发展报告——探索低碳经济之路［M］．北京：中国水利水电出版社，2010.

④ 中国发改委．中国应对气候变化的政策与行动——2014年度报告［R］．2014.

理论蕴藏量达6.94亿千瓦，技术可开发量5.42亿千瓦，均居世界第一位。2010年，中国水电总装机容量突破2亿千瓦，成为世界上水电装机规模最大的国家，也是在建规模最大、发展速度最快的国家。截至2013年底，中国水电装机容量2.6亿千瓦，占全国电力总装机规模的22.5%；2013年水电发电量为9116亿千瓦时，相当于替代2.8亿吨标准煤燃烧，减少二氧化碳排放7.5亿吨。水电在可再生能源中的比重最大，发电量占全部非化石能源发电总量的83%。

2. 核电

作为核大国，中国将发展核能作为替代火力发电、减少温室气体排放的重要手段。核电具有清洁、经济、安全的综合特性，成为未来能源发展的重要力量。中国建成与在建核电站的地域分布从北到南是辽宁、山东、江苏、浙江、福建、广东、广西和海南，在各地的13个厂址上一共有48台机组在运和在建，当前核电装机已达1794万千瓦。2013年底，核电发电量1167亿千瓦，当前在建和“十二五”期间开工项目投产后，到2020年可达约6000万千瓦。目前正在研究调整《核电中长期发展规划》，加快沿海核电发展，并积极推进内陆核电项目，预计到2020年核电将占电力总装机容量的8%以上。

3. 风电

中国拥有丰富的陆地和海洋风场资源，已初步建立起覆盖风资源评测、风电设备产业化、上网电价、税收优惠等政策体系，大力支持发展风力发电，风电项目发展迅速。2005～2009年，中国风电装机容量连续5年实现100%以上增长。目前，总装机容量已突破8123万千瓦，位居世界第一，提前10年完成此前规划的2020年风电发展目标，2013年风电发电量达1311亿千瓦。因为风电特许权项目地设备国产化率的强制要求，国产风电机组的市场份额已超过进口机组，兆瓦级风电机组目前已成为中国风电市场的主流产品。

4. 太阳能

中国积极开发利用太阳能，出台了一系列政策，通过补助投资和价格补贴等形式扶持光伏产业发展。2010年，共拨付资金8.36亿元，共支持了99个太阳能光电建筑应用示范项目，总装机容量为90.2兆瓦，补助两批47个示范城市和98个示范县推动太阳能光热技术及浅层地能热泵技术生产、设计和施工。在太阳能产业方面，中国共有10家光伏企业在海外上市，IPO融资规模超过20亿美元。中国多晶硅材料总产量已从2005年的30吨增加到2008年的近5000吨，产品大量出口国际市场，光伏电池产量于2007年超过德国和日本，居世界第一位，太阳能热水器年产量达到3000万平方米。截至2013年底，光伏发电并网装机1479万千瓦，同比增长334个，2013年太阳能发电量70亿千瓦时，同比增长约1倍，实现突破性增长。

5. 生物质能源

中国拥有丰富的生物质能源，理论上每年有生物质能源50亿吨左右，其中农作物残留物占一半多，是唯一可运输和储存的可再生能源。中国不断加大对生物质能源开发的财政支持力度：一是支持生物燃料乙醇开发，中国已成为全球第三大燃料乙醇生产国，仅次于巴西和美国；二是支持秸秆能源化利用；三是支持生物能源和生物化工发展，并对其原料基地建设给予补助。2009年和2010年中央财政分别投资50亿元、52亿元，继续加强农村沼气池建设，到2010年底，全国户用沼气将达到4000万户，大中型沼气池4700处，小型沼气池6.5万处，年均可替代薪柴和秸秆4800万吨，相当于1.32亿亩林地，年产沼气154亿立方米，可替代1100万吨标准煤，减少二氧化碳排放2800多万吨。2010年，全国沼气发电容量为80万千瓦，预计2020年达到150万千瓦，2010年垃圾焚烧发电装机达到50万千瓦，到2020年焚烧发电的垃圾处理量将达到总量的30%，垃圾焚烧发电总装机将达到200万千瓦以上。截至2013年中国可再生能源装机容量已占全球的24%，新增可再生能源装机容量占全球的37%。

除了可再生能源产业以外，包括洁净煤、智能电网、分布式能源和车用新能源等传统能源的升级变革技术、应用产业都得到了较快发展，特别是国内主要汽车整车企业都开展了新能源汽车的研究开发、制造，有些产品已经实现了商业化生产。2008年以来，北京环境交易所、天津排放权交易所、上海环境能源交易所、重庆排污权交易所和山西吕梁节能减排项目交易中心等有关环境和碳排放交易机构陆续成立，还有其他一些省份也在加紧筹备成立碳排放交易所，这充分说明社会看好低碳经济发展前景。

五　碳汇建设成效显著

中国大力推进植树造林工程，保护森林和改善生态环境，增强碳汇能力。2009 年中国政府召开全国林业工作会议，明确指出林业在应对气候变化中具有特殊地位，应对气候变化必须把发展林业作为战略选择。同年 11 月，国家林业局发布了《应对气候变化林业行动计划》，确定了林业发展规划的三个阶段目标和 22 项主要行动。一是继续实施国家重点造林工程，包括重点防护林工程、退耕还林工程、天然林保护工程、风沙源治理工程以及速生林基地建设工程等生态建设项目。1999～2009 年，中国累计实施退耕还林 4.03 亿亩，2009 年全年完成沙化土地治理面积近 1500 万亩。二是加强林业经营及可持续管理，2010 年颁布《全国林地保护利用规划纲要（2010—2020 年）》，提出今后 10 年要保证全国森林保有量的稳步增长，实行林地分级管理，建立林地保护管理新机制。同时加强中幼林抚育经营和低产林改造，努力提高单位面积林木蓄积量。组织制定了《森林增长指标监测评估实施方案》和《森林增长指标中期评估评分手册》，开展了国家“十二五”规划纲要中确定的省级森林覆盖率和森林蓄积量两项约束性指标中期评估。三是深入开展城市绿化造林，通过全民义务植树运动和“创绿色家园、建富裕新村”活动，动员全社会力量植树造林，重点关注人居生态建设，截至 2013 年末，累计在 18 个省（自治区、直辖市）完成碳汇造林 30 多万亩，全国森林覆盖率达到 21.63%，全国城市建成区绿化覆盖率达 39.7%，人均公园及公共绿地面积接近 11 平方米，对增强碳汇能力起到了积极作用。四是积极推进实施清洁发展机制下造林再造林碳汇项目，引导企业自愿捐资造林增汇，促进碳汇林业健康有序发展。

第二节　中国低碳经济竞争的障碍

一　政策体制障碍

当前中国节能减排工作的推进和考核仍然是政府主导的，以行政手段为主，通过层层分解节能减排指标，推动地方政府和企业实施，没有建立起市场化运行机制，虽然能够在较短时期内达到目标，但企业节约使用能源和减少二氧化碳排放的积极性很低，行政监管的成本高、效率低。主要原因就是中国能源产权和生产关系还没有理顺，能源税收体系还不完善，能源价格还没有完全市场化。政府部门为了保持物价稳定，管制电价和油价，就需要进行财政补贴，而且是补贴在生产过程中，使得国内能源价格相对较低，结果就是鼓励和放大了能源消费，加大了能源稀缺程度和价格压力，以及加大了环境污染程度。较低的能源价格使企业降低能源消耗成本的压力较小，节能减排的动力不足，特别是高耗能产业的能源约束不明显，不利于产业结构调整，也阻碍着节能和能源效率领域的投资。同时，财政补贴导致的低能源价格通过国际分工和国际贸易形成对外国消费者的间接能源补贴。

中国新能源产业发展迅速，但是市场竞争力还比较弱。近几年中国风电、太阳能和核能产业发展非常迅速，而且已实行强制入网、全额收购、差价在全部电网分摊的政策，政府优先收购的价格也普遍高于传统能源发电。但这种在政府强力扶持下成长的产业，其市场竞争力难以有效提高，因为在当前技术水平下新能源发电成本较高，就算有政府的价格补贴和税收优惠等相关政策扶持，与传统能源发电价格相比，仍然没有市场竞争力，导致企业没有使用新能源发电的积极性。可以预见，当新能源产业发展越来越快，其产业规模达到一定程度以后，完全靠财政补贴的方式是不可持续的，一是财政压力太大，负担不起；二是产业的发展终归要得到市场的认可，不能得到市场认可的产品和产业不但没有竞争力，甚至有生存的危机，更不用说参与国际竞争了。

二　技术创新能力较弱

自主创新是提升竞争力的核心要素，中国低碳技术创新和应用起步较晚，与发达国家相比还有很大差距，自主创新能力不足。一是科技投入较少，研发经费占 GDP 比重偏低，没有达到《国家“十一五”科学技术发展规划》确定的2%的目标，人均科研经费就更低了；二是科技创新投入风险大，以企业为主体的科研投入体系还未完全建立起来；三是科技投入效率较低，科技管理体制还存在诸多不足，科技产出数量较少、质量较低，技术含量高（包括核心技术）的发明专利大多属于跨国公司在华研发投资，自主掌握的引领世界技术潮流的高端和适用技术太少；四是从科技投入结构来看，目前大多数企业投入的研发资金中用于新产品开发和基础研究的比例太低，技术创新偏重于短期经济效益，基础性、长期性的创新研究能力较弱。另外，国内知识产权保护、技术标准等政策措施还不完善，执行力度不足，也在一定程度上打击了企业自主创新的积极性。

虽然《联合国气候变化框架公约》规定发达国家有义务向发展中国家提供和转让低碳技术，但实际进展缓慢，发达国家政府一直用保护知识产权等借口拖延技术转让过程，或者在技术转让中附加苛刻的条件，使发展中国家难以接受，目的还是要保持其技术垄断地位和市场份额。中国不得不依靠商业渠道引进大量的新能源技术，包括风能、太阳能和先进的核能技术，但是代价极高，知识产权转让条件非常苛刻，在人才培养、技术配套和政策等方面都有所滞后。同时很多企业还存在技术引进依赖，不能有效地结合技术引进进行吸收、消化和创新，而是多次购买和重复购买，追求短期利益，并没有完成技术学习的过程，也没有培育出自己的技术创新力量。

三　能源消耗和碳排放持续高速增长

我国经济保持高速增长态势，尽管“十二五”规划调低了经济增长预期，但工业化和市场化进程仍然会加快推进，就工业化进程而言，中国整体上仍处于工业化中期阶段，工业化还会持续较长一段时间，冶金、汽车、造船、机械制造等重化工业还会在各地快速发展。2013 年中国城镇化率达到 53.73%，尽管提升非常快，但还有很大提升空间，随着城乡统筹发展和农民进城，大规模的城市住房和基础设施建设需要消耗大量的物质资源和能源，能源消耗总量将会呈现快速增长态势。当前我国除了上海、北京等少数较发达地区经济发展水平接近中等发达国家以外，大部分地区，特别是中西部地区经济比较落后，未来较长一段时期都将是大力推进工业化，加快经济发展的阶段，物质材料和能源消耗需求极大，因此中国面临经济增长和能源约束的两难困境。当然，经济发展是第一位的，只有发展，才能真正解决经济、社会和环境的协调问题，阻碍发展或者以放缓发展速度为代价换取的能源节约和环境保护是没有意义的。按照发展战略目标，到 21 世纪中叶，中国将达到中等发达国家收入水平，人民生活水平快速提高，必然要大大增加物质产品的消费，人均能源消费量会持续增长。按照国际经验，只有基本完成工业化和城市化进程以后，人均能源消费量才能保持稳定，碳排放量的变化也大抵如此。

中国能源消耗和碳排放总量很快就会超过美国，成为世界上第一大能源消耗国和温室气体排放国，而且占世界总量的比重会越来越高，因为美国等发达国家的能源消耗和碳排放总量已经开始下降了，而不管是从总量还是从人均指标来看，中国都将是增长的。这就使得中国在未来较长时期都将面临越来越大的碳减排压力，而碳减排的硬性约束必将影响经济正常发展，制约竞争力的提升。

四　经济结构有待调整优化

中国经济快速增长的一个主要动力是投资，特别是面临全球金融危机和国家经济形势的复杂多变局势，中国政府果断抉择，迅速出台4万亿投资计划和十大产业振兴计划，对稳定经济增长起到关键作用，这种大规模投资作为短期内刺激经济增长措施是必要的，但过快过大的投资也带来不少隐患，一是造成低水平重复建设，形成落后产能和过剩产能，不利于产业结构优化升级，产业发展处于低端领域，竞争力难以提升。二是投资效率低下，使资源环境日益紧张，助长了高投入、高消耗、低产出、低效益的粗放型发展模式，导致能源消耗快速增长，刺激碳排放量的过快增长；三是在现有较低技术水平下的大规模投资形成“碳锁定”，一旦形成投资，必须后续跟进，不利于后期技术更新改造和低碳新技术的应用推广，增加了转向低碳技术的障碍和成本。

经济快速发展过程中，国民收入分配差距扩大的趋势一直没有扭转，城乡差距、区域差距和行业差距持续扩大，初次分配中资本收益偏高、劳动者收入比重偏低，再分配中政府收入偏高、企业和居民税负偏重，政府、企业和居民在国民收入分配中的比重越来越不平衡，缩小收入分配差距的改革进程面临较大阻力。收入分配失衡的结果就是需求不足，特别是居民消费需求严重不足，为了消化产能，只能依靠国际市场。中国在短期内迅速成为第一大出口国，出口对国内经济增长起到巨大拉动作用，但国际金融危机爆发以后，国际经济形势复杂化，国际贸易保护主义抬头，中国产品出口面临越来越多的贸易摩擦，并且带来了贸易战和货币战，中国出口增长的空间将会越来越小，不能持续依赖出口的高速增长来拉动国内经济增长，而且国内日益增大的资源能源压力也不允许中国持续向国外输出大量物质产品。另外，国际碳减排机制把碳排放责任完全推给了生产者而不是消费者，这样，中国出口大量廉价物质产品的同时，还要承担生产这些产品过程中的碳排放。英国廷德尔气候变化研究中心的研究①表明，2004 年中国有 1.11Gt 的二氧化碳排放是净出口导致的，占当年二氧化碳排放总量的 23%，即中国净出口的碳排放将近当年总排放的 1/4。

第三节　培育中国低碳经济竞争优势

近年来，中国在加快经济结构调整、淘汰落后产能、节约能源消耗、发展可再生能源等方面采取了一系列政策措施，取得了显著成效，为发展低碳经济打下坚实基础。但由于所处经济发展阶段和技术水平的限制，在保持正常经济发展的同时还将消耗更多的能源，排放更多的温室气体，与发达国家相比，中国低碳经济发展基础与竞争能力都有较大差距。但中国也有发展低碳经济的优势，首先是碳减排空间较大。中国目前能源消耗强度较高，可以通过调整经济结构、技术革新和加强管理等途径，提高能源利用效率，提高节能减排能力。其次是碳减排成本较低。由于中国自然资源和人力资源相对比较丰富，符合碳减排条件的项目较多，具有规模经济效应，有利于国际碳排放交易，利用碳减排项目吸引国际资本。最后是技术合作潜力大。中国可以加强与发达国家在节能技术和新能源技术研发方面的合作，发挥后发优势，引进、吸收低碳技术。② 因此，中国需要正视自身的不足，也要深挖潜力发挥优势，培养低碳经济竞争优势。

一　培育低碳环境竞争优势

根据低碳经济竞争力评价结果，中国低碳环境竞争力在 G20 国家中排第 2 名，是 4 个二级指标中排位最高的，其中水电资源和人力资源两个三级指标位列前茅，说明中国水电资源的丰富程度以及在碳汇建设方面的努力成效。但森林覆盖率只排在第 13 名，所以应该继续加大植树造林力度、

---

① Tao Wang and Jim Watson. Who Owns China's Carbon Emissions? [J]. *Tyndall Briefing Note*, 2007 (3).

② 金乐琴. 中国如何理智应对低碳经济的潮流 [J]. 经济学家, 2009 (3).

加快生态环境建设以提高碳汇能力，这是保持低碳环境竞争力的最佳途径。中国人力资源指标排第1名，丰富的人力资源有利于经济发展，但中国人口密度较高，指标排名较低，如果再考虑到西部大量沙漠、戈壁等非宜居地区，实际居住地人口密度更高。人口规模太大和增长速度过快，会给中国控制温室气体排放总量带来巨大的压力，因为随着发展水平的提高，中国居民将拥有更多的耐用消费品、更大的人均居住面积和更多的食品消费，交通出行也更密集，这些都会带来温室气体排放的快速增长。所以，要继续严格控制人口过快增长，提高人口素质，才能优化低碳经济发展的社会环境。

表8－1　中国低碳政策涉及部门

责任	部门
宏观协调和控制	发改委、财政部、外交部
污染控制	环境保护部
工业与建设	住房与城乡建设部、工业与信息化部
交通运输	交通部、铁道部、中国民用航空局
农业和林业	农业部、林业局
产业发展	发改委、农业部、工业与信息化部、财政部、国家税务总局
技术	科技部、环境保护部、发改委

资料来源：OECD编．环境绩效评估：中国［M］．曹东，等，译．北京：中国环境科学出版社，2007。

中国政府对发展低碳经济非常重视，出台的相关政策措施比较多，对促进低碳经济发展有积极作用，但是具有中国特色的部门利益和行政管理条块分割，导致各个部门政策法令之间协调性差，甚至相互矛盾。还有就是地方利益和中央意志矛盾，地方制度不完善、能力不足以及监测、监督环节薄弱，这些障碍使政策实施效果大打折扣。还有一个普遍存在的问题是过度依赖行政手段。目前有关低碳经济发展的主要战略和政策大多是利用行政手段或者指令性控制手段，利用市场手段推动经济低碳发展的长效机制还没有建立起来，推动企业自觉节能减碳的价格机制和财税机制尚不完善，而行政手段具有监督成本高、效率低的特点，缺乏激励作用，国家意愿很难转化为地方和企业的自觉行动。中国低碳环境竞争力评价结果表明，技术环境和商业环境两个三级指标排名较低，需要加强市场环境建设，设计有利于技术应用和碳减排的激励机制，发挥企业和居民微观个体的碳减排积极性，这样才能从整体上提升低碳环境竞争力。

二　培育低碳产业竞争优势

中国目前正处于工业化、城市化和现代化进程加快推进的关键时期，以机械制造、钢铁、建材、化工等为代表的重化工业发展迅速，资源密集型和能源密集型工业在经济中比重正在不断上升，大规模基础设施建设还将持续一段时间，这决定了中国政府着力调整经济结构、转变增长方式的努力不可能一蹴而就，经济发展阶段和经济结构等特性，使得中国的“高碳”发展模式不可能短期内改变。根据低碳经济竞争力评价结果，中国低碳产业竞争力在G20国家中长期排在末位，2013年才上升到第17位，其中产业结构、产出物耗和投资率3个指标排名都很靠后，说明当前中国产业结构和产业发展模式严重制约了低碳经济竞争力。在以全面建设小康社会为目标的经济发展过程中，既要提高人民生活水平和生活质量，又要加快产业结构调整，提高经济增长效益，避免重复西方发达国家以高耗能和牺牲环境为代价谋发展的老路，才能改变低碳产业竞争力落后的基础条件。

中国国际贸易输出和国际资本输入两个三级指标排位分别是第15名和第1名，说明中国当前经济增长的主要动力是投资和出口贸易，当然投资是扩大再生产的资本来源，也是未来经济增长的保证，这是中国拥有的绝对竞争优势。这里的国际贸易输出指标反映的是货物商品净出口的比重，从传统意义来看，货物商品净出口规模越大，说明商品在国际市场中的竞争力越强。但在当前应对气候变化领域发展中国家和发达国家斗争日趋激烈的背景下，发达国家越来越倾向于对进口货物征收碳关税，不但以此向发展中国家施加减排压力，还可以影响发展中国家出口产品的竞争力。因此，新的国际贸易体系中竞争优势不仅仅是货物出口量的规模，更重要的是低能耗、高技术产品和服务贸易的出口能力，以及获得国际资本的能力，而这应该是中国低碳经济发展的主要方向。必须改变中国产业在全球产业分工体系中的地位，出口产品要向价值链高端发展，带动整个产业的调整和升级。

三 培育低碳效率竞争优势

虽然近年来中国的能源消耗强度（单位 GDP 综合能耗）和碳排放强度（单位 GDP 碳排放量）有显著下降，但与发达国家相比，仍明显偏高，提高低碳经济竞争力的关键就是提高能源利用效率，降低碳排放强度。根据低碳经济竞争力评价结果，中国低碳效率竞争力在 G20 国家中排名靠后，其中能源消耗强度和碳排放强度两个指标分别排在第 16 名和第 18 名，处于明显的劣势地位，所以提高低碳效率竞争力的最重要方法就是提高能源利用效率，降低经济发展的能源消耗水平。部分发达国家已经实现了碳排放总量的下降，但中国的碳排放总量的过快增长使得碳减排指标排名靠后，这不仅是低碳经济竞争的劣势，也是中国在国际碳减排合作与竞争中面临的最大考验。人均碳排放指标排第 9 名，虽然有一定的优势，但近几年有增长过快的趋势，排名处于下降通道，随着国民收入的提高，人均碳排放还会大幅度上涨，很有可能会由竞争优势变成竞争劣势。

中国"富煤贫油少气"的能源资源结构，决定了以煤为主的能源生产和消费格局将长期存在，而煤炭的碳排放率比石油和天然气的碳排放率要高得多，必然会带来较高的排放水平，虽然碳捕集与封存技术有助于减少排放，但由于技术不成熟和成本因素，普遍的商业应用还比较困难。解决的途径就是大力发展清洁能源和可再生能源。清洁能源比重指标排第 13 名，处于居中位置，竞争优势还不明显。近年来，中国大力发展可再生能源，成效显著，提升低碳效率竞争力的空间很大。

中国经济增长速度排第 1 名，是提升低碳效率竞争力的重要基础，只有保持高速的经济增长，才能提高经济发展水平。作为发展中国家，中国经济发展水平还较低，在 G20 国家中排第 16 名，还有很大提升空间，因此，要坚定不移地把发展作为第一要务，在低碳模式下实现经济发展目标，体现低碳经济竞争的本意。

四 培育低碳创新竞争优势

低碳经济竞争的核心是以新能源为主的低碳技术竞争，国家创新能力决定了一个国家或地区的竞争力。只有科学技术进步才是应对气候异常变化的根本途径，各国都把促进低碳技术创新作为发展低碳经济的主要内容，纷纷加大低碳技术研发投入，创新低碳技术研发机制，加大低碳技术应用、推广力度，抢占低碳经济相关领域的技术最高端。根据低碳经济竞争力评价结果，中国低碳创新竞争力在G20国家中排在第10名，处于居中位置。国家创新竞争力关键还在于人才，没有人的创造性，就没有科学技术的进步。尽管近年来中国大幅度增加科技研发投入，使研发投入指标排位升至第7名，但由于教育投入严重不足，人力资源开发指标排名靠后，只排在第14名，不利于高端人才的培养和研发人才整体素质的提高。只有财力投入而没有人力投入的科技创新是没有潜力的，所以社会劳动生产率排在第17名。电力碳排放排位也很低，说明与其他国家相比，中国科技创新能力和科技应用水平整体上还有很大差距。在指标组中能够提升低碳创新竞争力的指标是高新技术产品出口比重，排在第1名，但这不一定能真实反映中国科技产业在国际市场的竞争力，因为目前中国很大一部分出口的高新技术产品是代工生产，即产品的研发、设计等技术环节都是由国外企业完成，只是在中国利用廉价劳动力和物质资源进行生产、组装，再出口国外由委托企业销售，中国企业并不掌握相关核心技术。

中国经济由“高碳”向“低碳”转变的最大制约，是整体科技水平落后，技术研发能力有限，尤其是在几项关键的低碳技术领域。要改变低碳创新竞争力落后的局面，完全靠自己研发不太现实，会拉大与发达国家的差距。不但要加大技术研发投入，还要在传统技术领域，通过引进、吸收、消化和再创新来发展。在新的低碳技术领域，有些是与发达国家齐头并进的，对于这些领域则要坚决扶持，依靠自主创新，在机构设立、能力建设、鼓励创新等方面付出巨大努力，特别是要加大教育投入和人才培养，围绕提高低碳创新竞争力，争取获得更多拥有自主知识产权的低碳技术。

第四节　提升中国低碳经济竞争力的对策

发展低碳经济是大势所趋，各国都高度重视，采取各种措施努力提高本国低碳经济发展水平，国际低碳经济竞争也就随之而来。低碳经济竞争力的强弱决定了一个国家或地区发展空间的大小，也是国家竞争力的重要内容。中国已充分认识到低碳经济给产业发展、国际贸易、生活消费等带来的一系列重大影响，有必要以发展低碳经济为契机，转变发展方式，创新发展模式，提高发展质量。中国既有保持经济高速增长的迫切需要和资源、能源、环境的约束，又要为国际应对气候变化做出努力，履行碳减排的国际责任和承诺。低碳经济竞争关系到产业繁荣、国家实力和国际发展空间，要对其予以高度重视。面临复杂的国际竞争环境，既要突破传统经济发展思路，更需要把握低碳经济未来发展趋势，根据低碳经济竞争的特征和运行规律，从影响低碳经济竞争力的要素出发，把提升低碳经济竞争力作为一项综合系统工程。

一　争取碳排放权，积极参与国际合作

国际低碳经济发展和国际碳减排机制建立过程中，国际碳排放责任认定和碳减排义务的分配至关重要，碳排放权就是一个国家或地区的发展权，特别是发达国家的经济发展水平比较高，碳减排能力比较强，又掌握了设计国际碳减排机制的话语权，肯定会制定有利于发达国家的国际碳减排机制。同时，为了实现全球碳减排目标，势必带来新一轮的全球产业标准的制定，包括能耗标准、碳排放标准等，全球产业分工合作体系和国际贸易体系也会发生重大变化，经济全球化背景下，所有国家都不能独善其身。中国作为发展中国家，经济社会发展任重而道远，在快速发展经济、提高国民生活水平过程中，能源消耗不可避免，必定大量增加碳排放量。如果中国不能主动参与到国际碳减排机制的制定过程中，就会丧失话语权，不但没有碳排放空间，还要承担巨大的碳减排义务，国际竞争力也会被削弱，对中国未来发展极为不利。

坚持《联合国气候变化框架公约》和《京都议定书》基本框架，严格遵循“巴厘岛路线图”授权作为后续应对气候变化的谈判依据和行动指南。在未来气候变化谈判中，中国既要担负起大国的责任，建设性地参与全球应对气候变化的进程，更要坚持公平正义原则，维护国家利益，捍卫国家发展权。对于碳减排责任，要坚持“共同但有区别的责任”原则，以历史累积碳排放为基准，要求发达国家为过去工业化进程的碳排放承担历史责任。关于碳减排义务分配，要坚持以人均碳排放量为标准，考虑人口大国的公平排放权，要把碳排放义务和经济发展水平结合起来，统筹考虑经济发展、消除贫困和保护气候的关系。坚持能力与义务对等原则，在应

对气候变化过程中，要求发达国家应通过率先大幅度减排为发展中国家的发展腾出必要的排放空间，同时要向发展中国家提供资金、转让技术，协助发展中国家提高碳减排能力。

承担应对全球气候变化责任和义务的同时，要坚守发展的主题。气候变化既是科学问题，也是环境问题，减缓气候变化既是技术问题，更是经济问题，说到底还是发展问题。要积极参与国际合作，充分利用国际低碳经济发展中的有利因素，促进国内经济发展。一是要积极争取发达国家承诺的资金援助和技术支持，弥补国内低碳经济发展中资金和技术的不足。二是抓住国际新能源产业兴起的机遇，广泛参与国际新能源产业合作，促进国内产业发展和升级。三是有效利用清洁发展机制，通过发展清洁发展项目，提高企业清洁生产积极性。

二　加强战略规划，推进城市低碳化

政府应当在低碳发展战略上尽早抉择，明确将发展低碳经济纳入国家发展战略，将建设“资源节约型、环境友好型、低碳发展型”社会作为国家战略理念和战略目标，把发展低碳经济和建设生态文明、实践科学发展观结合起来。除了将碳减排目标作为经济社会发展规划的约束性指标以外，还要立足于培育长远国家竞争力，从前瞻、长远和全局的角度，制定低碳经济发展战略，制定低碳经济发展的中长期规划，与国家的“发展规划”、“能源规划”和“节能减排规划”等战略规划相衔接，出台发展低碳经济的实施意见。加强低碳经济重大战略与政策研究，对中国发展低碳经济进行顶层设计，研究低碳经济发展战略、路径、政策和重大项目，将促进产业升级、优化能源结构、节能减排、增加碳汇等工作结合起来，明确提出控制温室气体排放的行动目标、重点任务和具体措施，形成一个具有国家意志的可操作的低碳经济发展蓝图。从国家战略层面制定低碳经济发展体系，科学核算中国的“碳足迹”，建立“碳预算”制度，完善碳排放的监控、统计和报告体系，构建中国自主碳排放交易体系，设计低碳经济发展评价体系。对于高耗能、高排放的产业和地区，制定出碳减排的阶段性目标和行动措施，设计碳排放责任评价和碳减排义务分配方案，把全国碳减排目标科学合理地分解到各行业和各地区。规范建立发展国内碳排放交易市场，制定碳排放交易法规和相关交易规则，促进区域、产业和企业间利用碳排放交易，发掘和培育低碳租赁市场、低碳信贷市场、低碳旅游市场等新兴市场，提高企业和居民碳减排积极性和碳减排能力。

发挥试点低碳省份和低碳城市的带动作用，鼓励建设低碳工业园区、低碳社区和低碳企业的多层次试点项目，研究试行低碳经济发展评价和考核机制。把城市低碳化和工业低碳化结合起来，将低碳理念引入设计规范，合理规划城市功能区布局。在城市建筑中，制定节能材料标准，推广利用太阳能，尽量利用自然通风、采光，制定取暖和制冷系统的能耗标准，倡导适宜装饰，推广使用节能灯和节能电器。以低碳为目标，提高交通运输效率，降低碳排放。大力发展公共交通体系，发展以步行和自行车为主的慢速交通系统；扭转近年来汽车产销量的直线上升趋势，限制私人汽车拥有量的过快增长，通过限行和征收燃油税、拥挤费等措施尽量减少私人汽车出行率；推广混合燃料汽车、电动汽车等新能源汽车，使用柴油、氢燃料等清洁能源。建设现代物流信息系统，降低运输工具空驶率，加强交通智能管理系统建设，降低交通运输的碳排放量。

三　增强科技创新能力，提高低碳技术研发水平

要把依靠科技进步和制度创新作为应对气候变化的关键手段，发挥科技进步在应对气候变化工作中的先导性和基础性作用，构建应对气候变化的科技支撑体系。加大低碳技术创新投入，选择低碳技术重点发展领域，创新关键低碳技术，加快低碳技术的研发、引进和创新，是提升低碳竞争力需要解决的核心问题。

密切跟踪国内外低碳领域技术进步，通过气候变化国际合作的新机制，积极推动先进适用的低碳技术的引进、消化吸收、再创新，重点引进吸收国外成熟的低碳技术；加强与欧美发达国家在低碳能源和低碳能源技术领域的交流合作，积极参与制定行业能效与碳强度的国际标准、标杆。按照技术可行、经济合理的原则，研究提出我国低碳发展的技术路线图，加大研究开发力度，促进高能效、低碳排放技术的研发和推广应用，提升技术创新能力。逐步建立包括节能、洁净煤和清洁能源、新能源和可再生能源以及林业碳汇在内的多元化低碳技术体系，加快燃煤高效发电、高性能电力存储、超高效热力泵、CO_2捕集与封存、发电运输和存储等技术研发，形成技术储备，为低碳转型和增长方式转变提供强有力的技术支撑。

明确低碳技术科研主管部门，加大低碳技术研发投入，组建低碳技术研究机构和重点实验室，招标重大低碳技术科研攻关项目，加大对低碳技术和管理研究项目资助力度，提高研究和技术应用水平。加大教育投入，提高教育经费占国民收入比重，资助相关学科建设和人才培养，培养创新人才，引进培养高端技术人才，提高科技人员的研究、设计和创新能力。以增强自主创新能力和提升国际竞争能力为目标，强化企业技术创新主体地位，抓好国家扶持政策的宣传和落实，理顺企业风险投融资体制，加大金融扶持力度，创新融资管理模式，引导创新要素向企业集聚。搭建全国性和区域性低碳技术科研共享和交易平台，要争取克服关键技术问题，同时大幅度降低成本，改进工艺，重点扶持先进性、适用性低碳技术的开发和推广，强化自主品牌和标准化建设，加大知识产权创造、应用和保护力度，提高低碳技术成果转化效率。制定和实行低碳产品政府采购政策，优先采购经过生态设计、经过清洁生产审计并且符合节约能源认证的产品，通过优先采购低碳产品引导企业加大对低碳技术产品生产的投资，大力开发低碳新产品，提高低碳产业产品国际竞争力。

四　加快转变经济发展方式，提高能源利用效率

中国当前经济增长方式存在“高投入、高消耗、高排放、不协调、难循环、低效率”的问题，能源消费处于“高碳消耗”状态，而能源、汽车、钢铁、交通、化工、建材六大高耗能产业的加速发展，使得中国成为“高碳经济”的代表。另外，中国经济发展的物耗太高，低水平重复建设浪费严重，也是导致高碳排放的主要原因。未来一段时期内，中国都将保持较高的经济增长速度，必然消耗大量的资源与能源，如果还是按照过去粗放式的发展模式，中国碳排放总量将不可避免地快速增长。虽然目前我国人均碳排放量只有美国的1/4，但碳排放总量已经位居世界第一，占世界碳排放总量的比重还在不断上升。中国只有真正实现科学发展，提高经济增长质量，才能避免碳排放总量的过快增长。

要切实转变经济发展方式，继续强化节能减排工作，严格执行节能减排目标的监测、考核机制，落实地方政府和企业节能减排的任务，提高能源利用效率，切实降低能源消耗和碳排放强度。一是要促进产业结构升级，经济增长由第二产业带动为主转向第一、第二、第三产业共同带动为

主，积极发展战略性新兴产业，改造传统高耗能产业，淘汰水泥、电解铝、铁合金、焦炭、电石等高能耗行业落后产能，加快推行合同能源管理，抓好工业、建筑、交通运输等重点领域节能。发展现代新型农业，在提高农业综合生产力的同时，发展旅游观光农业和城市服务农业，提高农业生产综合效益。大力发展服务业，促进工业经济向服务型经济转型。二是优化经济增长动力机制，改变经济增长由投资和出口拉动为主的格局，优化投资结构，向战略性新兴产业倾斜。优化出口结构，降低货物产品出口比重，尤其是降低高碳产品出口，促进高新技术产品出口和发展服务贸易。要及早应对碳关税可能对中国产品出口带来的影响，制定中长期产业发展规划，从全球角度和长远视野布局、优化产业体系结构，提高中国产业在全球产业分工体系中的地位，逐步把高能耗产业向国外转移。三是优化经济增长的要素投入机制，改变经济增长过多依靠资源能源消耗的状况，转向更多依靠技术投入、高素质人才投入和提高管理效率。理顺资源能源价格体系，通过价格杠杆和税收工具，促使全社会节约使用资源与能源，提高能源利用效率。加大教育投入，创新教育体系，完善人才培养和劳动力培训机制，全面提高劳动力素质，稳步提高社会劳动生产率。

五　发展低碳产业，促进产业结构升级

中国工业发展已经进入工业化中期阶段，也是以“高碳”为特征的重化工业为主的阶段，要降低工业发展进程中的碳排放水平，发展低碳产业，促进现有产业结构升级。狭义的低碳产业一般包括：①可再生能源领域，包括水电、太阳能发电、风力发电、生物质发电、地热发电、海洋温差发电以及氢燃料电池等；②化石燃料的低碳化，包括二氧化碳回收与储存、清洁煤与煤气混合发电、煤气液化燃料，以及煤炭甲烷；③能源的效率化与低碳化消费领域，包括能源的传输与储存、能源的低碳化消费；④低碳型服务领域，包括能源合同管理、碳排放交易服务、CDM 咨询服务、绿色金融服务、企业碳管理咨询服务、碳足迹和碳抵消服务等。也可以把低碳产业的范围推广至低碳模式下的产业发展，特别是碳汇建设产业。

要积极开展森林碳汇、海底碳封存、海洋生物固碳等研究。加快生态环境建设，持续开展造林和森林经营活动，扩大植树造林面积，提高森林

覆盖率和森林蓄积量，加速城镇绿化进程。发展林木加工业和果木花卉产业，提高林业综合效益；加强森林管理，以提高林地生产力、延长轮伐周期，提升林业吸碳和固碳能力；同时积极申报碳汇项目，拓展碳汇林业生态补偿渠道，筹建森林碳汇基金，吸引企业自愿减排。发展有机、生态、高效农业，降低对化肥和农药的过度依赖，用粪肥和堆肥替代化肥，提高土壤有机质含量；实行秸秆还田、气化应用或者发酵生产乙醇，避免燃烧释放出温室气体；扶持规模化养殖，利用畜牧粪便开发沼气，获得生物质能。防止草原过度开垦和退化，推广圈养方式，通过轮牧、改良牧草等途径改善草原碳汇。

以产业低碳化促进产业结构升级，逐步提高“高碳”产业的市场准入门槛，研究设计高碳能源、高碳工业、高碳产品的税收政策，限制和淘汰高碳产业和产品，运用行政、财税和法律等综合手段鼓励发展低碳工业，扶持低碳产业和产品发展，使低碳工业成为具有吸引力的新兴工业。大力发展知识密集型和技术密集型产业，通过信息化促进工业化和产业化发展，发展具有竞争力的先进制造业。鼓励培育以低碳技术产业为主体的产业集群，建设低碳产业工业园区，并加速企业间知识外溢效应和技术创新步伐。制定现代服务业发展战略，要充分开放市场，引入社会资金，营造公平的市场竞争环境，促进服务业发展。为先进制造业服务的技术设计、产品开发、金融支持、品牌经营、物流体系和销售网络等生产性服务业，应该是未来产业发展的重点领域，同时要加快发展教育文化、新闻出版、旅游休闲等消费性服务业以及医疗卫生、劳动就业等社会服务业，提升服务业发展空间。

六　优化能源生产和消耗结构，降低碳排放水平

制定能源发展中长期发展规划，加快能源立法，界定国内能源产权归属；规范能源生产企业竞争秩序，加强监督管理，实现有序勘探和节约开采，提高能源企业生产效率和管理水平，避免能源生产过程中的浪费和对环境造成的破坏；理顺能源价格体系，完善能源税收征管制度，促进能源的节约生产和消费，提高能源保障能力，加强能源进出口管理，保障国家能源安全。统筹规划重点能源基地的建设和跨区域能源输送通道，协调能源与资源在区域间的流转平衡。加强火电技术改造力度，加大关停小火电

力度并扩大关停范围，降低对煤炭的依赖程度。改革现有的电力价格市场化形成机制，提高化石能源开采、炼制效率，研发推广清洁煤技术，扩大化石能源消耗的碳捕获和封存、利用技术项目的试点和推广范围，降低传统化石能源的碳排放水平。

大力发展清洁能源，优化能源结构，要加大对清洁能源的投资建设力度，鼓励和支持新能源和可再生能源开发，完善清洁能源投资和产品销售的补贴政策，提高全社会清洁能源消耗比重。优化核电站布局，加快推进核电站项目建设，加快研发先进技术和设备，推进第四代核能技术研发和产业化；加强水电站建设管理，提高水电站管理水平，增强水电供应能力；加强陆地和海洋风电场勘察、设计和论证，增加风电机组容量，提高风电产出水平；推广太阳能利用和发电技术，加快光伏、光热电站项目建设。同时要协同新能源产业协会、研发机构及时开展新能源产业准入标准制定工作，避免无序投资和低水平重复建设，避免新能源产业产能过剩和落后，引导产业健康发展。

加快电网改造升级，提高新能源发电并网能力和传输能力，推进智能电网建设，提高电力利用效率。落实新能源发电全额保障性收购制度，改革新能源价格补贴制度，调动企业使用新能源的积极性，坚持以市场需求为导向，引导社会资本、技术和人才等要素投入，提高新能源的市场竞争力。

七　完善法规建设，推进低碳经济制度建设

认真贯彻党的十八大、十八届三中全会和十八届四中全会精神，全面落实经济建设、政治建设、文化建设、社会建设、生态文明建设五位一体总体布局，把生态文明建设提高到与经济建设、社会建设等同等高度，建立起生态文明建设的制度保障体系。在全面推进依法治国，促进国家治理体系和治理能力现代化的背景下，建立健全环境保护法律体系，完善促进低碳经济发展的法律、行政法规、经济政策等基本制度。

完善环境立法，从法律层面实现环境保护的可行性和长期性，有效避免和阻止各种可能的环境违法行为，坚决打击各种违法行为。近年来空气污染现象愈演愈烈，PM2.5 和 PM10 的严重污染长时间大范围地影响我国华北、华东以及西部等大部分地区，对我国空气污染的严重程度提出了明确的警示，对治理污染的手段也提出了更高的要求。2014 年北京 APEC 会

议期间，人为干预取得的良好的成效使大家看到了污染治理的希望，不但要通过技术创新和产业结构调整等市场手段来实现污染减少，更应该通过法律和行政手段来提升污染治理的效果和效率。要根据大气等生态环境变化情况，以及经济发展阶段特征，不断修订和完善《环境保护法》、《能源法》和《大气污染防治法》等一系列法律法规，在适当时机制定《二氧化碳减排法》，强化污染排放总量和浓度控制，明确环境保护、能源节约和污染治理的责任主体，逐步加大对污染排放和环境损害行为的惩罚力度，提高违法成本。细化政府部门监管责任，逐步淡化经济的数量型增长目标，把低碳经济发展纳入地方政府生态文明考核目标，提高政府部门发展低碳经济的积极性。

落实资源能源利用和保护制度，实行最严格的源头保护制度、损害赔偿制度、责任追究制度，完善环境治理和生态修复制度，用制度保护生态环境。把传统化石能源的开采、保护、环境损害和生态效益纳入经济社会发展评价体系，理顺中央、地方各级政府和国有企业在能源资源利用和保护上的关系，建立不断提高能源利用效率与促进能源结构优化的目标体系、考核机制、奖惩机制。通过法规和制度建设，加快土地、矿产、林地的确权工作，规范发展碳排放权交易市场，扶持新能源产业有序发展，鼓励社会民营企业和家庭个人开发和利用太阳能等新型能源，建立吸引社会资本投入生态环境保护的市场化机制，推行环境污染第三方治理，提高社会各界节约能源、增加碳汇的积极性。

八　加强教育和宣传，引导低碳生产和生活方式

注重发挥政府、行业协会、企业和公众等各类主体的积极性，形成推进低碳经济发展的整体社会合力。政府机构要起到积极节能减排、低碳行政的示范引导作用，举办面向各级、各部门领导干部的培训活动，提高决策、执行等环节对温室气体减排工作的重视程度和认识水平。制定、完善有利于碳减排的政策措施，加大节能产品推广力度，提高节能产品补贴标准，制定和实施政府机构能耗使用定额标准和用能支出标准，实施政府内部日常管理的节能细则，规范政府节能产品采购，加强公共基础设施能源消耗管理。完善城市交通规划、建设和管理，大力发展公共交通体系，加快清洁能源交通设施建设，鼓励生产和使用清洁能源汽车。

把低碳发展理念融入企业、产业、区域和国家的发展战略中去，使企业以积极合作的态度参与到碳减排行动中，促进生产、流通、消费、分配等环节的低碳化。通过行业协会、公益组织等途径培养企业的社会责任感，更加注重社会效益，树立起低碳品牌意识。广泛开展低碳营销，树立以市场需求和环境责任为中心的营销观念。大力研发、生产、宣传、使用低碳节能的消费品，满足居民低碳消费的多样化选择，打造全民低碳消费方式的物质基础。

积极倡导低碳绿色生活方式和消费模式，培育全民低碳意识。大力开展宣传教育活动，加大低碳生活科普力度，倡导形成全社会低碳消费、低碳经营的理念。培育绿色消费模式，鼓励使用再生产品、绿色产品、能效标识产品、节能节水认证产品和环境标识产品，尽量减少一次性用品使用。倡导绿色出行方式，推动全民广泛参与和自觉行动，营造低碳消费文化氛围。

参考文献

1. 马克思，恩格斯．马克思恩格斯全集：第 1－4 卷［M］．北京：人民出版社，1995.

2. 马克思．资本论（第 1 卷）［M］//马克思，恩格斯．马克思恩格斯全集：第 23 卷．北京：人民出版社，1972.

3. 马克思．资本论（第 2 卷）［M］//马克思，恩格斯．马克思恩格斯全集：第 24 卷．北京：人民出版社，1972.

4. 马克思．资本论（第 3 卷）［M］//马克思，恩格斯．马克思恩格斯全集：第 25 卷．北京：人民出版社，1974.

5. 马克思，恩格斯．德意志意识形态（节选）［M］//马克思，恩格斯．马克思恩格斯选集：第 1 卷．北京：人民出版社，1995.

6. 列宁．帝国主义是资本主义的最高阶段．列宁．列宁全集：第 27 卷［M］．北京：人民出版社，1990.

7. 毛泽东．毛泽东选集：第 1－4 卷［M］．北京：人民出版社，1991.

8. 邓小平．邓小平文选：第 1－3 卷［M］．北京：人民出版社，1989.

9. 胡锦涛．高举中国特色社会主义伟大旗帜，为夺取全面建设小康社会新胜利而奋斗［M］．北京．人民出版社，2007.

10. 〔英〕亚当·斯密．国民财富的性质和原因的研究［M］．北京：商务印书馆，2008.

11. 〔英〕大卫·李嘉图．政治经济学及赋税原理［M］．北京：光明日报出版社，2009.

12. 〔瑞典〕B. 俄林．地区间贸易和国际贸易［M］．哈佛大学出版社，1967.

13. 〔美〕约瑟夫·熊彼特．经济发展理论［M］．北京：商务印书馆，1990.

14. 〔美〕约瑟夫·熊彼特．资本主义、社会主义和民主主义［M］．北京：

商务印书馆，1979.
15. 〔英〕赫胥黎．进化论与伦理学［M］．北京：北京大学出版社，2010.
16. 〔加〕威廉·莱斯．自然的控制［M］．岳长龄，李建华，译，重庆：重庆出版社，1993.
17. 〔加〕本·阿格尔．西方马克思主义概论［M］．慎之，译．北京：中国人民大学出版社，1991.
18. 〔美〕詹姆斯·奥康纳．自然的理由［M］．唐正东，臧佩洪，译．南京：南京大学出版社，2003.
19. 〔美〕约翰·贝拉米·福斯特．生态危机与资本主义［M］．耿建新，宋兴无，译．上海：上海译文出版社，2006.
20. 〔美〕迈克尔·波特．竞争优势［M］．陈小悦，译．北京：华夏出版社．2005.
21. 〔美〕迈克尔·波特．竞争战略［M］．陈小悦，译．北京：华夏出版社．2005.
22. 〔美〕迈克尔·波特．国家竞争优势［M］．李明轩，邱如美，译．北京：中信出版社，2007.
23. 〔美〕乔尔·布利克，戴维·厄恩斯特编著．协作型竞争［M］．北京：中国大百科全书出版社，1998.
24. 陈征．《资本论》解说：第 1－3 卷［M］．福州：福建人民出版社，1993.
25. 陈征．劳动和劳动价值论的运用与发展［M］．北京：高等教育出版社，2005.
26. 陈征．社会主义城市地租研究［M］．济南：山东人民出版社，1995.
27. 陈征．《资本论》和中国特色社会主义经济研究［M］．太原：山西经济出版社，2000.
28. 陈征，李建平，李建建，郭铁民．《资本论》与中国当代经济［M］．北京：社会科学文献出版社，2008.
29. 陈征，李建平，郭铁民主编．政治经济学［M］．北京：高等教育出版社，2003.
30. 陈征，李建平，郭铁民．社会主义初级阶段经济纲领研究［M］．北京：经济科学出版社，2000.

31. 李建平.《资本论》第一卷辩证法探索［M］. 北京：社会科学文献出版社，2006.
32. 李建平. 科技进步与经济增长［M］. 北京：中国经济出版社，2005.
33. 李建平，等. 中国省域经济综合竞争力发展报告（2005 ~ 2006）［M］. 北京：社会科学文献出版社，2007.
34. 李建平，等. G20 国家创新竞争力发展报告（2001 ~ 2010）［M］. 北京：社会科学文献出版社，2010.
35. 李建平，等. 世界创新竞争力发展报告（2001 ~ 2012）［M］. 北京：社会科学文献出版社，2012.
36. 黄茂兴，李军军，等. 国家创新竞争力研究——理论、方法与实证［M］. 中国社会科学出版社，2012.
37. 李建平，等. 中国省域环境竞争力发展报告（2005 ~ 2009）［M］. 北京：社会科学文献出版社，2010.
38. 李建平，等. 全球环境竞争力报告（2013）［M］. 北京：社会科学文献出版社，2013.
39. 李建平，李建建，黄茂兴. 中国 60 年经济发展报告（1949 ~ 2009）［M］. 北京：经济科学出版社，2009.
40. 李建平，李建建，黄茂兴. 马克思主义经济学的创新与发展［M］. 北京：社会科学文献出版社，2008.
41. 李闽榕，李建平，黄茂兴. 中国省域经济综合竞争力评价与预测研究［M］. 北京：社会科学文献出版社，2007.
42. 郭铁民，林善浪. 中国合作经济发展史（上、下）［M］. 北京：当代中国出版社，1998.
43. 郭铁民. 中国企业跨国经营［M］. 北京：中国发展出版社，2002.
44. 吴宣恭主编. 社会主义所有制结构改革［M］. 杭州：浙江人民出版社，1994.
45. 吴宣恭等. 产权理论比较——马克思主义与西方产权学派［M］. 北京：经济科学出版社，2000.
46. 胡培兆.《资本论》研究之研究［M］. 成都：四川人民出版社，1985.
47. 胡培兆. 胡培兆选集［M］. 太原：山西经济出版社，1993.
48. 胡培兆. 有效供给论［M］. 北京：经济科学出版社，2004.

49. 胡培兆. 经济学本质论——三论三别［M］. 北京：经济科学出版社，2006.
50. 包昌火. 竞争战略与竞争优势［M］. 北京：华夏出版社，2002.
51. 曹远征. 中国国际竞争力研究发展报告（1999）——科技竞争力主题研究［M］. 北京：人民出版社，1999.
52. 陈凡，杜秀娟. 论马克思《资本论》中的生态观［J］. 马克思主义与现实，2008（2）.
53. 陈食霖. 当代西方生态学马克思主义生态危机理论评析［J］. 武汉大学学报（人文科学版），2008（11）.
54. 陈秀山. 现代竞争理论与竞争政策［M］. 北京：商务印书馆，1997.
55. 丁峰峻. 综合国力论：2000 年我国国家发展战略刍议［J］. 学术界动态，1987（6）.
56. 樊纲. 论竞争力——关于科技进步与经济效益关系的思考［J］. 管理世界，1998.
57. 福建省人民政府发展研究中心. 福建综合省力：变化与特点［M］. 福州：福建教育出版社，1997.
58. 郝寿义，倪鹏飞. 中国城市竞争力研究——以若干城市为例［J］. 经济科学，1998（3）.
59. 黄茂兴，李军军. 技术选择、产业结构升级与经济增长［J］. 经济研究，2009（7）.
60. 金碚. 竞争力经济学［M］. 广州：广东经济出版社，2003.
61. 金碚. 中国工业国际竞争力——理论、方法与实证研究［M］. 北京：经济管理出版社，1997.
62. 李闽榕，黄茂兴，李军军. 省域经济综合竞争力预测模型的构建与精确度验证［J］. 管理世界，2009（2）.
63. 李闽榕，黄茂兴，李军军. 省域经济综合竞争力预测研究的理论依据与现实意义［J］. 经济学动态，2009（1）.
64. 李闽榕. 加入 WTO 对我国农产品国际竞争力的影响及对策探讨［J］. 福建农林大学学报，2002（4）.
65. 李闽榕. 中国省域经济综合竞争力动态比较研究——以北京市、福建省、黑龙江省为例［D］. 福州：福建师范大学，2006.

66. 李永强．城市竞争力理论与评价模型研究［D］．西南财经大学，2005.
67. 牟文富：国家竞争力理论综述［J］．国际商务研究，2000（1）.
68. 倪鹏飞．中国城市竞争力报告［M］．北京：社会科学文献出版社，2003.
69. 倪鹏飞．中国城市竞争力理论研究与实证分析［M］．北京：中国经济出版社，2001.
70. 戚聿东，郭抒．关于垄断与竞争关系的再认识［J］．学习与探索，1999（2）：31.
71. 唐晓勇．试论马克思主义生态自然观与中国共产党的科学发展观［J］．马克思主义与现实，2009（2）.
72. 汪菲．基于资源基础理论的国家竞争力评价研究［D］．天津：天津大学，2007.
73. 王秉安．李闽榕．福建经济综合竞争力研究［M］．福州：福建人民出版社，2004.
74. 王永年，陈艳君．马克思竞争理论的几个基本问题［J］．当代经济研究，2010（1）.
75. 王振锋，解树江．竞争理论的演变：分析与评述［J］．北京行政学院学报，2006（6）.
76. 肖红叶，郑华章：IMD-WEF 国际竞争力评价比较研究［J］．统计与信息论坛，2008（1）.
77. 杨国亮．从西方竞争理论的演变看马克思竞争理论的历史地位［J］．当代经济研究，2005（10）.
78. 于宏义，王佑棣．综合国力测度评价［J］．科学学与科学技术管理，1989（10）.
79. 张金昌．国际竞争力评价的理论和方法［M］．北京：经济科学出版社，2002.
80. 国家体改委．中国国际竞争力发展报告（1996）［M］．北京：中国人民大学出版社，1997.
81. 赵彦云．中国国际竞争力研究发展报告（2001）——21 世纪发展主题研究［M］．北京：人民出版社，2001.

82. 蔡林海. 低碳经济大格局 [M]. 北京: 经济科学出版社, 2009.
83. 陈文颖, 吴宗鑫, 何建坤. 全球未来碳排放权"两个趋同"的分配方法 [J]. 清华大学学报 (自然科学版), 2005 (6).
84. 陈晓春, 陈思果. "低碳" 竞争是压力更是动力 [N]. 光明日报, 2010 - 02 - 12.
85. 陈晓春, 谭娟, 陈文婕. 论低碳消费方式 [N]. 光明日报, 2009 - 04 - 21.
86. 陈彦玲, 王琛. 影响中国人均碳排放的因素分析 [J]. 北京石油化工学院学报, 2009 (2).
87. 陈迎, 潘家华. 对斯特恩报告的要点评述和解读 [J]. 气候变化研究进展, 2008 (4).
88. 成万牍. 我国发展"碳金融"正当其时 [J]. 上海投资, 2008 (7).
89. 迟福林. 后危机时代我国发展方式的转型与改革 [N]. 光明日报, 2010 - 02 - 23.
90. 邓玉坤. 钻石模型的演变及其对我国的启示 [J]. 现代商贸工业, 2009 (14).
91. 杜婷婷, 毛锋, 罗锐. 中国经济增长与 CO_2 排放演化探析 [J]. 中国人口·资源与环境, 2007, 17 (2).
92. 樊纲. 走向低碳发展: 中国与世界——中国经济学家的建议 [M]. 北京: 中国经济出版社, 2010.
93. 方立. 全球化进程中国际经济、政治、文化关系的相互渗透与影响 [J]. 理论前沿, 2000 (21).
94. 冯刚. 经济发展与环境保护关系研究 [J]. 北京林业大学学报 (社会科学版), 2008 (4).
95. 冯之浚, 金涌, 牛文元. 关于推行低碳经济促进科学发展的若干思考 [N]. 光明日报, 2009 - 04 - 21.
96. 冯之浚. 科技进步与低碳经济 [J]. 中国经济周刊, 2009 (40).
97. 付加锋, 庄贵阳, 高庆先. 低碳经济的概念辨识及评价指标体系构建 [J]. 中国人口·资源与环境, 2010 (8).
98. 付允, 等. 低碳经济的发展模式研究 [J]. 中国人口·资源与环境, 2008 (3).

99. 何建坤，刘滨，陈文颖．有关全球气候变化问题上的公平性分析［J］．中国人口·资源与环境，2004（6）．
100. 何建坤．发展低碳经济，关键在于低碳技术创新［J］．绿叶，2009（1）．
101. 何建坤．发展低碳经济，应对气候变化［N］．光明日报，2010－02－15．
102. 洪芳柏．低碳经济与温室气体核算［J］．杭州化工，2009（1）．
103. 胡鞍钢，等．低碳经济方兴未艾："绿猫"模式的新内涵低碳经济［J］．世界环境，2008（2）．
104. 胡大力，丁帅．低碳经济评价指标体系研究［J］．科技进步与对策，2010（22）．
105. 胡振宇．低碳经济的全球博弈和中国的政策演化［J］．开放导报，2009（5）．
106. 黄勇，邹骥．应对低碳挑战中国胜算几何？［N］．中国环境报，2009－07－20．
107. 金乐琴，刘瑞．低碳经济与中国经济发展模式转型［J］．经济问题探索，2009（1）．
108. 金乐琴．中国如何理智应对低碳经济的潮流［J］．经济学家，2009（3）．
109. 金起文，于海珍．构建发展低碳经济的技术支撑体系［N］．光明日报，2010－03－15．
110. 金涌等．低碳经济：理念·实践·创新［J］．中国工程科学，2008（9）．
111. 李建建，马晓飞．中国步入低碳经济时代——探索中国特色的低碳之路［J］．广东社会科学，2009（6）．
112. 李军军．G20 低碳竞争力评价及其对我国的启示［J］．广东行政学院学报，2010（6）．
113. 李俊峰，马玲娟．低碳经济方兴未艾：低碳经济是规制世界发展格局的新规则［J］．世界环境，2008（2）．
114. 李丽平，任勇，田春秀．国际贸易视角下的中国碳排放责任分析［J］．环境保护，2008（6）．

115. 李晓燕，邓玲．城市低碳经济综合评价探索——以直辖市为例［J］．现代经济探讨，2010（2）．
116. 廖福霖．生态文明建设与构建和谐社会［J］．福建师范大学学报（哲学社会科学版），2006（2）．
117. 廖玫，戴嘉．国际碳排放贸易的市场格局及其准入条件研究［J］．财贸研究，2008（1）．
118. 林伯强，蒋竺均．中国二氧化碳的环境库兹涅茨曲线预测及影响因素分析［J］．管理世界，2009（4）．
119. 刘强．中国出口贸易中的载能量及碳排放量分析［J］．中国工业经济，2008（8）．
120. 刘嵘，徐征，李悦．低碳经济评价指标体系及实证研究［J］．经济论坛，2010（5）．
121. 刘细良．低碳经济与人类社会发展［N］．光明日报，2009－06－02.
122. 刘雪莲．低碳经济发展需要金融创新支持［N］．光明日报，2010－02－16.
123. 卢山冰，黄孟芳．低碳产业政策工具的理论基础［N］．光明日报，2010－04－13.
124. 陆小成，刘立．基于科学发展观的区域低碳创新系统架构分析与实现机制［J］．中国科技论坛，2009（6）．
125. 马军，周琳，李薇．城市低碳经济评价指标体系构建［J］．科技进步与对策，2010（22）．
126. 尼克·巴特勒．中国如何向低碳经济过渡?［J］．中国企业家，2008（20）．
127. 牛文元．低碳经济是落实科学发展观的重要突破口［J］．中国报道，2009（3）．
128. 潘家华，朱仙丽．人文发展的基本需要分析及其在国际气候制度设计中的应用——以中国能源与碳排放需要为例［J］．中国人口·资源与环境，2006（6）．
129. 潘家华，陈迎．碳预算方案：一个公平的可持续的国际气候框架［J］．中国社会科学，2009（5）．
130. 潘家华．满足基本需求的碳预算及其国际公平与可持续含义［J］．世界经济与政治，2008（1）．

131. 潘家华．人文发展分析的概念构架与经验数据——以对碳排放空间的需求为例［J］．中国社会科学，2002（6）.
132. 潘岳．低碳经济是建设生态文明的突破口［EB/OL］．国际能源网，2009－2－1.
133. 任力．低碳经济与中国经济可持续发展［J］．社会科学家，2009（2）.
134. 宋德勇，卢忠宝．我国发展低碳经济的政策工具创新［J］．华中科技大学学报（社会科学版），2009（3）.
135. 苏瑾，嬴余．低碳经济的成长［J］．世界环境，2007（4）.
136. 谭丹，黄贤金，胡初枝．我国工业行业的产业升级与碳排放关系分析［J］．四川环境，2008（2）.
137. 王爱兰．发达国家发展低碳经济的策略与经验［J］．国家行政学院学报，2010（2）.
138. 王灿．基于动态CGE模型的中国气候政策模拟与分析［D］．北京：清华大学，2003.
139. 王锋，吴丽华，杨超．中国经济发展中碳排放增长的驱动因素研究［J］．经济研究，2010（2）.
140. 王利．低碳经济：未来中国可持续发展之基础——兼谈中国相关法律与政策的完善［J］．池州学院学报，2009（2）.
141. 王伟林，黄贤金．区域碳排放强度变化的因素分解模型及实证分析——以江苏省为例［J］．生态经济，2008（12）.
142. 王伟中，陈滨，鲁传一，吴宗鑫．《京都议定书》和碳排放权分配问题［J］．清华大学学报（哲学社会科学版），2002（6）.
143. 王雪娜．我国能源类碳源排碳量估算办法研究［D］．北京：北京林业大学，2006.
144. 王铮，朱永彬．我国各省区碳排放量状况及减排对策研究［J］．中国科学院院刊，2008（2）.
145. 王正鹏，李莹，李德贵．进出口贸易对中国能源二氧化碳排放影响的初步分析［J］．中国能源，2008（3）.
146. 王中英，王礼茂．中国经济增长对碳排放的影响分析［J］．安全与环境学报，2006，6（5）.

147. 吴昌华．城市引领中国低碳经济转型［J］．中国投资，2009（2）．

148. 吴晓江．转向低碳经济的生活方式［J］．社会观察，2008（6）．

149. 谢振华．过早、过急、过激的绝对减排不可取［N］．中国经济导报，2010－04－08．

150. 徐大丰．低碳技术选择的国际经验对我国低碳技术路线的启示［J］．科技与经济，2010（2）．

151. 徐国泉，刘则渊，姜照华．中国碳排放的因素分解模型及实证分析：1995—2004［J］．中国人口·资源与环境，2006（6）．

152. 许广月，宋德勇．中国碳排放环境库兹涅茨曲线的实证研究——基于省域面板数据［J］．中国工业经济，2010（5）．

153. 杨红强，聂影．碳排放贸易与环境保护协调策略［J］．商业时代，2006（5）．

154. 杨玲丽，丘海雄．“钻石模型”的理论发展及其对我国的启示［J］．科技与经济，2008（3）．

155. 姚鸿雁．中国装备制造业竞争力理论及实证研究［D］．上海：上海交通大学，2006．

156. 于天飞．碳排放权交易的市场研究［D］．南京：南京林业大学，2007．

157. 余谋昌．从生态伦理到生态文明［J］．马克思主义与现实，2009（2）．

158. 苑德军．建立适应低碳经济发展的碳金融制度［N］．金融时报，2009－09－14．

159. 张德英．我国工业部门碳源排碳量估算方法研究［D］．北京：北京林业大学，2005．

160. 张坤民，潘家华，崔大鹏．低碳经济论［M］．北京：中国环境科学出版社，2008．

161. 张一鹏．低碳经济与低碳生活［J］．中外能源，2009（4）．

162. 章宁．从丹麦“能源模式”看低碳经济特征全球科技［J］，经济瞭望，2007（12）．

163. 赵红专．高新技术产业园区的产业集群与竞争力研究［D］．西安：西北工业大学．2006．

164. 赵欣，齐中英．中国国际贸易中的隐性能源和二氧化碳排放研究［C］//中国环境科学学会学术年会论文集，2008.

165. 赵彦云．中国发展低碳经济具有竞争力［EB/OL］．http：//green.sohu.com，2010－03－06.

166. 赵志凌．发展低碳经济：未来世界竞争的重要战略——国内外低碳经济发展概况［J］．改革与开放，2010（1）：7－9.

167. 中国发改委．中国应对气候变化的政策与行动——2010年度报告［R］．2010.

168. 中国环境与发展国际合作委员会．中国发展低碳经济途径研究［R］．2009.

169. 周海屏．全球二氧化碳排放权交易市场的分析与展望［J］．上海环境科学，2003，22（10）.

170. 周宏春．中国低碳经济的发展重心［J］．绿叶，2009（1）.

171. 周建成，曾敏．发展低碳经济提升低碳竞争力［J］．中国有色金属，2010（19）.

172. 朱有志，周少华，袁男优．发展低碳经济应对气候变化——低碳经济及其评价指标［J］．中国国情国力，2009（12）.

173. 庄贵阳，张磊．后哥本哈根时代的低碳经济形势［J］．中国经济报告，2000（1）.

174. 庄贵阳．节能减排与中国经济的低碳发展［J］．气候变化研究进展，2008（5）.

175. 庄贵阳．中国经济低碳发展的途径与潜力分析［J］．太平洋学报，2005（11）.

176. Atkinso，G.，Hamilton，K.，Ruta，G.，and Van der Mensbrugghe D. Trade in “Virtual Carbon”：Empirical Results and Implications for Policy. Background paper for the WDR，2009.

177. Chamberlin，E. H. *The Theory of Monopolistic Competition*. 6th ed. Cambridge，Mass：Harvard University Press，1948.

178. Fan Ying，Liu Lancui，Wu Gang，et al. Analyzing Impact Factors of CO_2 Emissions Using the STIRPAT Model［J］. *Environmental Impact Assessment Review*，2006，26（4）：377－395.

179. G. C. Hufbauer. *Synthetic Materials and the Theory of International Trade* [M] . Duckworth, 1965.

180. Global Commons Institute. GCI Briefing: Contraction & Convergence [R]. 2006.

181. Huang, W. M. , Lee, G. W. M. , Wu, C. C. GHG Emissions, GDP Growth and the Kyoto Protocol: A Revisit of Environmental Kuznets Curve Hypothesis [J]. *Energy Policy*, 2008, 36: 239 –247.

182. IMD, World Competitiveness Yearbook 2010.

183. J. M. Stopford, S. Strange, R. States. *Rival Firms-Competition for World Market Shares* [M] . Cambridge University Press, 1991.

184. Johnston, D. , Lowe, R. , Bell, M. An Exploration of the Technical Feasibility of Achieving CO_2 Emission Reductions in Excess of 60% Within the UK Housing Stock by the Year 2050 [J] . *Energy Policy*, 2005 (33): 1643 –1659.

185. Kawase, R. , Matsuoka, Y. , Fujino, J. Decomposition Analysis of CO_2 Emission in Long-term Climate Stabilization Scenarios [J] . *Energy Policy*, 2006 (34): 2113 –2122.

186. Koji Shimada, Yoshitaka Tanaka, Kei Gomi, Yuzuru Matsuoka. Developing a Long-term Local Society Design Methodology Towards a Low-carbon Economy: An Application to Shiga Prefecture in Japan [J] . *Energy Policy*, 2007 (35): 4688 –4703.

187. Lantz, V. , Feng, Q. , Assessing Income, Population, and Technology Impacts on CO_2 Emissions in Canada: where's the EKC? [J] . *Ecological Economics*, 2006, 57 (2): 229 –238.

188. Locks J. Second Treatise of Government, in Arthur J and Shaw W (ed.). Social & Political Philosophy [C] . Prentice Hall, 1992: 493 –505.

189. Marian Leimbach. Equity and Carbon Emissions Trading: A Model Analysis [J] . *Energy Policy*, 2003 (31): 1033 –1044.

190. Niklas Hohne, Michel den Elzen and Martin Weiss. Common But Differentiated Convergence (CDC): A New Conceptual Approach to Long-term Climate Policy [J] . *Climate Policy*, 2006, 6 (2): 181 –199.

191. Ozlem Oz. Assessing Porter's Framework for National Advantage: The Case

of Turkey [J] . *Journal of Business Research*, 2002 (6): 509 – 515.

192. Buckley, P. J. , et al. Measures of International Competitiveness: A Critical Survey [J] . *Journal of Marketing Management*, 1988 (2): 175 – 200.

193. Feurer R & Chaharbaghi K. Defining Competitiveness: A Holistic Approach [J] . *Management Decision*, 1994 (32): 49 – 58.

194. Richmond, A. K. , Kaufmann R K. Is there a Turning Paint in the Relationship Between Income and Energy Use and/or Carbon Emissions? [J]. *Ecological Economics*, 2006 (56): 176 – 189.

195. Robinson, J. *The Economics of Imperfect Competition* [M] . London: Macmillan, 1933.

196. Sivan Kartha, Tom Athanasiou and Paul Baer. A Fair Sharing of Effort: Operationalizing the Greenhouse Development Rights Framework. side event at the UN Framework Convention on Climate Change Meeting in Bonn, 6 June, 2008. http: //www. ecoequity. org/GDR s.

197. Sraffa, P. The Law of Returns under Competition Condition [J] . *Economic Journal*, 1926 (136): 535 – 550.

198. Stephen D. *Cohen Uneasy Partnership: Competition and Conflict in U. S. - Japanese Trade Relations* [M] . Ballinger, 1985.

199. Stern Review. The Economics of Climate Change [R] . 2006.

200. The Climate Institute and E3G. *G20 Low Carbon Competitiveness* [M]. Vivid Economics, 2009.

201. Thomas, S. Fiddaman. Exploring Policy Options with a Behavioral Climate-economy Model [J] . *System Dynamics Review*, 2002 (18): 243 – 267.

202. Treffers, T. , Faai, A. P. C , Sparkman, J. , Seebregts, A. Exploring the Possibilities for Setting up Sustainable Energy Systems for the Long Term: Two Visions for the Dutch Energy System in 2050 [J] . *Energy Policy*, 2005 (33): 1723 – 1743.

203. WEF. Global Competitiveness Report 2009 – 2010 [R] . 2010. http: //www. WEForum. org.

204. Zhang, Z. X Macroeconomic Effects of CO_2 Emission Limits: A Computable General Equilibrium Analysis for China [J] . *Journal of Policy Modeling*,

1998, 20 (2): 213 - 250.

205. BP. Statistical Review of World Energy 2013 [R]. 2013. http://www.Bp. com.

206. Carbon Finance at the World Bank. State and Trends of the Carbon Market 2010. [R]. http://data. worldbank. com.

207. IEA. CO_2 Emissions from Fuel Combustion Highlights 2013 [R]. http://www. iea. org.

208. IEA. World Energy Outlook 2013 [R]. http://www. iea. org.

209. IEA. Key World Energy Stats 2013 [R]. http://www. iea. org.

210. IPCC. Climate Change 2007: The Physical Science Basis. Contribution of Working Group I to the Fourth Assessment Report of the Intergovernmental Panel on Climate Change. In Solomon, S., Qin, D., Manning, M., et al. (eds.). Cambridge, United Kingdom and New York, NY, USA: Cambridge University Press, 2007, 996.

211. Ipcc Fifih Assessment Report-Climate Change 2013. [R].

212. U. S. Census Bureau. *Statistical Abstract of the United States* [M]. 2013. http://www. census. gov.

213. UNEP. UNEP Risoe CDM/JI Pipeline Analysis and Database [R]. 2008. http://data. un. org.

214. UNFCCC. Investment and Financial Flows to Address Climate Change: An Update [R]. 2008.

215. World Bank. *World Development Report* 2009: *Reshaping Economic Geography* [M]. Washington, DC.

216. World Bank. *World Development Report* 2010: *Development and Climate Change* [M]. Washington, DC.

217. WRI. Climate Analysis Indicators Tool (CAIT) Version 7.0 [R]. http://cait. wri. org.

218. 国家统计局．国际统计年鉴2013 [M]．北京：中国统计出版社，2013.

219. 国家统计局．中国能源统计年鉴2013 [M]．北京：中国统计出版社，2013.

220. 李军军，周利梅．基于聚类分析视角的我国省域经济综合竞争力研究

[J]．福建师范大学学报（哲学社会科学版），2008（1）.
221. 李军军，周利梅．新中国成立60年中国经济实力的国际比较及若干启示［J］．经济研究参考，2009（12）.
222. 李军军，周利梅．组合预测在省域经济综合竞争力预测中的应用研究［J］．综合竞争力，2010（2）.
223. 李军军．G20低碳竞争力评价及其对我国的启示［J］．广东行政学院学报，2010（6）.
224. 李军军，周利梅．海西碳减排潜力预测与对策研究——以福建省为例［J］．福建农林大学学报（哲学社会科学版），2011（3）.
225. 李军军，周利梅．福建省低碳经济竞争力评价及其提升对策［J］．综合竞争力．2011（3）.
226. 李军军，周利梅．省域环境竞争力关键驱动要素探析［J］．福建师范大学学报（哲学社会科学版），2011（4）.
227. 李军军，周利梅．回归分析在竞争力评价指标权重设定中的应用［J］．福建行政学院学报．2011（6）.
228. 李军军，周利梅．低碳经济竞争力的内涵和表现［J］．长春大学学报．2011（11）.
229. 李军军，周利梅．低碳经济与国际竞争力关系探析［J］．福建金融管理干部学院学报．2011（6）.
230. 李军军，周利梅．基于公平发展视角的碳减排国际比较［J］．西部论坛．2012（2）.
231. 李军军，周利梅．国家创新竞争力与经济增长——基于G20国家面板数据模型实证分析［J］．福建师范大学学报（哲学社会科学版），2012（5）.
232. 李军军，周利梅．国家创新与低碳经济竞争力［J］．甘肃理论学刊，2013（4）.
233. 李军军．全球环境竞争力测评方法和稳健性检验．福建师范大学学报（哲学社会科学版），2014（5）.

后　记

该书是在我的博士学位论文基础上补充完善的，博士学位论文曾荣获2013年福建省优秀博士学位论文二等奖。选择低碳经济竞争力这个题目的原因，一是2009年哥本哈根气候峰会的召开引起了世界对气候变化的广泛关注，围绕气候变化这一影响人类未来生存条件的世界公共环境问题，技术革新、能源革命、大国政治和经济利益博弈等复杂问题交织在一起，政府、学界和企业对此看法莫衷一是，充满了诸多风险和未知因素，而这些挑战激发了我的研究兴趣。二是当前我国经济处于转型的关键时期，经济发展和环境保护还不够和谐，环境质量特别是空气污染问题日益严峻，能源短缺和新能源崛起共存，如何实现经济、社会和环境的协调发展，是当前理论研究的重大突破方向。三是我除了在学院的正常教学以外，长期在全球经济综合竞争力研究中心福建师范大学分中心工作，花费大量时间和精力从事竞争力问题的研究，特别是区域经济竞争力和环境竞争力的研究，让我对这个领域有天然的爱好。

呈现给读者的这本书，是我多年来对中国低碳经济竞争力问题思考的结晶，既从理论上探讨了低碳经济竞争力的内涵和内在机制，也对低碳经济发展的实践进行了评价，其中有一些自己的独特思考和创新，但更多的是在前人研究基础上的补充。由于低碳经济本身是一个新生事物，国际碳减排合作机制还不完善，大国之间关于碳减排的政治和经济博弈还在持续，低碳经济未来的发展前景还存在不确定性，因此，低碳经济竞争力研究还有很多内容值得挖掘，研究永无止境，我将继续在这条路上探索下去。

回首漫漫求学路，感悟酸甜苦辣情，从山清水秀的赣中小村到庄严华丽的首都，从古朴厚实的西安到热情开放的榕城，脚下的路曲折绵长，经过的事纷繁复杂，唯一不变的，是内心的感动。回想起攻读博士学位期间，充满了学习的艰辛和快乐，充满了工作的辛劳和收获，也充满了生活的压力和甜蜜。这近30万字的书稿，是我在繁忙工作之余，全身心投入的心血结晶，能够完成这部书稿，除了自己的信心和拼搏，更要感谢老师、亲人、同学和朋友的帮助和支持。首先要感谢我的导师李建平教授，先生真诚待人、无私奉献的高尚品德是我人生道路的指引灯，其广博的学识和严谨的学术风范是我今后学术道路的追求目标，先生坚守的“成人不自在，自在不成人”，时刻警醒我的学习和工作态度。先生在繁重的教学、科研和行政工作之余，不遗余力指导我的学习，关心我个人和家庭情况。在论文写作中，先生从选题、文献阅读、论文大纲到最终成稿提出了许多真知灼见，学习期间的悉心指导和论文写作的修改意见，都凝聚了先生的无数心血。其次要感谢我的导师李闽榕教授，他承担着繁重的行政工作，仍然孜孜以求地进行学术探索，具有开拓性的学术视野，在学术研究上一丝不苟，对我的学术道路影响甚大，在论文写作过程中，他提出了许多独到见解和修改意见。再次要衷心感谢德高望重的陈征教授，我终身难忘陈老师的勉励和教诲；感谢廖福霖教授、郭铁民教授、李建建教授、张华荣教授、林子华教授、林卿教授、蔡秀玲教授、陈少晖教授、陈俊明教授、刘义圣教授等，他们在我学习期间的悉心指导以及在论文写作过程中提出的许多宝贵意见，对论文的完善起到重要作用。还要衷心感谢黄茂兴教授，在福建师范大学竞争力研究中心的研究团队中，他既是领导，更是朋友，在工作和学习上给予我大量的无私帮助和支持，他的人格魅力也深深影响了我。另外，还要感谢团队中的同事们，他们是邓春宁老师、叶琪老师和林寿富老师，博士研究生王荧同学、陈伟雄同学以及其他硕士研究生，我们在学习和科研道路上互相帮助、共同进步。最后要感谢我的亲人，父母在艰辛的生活操劳中养育了我，每日絮絮叨叨的叮咛和充满期盼的眼神使我感受到世间最温暖的爱，他们的无私付出是我永远难以报答的恩情。爱妻与我厮守清贫，激励我在学习和工作上不断进步，甘愿牺牲自己的事业，默默承担起抚育幼儿芃芃的重任，没有她的理解和支持，我无论如何都无法完成论文的写作。我甚感亏欠幼儿太多，由于工作和学习繁忙，陪他嬉戏的日子屈指可数，但他的聪明活泼带给我无数欢乐，祝福他健康快乐地成长。

社会科学文献出版社社会政法分社社长王绯以及责任编辑单远举对本书的出版提出了很好的修改意见，付出了辛苦的劳动，在此一并向他们表示由衷的谢意。

由于本人学识有限，本书难免存在疏漏和不足，敬请读者批评指正。

李军军

2014 年冬

图书在版编目（CIP）数据

中国低碳经济竞争力研究/李军军著. —北京：社会科学文献出版社，2015.7
（福建省社会科学规划博士文库项目）
ISBN 978 - 7 - 5097 - 7779 - 4

Ⅰ. ①中… Ⅱ. ①李… Ⅲ. ①节能 - 产业发展 - 竞争力 - 研究 - 中国 Ⅳ. ①F426.2

中国版本图书馆 CIP 数据核字（2015）第 159121 号

·福建省社会科学规划博士文库项目·
中国低碳经济竞争力研究

著　　者 / 李军军

出 版 人 / 谢寿光
项目统筹 / 王　绯
责任编辑 / 单远举

出　　版 / 社会科学文献出版社·社会政法分社（010）59367156
地址：北京市北三环中路甲 29 号院华龙大厦　邮编：100029
网址：www.ssap.com.cn
发　　行 / 市场营销中心（010）59367081　59367090
读者服务中心（010）59367028
印　　装 / 三河市东方印刷有限公司

规　　格 / 开　本：787mm × 1092mm　1/16
印　张：19.75　字　数：319 千字
版　　次 / 2015 年 7 月第 1 版　2015 年 7 月第 1 次印刷
书　　号 / ISBN 978 - 7 - 5097 - 7779 - 4
定　　价 / 79.00 元